辽宁公安民警培训系列教材

公安行政执法综合实训教程

尹伟巍　　张续明　主编

（公安机关内部发行）

中国人民公安大学出版社
群众出版社
·北 京·

图书在版编目（CIP）数据

公安行政执法综合实训教程/尹伟巍，张续明主编．—北京：中国人民公安大学出版社，2017.9
ISBN 978 - 7 - 5653 - 3076 - 6

Ⅰ.①公…　Ⅱ.①尹…②张…　Ⅲ.①公安机关—行政执法—中国—教材　Ⅳ.①D922.14

中国版本图书馆 CIP 数据核字（2017）第 253189 号

公安行政执法综合实训教程

尹伟巍　张续明　主编

出版发行：中国人民公安大学出版社
地　　址：北京市西城区木樨地南里
邮政编码：100038
印　　刷：北京市泰锐印刷有限责任公司

版　　次：2017 年 10 月第 1 版
印　　次：2017 年 10 月第 1 次
印　　张：22.25
开　　本：787 毫米×1092 毫米　1/16
字　　数：520 千字

书　　号：ISBN 978 - 7 - 5653 - 3076 - 6
定　　价：70.00 元（公安机关内部发行）

网　　址：www.cppsup.com.cn　　www.porclub.com.cn
电子邮箱：zbs@cppsup.com　　zbs@cppsu.edu.cn

营销中心电话：010 - 83903254
读者服务部电话（门市）：010 - 83903257
警官读者俱乐部电话（网购、邮购）：010 - 83903253
教材分社电话：010 - 83903259

辽宁公安民警培训系列教材
编审委员会

公安行政执法综合实训教程

主　编：尹伟巍　张续明

副主编：王　楠　罗　颖　张轶岩　慕丽娜

撰稿人：（按姓氏笔画排序）

　　　　王　楠　尹伟巍　纪凤义　杨　峻

　　　　张　羽　张轶岩　张续明　罗　颖

　　　　姜景林　慕丽娜

前　言

　　党的十八大以来，全国公安机关和广大公安民警认真贯彻落实公安部党委的部署，积极适应新形势、新任务提出的新要求、新挑战，大力推进基础信息化、警务实战化、执法规范化、队伍正规化建设。公安教育训练是提升公安队伍整体素质的治本之策，入警训练是公安队伍建设的基础工程、育人工程，是警察训练的起点和基石。为适应公安工作和公安队伍建设的需要，做好入警训练的规范化、实战化训练，根据《公务员法》《公安机关人民警察训练条令》，结合公安机关执法办案工作实际，辽宁省公安厅政治部、辽宁警察学院组织编写了本教材。

　　本教材以习近平总书记对公安队伍"对党忠诚、服务人民、执法公正、纪律严明""四句话、十六字"总要求为指导，结合公安工作对民警教育训练的总体要求，立足"走进门、能上手"的训练目标，根据岗位标准设计训练目标，根据工作流程设计培训流程，以公安民警执法办案和常见警情处置为主线，通过基础讲解、案例分析、情境模拟、研讨分享、综合实训等方法开展实战化训练，以实现新入警学员向公安机关执法人员的角色转换，切实提升业务素质和实战本领，力求以训练的规范化、标准化引领公安实战的规范化、标准化建设。

　　本教材集学、练、训、考于一体，坚持学院专家学者与公安一线业务骨干相结合，深入基层、贴近实战，在充分吸纳教育训练成果和警务实战经典案例的基础上编写而成，着力解决新警学员对执法办案的基本要求不了解、不掌握，不知道在执法活动中干什么、怎么干、干到什么程度的问题，是公安院校本科学历教育综合实训教学和公安院校毕业生、非公安院校毕业生、军转干部等不同对象入警训练的教学用书，也可作为公安民警培训、自学的规范性教材和训练基地开展实战化训练的指导性用书。

　　本教材编写的工作人员及任务分工情况如下：任务一由王楠、张羽、杨峻编写，任务二由姜景林、张轶岩、尹伟巍编写，任务三由张续明、慕丽娜编写，任务四、任务五、任务六由张续明编写，任务七和任务八由尹伟巍、慕丽娜、罗颖编写，任务九由罗颖、纪凤义编写，任务十由尹伟巍、张续明、王楠编写。大连市公安局在本书编写过程中给予了巨大的支持，教育训练处金英洁同志在课程设计，案例收集、整理等方面做了大量工作，在此表示深深的谢意！

　　本教材在编写过程中，参阅、借鉴了有关书刊、教材和文献资料，恕未能一一列出，特向有关单位和编作者致谢。由于时间仓促和水平有限，疏漏之处在所难免，敬请广大读者批评指正。

辽宁省公安厅政治部

辽宁警察学院

2017 年 8 月

目　　录

任务一　巡逻勤务与接处警

[训练目标]

通过基础知识和相关法律法规的学习，使受训学员了解并掌握治安巡逻、治安盘查、接处警工作的职责权限、基本程序和法律依据；通过实训课程的开展，使受训学员掌握治安巡逻的开展、治安盘查的技巧、接处警的基本流程，具备巡逻盘查及治安类警情先期处置的能力。

第一节　治安巡逻

治安巡逻，是指公安机关及其人民警察为了维护社会公共安全和治安秩序，在一定区域和线路上对道路、场所等地方采取公开巡察、以动为主、动静结合的控制模式，依法履行职责、行使警察权力的一种勤务方式或活动。

一、巡逻方式

巡逻勤务从不同角度来划分，具有不同的类型。

（一）按照使用交通工具的不同进行分类

1. 徒步巡逻。一般在繁华街道、重点场所和地区使用。通常情况下，徒步巡逻组应安排 2～4 人，且巡逻民警之间应当保持一定的距离。

2. 自行车（含电动自行车）巡逻。主要适用于城市内的交通次干线或者城乡接合部等地区。自行车巡逻组一般为 2～3 人，且保持纵向队形和一定距离。

3. 机动车（含汽车或摩托车）巡逻。汽车巡逻是现代城市警察巡逻的主要方式之一，汽车巡逻组一般安排 4～8 人，巡逻车 1～2 辆；摩托车巡逻则多用于城市交通次干线、城乡接合部地区以及贵宾随护勤务等，摩托车巡逻组一般安排摩托车 3～4 辆，且巡逻时保持队形、速度适中。

4. 骑巡。在我国的草原、沙漠和边疆地区运用较为普遍。

5. 舟巡。主要适用于江、河、湖、海等水域的巡视和检查。

6. 空巡。主要适用于侦查草原和森林的防火工作、重要活动的安全保卫工作以及重要逃犯的追捕工作等。

（二）按照巡逻路线进行分类

1. 定线巡逻和乱线巡逻。

2. 顺线巡逻和逆线巡逻。

（三）按照巡逻主体身份是否公开进行分类

1. 公开巡逻。

2. 秘密巡逻。

二、巡逻民警的职责权限

（一）巡逻民警的职责

巡逻民警的职责，是指巡逻民警履行巡逻勤务工作的职务范围和责任。根据公安部《城市人民警察巡逻规定》《公安派出所执法执勤工作规范》和《公安派出所正规化建设规范》中有关巡逻勤务的规定，巡逻民警在执行巡逻勤务时有以下职责：

1. 维护警区内的治安秩序。

2. 预防和制止违反治安管理的行为。

3. 预防和制止犯罪行为。

4. 警戒突发性治安事件现场，疏导群众，维持秩序。

5. 参加处理非法集会、游行、示威活动。

6. 参加处置灾害事故，维持秩序，抢救人员和财物。

7. 维护交通秩序。

8. 制止妨碍国家工作人员依法执行职务的行为。

9. 接受公民报警。

10. 劝解、制止在公共场所发生的民间纠纷。

11. 制止精神病患者、醉酒者的肇事行为。

12. 为行人指路，救助突然受伤、患病、遇险等处于无援状态的人，帮助遇到困难的残疾人、老人和儿童。

13. 受理拾遗物品，设法送还失主或送交拾物招领部门。

14. 巡查警区安全防范情况，提示沿街有关单位、居民消除隐患。

15. 纠察人民警察警容风纪。

16. 执行法律、法规规定由人民警察执行的其他任务。

（二）巡逻民警的权限

根据《人民警察法》和《城市人民警察巡逻规定》等有关法律规范的规定，巡逻民警在执行巡逻勤务中可以依法行使以下职权：

1. 盘查有违法犯罪嫌疑的人员，检查涉嫌车辆、物品。

2. 查验居民身份证。

3. 对现行犯罪人员、重大犯罪嫌疑人员或者在逃的案犯，可以依法先行拘留或者采取其他强制措施。

4. 纠正违反道路交通管理的行为。

5. 对违反治安管理的人，可以依照《治安管理处罚法》的规定，执行处罚。

6. 在追捕、救护、抢险等紧急情况下，经出示证件，可以优先使用机关、团体和企业、事业单位以及公民个人的交通、通信工具。

7. 行使法律、法规规定的其他职权。

三、治安巡逻实施步骤

治安巡逻实施步骤基本情况如下（见图1-1）：

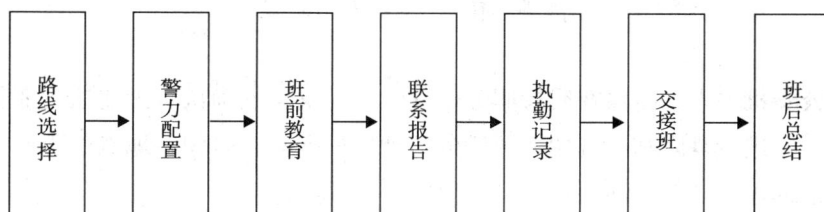

图1-1 治安巡逻的实施步骤

（一）路线选择

巡逻路线的选择需要考虑能否充分发挥巡逻警力与交通工具的效能、能否有效控制巡逻区域、能否保证完成专项任务、能否确保重点目标和区域的安全、紧急情况下能否获得相邻线路支援等因素。

（二）警力配置

巡逻警力的配置应当考虑巡逻民警的年龄、性别、性格、体力、能力、经验等因素，一般情况下巡逻警力的配置要在一定时间内相对固定，这样有利于巡逻民警彼此熟悉与配合。

（三）班前教育

巡逻前的班前教育一般由带班领导负责进行，时间一般安排在出勤前20~30分钟，内容主要包括路线选择、治安情况通报、任务布置、强调纪律作风、整理警容、检查装备等。

（四）联系报告

在巡逻执勤过程中，巡逻民警需要与相邻巡逻班次、指挥中心及单位主管领导主动联系报告，互通情况和信息。

（五）执勤记录

巡逻民警在巡逻执勤过程中需要记录预防和查处违法犯罪情况、检查安全防范情况、调解治安纠纷情况、为群众提供服务情况、辖区治安信息及动态等内容，填写《治安巡逻登记表》。

（六）交接班

下一班次的巡逻组一般应提前5~10分钟到达指定交接班点，与上一班次巡逻民警交接有关情况。

（七）班后总结

班后总结通常在交接班后由带班领导主持，一般为20~30分钟，主要包括汇报执勤情况、交流情报信息、表扬先进、批评不足、提出改进等内容。

四、法律依据

1. 《城市人民警察巡逻规定》（1994 年 2 月 24 日公安部令第 17 号）。

2. 《公安派出所执法执勤工作规范》（公安部　公通字〔2002〕13 号）第 4 条第（5）项、第 5 条、第 11 条第 1 款第（1）项、第 11 条第 2 款、第 13 条、第 63 ~ 69 条。

3. 《公安派出所正规化建设规范》（公安部　公通字〔2007〕29 号）第 13 条、第 53 ~ 56 条、第 101 条第（3）项、第 101 条第（5）项。

第二节　治安盘查

治安盘查是公安机关人民警察在履行职务过程中，为发现或确认有无违法犯罪行为，依法对有违法犯罪嫌疑的人员进行盘问和检查的一项勤务活动。根据盘查时间、地点的不同，治安盘查可以分为当场盘查与继续盘问。

一、当场盘查

（一）主体与适用对象

1. 当场盘查的主体。当场盘查的主体只能是正在执行职务的公安机关人民警察，一般由 2 名以上民警进行。

2. 当场盘查的适用对象。根据《人民警察法》第 9 条的规定，为维护社会治安秩序，公安机关的人民警察对有违法犯罪嫌疑的人员，经出示相应证据，可以当场盘问、检查。当场盘查的适用对象是指形迹可疑、有违法犯罪嫌疑或有现行违法犯罪行为的人员。一般来说具有下列情形之一的人员，民警可以对其实施当场盘查：

（1）体貌特征与通缉、通报协查、布控抓捕的违法犯罪嫌疑人特征相符或者相似的。

（2）携带物品明显不符合本人身份的。

（3）携带物品、驾驶车辆的外部特征与有关警情通报材料中描述的赃物、作案工具特征相符或者相似的。

（4）出现的时间、空间、随同人员明显不符合常理的。

（5）神色慌张、行为明显不符合常理的。

（6）形迹可疑、有违法犯罪嫌疑的其他情形。

（二）主要任务与要点

1. 当场盘查的主要任务。

（1）发现违法犯罪嫌疑人，查缉在逃嫌疑人，以预防、制止和查破治安案件和刑事案件。

（2）截获赃款赃物，减少国家和公民的损失。

（3）救护被害者，救助有危难的人员。

（4）约束醉酒者和精神病患者。

（5）调解治安纠纷。

（6）其他维护社会治安秩序的事项。

2. 当场盘查的要点。

（1）查清盘查对象的身份。主要包括被盘查对象的姓名、年龄、住址、工作单位、身份证件（或证件号码）等能够确认其身份的基本情况。

（2）查清盘查对象的携带物品。主要包括物品的种类、数量、来源以及用途等。

（3）查清盘查对象与同行人的关系。如夫妻、子女、亲属、同事、朋友等情况。

（4）查清盘查对象的可疑情况。包括可疑神情、可疑行为、可疑事件、可疑迹象等内容。

（三）盘查装备

根据《公安机关人民警察盘查规范》第 17 条的要求，执行盘查任务的民警应当配备和携带以下装备。

1. 单警装备。

（1）执行盘查任务的民警应当携带单警装备，每个盘查组还应当携带手持电台、手持身份证识别仪器以及执法记录仪。使用执法记录仪对当场盘问、检查的过程进行视音频记录。

（2）民警执行设卡检查任务时，应当穿着防弹背心，戴防弹头盔；夜间视情穿着反光背心。

2. 车辆装备。执行盘查任务的民警驾驶车辆上应当配备轻型冲锋枪、防弹衣、反光背心、防弹头盔、防毒面具、车载电台、停车示意牌、救生器材、急救药箱、搜索灯、强光手电、阻车路障、警戒带、反光锥筒等装备。

3. 盘查卡点装备。盘查卡点应当配置机动车辆、通信工具、阻车路障、强光手电、警戒带、停车示意牌、反光锥筒等装备器材，并视勤务需要配置防弹盾牌。

（四）当场盘查的实施步骤

当场盘查的实施步骤（见图 1−2）：

1. 表明身份。

（1）当场盘问、检查一般由两名以上民警进行，并明确警戒和盘查任务分工。在实施盘问前，民警应当有必要的思想准备和行动准备，如判断盘查对象可能有什么问题，应如何开始盘问，如何防范盘查对象的突然攻击、逃跑、毁弃物证等。

（2）根据《公安机关人民警察盘查规范》的要求，民警执行盘查任务时，应当着制式服装；未着制式服装的，应当出示人民警察证；应当向被盘查人敬礼并告知："我是××（单位）民警，现依法对你进行检查，请你配合。"

2. 发现疑点。发现疑点是民警实施盘查的法律前提和行动根据，属于盘查勤务实施的前序阶段。没有发现疑点，就没有具体的盘查对象，也就没有盘查的必要。这里所说的疑点，指的是民警在履行职务过程中发现的、可能与某些违法犯罪活动的规律和特点相吻合的、不同于一般人在正常情况下的言行举止的表现，主要包括身份疑点、行为疑点、神态疑点、携带物品疑点、痕迹疑点、人群关系疑点等。盘查对象常见的疑点主要表现在如下几个方面：

```
┌──────────┐
│  表明身份  │
└────┬─────┘
     │
┌────┴─────┐
│  发现疑点  │
└────┬─────┘
     │
  ┌──┴──────┬────────┬──────────┬───────────┬──────┐
┌─┴──┐  ┌──┴──┐  ┌──┴──┐  ┌───┴────┐  ┌──┴──────┐  ┌┴──┐
│身份可疑│ │行为可疑│ │神态可疑│ │携带物品可疑│ │有明显犯罪迹象│ │其他│
└────┘  └────┘  └──┬─┘  └────────┘  └─────────┘  └───┘
                  │
             ┌────┴─────┐
             │  查验身份  │
             └────┬─────┘
                  │
             ┌────┴─────┐
             │   盘问    │
             └────┬─────┘
                  │
          ┌───────┴───────┐
       ┌──┴──┐        ┌──┴──┐
       │ 启问 │ ──────▶│ 质疑 │
       └─────┘        └──┬──┘
                         │
                    ┌────┴─────┐
                    │   检查    │
                    └────┬─────┘
                         │
              ┌──────────┼──────────┐
          ┌───┴───┐  ┌───┴───┐  ┌───┴───┐
          │人身检查 │  │物品检查 │  │车辆检查 │
          └───────┘  └───┬───┘  └───────┘
                         │
                    ┌────┴─────┐
                    │  盘查后处理 │
                    └────┬─────┘
                         │
      ┌──────────┬───────┼────────┬──────────┐
┌─────┴─────┐ ┌──┴────┐ ┌┴─────────┐ ┌──┴───┐
│让被盘查人离去│ │移交嫌疑人│ │采取强制措施│ │继续盘问│
└───────────┘ └───────┘ └──────────┘ └───┬──┘
                                          │
                                    ┌─────┴─────┐
                                    │  制作笔录   │
                                    └─────┬─────┘
                                          │
                                    ┌─────┴─────┐
                                    │  信息录入   │
                                    └───────────┘
```

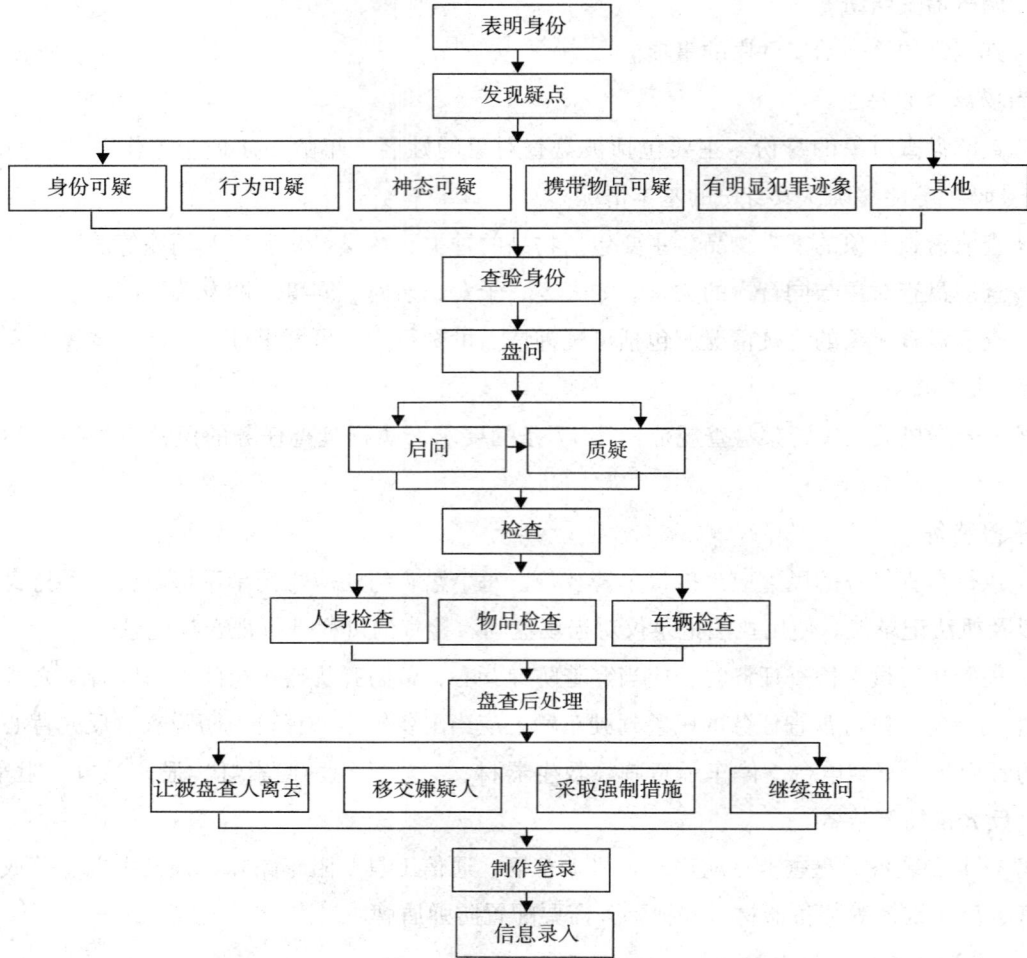

图 1-2　当场盘查的实施步骤

（1）身份可疑。

①身份证与本人不相符或者持假身份证的；

②本人与身份证上的年龄、相貌、籍贯、口音等有明显差别或者不相符的；

③一个人持有多个身份证或者几种工作证件的；

④装束不合时令且神色慌张的等。

（2）行为可疑。

①神态异常、行为慌张，在人群中挤来挤去的；

②在居民区、商场、银行等地张望窥视，鬼鬼祟祟的；

③不断接近妇女、儿童，并与之同行的；

④看到民警后，躲躲闪闪，表情惊慌，疾步离开的等。

（3）神态可疑。

①已知是犯罪嫌疑人或者有与通缉通报对象相似的体貌特征，且年龄一致，口音相符，衣着和

随身携带物品相似的；

②面带惊恐之状，疲劳困倦之意的；

③戴黑色眼镜、大口罩或者整容、化装奇特，有意改变原面貌，企图蒙混过关的等。

（4）携带物品可疑。

①携带疑似作案工具的；

②携带现金数额巨大的；

③携带可能是毒品、枪支、管制刀具等违禁物品的；

④在夜间携带数量较多、体积较大、包装无规则的包裹，或者身背、肩扛、用自行车、手推车、三轮车装运，且遮遮掩掩，怕碰撞、怕触摸、躲躲闪闪、神情紧张的等。

（5）带有明显犯罪迹象。

①身负可疑外伤，浑身血迹或者污渍的；

②衣服被撕扯或者破损严重的；

③所携带的自行车或推着行走的摩托车的车锁有明显撬痕的；

④驾驶汽车挡风玻璃破损或车锁有明显撬痕的等。

（6）其他异常可疑。

①同行人关系可疑、行踪反常的，如男女同行女方表情异常的或大人小孩同行小孩说话、表情惊恐的；

②衣着可疑的，如上下装搭配不协调、打扮不伦不类的，衣着与所持物品不协调的等。

③其行为与其所处的时间、空间不符等。

3. 查验身份。查验身份即查验盘查对象的身份证件，可以通过视读、机读或者逻辑查验等方法检查、核对盘查对象的相关证件，进而确定其身份。查验身份时，应当先请被检查人出示居民身份证；未携带居民身份证的，请其出示居住证、护照、社会保障卡、驾驶证等依法可以用于证明身份的证件，也可以请其提供公民身份号码、姓名、住址、工作单位等信息进行查验。根据《公安机关人民警察盘查规范》的要求，民警在查验盘查对象身份证件时要遵循下列规定：

（1）查验证件防伪暗记和标识，或者通过居民身份证阅读机具，判定证件的真伪。

（2）查验证件内容，进行人、证一致性认定。

（3）注意被盘查人的反应，视具体情况让持证人自述证件内容，边问边查。

（4）通过公安机关相关信息系统进行核对。

（5）对拒绝查验身份，涉嫌违法犯罪的，可以依法传唤至公安机关；有违法犯罪嫌疑而身份仍然不明的，可以依法将其带回公安机关继续盘问；对实行现场管制时拒绝查验身份的，可以依法强行带离现场或者立即予以拘留。

4. 盘问。

（1）启问。启问是民警对盘查对象进行的不涉及疑点的询问，比如询问其从哪里来、到哪里去、去干什么、做什么工作、家住哪里等一般生活和事务性的问题。启问过程中，民警应注意观察被盘问对象的表情细节，进而判断其是否说谎，是否有更多的疑点。

（2）质疑。质疑是民警对盘查对象有目的、有针对性地提出疑问，并进行质询或详细核实。质疑过程中，民警应当要求被盘查对象对事情疑点的来龙去脉、细节特征、知晓程度等相关内容进行更为具体和细化的描述，以便使有违法犯罪嫌疑的人能够露出马脚。例如，对携带可疑物品的盘查对象，可以对其携带物品的来源、规格、价格、特征、性能等具体情况进行详细询问。

5. 检查。对经过盘问，确认有违法犯罪行为或者嫌疑不能排除的，应当先对被盘查人依法进行人身检查，再进一步检查其携带物品。

（1）人身检查。民警在对可疑人员进行人身检查时要遵循下列规定：

①有效控制被检查的嫌疑对象，在警戒人员的掩护下对其进行检查，防止自身受到攻击和伤害。

②对女性进行人身安全检查，应当由女性工作人员进行，可能危及检查民警人身安全，或者直接危害公共安全、情况特别紧急的除外。

③对拒绝接受检查的，民警可依法将其带回公安机关继续盘问；对体内可能藏有可疑物而现场没有检查设备的，以及其他不适合当场检查的，可以带至公安机关或者指定地点进行检查。

④进行人身安全检查时，应当检查有无凶器、武器和爆炸物品等危险品，如有，应当当场扣押，依法办理扣押手续。对可能携带凶器、武器和爆炸物品等危险品的可疑人员，必要时可以依法使用约束性警械约束后进行检查。

⑤责令被检查人张开双手，伸开双臂高举过头，面向墙、车等，扶墙或者扶车站立，双脚分开尽量后移，民警站于其身后并将一只脚置于其双脚中间，一只手抵住其后背施加压力，另一只手迅速从上到下、从头到衣领及身体各部位进行检查，完成一侧后再检查另一侧，特别注意头发内部、衣领、腋下、腰部、裆部及双腿内侧等可能藏匿凶器或者武器的部位。如果被检查人危险性较大，站立检查没有把握的，可以命令被检查人双膝跪地，将一只脚重叠在另一只脚上，双手十指交叉后抱头。检查时，先用一只脚踩住其上方脚底部，一只手抓紧其手指并向后施加压力，然后用另一只手进行检查。

⑥必要时，穿戴防护用具或者使用工具进行检查，谨防因接触注射针筒、刀片等物品而感染疾病或者受伤。在保证安全的前提下，可以命令被检查人将其衣服口袋翻出、解下腰带、脱掉鞋袜接受检查。

⑦人身安全检查应当彻底，防止遗漏危险物品。

⑧检查过程中应当注意被检查人的一举一动，避免将佩带枪支一侧靠近被检查人。

⑨当被检查人有异常举动时，应当立即发出警告，命令其停止动作并做好自身防范，可以依法视情使用警棍、催泪喷雾器、武器等予以制止，必要时可以要求其他民警协助。

⑩不得采取侮辱人格、有伤风化的方式进行检查。

（2）物品检查。民警在对可疑物品进行检查时，应当遵守下列规定：

①责令被检查人将物品放在适当位置，不得让其自行翻拿。

②由一名民警负责检查物品，其他民警负责监控被检查人。

③开启箱包时应当先仔细观察，注意避免接触有毒、爆炸、腐蚀、放射等危险物品。

④按照自上而下顺序拿取物品，不得掏底取物或者将物品直接倒出。

⑤对有声、有味的物品，应当谨慎拿取。

⑥发现毒害性、爆炸性、腐蚀性、放射性或者传染病病原体等危险物质时，应当立即组织疏散现场人员，设置隔离带，封锁现场，及时报告，由专业人员进行排除。

⑦对违禁品，应当会同在场见证人和物品持有人查点清楚，当场开列清单，予以扣押或者收缴。

⑧避免损坏或者遗失财物。

（3）车辆检查。民警在对可疑车辆进行检查时，应当遵守下列规定：

①对行进中的车辆进行拦截检查时，应当手持停车示意牌或者放置停车标志，在被检查车辆侧前方向其作出明确的停车示意等非直接拦截方式；不得站立在车辆行进方向的行车道上拦截车辆，不得站在车辆前强行拦截，不得脚踏车辆踏板、将头或者手臂等伸进车辆驾驶室、攀扒车辆。

②责令驾驶员将车辆熄火，拉紧手制动，将双手放在方向盘上，确认安全后拉开车门责令其下车，必要时应当暂时收存车钥匙。

③对人员进行检查并予以控制。

④查验身份证件、驾驶证、行驶证和车辆牌照，条件允许情况下，通过公安信息查询系统进行查询比对。

⑤观察车辆外观、锁具和内部装置。

⑥检查车载货物和车内物品。

⑦如驾驶员拒检逃逸，应当立即报告，请求部署堵截、追缉。

6. 盘查后处理。

（1）让被盘查人离去。根据《公安机关人民警察盘查规范》的要求，经盘查排除违法犯罪嫌疑的，民警应当向被盘查人敬礼，并说"谢谢你的合作"，礼貌让其离去。

（2）移交嫌疑人。经盘查能确认是逃跑、被通缉的犯罪嫌疑人、被告人或者罪犯的，民警应当立即使用约束性警械将其控制，移交办案的公安机关、人民检察院、人民法院或者原羁押机关。移交时，应当会同接收人员对被移交人进行人身检查，清点物品，并做好记录，要求接收人员签字确认。

（3）采取侦查、调查和强制措施。确认被盘查人涉嫌违法犯罪的，可以依法对其进行口头传唤、传唤证传唤或者依法采取其他强制措施。

（4）继续盘问。符合继续盘问条件的，民警应当将其带回派出所进行继续盘问。

7. 制作笔录。对需要继续盘问或者已证实有违法犯罪行为，以及有证据证明有犯罪嫌疑的人员，应当制作《当场盘问、检查笔录》，由被盘问人核对无误后签名或者捺指印。被盘问人拒绝签名和捺指印的，应当在笔录上注明。

8. 信息录入。除已经当场排除违法犯罪嫌疑的，应当依照有关规定将盘问、检查情况录入执法办案信息系统或者数据库。

二、继续盘问

（一）继续盘问的适用对象

对有违法犯罪嫌疑的人员当场盘问、检查后，不能排除其违法犯罪嫌疑，且具有下列情形之一的，可以将其带至公安派出所继续盘问。

1. 被害人、证人控告或者指认其有犯罪行为的。

2. 有正在实施违反治安管理的行为或者有犯罪嫌疑的。

3. 有违反治安管理的行为或者有犯罪嫌疑且身份不明的。

4. 携带的物品可能违反治安管理规定或者是犯罪赃物的。

（二）不得适用继续盘问的情形

对具有下列情形之一的，不得适用继续盘问。

1. 有违反治安管理的行为或者犯罪嫌疑，但未经当场盘问、检查的。

2. 经过当场盘问、检查，已经排除有违反治安管理的行为和犯罪嫌疑的。

3. 涉嫌违反治安管理行为的法定最高处罚为警告、罚款或者其他非限制人身自由的行政处罚的。

4. 从其住处、工作地点抓获以及其他应当依法直接适用传唤或者拘传的。

5. 已经到公安机关投案的。

6. 明知其所涉案件已经作为治安案件受理或者已经立为刑事案件的。

7. 不属于公安机关管辖的案件或者事件当事人的。

8. 患有精神病、急性传染病或者其他严重疾病的。

9. 其他不符合规定条件的。

（三）继续盘问的程序

1. 呈批。需要继续盘问的，应当制作《继续盘问审批表》，连同《当场盘问、检查笔录》，报公安派出所负责人审批决定继续盘问12小时。

2. 备案。对批准继续盘问的予以备案。

3. 通知。批准继续盘问的，公安派出所应当填写《继续盘问通知书》，送达被继续盘问人，并立即通知其家属或者单位；未批准继续盘问的，应当立即释放。

4. 进行继续盘问。对有违法犯罪嫌疑的人员批准继续盘问后，应当立即结合当场盘问、检查的情况继续对其进行盘问，以证实或者排除其违法犯罪嫌疑。继续盘问前，应表明执法身份，告知被继续盘问人其被继续盘问的理由、依据以及其依法享有的权利；继续盘问过程中，应当听取被继续盘问人的陈述和申辩，公安机关及其民警应当依法保障被继续盘问人的合法权益。

5. 制作《继续盘问笔录》。对继续盘问情况进行记录，并载明被继续盘问人被带至公安机关的具体时间，由盘问民警和被继续盘问人核对无误后签名或者捺指印。对被继续盘问人拒绝签名和捺指印的，应当在笔录上注明。

6. 终止继续盘问。对具有下列情形之一的，应当立即终止继续盘问，并立即释放被继续盘问人或者依法作出处理决定：继续盘问中发现具有不得适用继续盘问情形之一的；已经证实有违法犯罪行为的；有证据证明有犯罪嫌疑的。

（四）继续盘问的时限

1. 一般时限。继续盘问的时限一般为 12 小时。

2. 特殊时限。对符合下列情形之一的人员，应当在带至公安派出所之时起 4 小时内盘问完毕，且不得送入候问室：怀孕或者正在哺乳自己婴儿的妇女；不满 16 周岁的未成年人；已满 70 周岁的老年人。对上述人员在晚上 9 点至次日早上 7 点之间被释放的，应当通知其家属或者监护人领回；对身份不明或者没有家属和监护人而无法通知的，应当护送至其住地。

3. 延长时限。对在 12 小时内确实难以证实或者排除其违法犯罪嫌疑的，继续盘问时限可以延长至 24 小时。对不讲真实姓名、住址、身份，且在 24 小时内仍不能证实或者排除其违法犯罪嫌疑的，继续盘问时限可以延长至 48 小时。

三、法律依据

1. 《人民警察法》第 9 条、第 23 条、第 35 条。

2. 《居民身份证法》第 15 条第 1 款。

3. 《突发事件应对法》第 50 条第 1 款第（3）项。

4. 《反恐怖主义法》第 61 条第 1 款第（2）项。

5. 《出境入境管理法》第 58 条、第 59 条。

6. 《行政强制法》第 8 条、第 18 条、第 20 条。

7. 《未成年人保护法》第 56 条第 1 款。

8. 《城市人民警察巡逻规定》（1994 年 2 月 25 日公安部令第 17 号）第 5 条第（1）项，第 5 条第（2）项。

9. 《公安机关适用继续盘问规定》（2004 年 7 月 12 日公安部令第 75 号）。

10. 《公安机关办理行政案件程序规定》（2012 年 12 月 19 日公安部令第 125 号修订）第 45 条。

11. 《公安机关人民警察证使用管理规定》（2014 年 6 月 29 日公安部令第 132 号修订）第 4 条。

12. 《公安派出所执法执勤工作规范》（公安部　公通字〔2002〕13 号）第 4 条第（6）项、第 5 条、第 11 条第 1 款第（1）项、第 11 条第 2 款、第 13 条、第 70~75 条。

13. 《关于缉私警察如何适用继续盘问有关问题的批复》（公安部　公复字〔2004〕5 号）第 1 条。

14. 《公安派出所正规化建设规范》（公安部　公通字〔2007〕29 号）第 13 条第（4）项、第 57-61 条。

15. 《公安机关人民警察盘查规范》（公安部　公通字〔2008〕55 号）。

16. 《交通警察道路执勤执法工作规范》（公安部　公通字〔2008〕58 号修订）第 73 条。

17. 《关于对涉案人员采取继续盘问等措施报警务督察部门备案的通知》（公安部　公通字〔2009〕32 号）第 2 条。

18. 《公安机关人民警察现场制止违法犯罪行为操作规程》（公安部　公通字〔2010〕9 号）第 35～40 条。

19. 《关于出入境边防检查机关办理行政案件程序有关问题的通知》（公安部　公境〔2013〕1501 号）第 2 条第 2 款。

20. 《公安机关现场执法视音频记录工作规定》（公安部　公通字〔2016〕14 号）。

第三节　接处警的基本流程

一、接警的基本流程

根据《人民警察法》《110 接处警工作规则》等法律规范的要求，110 报警服务台（含指挥中心）的接警人员、派出所值班民警、巡逻民警应当对报警、求助、投诉的案（事）件情况进行询问和登记，了解、判明情况并下达处警指令。接警是公安机关快速反应机制的一个重要环节，主要包括接报受理、下达指令、信息沟通、回复回访、工作记录五个重要环节（见图 1-3）。

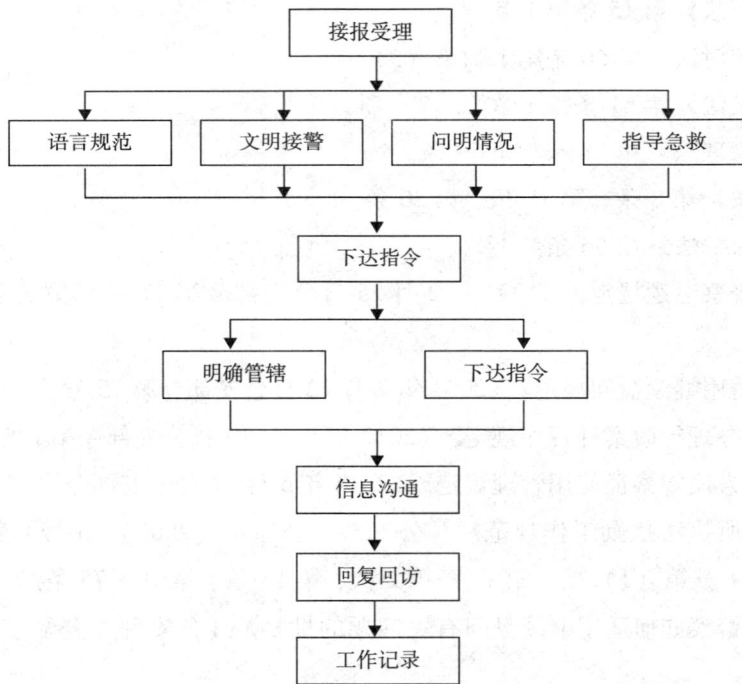

图 1-3　接警的基本流程

（一）接报受理

1. 语言规范。接警人员应当掌握和使用普通话；在使用方言较普遍的地方或者少数民族聚居地，接警人员也应当掌握并根据实际需要使用当地通用的方言或者少数民族语言；在外国人来往较多的城市，应开通外语接警服务，或者通过多语言服务翻译中心协助受理外语报警。

2. 文明接警。接警人员应当警容严整、行为规范、态度热情、语气平和、耐心解答、主动安慰、注意保密。接警时，应主动说："您好，××（市、县）110，××号接警员"。接警过程中应当全程录音，有条件的应当同步录像。

3. 问明情况。接警人员接到报警后，应主动向当事人问明案（事）件的主要情况以及当事人的基本情况。警情信息主要包括"何时、何地、何人、何事、何物、何因、何果"等"七何要素"。同时还要问明报警人的相关信息，如姓名、性别、身份、联系电话、工作单位、家庭住址、当前在何处报案、与案件关系等。针对具体的警情，接警人员还应进一步问明下列情况：

（1）受理案件报警：涉案人数、嫌疑人体貌特征、作案后去向、车牌号码、车型、车颜色等。

（2）受理群体性事件报警：参与人数、规模性质、人员构成、事情缘由、是否持有器械、是否发生过激烈行为等。

（3）受理火灾报警：燃烧物质种类、有无人员被困或伤亡、火势大小、蔓延情况、有无中毒或爆炸等危险情况、相邻单位情况等。

（4）受理交通事故报警：车辆类型、车辆牌号、人员伤亡、是否载有危险物品、危险物品种类等。

（5）受理求助：需救助的人数、事由、危险源等。

（6）受理投诉：被投诉者的基本情况、投诉事由等。

4. 指导急救。对于情况紧急的违法犯罪、灾害事故、人身危险、严重伤病等报警和求助，接警人员可以视情况告知报警人或求助人有关应急处置的办法，指导其救人或者自救。

（二）下达指令

1. 明确管辖。下达处警指令时，应当遵循属地管辖原则、就近管辖原则和业务管辖原则。

（1）对于属于公安机关管辖范围的。公安机关各业务部门、基层单位和人员必须服从处警指令，不得推诿、拖延出警，影响警情的处置。

（2）对于管辖范围暂不明确的地区。应当先指定处警人员进行先期处置，必要时再移交属地公安机关或者有关部门进行处理，

（3）对于不属于公安机关管辖范围的。接警人员应当向报警人解释清楚，并提供必要的引导服务；如若情况紧急的，应当依法采取紧急措施后，再进行移交并记录在案。

2. 下达指令。处警指令的内容主要包括：报警人的姓名、联系方式，案（事）件发生的时间、地点、目前状况、需要注意的其他情况。

（1）有人员伤亡的。立即通报120急救中心赶赴现场实施医疗救护。

（2）正在发生紧急警情的。就近调派警力先期处置，在指令有关警种、单位出警的同时，按照规定上报情况，并向业务主管部门进行通报。

（3）重大和特别重大警情。应逐级上报公安机关和政府部门负责人，由值班长下达出警指令，并根据授权调派有关警种、部门和基层单位警力前往现场增援。

（三）信息沟通

在案（事）件处置过程中，110 报警服务台应当随时掌握警情处置现场的各项情况，及时与处警民警进行信息沟通，了解并掌握处警民警到达现场的先期报告、处置完毕后的反馈报告以及警情处置过程中的各种情况。对于警情处置中遇到的紧急、重大情况，应将处置过程和结果及时汇报给相关部门和领导。对于收集到的信息反馈情况要认真做好记录。

（四）回复回访

110 报警服务台应当依照有关规定或者在必要时，将处警结果回复报警人、求助人和投诉人，并对其及时进行回访。

（五）工作记录

接警人员在接处警系统中应当认真登记、存储接处警情况，并做好备份，依照有关规定妥善保存接处警情况的记录和录音。

二、处警的基本流程

处警的基本流程（见图 1－4）。

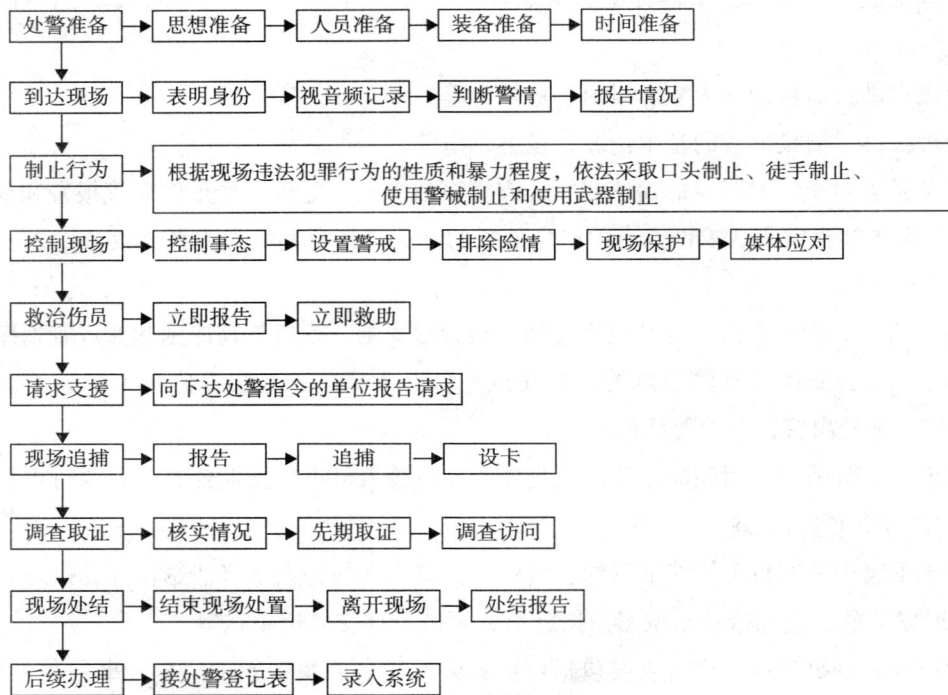

图 1－4　处警的基本流程

（一）处警准备

1. 思想准备。处警民警接到处警指令后，应对现场可能产生的各类突发情况做好充分的思想准备，做到既能确保自身安全，又能保证警情得到及时、果断的处置。

2. 人员准备。处警民警接到处警指令后，应当立即出警，警力配置应当与警情的性质和规模相适应，一般情况下处警民警不得少于 2 人，且专职处警民警应当掌握基本的救援、救灾和医疗救护技能。处警单位不得安排见习民警、辅助工作人员、保安联防队员等不具备执法资格的人员单独处警。

3. 装备准备。处警民警应当按照规定着制式服装，携带人民警察证、执法记录仪等相应的处警装备和工作记录本、有关法律文书等。出警前应当查看所需佩带及携带的装备是否齐全，检查执法记录仪等录音录像设备是否运转正常。

（1）单警装备。处警民警配备单警装备主要包括：警服、警棍、手铐、催泪喷射器、强光手电、警用制式刀具、警用水壶、急救包、多功能腰带、防割手套、手枪、对讲机、警务通、防刺服、警务装备包等。

（2）处警车辆。处警车辆应当统一标识、统一设备及装置，即统一制式外观，车顶安装警灯、移动图传设备，车内装载警笛、移动车载电台、GPS 卫星定位终端等装置。同时应当配备必要的警械与工具，如防弹（防刺）背心、头盔、盾牌、警戒带及救生圈、灭火器等。

（3）执法记录仪。根据《公安机关现场执法视音频记录工作规定》的要求，公安机关应当按照规定配备单警执法记录仪等现场执法记录设备和现场执法视音频资料自动传输、存储、管理等设备。

①适用。对于以下现场执法活动，公安机关应当进行现场执法视音频记录：接受群众报警或者110 指令后处警；当场盘问、检查；对日常工作中发现的违反治安管理、出入境管理、消防管理、道路交通安全管理等违法犯罪行为和道路交通事故等进行现场处置、当场处罚；办理行政、刑事案件进行现场勘验、检查、搜查、扣押、辨认、扣留；消防管理、道路交通安全管理等领域的排除妨害、恢复原状和强制停止施工、停止使用、停产停业等行政强制执行；处置重大突发事件、群体性事件。

②使用。开展现场执法视音频记录时，应当对执法过程进行全程不间断记录，自到达现场开展执法活动时开始，至执法活动结束时停止；从现场带回违法犯罪嫌疑人的，应当记录至将违法犯罪嫌疑人带入公安机关执法办案场所办案区时停止。现场执法视音频记录应当重点摄录以下内容：执法现场环境；违法犯罪嫌疑人、被害人、被侵害人和证人等现场人员的体貌特征和言行举止；重要涉案物品及其主要特征，以及其他可以证明违法犯罪行为的证据；执法人员现场开具、送达法律文书和对有关人员、财物采取措施情况等。

③保存。民警应当在当天执法活动结束后，将现场执法视音频资料导出保存。连续工作、异地执法办案或者在偏远、交通不便地区执法办案，确实无法及时移交资料的，应当在返回单位后24小时内移交。公安机关应当依托警综平台建立现场执法视音频资料管理系统，对现场执法视音频资料进行集中统一管理和分案分类存储，并与执法办案、110 接处警等系统关联共享。现场执法视音频资料的保存期限原则上应当不少于 6 个月。对于记录以下情形的现场执法视音频资料，应当永久保存：作为行政、刑事案件证据使用的；当事人或者现场其他人员有阻碍执法、妨害公务行为的；处置重大突发事件、群体性事件的；其他重大、疑难、复杂的警情。

4. 时间准备。根据《110 接处警工作规则》和《公安派出所执法执勤工作规范》的要求，对紧急和非紧急报警、求助的出警时限，由城市和县级公安机关根据市区或者城镇规模、警力资源和道路交通状况等情况决定并予公布，接受公众监督。一般情况下，接到出警指令后，在城市5分钟内到达现场，在农村以最快的速度到达现场。

（二）到达现场

1. 表明身份。民警到达现场后，应当口头向执法对象表明身份；如未着制式服装，应当出示人民警察证；紧急情况来不及出示人民警察证时，应当先表明身份，并在处置过程中出示人民警察证。

2. 视音频记录。根据《公安机关现场执法视音频记录工作规定》的要求，处警民警到达现场后，应立即开启执法记录仪等视音频记录设备，对处警过程进行视音频记录。

3. 判断警情。处警民警到达现场后，要迅速了解现场情况，并对现场情况进行初判。处警民警根据现场警情的性质、危害程度、影响范围、涉及人数、当事人身份及警情敏感性等综合因素，快速判断，采取相应的处置措施。现场警情发生变化的，处警民警应当及时调整处置措施。

4. 报告情况。根据《公安派出所执法执勤工作规范》的要求，公安派出所民警在处理案（事）件时，应当做到保持联络，及时报告案（事）件处理情况。到达现场后，处警民警要迅速判明现场情况，第一时间向下达处警指令的单位简要反馈现场情况，并判断是否需要120急救中心或其他警种到达现场，情况紧急的，处警民警可以在初步控制事态后再进行报告。

（三）制止行为

处警民警到达现场后，对于现场正在发生违法犯罪行为的，应当根据《人民警察使用警械和武器条例》和《公安机关人民警察现场制止违法犯罪行为操作规定》的要求，根据现场违法犯罪行为的性质和暴力程度，采取口头制止、徒手制止、使用警械制止和使用武器制止。民警在制止违法犯罪行为时，应当注意稳控受害人及其家属等相关人员的情绪，防止矛盾激化及冲突点的转移。民警在制服违法犯罪行为人，或者使用约束性警械约束违法犯罪行为人后，应当在保证自身安全前提下，当场对违法犯罪行为人的人身及其携带的物品进行安全检查。

（四）控制现场

1. 控制事态。处警民警判明警情后，应当采取有效措施制止违法犯罪行为，制服、约束违法犯罪行为人，控制危险物品。必要时，依法采取交通管制措施，疏散周边或者围观人员。对严重危害社会秩序的突发事件，可以依法实行现场管制。

2. 设置警戒。处警民警应当根据案（事）件现场情况设置警戒线，做好现场保护与现场秩序维护。夜间使用警戒带应当配置警示灯或者照明灯。对破坏、冲闯警戒带或者擅自进入警戒区，经警告无效的，可以强制带离现场，并可依法予以治安管理处罚。构成犯罪的，依法追究刑事责任。

3. 排除险情。对涉及爆炸、火灾、中毒、放射性物质、传染性疾病以及其他可能危害公共安全和人身安全的警情，在设置警戒后应当采取措施排除险情。

（1）抢救人员。在做好自身安全防护的情况下，处警民警应立即抢救遇险人员，疏散周边人员至安全地带，做好外围警戒。

（2）专业排险。对爆炸性、腐蚀性、放射性、毒害性、传染性等专业性较强的排险工作，处警民警应当报告下达处警指令的单位联系专业人员到达现场进行处置。

4. 现场保护。

（1）划定保护区域，设置现场警戒。

（2）保护现场证据，除抢救伤员、排除险情、保护物证等紧急情况外，不得进入现场，不得触动现场上的痕迹、物品和尸体。

（3）处理紧急情况时，应当尽可能避免破坏现场痕迹、物品和尸体。

（4）对可能受到自然、人为因素破坏的现场，应当对现场痕迹、物品和尸体等采取相应的保护措施。

（5）将现场保护情况及时报告现场勘验、检查指挥员。

（6）现场保护的时间应从发现案件现场开始至现场勘验、检查结束。

5. 媒体应对。

（1）未经授权，任何单位和民警不得接受媒体记者采访或者公开发布有关案（事）件信息，现场处警民警应当以正在执行公务为由婉拒记者或者群众的询问。

（2）现场有媒体记者采访或者群众拍摄执法活动的，应当请其在警戒区域外采访、拍摄。同时及时向指挥员或者上级进行汇报，并密切关注现场媒体记者动向。对设立专门采访区域的，可以告知媒体记者到指定区域；对未设立专门采访区域的，可以告知媒体记者向公安机关新闻宣传部门提出采访申请。

（3）对上级或者本级公安机关同意采访的，应当配合做好采访工作。

（4）面对媒体记者应做到态度平和、警容严整、举止得当、礼貌周到、不卑不亢。当现场媒体记者强行进入警戒区域，并且已经严重影响警方工作时，可以强制将媒体记者带离警戒线外。

（5）处置过程中要尽量避免与媒体记者发生肢体冲突，对媒体记者在警戒线以外的录像、拍照、采访目击者或围观群众等正常合法的职业行为，处警民警不能随意禁止，但应注意随时掌握情况。

（6）对未经公安机关同意而进行采访的，处警民警应密切关注其动态，依法查验并登记其身份信息，告知其采访需要办理的手续。

（7）对涉及国家秘密、警务工作秘密、他人隐私、未成年人保护、应对处置或者采访及拍摄活动有碍执行公务的，应当通过口头、广播、举牌等适当方式明示禁止采访、拍摄，必要时可以设围挡。对违反上述规定的，可以视情口头警告、依法传唤到公安机关予以处理。对未违反上述规定的，不予干涉，不得故意遮挡其摄影摄像镜头、采访话筒，不得擅自销毁、删除其视音频、照片等素材，不得扣留记者及其物品。

（8）现场有境外媒体记者的，公安机关应当及时通知并配合有关主管部门做好相应工作。

（五）救治伤员

1. 立即报告。现场有人员伤亡的情况，处警民警应当立即向下达处警指令的单位报告。报告内容包括民警身份及联系方式、目前所处位置、现场情况、人员伤亡情况、采取处置措施情况。

2. 立即救助。根据伤员伤势危急程度和处警民警所掌握的救护知识，迅速对受伤人员采取临时救治措施。根据现场需要立即通知 120 急救中心到达现场进行救治，或者报告下达处警指令的单位，由其通知 120 急救中心到场救治。

（六）请求支援

民警在警情处置过程中，对现有警力不足以制止或者控制现场局面的情况，应当立即向下达处警指令的单位报告情况，请求支援。

（七）现场追捕

处警民警到达现场后发现违法犯罪嫌疑人逃离现场的，应根据现场获取的信息实施搜索、堵截、追捕，或者根据具体情况报告上级或下达处警指令的单位，迅速布置警力在主要路段、关卡实施堵截、检查。

（八）调查取证

1. 核实情况。

（1）了解报警人的基本情况，查找并了解周围有无知情群众。

（2）登记报警人和知情群众的姓名、身份证号码、家庭住址、工作单位、联系方式等相关信息。

2. 先期取证。

（1）到达现场后，立即开启执法视音频记录仪对现场情况和处警过程进行全程同步记录，通过录音、录像、拍照等方法，及时收集、固定和保护现场证据。

（2）及时调取监控录像和其他人员拍摄的视音频资料。

（3）搜集实物证据。对有关涉案物品和违禁品、管制器具进行现场搜索、收集，依法办理扣押、登记手续。对易灭失、易遭破坏的证据，应当妥善保护并采取适当方法固定。

（4）报请勘验、检查。根据警情现场的具体情况，需要对现场进行勘验、检查的，应当通知刑侦技术部门派员到场进行勘验、检查。

3. 调查访问。及时询问报警人、当事人、证人。及时对有关线索进行登记、调查。向知情人了解嫌疑人的体貌特征、衣着、人数、逃窜方向、是否携带凶器、使用交通工具等方面情况，并向下达处警指令的单位报告。同时做好情况书面记录。

（九）现场处结

1. 结束现场处置。

（1）当场处罚。对符合当场处罚条件的行政案件，处警民警可以当场作出处罚决定。

（2）现场调解。对符合现场调解的治安案件，处警民警可以进行现场调解。

（3）当场移交。根据《公安派出所执法执勤工作规范》的要求，现场先期处置后，对应当自行办理的案（事）件，处警民警应当依法办理；对应当移交的案（事）件，应及时移交有管辖权的公安机关或者有关部门处理，办理交接手续，必要时协助其现场处理。

（4）继续办理。对案（事）件现场处置完毕，需要继续办理的，将有关人员和证据带回，按照规定继续办理。

2. 离开现场。

（1）清理现场。收集、整理器材装备，撤除警戒。

（2）带回人员。除当场处罚、现场调解外，应当将违法犯罪嫌疑人带回公安机关处理，通知被害人、证人到公安机关接受询问。

（3）带回证据。对作为证据使用的物品和文件，带回公安机关处理。对不能带回的物品，应当依照有关规定查封或者妥善看管。

3. 处结报告。

现场处结完毕后，处警民警应当将处警情况报告给下达处警指令的单位。

（十）后续办理

民警处警结束返回单位后，应制作并呈报《接处警登记表》，记明报警人姓名及联系方式、当事人基本情况，警情来源，接到报警、到达现场和发现警情的时间，警情发生的时间和地点，警情的基本内容，造成的损失，现场处置情况及报告下达处警指令单位情况等，写明下步处理建议，报本单位负责人批准。同时，将警情处置情况录入接处警信息系统。此外，民警应当对警情处置过程中的实施强制措施情况、伤亡情况以及使用武器情况进行报告。

三、处警的基本原则

（一）依法处置

处警民警对警情先期处置的各个环节、处置流程以及警械武器的使用等，均应严格依据我国现行法律、法规及相关规定的要求，依法、文明、规范处置。

（二）快速反应

建立快速反应机制，根据《110接处警工作规则》的要求，按照"一级接警""一级处警""就近处警"和"分类处警"相结合的原则，对于警情处置做到就近处置、属地管辖、业务主管，进而使处警民警对警情先期处置能够做到及时、准确掌握信息，快速、灵敏、准确地作出反应。

（三）稳妥处置

处置前，处警民警应当对现场情况进行初判，采取合理处置措施，巡区为主、增援跟进、警力分配合理，做到先期处置、控制事态、各警种协同配合。处置过程中，处警民警要讲究策略、把握时机、注意方式方法、行为规范，使用警械武器时，要把握适度原则，最大限度避免和减少人民群众的生命和财产损失。

（四）低调处置

处警民警对案（事）件进行先期处置过程中，尤其是对敏感的案件、事件的处置过程中，应妥善做好舆情应对工作，正确引导舆论，避免形成舆论热点。

（五）重视证据

处警民警在进行警情现场处置过程中，应及时做好现场访问、勘查检验、录音录像等取证工作，在接到处警指令准备出警时，第一时间开启执法记录仪进行全程录音录像，调查了解有关情况，收集并固定证据。

（六）及时报告

根据《公安派出所执法执勤工作规范》的要求，公安派出所民警在处理案（事）件时，应当做到保持联络，及时报告警情现场处理情况。出发前，要向下达处警指令的单位报告出发时间、处警人员数量、处警装备情况以及预计到达现场的时间等情况；到达现场后，要第一时间向下达处警指令的单位反馈现场情况；现场处结完毕后，应当将处警情况报告给下达处警指令的单位。

四、法律依据

1. 《人民警察法》第 15 条、第 17 条、第 21 条。

2. 《刑事诉讼法》第 108 条第 3 款。

3. 《行政处罚法》第 33 条。

4. 《治安管理处罚法》第 77 条。

5. 《道路交通安全法》第 72 条第 1 款。

6. 《消防法》第 44 条第 4 款。

7. 《行政强制法》第 19 条、第 20 条。

8. 《人民警察使用警械和武器条例》（1996 年 1 月 16 日国务院令第 191 号）第 7 条、第 9 条、第 13 条。

9. 《公安机关督察条例》（2011 年 8 月 31 日国务院令第 603 号修订）第 9 条。

10. 《城市人民警察巡逻规定》（1994 年 2 月 25 日公安部令第 17 号）第 4 条第（9）项。

11. 《公安机关警务督察队工作规定》（1997 年 9 月 10 日公安部令第 31 号）第 3 条第 3 项、第 13 条。

12. 《公安机关警戒带使用管理办法》（1998 年 3 月 21 日公安部令第 34 号）第 4 条、第 5 条、第 9 条。

13. 《公安机关督察条例实施办法》（2001 年 1 月 2 日公安部令第 55 号）第 31 条第 1 款。

14. 《道路交通事故处理程序规定》（2008 年 8 月 17 日公安部令第 104 号）第 10 条。

15. 《公路巡逻民警队警务工作规范》（2011 年 4 月 9 日公安部令第 116 号）第 7 条第 1 项、第 7 条第（7）至（10）项、第 15 条第 1 款第（2）项、第 15 条第 1 款第（4）、（5）项，第 29 ~ 35 条。

16. 《公安机关办理刑事案件程序规定》（2012 年 12 月 13 日公安部令第 127 号修订）第 166 条。

17. 《公安机关办理行政案件程序规定》（2012 年 12 月 19 日公安部令第 125 号修订）第 34 条、第 44 条、第 46 ~ 47 条。

18. 《公安机关人民警察证使用管理规定》（2014 年 6 月 29 日公安部令第 132 号修订）第 4 条。

19. 《公安派出所执法执勤工作规范》（公安部 公通字〔2002〕13 号）第 11 条第 1 款第 1 项、第 11 条第 2 款、第 12 条、第 13 条、第 44 条第（2）项、第 44 条第（3）项、第 47 ~ 49 条、第 54～62 条。

20. 《公安机关窗口单位服务规定》（公安部　公通字〔2003〕3 号）第 5 条第（2）项。

21. 《110 接处警工作规则》（公安部　公通字〔2003〕31 号）。

22. 《关于大力推进县市公安机关 110、119、122 "三台合一"工作的通知》（公安部　公通字〔2004〕17 号）。

23. 《公安派出所正规化建设规范》（公安部　公通字〔2007〕29 号）第 2 条第（9）项、第 13 条第（1）项、第 13 条第（2）项，第 64 条第（2）项、第 66 条、第 72～78 条、第 80 条、第 82 条、第 101 条第（3）项、第 101 条第（5）项。

24. 《公安机关治安调解工作规范》（公安部　公通字〔2007〕81 号）第 14 条第 1 款。

25. 《公安机关人民警察盘查规范》（公安部　公通字〔2008〕55 号）第 4 条。

26. 《公安机关人民警察现场制止违法犯罪行为操作规程》（公安部　公通字〔2010〕9 号）。

27. 《公安机关刑事案件现场勘验检查规则》（公安部　公通字〔2015〕31 号）第 14～19 条。

28. 《公安机关警务督察部门办理举报投诉事项工作规范》（公安部　公督〔2016〕20 号）。

29. 《公安机关现场执法视音频记录工作规定》（公安部　公通字〔2016〕14 号）。

第四节　治安类警情先期处置

一、殴打他人、寻衅滋事警情先期处置

殴打他人行为，是指以殴打方式损害他人身体健康的违反治安管理的行为。即以拳脚、器具等工具直接作用于被侵害人人身的方式损害特定他人身体健康。殴打他人在人身伤害程度上不能达到轻伤的程度。寻衅滋事行为，是指结伙斗殴、追逐、拦截他人，强拿硬要或者任意损毁、占用公私财物以及其他肆意挑衅扰乱社会秩序的行为。殴打他人在主体人数、主观方面、侵害客体等内容上与寻衅滋事中的结伙斗殴有所不同。二者在警情先期处置过程中可以按照下面的程序进行处置。

（一）处置流程

1. 处警人员接到群众报警或指挥中心指令后，立即赶赴现场。

2. 到达现场，开启执法记录仪，表明身份，向报警人了解情况，迅速核实判明案件基本情况，并报告下达处警指令单位。

3. 及时疏散围观群众，必要时设置警戒区域。

4. 立即制止违法行为，收缴器械，控制嫌疑人。

5. 有人员受伤严重的，报告下达处警指令单位要求 120 到达现场；若受伤人员是嫌疑人，应采取必要的约束措施并在实施看管下予以治疗。

6. 访问现场群众，寻找目击者、知情人，登记相关信息，了解案件情况，做好现场笔录。

7. 开展调查取证工作，调取现场视音频资料，搜集实物证据，固定证据，注意保护作案工具遗留的指纹。

8. 需要刑事技术人员勘查现场的，保护好现场，报告下达处警指令单位通知刑事技术人员勘查现场。

9. 处警反馈，报告下达处警指令单位。

10. 现场处结，带回人员和证据。

11. 填写、存储接处警记录，保存执法记录仪记录，制作相关法律文书。

（二）法律依据

1. 《人民警察法》。

第 6 条第（1）项　公安机关的人民警察按照职责分工，依法履行下列职责：

（1）预防、制止和侦查违法犯罪活动。

第 9 条第 1 款　为维护社会治安秩序，公安机关的人民警察对有违法犯罪嫌疑的人员，经出示相应证件，可以当场盘问、检查。

第 21 条第 1 款　人民警察遇到公民人身、财产安全受到侵犯或者处于其他危难情形，应当立即救助；对公民提出解决纠纷的要求，应当给予帮助；对公民的报警案件，应当及时查处。

2. 《110 接处警工作规则》。

第 14 条　110 报警服务台受理报警的范围：

（1）刑事案件；

（2）治安案（事）件；

（3）危及人身、财产安全或者社会治安秩序的群体性事件；

（4）自然灾害、治安灾害事故；

（5）其他需要公安机关处置的与违法犯罪有关的报警。

第 24 条　处警民警到达现场后，应当根据有关规定对警情妥善处置。处警结束后，应当及时将处警情况向 110 报警服务台反馈，并做好处警记录。处警结果需要制作法律文书的，按有关规定办理。

第 25 条　对正在发生的案（事）件，最先到达现场的处警民警不足以制止或者控制局面的，应当立即将案（事）件情况报告 110 报警服务台。110 报警服务台应当按照工作预案，迅速调集、指挥有关警种、部门赶赴现场增援或者进行布控查缉。

3. 《公安派出所执法执勤工作规范》。

第 55 条　公安派出所民警在处理案（事）件时，应当做到：

（1）接到出警指令后，在城市 5 分钟内到达现场，在农村以最快的速度到达现场；

（2）保持联络，及时报告案（事）件处理情况；

（3）依法、稳妥、果断处置；

（4）服从命令，严格履行法定职责。

第 58 条　公安派出所民警进行刑事案件现场处置时，应当做到：

（1）划定保护区域，布置现场警戒，保护现场；

（2）抓捕、看管和监视犯罪嫌疑人；

（3）救助伤员；

（4）进行初步现场调查；

（5）核实情况，保全证据，并迅速报告上级公安机关；

（6）向侦查人员通报案件发现经过、现场保护和初步处置的情况。

第59条 对于严重暴力案件现场的处置，除按本规范第60条执行外，还应当立即请求上级公安机关采取以下措施：

（1）对可能受侵害的重点目标采取保护和警戒措施；

（2）向邻近地区发出预警通报；

（3）迅速通知治安检查站点进入警戒状态，全面部署堵截。

第60条 对治安案件现场的处置，应当做到：

（1）维护现场秩序；

（2）进行现场调查；

（3）搜集、保全证据；

（4）收缴和扣押违法、违禁物品；

（5）除按法律规定实行当场处罚外，依法将有关人员带回公安派出所继续调查处理。

4.《人民警察使用警械和武器条例》。

第7条第1款第（1）项 人民警察遇有下列情形之一，经警告无效的，可以使用警棍、催泪弹、高压水枪、特种防暴枪等驱逐性、制服性警械：

（1）结伙斗殴、殴打他人、寻衅滋事、侮辱妇女或者进行其他流氓活动的。

第7条第2款 人民警察依照前款规定使用警械，应当以制止违法犯罪行为为限度；当违法犯罪行为得到制止时，应当立即停止使用。

第9条第1款第（9）项 人民警察判明有下列暴力犯罪行为的紧急情形之一，经警告无效的，可以使用武器。

（9）聚众械斗、暴乱等严重破坏社会治安秩序，用其他方法不能制止的。

第9条第2款 人民警察依照前款规定使用武器，来不及警告或者警告后可能导致更为严重危害后果的，可以直接使用武器。

第13条 人民警察使用武器的，应当将使用武器的情况如实向所属机关书面报告。

5.《公安机关办理刑事案件程序规定》。

第209条 发案地派出所、巡逻民警等部门应当妥善保护犯罪现场和证据，控制犯罪嫌疑人，并立即报告公安机关主管部门。

执行勘查的侦查人员接到通知后，应当立即赶赴现场；勘查现场，应当持有刑事犯罪现场勘查证。

6.《治安管理处罚法》。

第2条 扰乱公共秩序，妨害公共安全，侵犯人身权利、财产权利，妨害社会管理，具有社会危害性,依照《刑法》的规定构成犯罪的,依法追究刑事责任;尚不够刑事处罚的,由公安机关依照本法给予治安管理处罚。

第26条 有下列行为之一的,处5日以上10日以下拘留,可以并处500元以下罚款;情节较重的,处10日以上15日以下拘留,可以并处1000元以下罚款:

(1)结伙斗殴的;

(2)追逐、拦截他人的;

(3)强拿硬要或者任意损毁、占用公私财物的;

(4)其他寻衅滋事行为。

第43条 殴打他人的,或者故意伤害他人身体的,处5日以上10日以下拘留,并处200元以上500元以下罚款;情节较轻的,处5日以下拘留或者500元以下罚款。

有下列情形之一的,处10日以上15日以下拘留,并处500元以上1000元以下罚款:

(1)结伙殴打、伤害他人的;

(2)殴打、伤害残疾人、孕妇、不满14周岁的人或者60周岁以上的人的;

(3)多次殴打、伤害他人或者一次殴打、伤害多人的。

7.《公安机关现场执法视音频记录工作规定》。

第2条 现场执法视音频记录工作,是指公安机关利用现场执法记录设备对现场执法活动进行全过程视音频同步记录,并对现场执法视音频资料进行收集、保存、管理、使用等工作。

第3条 公安机关应当按照规定配备单警执法记录仪等现场执法记录设备和现场执法视音频资料自动传输、存储、管理等设备。

第4条 对于以下现场执法活动,公安机关应当进行现场执法视音频记录:

(1)接受群众报警或者110指令后处警;

(2)当场盘问、检查;

(3)对日常工作中发现的违反治安管理、出入境管理、消防管理、道路交通安全管理等违法犯罪行为和道路交通事故等进行现场处置、当场处罚;

(4)办理行政、刑事案件进行现场勘验、检查、搜查、扣押、辨认、扣留;

(5)消防管理、道路交通安全管理等领域的排除妨害、恢复原状和强制停止施工、停止使用、停产停业等行政强制执行;

(6)处置重大突发事件、群体性事件。地方公安机关和各警种可以根据本地区、本警种实际情况,确定其他进行现场执法视音频记录的情形。

第6条 开展现场执法视音频记录时,应当对执法过程进行全程不间断记录,自到达现场开展执法活动时开始,至执法活动结束时停止;从现场带回违法犯罪嫌疑人的,应当记录至将违法犯罪嫌疑人带入公安机关执法办案场所办案区时停止。

第7条 现场执法视音频记录应当重点摄录以下内容:

(1)执法现场环境;

（2）违法犯罪嫌疑人、被害人、被侵害人和证人等现场人员的体貌特征和言行举止；

（3）重要涉案物品及其主要特征，以及其他可以证明违法犯罪行为的证据；

（4）执法人员现场开具、送达法律文书和对有关人员、财物采取措施情况；

（5）其他应当记录的重要内容。

（三）注意事项

1. 到达现场后，首要任务是控制事态，防止事态升级、恶化。

2. 制止违法行为应依次采取口头制止、徒手制止、使用警械制止和使用武器制止，应当根据现场情况把握适度原则，以能有效制止违法行为为标准。

3. 涉及人员较多，现场警力难以控制时，应当立即报告下达处警指令单位，组织支援。

4. 做好证据收集和固定，登记目击证人或知情人，为后续处理奠定基础。

5. 民警在现场处置时应做到规范文明，避免引发舆论关注。

二、盗窃行为警情先期处置

盗窃行为，是指行为人以非法占有为目的，秘密窃取公私财物，数额不大，尚不够刑事处罚的行为。根据《治安管理处罚法》以及其他相关法律法规的规定，盗窃少量公私财物，情节轻微不构成犯罪的，构成治安案件。

（一）处置流程

1. 处警人员接到群众报警或指挥中心指令后，立即赶赴现场。

2. 到达现场，开启执法记录仪，表明身份，向报警人了解情况，迅速核实判明案件基本情况，并报告下达处警指令单位。

3. 对正在进行违法犯罪的嫌疑人及时控制，检查其随身携带的物品，扣押作案工具及赃款、赃物。

4. 犯罪嫌疑人逃离现场不久的，应及时组织搜索和追捕，并向下达处警指令单位报告违法犯罪嫌疑人的体貌特征及交通工具等信息，由其部署追缉堵截。同时巡查案发周边视频资料，查找嫌疑人踪迹。

5. 设置警戒，划定保护区域，防止破坏现场。

6. 对受害人或报警人进行询问，了解案件情况，提醒受害人止损（如银行卡被盗的情况）。

7. 开展现场调查、走访，寻找目击者、知情人，问清案发时间、地点、被盗财物价值、受害人基本情况等；对现行发生的盗窃行为，还应问清可疑人员人数、体貌特征、行踪去向、使用交通工具等。

8. 收集、固定现场证据，注意保护现场痕迹。需要刑事技术人员勘查现场的，保护好现场，报告下达处警指令单位，通知技术人员到场勘查。

9. 处警反馈，报告下达处警指令单位。

10. 现场处结，带回人员和证据。

11. 填写、存储接处警记录，保存执法记录仪记录，制作相关法律文书。

（二）法律依据

1. 《人民警察法》。

第 6 条第（1）项　公安机关的人民警察按照职责分工，依法履行下列职责：

（1）预防、制止和侦查违法犯罪活动。

第 9 条第 1 款　为维护社会治安秩序，公安机关的人民警察对有违法犯罪嫌疑的人员，经出示相应证件，可以当场盘问、检查。

第 21 条第 1 款　人民警察遇到公民人身、财产安全受到侵犯或者处于其他危难情形，应当立即救助；对公民提出解决纠纷的要求，应当给予帮助；对公民的报警案件，应当及时查处。

2. 《110 接处警工作规则》。

第 14 条　110 报警服务台受理报警的范围：

（1）刑事案件；

（2）治安案（事）件；

（3）危及人身、财产安全或者社会治安秩序的群体性事件；

（4）自然灾害、治安灾害事故；

（5）其他需要公安机关处置的与违法犯罪有关的报警。

第 24 条　处警民警到达现场后，应当根据有关规定对警情妥善处置。处警结束后，应当及时将处警情况向 110 报警服务台反馈，并做好处警记录。处警结果需要制作法律文书的，按有关规定办理。

第 25 条　对正在发生的案（事）件，最先到达现场的处警民警不足以制止或者控制局面的，应当立即将案（事）件情况报告 110 报警服务台。110 报警服务台应当按照工作预案，迅速调集、指挥有关警种、部门赶赴现场增援或者进行布控查缉。

3. 《公安派出所执法执勤工作规范》。

第 48 条　公安派出所值班民警接受报案、控告、举报及扭送违法犯罪嫌疑人和投案自首人员时，应当做到：

（1）询问基本情况，制作询问笔录，填写《接受案件回执单》，并根据公安派出所所长意见交有关民警处理；

（2）对紧急案（事）件，应当立即依法采取紧急处理措施，并向公安派出所所长报告。

第 49 条　公安派出所值班民警接待群众来访、查询、求助时，应当做到：

（1）耐心答复或者解决群众提出的问题；

（2）接待群众寻人或者查找住址的，详细问明情况，积极帮助查找；

（3）对于群众的求助，属于职责范围的，积极帮助解决；不属于职责范围的，向群众说明理由。群众求助及民警处理的情况都应当记录在案；

（4）对群众送交拣拾物品的，详细做好记录，尽快查找失主。对于归还物品的情况或者无主物品的处理情况，应当向送交拣拾物品的群众反馈。

第58条　公安派出所民警进行刑事案件现场处置时，应当做到：

（1）划定保护区域，布置现场警戒，保护现场；

（2）抓捕、看管和监视犯罪嫌疑人；

（3）救助伤员；

（4）进行初步现场调查；

（5）核实情况，保全证据，并迅速报告上级公安机关；

（6）向侦查人员通报案件发现经过、现场保护和初步处置的情况。

第60条　对治安案件现场的处置，应当做到：

（1）维护现场秩序；

（2）进行现场调查；

（3）搜集、保全证据；

（4）收缴和扣押违法、违禁物品；

（5）除按法律规定实行当场处罚外，依法将有关人员带回公安派出所继续调查处理。

4.《治安管理处罚法》。

第2条　扰乱公共秩序，妨害公共安全，侵犯人身权利、财产权利，妨害社会管理，具有社会危害性，依照《刑法》的规定构成犯罪的，依法追究刑事责任；尚不够刑事处罚的，由公安机关依照本法给予治安管理处罚。

第33条　有下列行为之一的，处10日以上15日以下拘留：

（1）盗窃、损毁油气管道设施、电力电信设施、广播电视设施、水利防汛工程设施或者水文监测、测量、气象测报、环境监测、地质监测、地震监测等公共设施的；

（2）移动、损毁国家边境的界碑、界桩以及其他边境标志、边境设施或者领土、领海标志设施的；

（3）非法进行影响国（边）界线走向的活动或者修建有碍国（边）境管理的设施的。

第34条　盗窃、损坏、擅自移动使用中的航空设施，或者强行进入航空器驾驶舱的，处10日以上15日以下拘留。

在使用中的航空器上使用可能影响导航系统正常功能的器具、工具，不听劝阻的，处5日以下拘留或者500元以下罚款。

第35条　有下列行为之一的，处5日以上10日以下拘留，可以并处500元以下罚款；情节较轻的，处5日以下拘留或者500元以下罚款：

（1）盗窃、损毁或者擅自移动铁路设施、设备、机车车辆配件或者安全标志的；

（2）在铁路线路上放置障碍物，或者故意向列车投掷物品的；

（3）在铁路线路、桥梁、涵洞处挖掘坑穴、采石取沙的；

（4）在铁路线路上私设道口或者平交过道的。

第36条　擅自进入铁路防护网或者火车来临时在铁路线路上行走坐卧、抢越铁路，影响行车安全的，处警告或者 200 元以下罚款。

第 37 条　有下列行为之一的，处 5 日以下拘留或者 500 元以下罚款；情节严重的，处 5 日以上 10 日以下拘留，可以并处 500 元以下罚款：

（1）未经批准，安装、使用电网的，或者安装、使用电网不符合安全规定的；

（2）在车辆、行人通行的地方施工，对沟井坎穴不设覆盖物、防围和警示标志的，或者故意损毁、移动覆盖物、防围和警示标志的；

（3）盗窃、损毁路面井盖、照明等公共设施的。

第 49 条　盗窃、诈骗、哄抢、抢夺、敲诈勒索或者故意损毁公私财物的，处 5 日以上 10 日以下拘留，可以并处 500 元以下罚款；情节较重的，处 10 日以上 15 日以下拘留，可以并处 1000 元以下罚款。

5.《公安机关办理刑事案件程序规定》。

第 209 条　发案地派出所、巡逻民警等部门应当妥善保护犯罪现场和证据，控制犯罪嫌疑人，并立即报告公安机关主管部门。

执行勘查的侦查人员接到通知后，应当立即赶赴现场；勘查现场，应当持有刑事犯罪现场勘查证。

6.《公安机关现场执法视音频记录工作规定》。

第 2 条　现场执法视音频记录工作，是指公安机关利用现场执法记录设备对现场执法活动进行全过程视音频同步记录，并对现场执法视音频资料进行收集、保存、管理、使用等工作。

第 3 条　公安机关应当按照规定配备单警执法记录仪等现场执法记录设备和现场执法视音频资料自动传输、存储、管理等设备。

第 4 条　对于以下现场执法活动，公安机关应当进行现场执法视音频记录：

（1）接受群众报警或者 110 指令后处警；

（2）当场盘问、检查；

（3）对日常工作中发现的违反治安管理、出入境管理、消防管理、道路交通安全管理等违法犯罪行为和道路交通事故等进行现场处置、当场处罚；

（4）办理行政、刑事案件进行现场勘验、检查、搜查、扣押、辨认、扣留；

（5）消防管理、道路交通安全管理等领域的排除妨害、恢复原状和强制停止施工、停止使用、停产停业等行政强制执行；

（6）处置重大突发事件、群体性事件。

地方公安机关和各警种可以根据本地区、本警种实际情况，确定其他进行现场执法视音频记录的情形。

第 6 条　开展现场执法视音频记录时，应当对执法过程进行全程不间断记录，自到达现场开展执法活动时开始，至执法活动结束时停止；从现场带回违法犯罪嫌疑人的，应当记录至将违法犯罪嫌疑人带入公安机关执法办案场所办案区时停止。

第7条　现场执法视音频记录应当重点摄录以下内容：

（1）执法现场环境；

（2）违法犯罪嫌疑人、被害人、被侵害人和证人等现场人员的体貌特征和言行举止；

（3）重要涉案物品及其主要特征，以及其他可以证明违法犯罪行为的证据；

（4）执法人员现场开具、送达法律文书和对有关人员、财物采取措施情况；

（5）其他应当记录的重要内容。

（三）注意事项

1. 出警动作要迅速、及时，争取第一时间赶到现场。

（1）如属非现行的盗窃案件，确因警力紧张需稍后才能到达现场的，应向报警人做好解释工作。

（2）如属现行案件，要立即派出警力到达现场进行处置。

2. 到达现场后，询问报警人的过程中，应当对报警人进行适当的安慰。

3. 处警过程中严禁对报警人冷嘲热讽或使用可能引致报警人对处置工作反感的语言。

4. 询问报警人过程中，要注意核实报警人身份。例如，属党政领导、人大代表、政协委员、社会知名人士、港澳台居民等身份敏感、特殊的，要立即向上级报告。

5. 发案现场属于党政机关、金融机构、外国驻本地机构、高校等重点、敏感部门单位的，除做好情况上报工作外，要及时通报警卫部门和内保部门。

7. 在处警过程中，应告知报警人及其他群众防盗知识及发生被盗后的正确处理办法。

8. 现场抓获嫌疑人的，要对相关物证及时固定；抓获多名嫌疑人的，要采取有效措施防止串供。

9. 对于易损坏、易消失的证据要重点保护，要注意保护现场，避免破坏原貌。

10. 无论损失财物多少，现场处警民警均应认真细致工作，不抱怨、不敷衍，更不能以损失小为借口，暗示报警人不要报案。

三、卖淫嫖娼行为警情先期处置

卖淫行为、嫖娼行为，是指不特定的同性或异性之间以金钱、财物等为媒介发生不正当性关系的行为。卖淫、嫖娼是一种交互共存的行为，其侵害的直接客体是社会治安秩序，只要实施了两种行为中的任何一种，就构成了违反治安管理的行为，应当按照《治安管理处罚法》的规定进行处罚。

（一）处置流程

1. 处警人员接到群众报警或指挥中心指令后，立即赶赴现场。

2. 到达现场，开启执法记录仪，表明身份，向报警人了解情况，迅速核实判明案件基本情况，并报告下达处警指令单位。

3. 可指派便衣民警先行侦察，随后统一、快速行动，立即封锁现场外围出入口，禁止无关人员进出，防止通风报信。

4. 迅速控制现场局面，控制卖淫嫖娼嫌疑人以及涉嫌组织、介绍、容留卖淫的嫌疑人，防止跳楼、逃跑、毁灭证据等。

5. 对现场抓获卖淫嫖娼人员的，制作现场笔录。

6. 对现场遗留的卫生纸、避孕套、毛发、性药、嫖资、床单等相关物证进行收集、固定。需要刑事技术人员勘查现场的，保护好现场，报告下达处警指令单位，通知技术人员到场勘查。

7. 询问涉案人员和证人，做好录音、录像工作，注意保护嫌疑人的人格尊严和隐私权。

8. 处警反馈，报告下达处警指令单位。

9. 现场处结，带回人员和证据。

10. 填写、存储接处警记录，保存执法记录仪记录，制作相关法律文书。

（二）法律依据

1. 《人民警察法》。

第 6 条第（1）项　公安机关的人民警察按照职责分工，依法履行下列职责：

（1）预防、制止和侦查违法犯罪活动。

第 9 条第 1 款　为维护社会治安秩序，公安机关的人民警察对有违法犯罪嫌疑的人员，经出示相应证件，可以当场盘问、检查。

2. 《110 接处警工作规则》。

第 14 条　110 报警服务台受理报警的范围：

（1）刑事案件；

（2）治安案（事）件；

（3）危及人身、财产安全或者社会治安秩序的群体性事件；

（4）自然灾害、治安灾害事故；

（5）其他需要公安机关处置的与违法犯罪有关的报警。

第 24 条　处警民警到达现场后，应当根据有关规定对警情妥善处置。处警结束后，应当及时将处警情况向 110 报警服务台反馈，并做好处警记录。处警结果需要制作法律文书的，按有关规定办理。

第 25 条　对正在发生的案（事）件，最先到达现场的处警民警不足以制止或者控制局面的，应当立即将案（事）件情况报告 110 报警服务台。110 报警服务台应当按照工作预案，迅速调集、指挥有关警种、部门赶赴现场增援或者进行布控查缉。

3. 《公安派出所执法执勤工作规范》。

第 48 条　公安派出所值班民警接受报案、控告、举报及扭送违法犯罪嫌疑人和投案自首人员时，应当做到：

（1）询问基本情况，制作询问笔录，填写《接受案件回执单》，并根据公安派出所所长意见交有关民警处理；

（2）对紧急案（事）件，应当立即依法采取紧急处理措施，并向公安派出所所长报告。

第 49 条　公安派出所值班民警接待群众来访、查询、求助时，应当做到：

（1）耐心答复或者解决群众提出的问题；

（2）接待群众寻人或者查找住址的，详细问明情况，积极帮助查找；

（3）对于群众的求助，属于职责范围的，积极帮助解决；不属于职责范围的，向群众说明理由。群众求助及民警处理的情况都应当记录在案；

（4）对群众送交拣拾物品的，详细做好记录，尽快查找失主。对于归还物品的情况或者无主物品的处理情况，应当向送交拣拾物品的群众反馈。

第 60 条　对治安案件现场的处置，应当做到：

（1）维护现场秩序；

（2）进行现场调查；

（3）搜集、保全证据；

（4）收缴和扣押违法、违禁物品；

（5）除按法律规定实行当场处罚外，依法将有关人员带回公安派出所继续调查处理。

4. 《治安管理处罚法》。

第 2 条　扰乱公共秩序，妨害公共安全，侵犯人身权利、财产权利，妨害社会管理，具有社会危害性，依照《刑法》的规定构成犯罪的，依法追究刑事责任；尚不够刑事处罚的，由公安机关依照本法给予治安管理处罚。

第 66 条　卖淫、嫖娼的，处 10 日以上 15 日以下拘留，可以并处 5000 元以下罚款；情节较轻的，处 5 日以下拘留或者 500 元以下罚款。

在公共场所拉客招嫖的，处 5 日以下拘留或者 500 元以下罚款。

第 67 条　引诱、容留、介绍他人卖淫的，处 10 日以上 15 日以下拘留，可以并处 5000 元以下罚款；情节较轻的，处 5 日以下拘留或者 500 元以下罚款。

第 68 条　制作、运输、复制、出售、出租淫秽的书刊、图片、影片、音像制品等淫秽物品或者利用计算机信息网络、电话以及其他通讯工具传播淫秽信息的，处 10 日以上 15 日以下拘留，可以并处 3000 元以下罚款；情节较轻的，处 5 日以下拘留或者 500 元以下罚款。

第 69 条　有下列行为之一的，处 10 日以上 15 日以下拘留，并处 500 元以上 1000 元以下罚款：

（1）组织播放淫秽音像的；

（2）组织或者进行淫秽表演的；

（3）参与聚众淫乱活动的。

明知他人从事前款活动，为其提供条件的，依照前款的规定处罚。

5. 《公安机关现场执法视音频记录工作规定》。

第 2 条　现场执法视音频记录工作，是指公安机关利用现场执法记录设备对现场执法活动进行全过程视音频同步记录，并对现场执法视音频资料进行收集、保存、管理、使用等工作。

第 3 条　公安机关应当按照规定配备单警执法记录仪等现场执法记录设备和现场执法视音频资

料自动传输、存储、管理等设备。

第4条 对于以下现场执法活动，公安机关应当进行现场执法视音频记录：

（1）接受群众报警或者110指令后处警；

（2）当场盘问、检查；

（3）对日常工作中发现的违反治安管理、出入境管理、消防管理、道路交通安全管理等违法犯罪行为和道路交通事故等进行现场处置、当场处罚；

（4）办理行政、刑事案件进行现场勘验、检查、搜查、扣押、辨认、扣留；

（5）消防管理、道路交通安全管理等领域的排除妨害、恢复原状和强制停止施工、停止使用、停产停业等行政强制执行；

（6）处置重大突发事件、群体性事件。

地方公安机关和各警种可以根据本地区、本警种实际情况，确定其他进行现场执法视音频记录的情形。

第6条 开展现场执法视音频记录时，应当对执法过程进行全程不间断记录，自到达现场开展执法活动时开始，至执法活动结束时停止；从现场带回违法犯罪嫌疑人的，应当记录至将违法犯罪嫌疑人带入公安机关执法办案场所办案区时停止。

第7条 现场执法视音频记录应当重点摄录以下内容：

（1）执法现场环境；

（2）违法犯罪嫌疑人、被害人、被侵害人和证人等现场人员的体貌特征和言行举止；

（3）重要涉案物品及其主要特征，以及其他可以证明违法犯罪行为的证据；

（4）执法人员现场开具、送达法律文书和对有关人员、财物采取措施情况；

（5）其他应当记录的重要内容。

（三）注意事项

1. 对女性未成年人进行询问查证时，应当充分考虑女性未成年人的身心特点，不得采取责骂、训斥、讽刺、侮辱以及其他有辱人格尊严、造成精神伤害的方式。

2. 处警人员不具有管辖权的，处警后应立即将案件移交依法具有管辖权的单位查处。

四、赌博行为警情先期处置

赌博行为，是指以有价值的金钱、筹码电子货币等物品为赌注，通过斗牌等形式进行的一种违法娱乐活动。参与赌博赌资较大，但行为人并未以赌博为常业的行为，可认定为违反治安管理的行为，按照《治安管理处罚法》进行处罚。

（一）处置流程

1. 处警人员接到群众报警或指挥中心指令后，立即赶赴现场。

2. 到达现场，开启执法记录仪，表明身份，迅速核实判明案件基本情况，并报告下达处警指令单位。

3. 立即封锁现场外围出入口，禁止无关人员进出，防止通风报信。

4. 迅速控制现场局面，控制违法犯罪嫌疑人，扣押赌资、赌具以及其他涉案物品；分别看管嫌疑人，防止串供、跳楼、逃跑等情况发生。

5. 现场局面难以控制，需要增援的，立即报告下达处警指令单位和所属单位领导，要求增派相应力量。

6. 现场调查走访，问清案发时间、地点、人数、赌资数额、周边环境等基本情况，收集、固定证据。

7. 处警反馈，报告下达处警指令单位。

8. 现场处结，带回人员和证据。

9. 填写、存储接处警记录，保存执法记录仪记录，制作相关法律文书。

（二）法律依据

1.《人民警察法》。

第6条第（1）项　公安机关的人民警察按照职责分工，依法履行下列职责：

（1）预防、制止和侦查违法犯罪活动。

第9条第1款　为维护社会治安秩序，公安机关的人民警察对有违法犯罪嫌疑的人员，经出示相应证件，可以当场盘问、检查。

2.《110接处警工作规则》。

第14条　110报警服务台受理报警的范围：

（1）刑事案件；

（2）治安案（事）件；

（3）危及人身、财产安全或者社会治安秩序的群体性事件；

（4）自然灾害、治安灾害事故；

（5）其他需要公安机关处置的与违法犯罪有关的报警。

第24条　处警民警到达现场后，应当根据有关规定对警情妥善处置。处警结束后，应当及时将处警情况向110报警服务台反馈，并做好处警记录。处警结果需要制作法律文书的，按有关规定办理。

第25条　对正在发生的案（事）件，最先到达现场的处警民警不足以制止或者控制局面的，应当立即将案（事）件情况报告110报警服务台。110报警服务台应当按照工作预案，迅速调集、指挥有关警种、部门赶赴现场增援或者进行布控查缉。

3.《公安派出所执法执勤工作规范》。

第48条　公安派出所值班民警接受报案、控告、举报及扭送违法犯罪嫌疑人和投案自首人员时，应当做到：

（1）询问基本情况，制作询问笔录，填写《接受案件回执单》，并根据公安派出所所长意见交有关民警处理；

（2）对紧急案（事）件，应当立即依法采取紧急处理措施，并向公安派出所所长报告。

第60条 对治安案件现场的处置，应当做到：

（1）维护现场秩序；

（2）进行现场调查；

（3）搜集、保全证据；

（4）收缴和扣押违法、违禁物品；

（5）除按法律规定实行当场处罚外，依法将有关人员带回公安派出所继续调查处理。

4.《治安管理处罚法》。

第2条 扰乱公共秩序，妨害公共安全，侵犯人身权利、财产权利，妨害社会管理，具有社会危害性，依照《刑法》的规定构成犯罪的，依法追究刑事责任；尚不够刑事处罚的，由公安机关依照本法给予治安管理处罚。

第70条 以营利为目的，为赌博提供条件的，或者参与赌博赌资较大的，处5日以下拘留或者500元以下罚款；情节严重的，处10日以上15日以下拘留，并处500元以上3000元以下罚款。

5.《公安机关现场执法视音频记录工作规定》。

第2条 现场执法视音频记录工作，是指公安机关利用现场执法记录设备对现场执法活动进行全过程视音频同步记录，并对现场执法视音频资料进行收集、保存、管理、使用等工作。

第3条 公安机关应当按照规定配备单警执法记录仪等现场执法记录设备和现场执法视音频资料自动传输、存储、管理等设备。

第4条 对于以下现场执法活动，公安机关应当进行现场执法视音频记录：

（1）接受群众报警或者110指令后处警；

（2）当场盘问、检查；

（3）对日常工作中发现的违反治安管理、出入境管理、消防管理、道路交通安全管理等违法犯罪行为和道路交通事故等进行现场处置、当场处罚；

（4）办理行政、刑事案件进行现场勘验、检查、搜查、扣押、辨认、扣留；

（5）消防管理、道路交通安全管理等领域的排除妨害、恢复原状和强制停止施工、停止使用、停产停业等行政强制执行；

（6）处置重大突发事件、群体性事件。

地方公安机关和各警种可以根据本地区、本警种实际情况，确定其他进行现场执法视音频记录的情形。

第6条 开展现场执法视音频记录时，应当对执法过程进行全程不间断记录，自到达现场开展执法活动时开始，至执法活动结束时停止；从现场带回违法犯罪嫌疑人的，应当记录至将违法犯罪嫌疑人带入公安机关执法办案场所办案区时停止。

第7条 现场执法视音频记录应当重点摄录以下内容：

（1）执法现场环境；

（2）违法犯罪嫌疑人、被害人、被侵害人和证人等现场人员的体貌特征和言行举止；

（3）重要涉案物品及其主要特征，以及其他可以证明违法犯罪行为的证据；

（4）执法人员现场开具、送达法律文书和对有关人员、财物采取措施情况；

（5）其他应当记录的重要内容。

（三）注意事项

1. 处警人员不具有管辖权的，处警后应立即将案件移交依法具有管辖权的单位查处。

2. 对现场赌资、赌具等涉案物品要逐一认真盘点，全部登记造册，依法进行证据保全，并妥善保管。

3. 在对涉赌人员带离现场时，民警要两人一组，有效控制嫌疑人后，依次带离，严加看管避免嫌疑对象逃脱。

五、吸毒行为警情先期处置

吸毒行为，是指吸食、注射毒品的行为。

（一）处置流程

1. 处警人员接到群众报警或指挥中心指令后，立即赶赴现场。

2. 到达现场，开启执法记录仪，表明身份，迅速核实判明案件基本情况，并报告指挥中心。

3. 处警人员到达现场后，立即封堵现场外围所有进出口，禁止无关人员进出，防止通风报信。

4. 迅速控制现场局面，立即对嫌疑人进行控制，防止涉毒人员逃跑、自伤、自残、吞食异物等。

5. 对涉嫌吸毒人员人身、住所、场所进行检查，依法扣押毒品、吸毒用具以及毒品的盛具和包装物等现场物证。

6. 现场发现的人员有吸毒嫌疑的，对其依法进行尿检。

7. 询问嫌疑人，走访证人，并做好现场笔录。

8. 对处置过程予以拍照、录音、录像，做好证据搜集、固定工作。需要刑事技术人员勘查现场的，保护好现场，报告下达处警指令单位，通知技术人员到场勘查。

9. 处警反馈，报告下达处警指令单位。

10. 现场处结，带回人员和证据。

11. 填写、存储接处警记录，保存执法记录仪记录，制作相关法律文书。

（二）法律依据

1. 《人民警察法》。

第6条第（1）项　公安机关的人民警察按照职责分工，依法履行下列职责：

（1）预防、制止和侦查违法犯罪活动。

第9条第1款　为维护社会治安秩序，公安机关的人民警察对有违法犯罪嫌疑的人员，经出示相应证件，可以当场盘问、检查。

2. 《110接处警工作规则》。

第14条　110报警服务台受理报警的范围：

（1）刑事案件；

（2）治安案（事）件；

（3）危及人身、财产安全或者社会治安秩序的群体性事件；

（4）自然灾害、治安灾害事故；

（5）其他需要公安机关处置的与违法犯罪有关的报警。

第 24 条　处警民警到达现场后，应当根据有关规定对警情妥善处置。处警结束后，应当及时将处警情况向 110 报警服务台反馈，并做好处警记录。处警结果需要制作法律文书的，按有关规定办理。

第 25 条　对正在发生的案（事）件，最先到达现场的处警民警不足以制止或者控制局面的，应当立即将案（事）件情况报告 110 报警服务台。110 报警服务台应当按照工作预案，迅速调集、指挥有关警种、部门赶赴现场增援或者进行布控查缉。

3. 《公安派出所执法执勤工作规范》。

第 48 条　公安派出所值班民警接受报案、控告、举报及扭送违法犯罪嫌疑人和投案自首人员时，应当做到：

（1）询问基本情况，制作询问笔录，填写《接受案件回执单》，并根据公安派出所所长意见交有关民警处理；

（2）对紧急案（事）件，应当立即依法采取紧急处理措施，并向公安派出所所长报告。

第 58 条　公安派出所民警进行刑事案件现场处置时，应当做到：

（1）划定保护区域，布置现场警戒，保护现场；

（2）抓捕、看管和监视犯罪嫌疑人；

（3）救助伤员；

（4）进行初步现场调查；

（5）核实情况，保全证据，并迅速报告上级公安机关；

（6）向侦查人员通报案件发现经过、现场保护和初步处置的情况。

第 60 条　对治安案件现场的处置，应当做到：

（1）维护现场秩序；

（2）进行现场调查；

（3）搜集、保全证据；

（4）收缴和扣押违法、违禁物品；

（5）除按法律规定实行当场处罚外，依法将有关人员带回公安派出所继续调查处理。

4. 《治安管理处罚法》。

第 2 条　扰乱公共秩序，妨害公共安全，侵犯人身权利、财产权利，妨害社会管理，具有社会危害性，依照《刑法》的规定构成犯罪的，依法追究刑事责任；尚不够刑事处罚的，由公安机关依照本法给予治安管理处罚。

第 71 条　有下列行为之一的，处 10 日以上 15 日以下拘留，可以并处 3000 元以下罚款；情节较轻的，处 5 日以下拘留或者 500 元以下罚款：

（1）非法种植罂粟不满 500 株或者其他少量毒品原植物的；

（2）非法买卖、运输、携带、持有少量未经灭活的罂粟等毒品原植物种子或者幼苗的；

（3）非法运输、买卖、储存、使用少量罂粟壳的。

有前款第（1）项行为，在成熟前自行铲除的，不予处罚。

第 72 条　有下列行为之一的，处 10 日以上 15 日以下拘留，可以并处 2000 元以下罚款；情节较轻的，处 5 日以下拘留或者 500 元以下罚款：

（1）非法持有鸦片不满 200 克、海洛因或者甲基苯丙胺不满 10 克或者其他少量毒品的；

（2）向他人提供毒品的；

（3）吸食、注射毒品的；

（4）胁迫、欺骗医务人员开具麻醉药品、精神药品的。

第 73 条　教唆、引诱、欺骗他人吸食、注射毒品的，处 10 日以上 15 日以下拘留，并处 500 元以上 2000 元以下罚款。

第 74 条　旅馆业、饮食服务业、文化娱乐业、出租汽车业等单位的人员，在公安机关查处吸毒、赌博、卖淫、嫖娼活动时，为违法犯罪行为人通风报信的，处 10 日以上 15 日以下拘留。

5. 《人民警察使用警械和武器条例》。

第 8 条第 1 款第（1）项　人民警察依法执行下列任务，遇有违法犯罪分子可能脱逃、行凶、自杀、自伤或者有其他危险行为的，可以使用手铐、脚镣、警绳等约束性警械：

（1）抓获违法犯罪分子或者犯罪重大嫌疑人的。

第 8 条第 2 款　人民警察依照前款规定使用警械，不得故意造成人身伤害。

6. 《公安机关办理刑事案件程序规定》。

第 170 条　公安机关应当保障扭送人、报案人、控告人、举报人及其近亲属的安全。

扭送人、报案人、控告人、举报人如果不愿意公开自己的身份，应当为其保守秘密，并在材料中注明。

7. 《公安机关现场执法视音频记录工作规定》。

第 2 条　现场执法视音频记录工作，是指公安机关利用现场执法记录设备对现场执法活动进行全过程视音频同步记录，并对现场执法视音频资料进行收集、保存、管理、使用等工作。

第 3 条　公安机关应当按照规定配备单警执法记录仪等现场执法记录设备和现场执法视音频资料自动传输、存储、管理等设备。

第 4 条　对于以下现场执法活动，公安机关应当进行现场执法视音频记录：

（1）接受群众报警或者 110 指令后处警；

（2）当场盘问、检查；

（3）对日常工作中发现的违反治安管理、出入境管理、消防管理、道路交通安全管理等违法犯罪行为和道路交通事故等进行现场处置、当场处罚；

（4）办理行政、刑事案件进行现场勘验、检查、搜查、扣押、辨认、扣留；

（5）消防管理、道路交通安全管理等领域的排除妨害、恢复原状和强制停止施工、停止使用、停产停业等行政强制执行；

（6）处置重大突发事件、群体性事件。

地方公安机关和各警种可以根据本地区、本警种实际情况，确定其他进行现场执法视音频记录的情形。

第6条　开展现场执法视音频记录时，应当对执法过程进行全程不间断记录，自到达现场开展执法活动时开始，至执法活动结束时停止；从现场带回违法犯罪嫌疑人的，应当记录至将违法犯罪嫌疑人带入公安机关执法办案场所办案区时停止。

第7条　现场执法视音频记录应当重点摄录以下内容：

（1）执法现场环境；

（2）违法犯罪嫌疑人、被害人、被侵害人和证人等现场人员的体貌特征和言行举止；

（3）重要涉案物品及其主要特征，以及其他可以证明违法犯罪行为的证据；

（4）执法人员现场开具、送达法律文书和对有关人员、财物采取措施情况；

（5）其他应当记录的重要内容。

（三）注意事项

1. 出警人员应制作现场笔录，及时收集、固定现场证据。

2. 在对吸毒人员带离现场时，民警要两人一组，有效控制嫌疑人后，依次带离，严加看管，避免嫌疑对象逃脱。

3. 要充分考虑民警自身的安全防护问题，民警要注意相互间的配合及保护，要防止被嫌疑人的针筒或其他利器划伤。

4. 对抓获的嫌疑人搜身要彻底，防止嫌疑人藏匿证据或凶器；押解过程要防止嫌疑人自残。

5. 在警情处置过程及案件办理过程中，对举报吸毒线索的报警人资料，要注意保密。

六、阻碍执行职务行为警情先期处置

阻碍执行职务行为，是指阻碍国家机关工作人员依法执行职务，未使用暴力、威胁方法，尚未造成严重后果的行为。其中"阻碍"包括阻挡、阻止、拦阻、妨碍等。

（一）处置流程

1. 处警人员接到群众报警或指挥中心指令后，立即赶赴现场。

2. 到达现场，开启执法记录仪，表明身份，迅速核实判明案件基本情况，并报告指挥中心。

3. 对未使用暴力的，立即制止违法行为，控制嫌疑人，制止过激言行，劝离现场，控制事态发展。

（1）嫌疑人服从命令，停止违法行为的，立即将嫌疑人带回派出所。

（2）嫌疑人停止违法行为并逃跑的，立即组织警力布控查缉。

（3）对组织者、挑头人员，立即带离现场。

（4）嫌疑人拒不服从命令，继续阻碍执行公务的，立即采取制服措施，用制服性警械控制嫌疑人。

4. 以暴力阻碍执行公务，已经造成严重后果（人员受伤、执行公务所扣押的财物被抢走）的，立即用制服性警械控制嫌疑人。持械以暴力阻碍执行公务，民警到场后拒不停止违法犯罪行为，继续持械攻击执行公务人员或处警民警，危及其生命安全的，立即大声警告或鸣枪示警，仍继续攻击的，可以使用武器。

5. 现场有人员受伤的，立即报告下达处警指令单位，通知 120 到达现场，并组织警力对伤者进行监管。

6. 及时疏散围观群众，维护现场秩序。

7. 现场警力难以有效控制嫌疑人时，立即向下达处警指令单位和所属单位领导报告，请求增派警力支援。

8. 需要刑侦技术人员勘查现场的，保护好现场，报告下达处警指令单位，通知技术人员到场勘查。

9. 开展现场调走访，寻找目击者、知情人，收集、固定相关证据，做好现场笔录。

10. 处警反馈，报告下达处警指令单位。

11. 现场处结，带回人员和证据。

12. 填写、存储接处警记录，保存执法记录仪记录，制作相关法律文书。

（二）法律依据

1.《人民警察法》。

第 6 条第（1）项　公安机关的人民警察按照职责分工，依法履行下列职责：

（1）预防、制止和侦查违法犯罪活动。

第 35 条　拒绝或者阻碍人民警察依法执行职务，有下列行为之一的，给予治安管理处罚：

（1）公然侮辱正在执行职务的人民警察的；

（2）阻碍人民警察调查取证的；

（3）拒绝或者阻碍人民警察执行追捕、搜查、救险等任务进入有关住所、场所的；

（4）对执行救人、救险、追捕、警卫等紧急任务的警车故意设置障碍的；

（5）有拒绝或者阻碍人民警察执行职务的其他行为的。

2.《110 接处警工作规则》。

第 14 条　110 报警服务台受理报警的范围：

（1）刑事案件；

（2）治安案（事）件；

（3）危及人身、财产安全或者社会治安秩序的群体性事件；

（4）自然灾害、治安灾害事故；

（5）其他需要公安机关处置的与违法犯罪有关的报警。

第 24 条　处警民警到达现场后，应当根据有关规定对警情妥善处置。处警结束后，应当及时将处警情况向 110 报警服务台反馈，并做好处警记录。处警结果需要制作法律文书的，按有关规定办理。

第 25 条　对正在发生的案（事）件，最先到达现场的处警民警不足以制止或者控制局面的，应当立即将案（事）件情况报告 110 报警服务台。110 报警服务台应当按照工作预案，迅速调集、指挥有关警种、部门赶赴现场增援或者进行布控查缉。

3.《治安管理处罚法》。

第 2 条　扰乱公共秩序，妨害公共安全，侵犯人身权利、财产权利，妨害社会管理，具有社会危害性，依照《刑法》的规定构成犯罪的，依法追究刑事责任；尚不够刑事处罚的，由公安机关依照本法给予治安管理处罚。

第 50 条　有下列行为之一的，处警告或者 200 元以下罚款；情节严重的，处 5 日以上 10 日以下拘留，可以并处 500 元以下罚款：

（1）拒不执行人民政府在紧急状态情况下依法发布的决定、命令的；

（2）阻碍国家机关工作人员依法执行职务的；

（3）阻碍执行紧急任务的消防车、救护车、工程抢险车、警车等车辆通行的；

（4）强行冲闯公安机关设置的警戒带、警戒区的。

阻碍人民警察依法执行职务的，从重处罚。

4.《刑法》。

第 277 条　以暴力、威胁方法阻碍国家机关工作人员依法执行职务的，处 3 年以下有期徒刑、拘役、管制或者罚金。

以暴力、威胁方法阻碍全国人民代表大会和地方各级人民代表大会代表依法执行代表职务的，依照前款的规定处罚。

在自然灾害和突发事件中，以暴力、威胁方法阻碍红十字会工作人员依法履行职责的，依照第一款的规定处罚。

故意阻碍国家安全机关、公安机关依法执行国家安全工作任务，未使用暴力、威胁方法，造成严重后果的，依照第 1 款的规定处罚。

暴力袭击正在依法执行职务的人民警察的，依照第 1 款的规定从重处罚。

5.《人民警察使用警械和武器条例》。

第 7 条第 1 款第（5）、（6）项　人民警察遇有下列情形之一，经警告无效的，可以使用警棍、催泪弹、高压水枪、特种防暴枪等驱逐性、制服性警械：

（5）以暴力方法抗拒或者阻碍人民警察依法履行职责的。

（6）袭击人民警察的。

第 7 条第 2 款　人民警察依照前款规定使用警械，应当以制止违法犯罪行为为限度；当违法犯罪行为得到制止时，应当立即停止使用。

第 9 条第 1 款第（10）项　人民警察判明有下列暴力犯罪行为的紧急情形之一，经警告无效的，可以使用武器：

（10）以暴力方法抗拒或者阻碍人民警察依法履行职责或者暴力袭击人民警察，危及人民警察生命安全的。

第9条第2款 人民警察依照前款规定使用武器，来不及警告或者警告后可能导致更为严重危害后果的，可以直接使用武器。

第12条第1款 人民警察使用武器造成犯罪分子或无辜人员伤亡的，应当及时抢救受伤人员，保护现场，并立即向当地公安机关或者该人民警察所属机关报告。

第13条 人民警察使用武器的，应当将使用武器的情况如实向所属机关书面报告。

6.《公安派出所执法执勤工作规范》。

第58条 公安派出所民警进行刑事案件现场处置时，应当做到：

（1）划定保护区域，布置现场警戒，保护现场；

（2）抓捕、看管和监视犯罪嫌疑人；

（3）救助伤员；

（4）进行初步现场调查；

（5）核实情况，保全证据，并迅速报告上级公安机关；

（6）向侦查人员通报案件发现经过、现场保护和初步处置的情况。

第59条 对于严重暴力案件现场的处置，除按本规范第60条执行外，还应当立即请求上级公安机关采取以下措施：

（1）对可能受侵害的重点目标采取保护和警戒措施；

（2）向邻近地区发出预警通报；

（3）迅速通知治安检查站点进入警戒状态，全面部署堵截。

第60条 对治安案件现场的处置，应当做到：

（1）维护现场秩序；

（2）进行现场调查；

（3）搜集、保全证据；

（4）收缴和扣押违法、违禁物品；

（5）除按法律规定实行当场处罚外，依法将有关人员带回公安派出所继续调查处理。

第62条 对群体性治安事件的先期处置，应当做到：

（1）了解现场情况，迅速报告上级；

（2）掌握现场动态，控制重点人员；

（3）维持现场秩序，疏导围观人员；

（4）教育说服群众，防止事态扩大。

7.《公安机关现场执法视音频记录工作规定》。

第2条 现场执法视音频记录工作，是指公安机关利用现场执法记录设备对现场执法活动进行全过程视音频同步记录，并对现场执法视音频资料进行收集、保存、管理、使用等工作。

第3条 公安机关应当按照规定配备单警执法记录仪等现场执法记录设备和现场执法视音频资

料自动传输、存储、管理等设备。

第4条 对于以下现场执法活动，公安机关应当进行现场执法视音频记录：

（1）接受群众报警或者110指令后处警；

（2）当场盘问、检查；

（3）对日常工作中发现的违反治安管理、出入境管理、消防管理、道路交通安全管理等违法犯罪行为和道路交通事故等进行现场处置、当场处罚；

（4）办理行政、刑事案件进行现场勘验、检查、搜查、扣押、辨认、扣留；

（5）消防管理、道路交通安全管理等领域的排除妨害、恢复原状和强制停止施工、停止使用、停产停业等行政强制执行；

（6）处置重大突发事件、群体性事件。

地方公安机关和各警种可以根据本地区、本警种实际情况，确定其他进行现场执法视音频记录的情形。

第6条 开展现场执法视音频记录时，应当对执法过程进行全程不间断记录，自到达现场开展执法活动时开始，至执法活动结束时停止；从现场带回违法犯罪嫌疑人的，应当记录至将违法犯罪嫌疑人带入公安机关执法办案场所办案区时停止。

第7条 现场执法视音频记录应当重点摄录以下内容：

（1）执法现场环境；

（2）违法犯罪嫌疑人、被害人、被侵害人和证人等现场人员的体貌特征和言行举止；

（3）重要涉案物品及其主要特征，以及其他可以证明违法犯罪行为的证据；

（4）执法人员现场开具、送达法律文书和对有关人员、财物采取措施情况；

（5）其他应当记录的重要内容。

（三）注意事项

1. 出警前组织足够警力，带足处警装备出警。

2. 民警处警时应着制式服装，到达现场后，应当口头向执法对象表明身份；如未着制式服装，应当出示人民警察证；紧急情况来不及出示人民警察证时，应当先表明身份，并在处置过程中出示人民警察证。

3. 民警在处置现场应当随时注意与违法犯罪嫌疑人保持安全距离，保护自身安全。

4. 被阻碍执行公务的人民警察为案件当事人，不应再担任本案件的调查人员。

5. 执行职务应当依照法律规定的程序进行，不按法定程序执行职务或者与执行职务无关的行为，行为人均不构成阻碍执行公务行为。

6. 被阻碍执行公务属公安机关的，立即上报下达处警指令单位；被阻碍执行公务属其他机关的，应通报其单位。

7. 使用武器处置暴力阻碍执行公务警情时，要注意避免误伤群众；已经造成误伤的，要全力抢救并做好善后工作。

8. 强化证据收集与固定工作。开启执法记录仪对整个处警过程进行视音频记录。

9. 警情处置过程中，按照相关要求做好采访拍摄的应对工作。

七、家庭暴力警情先期处置

家庭暴力，是指家庭成员之间以殴打、捆绑、残害、限制人身自由以及经常性谩骂、恐吓等方式实施的身体、精神等侵害行为。

（一）处置流程

1. 处警人员接到群众报警或指挥中心指令后，立即赶赴现场。

2. 到达现场，开启执法记录仪，表明身份，迅速核实判明案件基本情况，并报告下达处警指令单位。

3. 及时制止家庭暴力行为，依法控制施暴者，维护现场秩序。

4. 受害人身体受到严重伤害的，报告下达处警指令单位，通知120急救中心或相关医疗救护单位人员赶赴现场紧急救治；受害人伤势较轻的，责令嫌疑人或通知其亲属送医院救治。

5. 进行当场调解，必要时可会同有关部门召集家庭人员中年长者且有威望的亲属一起开展调解工作，责令过错方改正错误，化解矛盾。调解过程中开展政策法律宣传和道德教育。

6. 现场走访调查目击者、知情群众，了解、核实情况，登记相关信息，收集、固定相关证据。

7. 情节较轻的，不予治安管理处罚的，公安机关对加害人给予批评教育或者出具告诫书。被害人要求处理的或施暴者致被害人重伤、死亡的，依法处理。

8. 处警结束后，应告知受害人可以向妇联、社区、基层司法行政、人民调解委员会等机构团体申请调解或寻求帮助。

9. 公安机关将告诫书送交加害人、受害人，并通知居（村）民委员会查访和监督。

10. 处警反馈，报告下达处警指令单位。

11. 现场处结，带回人员和证据。

12. 填写、存储接处警记录，保存执法记录仪记录，制作相关法律文书。

（二）法律依据

1.《人民警察法》。

第6条第（1）项　公安机关的人民警察按照职责分工，依法履行下列职责：

（1）预防、制止和侦查违法犯罪活动。

第21条第1款　人民警察遇到公民人身、财产安全受到侵犯或者处于其他危难情形，应当立即救助；对公民提出解决纠纷的要求，应当给予帮助；对公民的报警案件，应当及时查处。

2.《110接处警工作规则》。

第14条　110报警服务台受理报警的范围：

（1）刑事案件；

（2）治安案（事）件；

（3）危及人身、财产安全或者社会治安秩序的群体性事件；

（4）自然灾害、治安灾害事故；

（5）其他需要公安机关处置的与违法犯罪有关的报警。

第 24 条　处警民警到达现场后，应当根据有关规定对警情妥善处置。处警结束后，应当及时将处警情况向 110 报警服务台反馈，并做好处警记录。处警结果需要制作法律文书的，按有关规定办理。

第 25 条　对正在发生的案（事）件，最先到达现场的处警民警不足以制止或者控制局面的，应当立即将案（事）件情况报告 110 报警服务台。110 报警服务台应当按照工作预案，迅速调集、指挥有关警种、部门赶赴现场增援或者进行布控查缉。

3. 《公安派出所执法执勤工作规范》。

第 48 条　公安派出所值班民警接受报案、控告、举报及扭送违法犯罪嫌疑人和投案自首人员时，应当做到：

（1）询问基本情况，制作询问笔录，填写《接受案件回执单》，并根据公安派出所所长意见交有关民警处理；

（2）对紧急案（事）件，应当立即依法采取紧急处理措施，并向公安派出所所长报告。

第 58 条　公安派出所民警进行刑事案件现场处置时，应当做到：

（1）划定保护区域，布置现场警戒，保护现场；

（2）抓捕、看管和监视犯罪嫌疑人；

（3）救助伤员；

（4）进行初步现场调查；

（5）核实情况，保全证据，并迅速报告上级公安机关；

（6）向侦查人员通报案件发现经过、现场保护和初步处置的情况。

第 60 条　对治安案件现场的处置，应当做到：

（1）维护现场秩序；

（2）进行现场调查；

（3）搜集、保全证据；

（4）收缴和扣押违法、违禁物品；

（5）除按法律规定实行当场处罚外，依法将有关人员带回公安派出所继续调查处理。

4. 《治安管理处罚法》。

第 2 条　扰乱公共秩序，妨害公共安全，侵犯人身权利、财产权利，妨害社会管理，具有社会危害性，依照《刑法》的规定构成犯罪的，依法追究刑事责任；尚不够刑事处罚的，由公安机关依照本法给予治安管理处罚。

第 9 条　对于因民间纠纷引起的打架斗殴或者损毁他人财物等违反治安管理行为，情节较轻的，公安机关可以调解处理。经公安机关调解，当事人达成协议的，不予处罚。经调解未达成协议或者达成协议后不履行的，公安机关应当依照本法的规定对违反治安管理行为人给予处罚，并告知当事人可以就民事争议依法向人民法院提起民事诉讼。

第 45 条第（1）项　有下列行为之一的，处 5 日以下拘留或者警告：

（1）虐待家庭成员，被虐待人要求处理的。

5.《公安机关办理伤害案件规定》。

第 31 条第（6）项　有下列情形之一的，不得调解处理：

（6）多次伤害他人身体的。

6.《反家庭暴力法》。

第 2 条　本法所称家庭暴力，是指家庭成员之间以殴打、捆绑、残害、限制人身自由以及经常性谩骂、恐吓等方式实施的身体、精神等侵害行为。

第 13 条第 2 款　家庭暴力受害人及其法定代理人、近亲属也可以向公安机关报案或者依法向人民法院起诉。

第 15 条　公安机关接到家庭暴力报案后应当及时出警，制止家庭暴力，按照有关规定调查取证，协助受害人就医、鉴定伤情。

无民事行为能力人、限制民事行为能力人因家庭暴力身体受到严重伤害、面临人身安全威胁或者处于无人照料等危险状态的，公安机关应当通知并协助民政部门将其安置到临时庇护场所、救助管理机构或者福利机构。

第 16 条　家庭暴力情节较轻，依法不给予治安管理处罚的，由公安机关对加害人给予批评教育或者出具告诫书。

告诫书应当包括加害人的身份信息、家庭暴力的事实陈述、禁止加害人实施家庭暴力等内容。

第 17 条　公安机关应当将告诫书送交加害人、受害人，并通知居民委员会、村民委员会。

居民委员会、村民委员会、公安派出所应当对收到告诫书的加害人、受害人进行查访，监督加害人不再实施家庭暴力。

第 33 条　加害人实施家庭暴力，构成违反治安管理行为的，依法给予治安管理处罚；构成犯罪的，依法追究刑事责任。

第 34 条　被申请人违反人身安全保护令，构成犯罪的，依法追究刑事责任；尚不构成犯罪的，人民法院应当给予训诫，可以根据情节轻重处以 1000 元以下罚款、15 日以下拘留。

第 35 条　学校、幼儿园、医疗机构、居民委员会、村民委员会、社会工作服务机构、救助管理机构、福利机构及其工作人员未依照本法第 14 条规定向公安机关报案，造成严重后果的，由上级主管部门或者本单位对直接负责的主管人员和其他直接责任人员依法给予处分。

7.《公安机关现场执法视音频记录工作规定》。

第 2 条　现场执法视音频记录工作，是指公安机关利用现场执法记录设备对现场执法活动进行全过程视音频同步记录，并对现场执法视音频资料进行收集、保存、管理、使用等工作。

第 3 条　公安机关应当按照规定配备单警执法记录仪等现场执法记录设备和现场执法视音频资料自动传输、存储、管理等设备。

第 4 条　对于以下现场执法活动，公安机关应当进行现场执法视音频记录：

（1）接受群众报警或者110指令后处警；

（2）当场盘问、检查；

（3）对日常工作中发现的违反治安管理、出入境管理、消防管理、道路交通安全管理等违法犯罪行为和道路交通事故等进行现场处置、当场处罚；

（4）办理行政、刑事案件进行现场勘验、检查、搜查、扣押、辨认、扣留；

（5）消防管理、道路交通安全管理等领域的排除妨害、恢复原状和强制停止施工、停止使用、停产停业等行政强制执行；

（6）处置重大突发事件、群体性事件。

地方公安机关和各警种可以根据本地区、本警种实际情况，确定其他进行现场执法视音频记录的情形。

第6条　开展现场执法视音频记录时，应当对执法过程进行全程不间断记录，自到达现场开展执法活动时开始，至执法活动结束时停止；从现场带回违法犯罪嫌疑人的，应当记录至将违法犯罪嫌疑人带入公安机关执法办案场所办案区时停止。

第7条　现场执法视音频记录应当重点摄录以下内容：

（1）执法现场环境；

（2）违法犯罪嫌疑人、被害人、被侵害人和证人等现场人员的体貌特征和言行举止；

（3）重要涉案物品及其主要特征，以及其他可以证明违法犯罪行为的证据；

（4）执法人员现场开具、送达法律文书和对有关人员、财物采取措施情况；

（5）其他应当记录的重要内容。

（三）注意事项

1. 有效制止违法行为，切实保护现场未成年人、妇女等人员合法权益。

2. 及时向妇联、社区等基层组织反应情况，根据《反家庭暴力法》《未成年人保护法》《妇女儿童权益保护法》等有关规定处理。

3. 要及时收集固定现场证据，对涉嫌犯罪的依法立案查处。

八、非法携带枪支、弹药、管制器具警情先期处置

非法携带枪支、弹药、管制器具行为，是指不符合配备、配置枪支弹药条件的人员，违反国家规定，携带枪支、弹药或者弩、匕首等国家规定的管制器具的行为。

（一）处置流程

1. 处警人员接到群众报警或指挥中心指令后，立即赶赴现场。

2. 到达现场，开启执法记录仪，表明身份，迅速核实判明案件基本情况，并报告下达处警指令单位。

3. 疏散周围群众，判明有无危及周边群众安全等情况，必要情况下设置警戒。

4. 依法控制嫌疑人，分离嫌疑人和违禁品。嫌疑人拒不配合的，依法有针对性的采取必要的控制措施。

5. 进行人身安全检查，扣押非法携带的枪支、弹药、管制器具。

6. 查清嫌疑人人数、民族、户籍所在地、携带物品种类等。

7. 开展法制宣传教育。

8. 现场走访调查，寻找证人证言，收集、固定证据，做好现场笔录。

9. 将违法嫌疑人及相关物证带离现场。

10. 处警反馈，报告下达处警指令单位。

11. 填写、存储接处警记录，保存执法记录仪记录，制作相关法律文书。

（二）法律依据

1.《人民警察法》。

第 6 条第（1）项　公安机关的人民警察按照职责分工，依法履行下列职责：

（1）预防、制止和侦查违法犯罪活动。

第 9 条第 1 款　为维护社会治安秩序，公安机关的人民警察对有违法犯罪嫌疑的人员，经出示相应证件，可以当场盘问、检查。

2.《110 接处警工作规则》。

第 14 条　110 报警服务台受理报警的范围：

（1）刑事案件；

（2）治安案（事）件；

（3）危及人身、财产安全或者社会治安秩序的群体性事件；

（4）自然灾害、治安灾害事故；

（5）其他需要公安机关处置的与违法犯罪有关的报警。

第 24 条　处警民警到达现场后，应当根据有关规定对警情妥善处置。处警结束后，应当及时将处警情况向 110 报警服务台反馈，并做好处警记录。处警结果需要制作法律文书的，按有关规定办理。

第 25 条　对正在发生的案（事）件，最先到达现场的处警民警不足以制止或者控制局面的，应当立即将案（事）件情况报告 110 报警服务台。110 报警服务台应当按照工作预案，迅速调集、指挥有关警种、部门赶赴现场增援或者进行布控查缉。

3.《公安派出所执法执勤工作规范》。

第 48 条　公安派出所值班民警接受报案、控告、举报及扭送违法犯罪嫌疑人和投案自首人员时，应当做到：

（1）询问基本情况，制作询问笔录，填写《接受案件回执单》，并根据公安派出所所长意见交有关民警处理；

（2）对紧急案（事）件，应当立即依法采取紧急处理措施，并向公安派出所所长报告。

第 58 条　公安派出所民警进行刑事案件现场处置时，应当做到：

（1）划定保护区域，布置现场警戒，保护现场；

（2）抓捕、看管和监视犯罪嫌疑人；

（3）救助伤员；

（4）进行初步现场调查；

（5）核实情况，保全证据，并迅速报告上级公安机关；

（6）向侦查人员通报案件发现经过、现场保护和初步处置的情况。

第59条　对于严重暴力案件现场的处置，除按本规范第60条执行外，还应当立即请求上级公安机关采取以下措施：

（1）对可能受侵害的重点目标采取保护和警戒措施；

（2）向邻近地区发出预警通报；

（3）迅速通知治安检查站点进入警戒状态，全面部署堵截。

第60条　对治安案件现场的处置，应当做到：

（1）维护现场秩序；

（2）进行现场调查；

（3）搜集、保全证据；

（4）收缴和扣押违法、违禁物品；

（5）除按法律规定实行当场处罚外，依法将有关人员带回公安派出所继续调查处理。

4.《治安管理处罚法》。

第2条　扰乱公共秩序，妨害公共安全，侵犯人身权利、财产权利，妨害社会管理，具有社会危害性，依照《刑法》的规定构成犯罪的，依法追究刑事责任；尚不够刑事处罚的，由公安机关依照本法给予治安管理处罚。

第32条　非法携带枪支、弹药或者弩、匕首等国家规定的管制器具的，处5日以下拘留，可以并处500元以下罚款；情节较轻的，处警告或者200元以下罚款。

非法携带枪支、弹药或者弩、匕首等国家规定的管制器具进入公共场所或者公共交通工具的，处5日以上10日以下拘留，可以并处500元以下罚款。

5.《公安机关现场执法视音频记录工作规定》。

第2条　现场执法视音频记录工作，是指公安机关利用现场执法记录设备对现场执法活动进行全过程视音频同步记录，并对现场执法视音频资料进行收集、保存、管理、使用等工作。

第3条　公安机关应当按照规定配备单警执法记录仪等现场执法记录设备和现场执法视音频资料自动传输、存储、管理等设备。

第4条　对于以下现场执法活动，公安机关应当进行现场执法视音频记录：

（1）接受群众报警或者110指令后处警；

（2）当场盘问、检查；

（3）对日常工作中发现的违反治安管理、出入境管理、消防管理、道路交通安全管理等违法犯罪行为和道路交通事故等进行现场处置、当场处罚；

（4）办理行政、刑事案件进行现场勘验、检查、搜查、扣押、辨认、扣留；

（5）消防管理、道路交通安全管理等领域的排除妨害、恢复原状和强制停止施工、停止使用、停产停业等行政强制执行；

（6）处置重大突发事件、群体性事件。

地方公安机关和各警种可以根据本地区、本警种实际情况，确定其他进行现场执法视音频记录的情形。

第6条　开展现场执法视音频记录时，应当对执法过程进行全程不间断记录，自到达现场开展执法活动时开始，至执法活动结束时停止；从现场带回违法犯罪嫌疑人的，应当记录至将违法犯罪嫌疑人带入公安机关执法办案场所办案区时停止。

第7条　现场执法视音频记录应当重点摄录以下内容：

（1）执法现场环境；

（2）违法犯罪嫌疑人、被害人、被侵害人和证人等现场人员的体貌特征和言行举止；

（3）重要涉案物品及其主要特征，以及其他可以证明违法犯罪行为的证据；

（4）执法人员现场开具、送达法律文书和对有关人员、财物采取措施情况；

（5）其他应当记录的重要内容。

（三）注意事项

1. 处置对象是少数民族的，要注意方式方法，切忌蛮干。掌握政策，积极配合民族宗教部门，防止处置失当引起案（事）件。

2. 及时消除安全威胁，保护周围群众人身安全。

九、噪声扰民警情先期处置

制造噪声扰民的行为，是指违反关于社会生活噪声污染防治的法律规定，制造噪声干扰正常生活的行为。主要包括城市丧葬噪声扰民，文化商业经营活动噪声扰民等。

（一）处置流程

1. 处警人员接到群众报警或指挥中心指令后，立即赶赴现场。

2. 到达现场，开启执法记录仪，表明身份，迅速核实判明案件基本情况，并报告下达处警指令单位。

3. 区分噪声的类别，明确管辖行政部门。

4. 属于公安机关管辖的（如生活噪声、商业活动噪声等），会同小区物业等部门共同劝说，劝说经营者采取措施降低或者消除噪声。

（1）对于不听劝止的，当场予以警告处罚，责令改正。

（2）警告后不改正的，开展调查取证工作；收集周围群众证言，对音响设备拍照或者扣押，制作现场笔录，必要时请求环保部门进行噪声分贝检测。对制造噪声的单位和个人依法予以罚款处罚，对制造噪声的设备按照违反治安管理的工具依法予以收缴。

5. 对不属公安机关管辖的，告知向环境保护部门投诉，由环保部门依法处理。

6. 处警反馈，报告下达处警指令单位。

7. 填写、存储接处警记录，保存执法记录仪记录，制作相关法律文书。

（二）法律依据

1. 《人民警察法》。

第6条第（1）项　公安机关的人民警察按照职责分工，依法履行下列职责：

（1）预防、制止和侦查违法犯罪活动。

2. 《110接处警工作规则》。

第14条　110报警服务台受理报警的范围：

（1）刑事案件；

（2）治安案（事）件；

（3）危及人身、财产安全或者社会治安秩序的群体性事件；

（4）自然灾害、治安灾害事故；

（5）其他需要公安机关处置的与违法犯罪有关的报警。

第24条　处警民警到达现场后，应当根据有关规定对警情妥善处置。处警结束后，应当及时将处警情况向110报警服务台反馈，并做好处警记录。处警结果需要制作法律文书的，按有关规定办理。

第25条　对正在发生的案（事）件，最先到达现场的处警民警不足以制止或者控制局面的，应当立即将案（事）件情况报告110报警服务台。110报警服务台应当按照工作预案，迅速调集、指挥有关警种、部门赶赴现场增援或者进行布控查缉。

3. 《治安管理处罚法》。

第2条　扰乱公共秩序，妨害公共安全，侵犯人身权利、财产权利，妨害社会管理，具有社会危害性，依照《刑法》的规定构成犯罪的，依法追究刑事责任；尚不够刑事处罚的，由公安机关依照本法给予治安管理处罚。

第18条　单位违反治安管理的，对其直接负责的主管人员和其他直接责任人员依照本法的规定处罚。其他法律、行政法规对同一行为规定给予单位处罚的，依照其规定处罚。

第58条　违反关于社会生活噪声污染防治的法律规定，制造噪声干扰他人正常生活的，处警告；警告后不改正的，处200元以上500元以下罚款。

4. 《关于实施〈治安管理处罚法〉若干问题的解答（二）》。

（18）《治安管理处罚法》第58条所述的"制造噪声干扰正常生活"的行为应当如何认定？

根据《环境噪声污染防治法》的规定，社会生活噪声，是指人为活动所产生的除工业噪声、建筑施工噪声和交通运输噪声之外的干扰周围生活环境的声音。例如，商业经营活动中使用的固定设备的噪声，文化娱乐场所噪声，单位、个人使用高音喇叭的噪声，使用家用电器、乐器影响他人正常生活的声音，已竣工交付使用的住宅楼进行室内装修的噪声等。

对制造噪声干扰正常生活的取证问题，有条件的可请环保部门协助检测，争议双方对产生噪声的事实无争议的，可以不做检测。很明显的制造噪声的行为或无条件进行技术检测的，应收集2份以上的证人证明文件。

5. 《环境噪声污染防治法》。

第 19 条　在城市范围内从事生产活动确需排放偶发性强烈噪声的，必须事先向当地公安机关提出申请，经批准后方可进行。当地公安机关应当向社会公告。

第 45 条　禁止任何单位、个人在城市市区噪声敏感建筑物集中区域内使用高音广播喇叭。

在城市市区街道、广场、公园等公共场所组织娱乐、集会等活动，使用音响器材可能产生干扰周围生活环境的过大音量的，必须遵守当地公安机关的规定。

第 54 条　违反本法第 19 条的规定，未经当地公安机关批准，进行产生偶发性强烈噪声活动的，由公安机关根据不同情节给予警告或者处以罚款。

第 58 条　违反本法规定，有下列行为之一的，由公安机关给予警告，可以并处罚款：

（1）在城市市区噪声敏感建筑物集中区域内使用高音广播喇叭；

（2）违反当地公安机关的规定，在城市市区街道、广场、公园等公共场所组织娱乐、集会等活动，使用音响器材，产生干扰周围生活环境的过大音量的；

（3）未按本法第 46 条和第 47 条规定采取措施，从家庭室内发出严重干扰周围居民生活的环境噪声的。

6. 《城市区域环境噪声标准》。

明确规定了城市 5 类区域的环境噪声最高限值：疗养区、高级别墅区、高级宾馆区，昼间 50 分贝、夜间 40 分贝；以居住、文教机关为主的区域，昼间 55 分贝、夜间 45 分贝；居住、商业、工业混杂区，昼间 60 分贝、夜间 50 分贝；工业区，昼间 65 分贝、夜间 55 分贝；城市中道路交通干线道路、内河航道、铁路主次干线两侧区域，昼间 70 分贝、夜间 55 分贝。

7. 《公安派出所执法执勤工作规范》。

第 57 条　现场先期处置后，对应当自行办理的案（事）件，依法办理；对应当移交的案（事）件，及时移交有管辖权的公安机关或者有关部门处理，并做好移交登记。

第 60 条　对治安案件现场的处置，应当做到：

（1）维护现场秩序；

（2）进行现场调查；

（3）搜集、保全证据；

（4）收缴和扣押违法、违禁物品；

（5）除按法律规定实行当场处罚外，依法将有关人员带回公安派出所继续调查处理。

8. 《公安机关现场执法视音频记录工作规定》。

第 2 条　现场执法视音频记录工作，是指公安机关利用现场执法记录设备对现场执法活动进行全过程视音频同步记录，并对现场执法视音频资料进行收集、保存、管理、使用等工作。

第 3 条　公安机关应当按照规定配备单警执法记录仪等现场执法记录设备和现场执法视音频资料自动传输、存储、管理等设备。

第4条 对于以下现场执法活动，公安机关应当进行现场执法视音频记录：

（1）接受群众报警或者110指令后处警；

（2）当场盘问、检查；

（3）对日常工作中发现的违反治安管理、出入境管理、消防管理、道路交通安全管理等违法犯罪行为和道路交通事故等进行现场处置、当场处罚；

（4）办理行政、刑事案件进行现场勘验、检查、搜查、扣押、辨认、扣留；

（5）消防管理、道路交通安全管理等领域的排除妨害、恢复原状和强制停止施工、停止使用、停产停业等行政强制执行；

（6）处置重大突发事件、群体性事件。

地方公安机关和各警种可以根据本地区、本警种实际情况，确定其他进行现场执法视音频记录的情形。

第6条 开展现场执法视音频记录时，应当对执法过程进行全程不间断记录，自到达现场开展执法活动时开始，至执法活动结束时停止；从现场带回违法犯罪嫌疑人的，应当记录至将违法犯罪嫌疑人带入公安机关执法办案场所办案区时停止。

第7条 现场执法视音频记录应当重点摄录以下内容：

（1）执法现场环境；

（2）违法犯罪嫌疑人、被害人、被侵害人和证人等现场人员的体貌特征和言行举止；

（3）重要涉案物品及其主要特征，以及其他可以证明违法犯罪行为的证据；

（4）执法人员现场开具、送达法律文书和对有关人员、财物采取措施情况；

（5）其他应当记录的重要内容。

（三）注意事项

1. 为有效化解矛盾，力争通过说服教育解决问题。

2. 对群众多次报警，屡禁不止的，要依法果断处罚。

十、常见纠纷类警情的先期处置

（一）处置流程

1. 债务纠纷。

（1）处警人员接到群众报警或指挥中心指令后，立即赶赴现场。

（2）到达现场，开启执法记录仪，表明身份，查明情况，报告下达处警指令单位。

（3）迅速隔离双方当事人，制止过激行为，稳定双方情绪，控制事态。

（4）疏散聚集群众，分隔无关人员。

（5）听取陈述，了解纠纷起因，弄清纠纷情况。

（6）现场进行劝解，帮助双方化解矛盾。

①向当事人讲明有关法律规定，晓以利害。

②告诫双方当事人不得再采取任何过激手段，避免矛盾升级，防止事态扩大。

③现场难以控制的，及时报告下达处警指令单位或所属单位增援。

（7）纠纷事实清楚，双方有意达成履行协议的，尽力促成履行。

（8）双方协商不成，无法达成一致的。

①记录双方身份、现场物品状况等。

②告知双方通过诉讼或其他法律途径解决。

③告诫双方不得再有过激行为后撤离现场。

（9）处置债务纠纷中存在违法行为的。

①对因债务纠纷引发的打架斗殴、非法拘禁、损坏财物等违法犯罪行为应当及时取证，依法处理。

②对因赌博、嫖娼、贩毒、放毒、放高利贷等非法债务涉及的违法犯罪行为，要依法查处。

（10）处警反馈，报告下达处警指令单位。

（11）现场处结，带回人员和证据。

（12）填写、存储接处警记录，保存执法记录仪记录，制作相关法律文书。

2. 消费纠纷。

（1）处警人员接到群众报警或指挥中心指令后，立即赶赴现场。

（2）到达现场，开启执法记录仪，表明身份，查明情况，报告下达处警指令单位。

（3）迅速隔离双方当事人，制止过激行为，稳定双方情绪，控制事态。

（4）疏散聚集群众，分隔无关人员。

（5）听取陈述，现场访问，了解纠纷起因、经过。

（6）判明双方矛盾焦点，促成双方和解，从快速处理、化解矛盾的角度出发进行现场调解，迅速平息事态。

（7）告诫双方在和解过程中不得再采取任何过激行为。

（8）对不能自行和解的。明确告知当事人通过行政或民事途径解决，向工商、卫生、物价、质量监督等行政主管部门申请处理，或者向消费者协会投诉、依法提起诉讼等方式解决；必要时，报告下达处警指令单位通知消费纠纷主管行政部门（工商行政、质监等）或消费者协会派员到场协调处理。

（9）处置消费纠纷中存在违法行为的。

①对因消费纠纷引起的打架斗殴、损坏财物等违反治安管理行为，依法进行处理。

②在处置消费纠纷时发现涉嫌制造、贩卖假酒假烟、盗版光盘、书籍等违法行为，应当及时收集、固定证据，移送有管辖权的部门处理。

③对婚托、茶托、酒托等骗取他人财物的行为，及时收集、固定证据，依法处理。

④在经营场所内丢失物品，涉嫌盗窃、诈骗，符合立案条件的，依法调查处理；经营场所负有责任的，可告知事主通过法律途径追究民事责任。

⑤对强买、强卖商品，强迫他人提供服务或者强迫他人接受服务的，应及时搜集、固定证据，

依法处理。

（10）处警反馈，报告下达处警指令单位。

（11）现场处结，带回人员和证据。

（12）填写、存储接处警记录，保存执法记录仪记录，制作相关法律文书。

3. 邻里、家庭纠纷。

（1）处警人员接到群众报警或指挥中心指令后，立即赶赴现场。

（2）到达现场，开启执法记录仪，表明身份，查明情况，报告下达处警指令单位。

（3）迅速隔离双方当事人，制止过激行为，稳定双方情绪，及时疏散围观群众。

（4）了解纠纷原因、矛盾焦点、双方解决意向等。

（5）综合运用法律教育、社会公德教育、家庭伦理教育等形式及时进行劝解，促使当事人相互谅解。

（6）告诫双方在解决纠纷过程中不得再采取任何过激手段。

（7）必要时可以通知社区干部、社区民警、妇联、纠纷当事人的长辈或其他亲朋好友到场参与处置。

（8）因邻里纠纷引起打架斗殴、损毁财物，情节较轻的，经双方同意后进行调解，调解达成协议的，制作《治安调解协议书》或《现场治安调解协议书》。双方不愿意调解，或经调解未达成协议或者达成协议不履行的，公安机关依法给予处罚，并告知当事人就民事争议事项和赔偿通过诉讼或其他法律途径解决。

（9）处警反馈，报告下达处警指令单位。

（10）现场处结，带回人员和证据。

（11）填写、存储接处警记录，保存执法记录仪记录，制作相关法律文书。

4. 劳资纠纷。

（1）处警人员接到群众报警或指挥中心指令后，立即赶赴现场。

（2）到达现场，开启执法记录仪，表明身份，查明情况，报告下达处警指令单位。

（3）控制现场，制止过激行为，防止造成人员伤亡和财产损失。

（4）疏散围观群众，疏导交通，恢复现场正常秩序。

（5）听取陈述，现场走访，弄清纠纷起因、经过。

（6）依法进行劝解，向当事人讲明有关法律规定，晓以利害，配合劳动行政等部门工作人员做好宣传化解工作，促使双方协商解决纠纷。

（7）民警处警的主要任务是平息事态，告诫双方当事人不得再采取任何过激手段，避免矛盾升级，防止事态扩大。

（8）现场难以控制的，及时报告下达处警指令单位或所属单位增援。

（9）对不能达成和解协议的，告知向工会、信访、劳动、建设等部门寻求解决，或向人民法院起诉。

（10）对因纠纷引发打架、斗殴等违法行为的，依法制止违法行为，控制嫌疑人，收集、固定证据，开展调查处理工作。

（11）处置人数较多的劳资纠纷，要注意进行现场控制，不能控制时要及时报告，防止形成群体性事件。

（12）处警反馈，报告下达处警指令单位。

（13）现场处结，带回人员和证据。

（14）填写、存储接处警记录，保存执法记录仪记录，制作相关法律文书。

5. 物业纠纷。

（1）处警人员接到群众报警或指挥中心指令后，立即赶赴现场。

（2）到达现场，开启执法记录仪，表明身份，查明情况，报告下达处警指令单位。

（3）及时制止过激行为，疏散围观群众，分隔无关人员，维护现场秩序，防止事态失控。

（4）听取陈述，了解纠纷类型，弄清纠纷情况。

①因物业承诺事项未落实、物业管理费用等引发的纠纷，当事人要求调解的，民警可以帮助协调解决，经协调达不成一致意见的，告知双方到物业主管部门解决纠纷或向人民法院提起诉讼。

②对属于公摊面积不清、房屋质量不合格等房屋问题的，通知房屋建设主管部门到场处置。

③对于合同纠纷、侵权纠纷，可以进行必要的现场调解，调解不成的，明确告知争议双方公安机关无权处理，告知通过司法行政救济渠道解决。

④对以车辆、物品等堵塞通道的方式扰乱小区正常生活秩序的，民警可进行劝解，不听劝解的，收集相关证据，依法对行为人予以治安处罚。

（5）对处置过程中的现场违法行为，及时收集、固定证据，依法处理。

（6）处警反馈，报告下达处警指令单位。

（7）现场处结，带回人员和证据。

（8）填写、存储接处警记录，保存执法记录仪记录，制作相关法律文书。

6. 医患纠纷。

（1）处警人员接到群众报警或指挥中心指令后，立即赶赴现场。

（2）到达现场，开启执法记录仪，表明身份，查明情况，报告下达处警指令单位。

（3）制止过激行为，控制事态发展，维护医疗秩序。

（4）疏散聚集群众，分隔无关人员。

（5）局面混乱难以控制的，报告下达处警指令单位，请求增援。

（6）听取医患双方陈述，现场走访调查，了解纠纷起因、过程等情况。

（7）及时报告下达处警指令单位，通知卫生行政主管部门派员到场协调处理。

（8）协商不成的，告知患方提请有关部门调查认定，申请医疗事故鉴定，通过诉讼程序解决。

（9）对无违法犯罪行为的医患纠纷。

①对大吼大闹者，进行劝阻、教育，陈述利害关系。

②对破坏医疗设施、追打医疗人员的行为及时予以制止。

③对停尸闹丧的，责令其撤离。

（10）对有违法犯罪行为的医患纠纷。

①及时进行取证，收集、固定证据。

②对构成刑事、行政案件的，分别按照刑事、行政案件办案程序办理。

（11）对职业医闹要注意收集并固定证据，果断处理。

（12）处警反馈，报告下达处警指令单位。

（13）现场处结，带回人员和证据。

（14）填写、存储接处警记录，保存执法记录仪记录，制作相关法律文书。

（二）法律依据

1.《人民警察法》。

第6条第（1）项　公安机关的人民警察按照职责分工，依法履行下列职责：

（1）预防、制止和侦查违法犯罪活动。

第21条　人民警察遇到公民人身、财产安全受到侵犯或者处于其他危难情形，应当立即救助；对公民提出解决纠纷的要求，应当给予帮助；对公民的报警案件，应当及时查处。

2.《110接处警工作规则》。

第14条　110报警服务台受理报警的范围：

（1）刑事案件；

（2）治安案（事）件；

（3）危及人身、财产安全或者社会治安秩序的群体性事件；

（4）自然灾害、治安灾害事故；

（5）其他需要公安机关处置的与违法犯罪有关的报警。

第24条　处警民警到达现场后，应当根据有关规定对警情妥善处置。处警结束后，应当及时将处警情况向110报警服务台反馈，并做好处警记录。处警结果需要制作法律文书的，按有关规定办理。

第25条　对正在发生的案（事）件，最先到达现场的处警民警不足以制止或者控制局面的，应当立即将案（事）件情况报告110报警服务台。110报警服务台应当按照工作预案，迅速调集、指挥有关警种、部门赶赴现场增援或者进行布控查缉。

3.《治安管理处罚法》。

第2条　扰乱公共秩序，妨害公共安全，侵犯人身权利、财产权利，妨害社会管理，具有社会危害性，依照《刑法》的规定构成犯罪的，依法追究刑事责任；尚不够刑事处罚的，由公安机关依照本法给予治安管理处罚。

第9条　对于因民间纠纷引起的打架斗殴或者损毁他人财物等违反治安管理行为，情节较轻的，公安机关可以调解处理。经公安机关调解，当事人达成协议的，不予处罚。经调解未达成协议或者达成协议后不履行的，公安机关应当依照本法的规定对违反治安管理行为人给予处罚，并告知当事人可以就民事争议依法向人民法院提起民事诉讼。

第23条第（4）项　有下列行为之一的，处警告或者200元以下罚款；情节较重的，处5日以上10日以下拘留，可以并处500元以下罚款：

（4）非法拦截或者强登、扒乘机动车、船舶、航空器以及其他交通工具，影响交通工具正常行驶的。

第26条　有下列行为之一的，处5日以上10日以下拘留，可以并处500元以下罚款；情节较重的，处10日以上15日以下拘留，可以并处1000元以下罚款：

（1）结伙斗殴的；

（2）追逐、拦截他人的；

（3）强拿硬要或者任意损毁、占用公私财物的；

（4）其他寻衅滋事行为。

第40条第（3）项　有下列行为之一的，处10日以上15日以下拘留，并处500元以上1000元以下罚款；情节较轻的，处5日以上10日以下拘留，并处200元以上500元以下罚款：

（3）非法限制他人人身自由、非法侵入他人住宅或者非法搜查他人身体的。

第43条　殴打他人的，或者故意伤害他人身体的，处5日以上10日以下拘留，并处200元以上500元以下罚款；情节较轻的，处5日以下拘留或者500元以下罚款。　有下列情形之一的，处10日以上15日以下拘留，并处500元以上1000元以下罚款

（1）结伙殴打、伤害他人的；

（2）殴打、伤害残疾人、孕妇、不满14周岁的人或者60周岁以上的人的；

（3）多次殴打、伤害他人或者1次殴打、伤害多人的。

第49条　盗窃、诈骗、哄抢、抢夺、敲诈勒索或者故意损毁公私财物的，处5日以上10日以下拘留，可以并处500元以下罚款；情节较重的，处10日以上15日以下拘留，可以并处1000元以下罚款。

第64条第（1）项　有下列行为之一的，处500元以上1000元以下罚款；情节严重的，处10日以上15日以下拘留，并处500元以上1000元以下罚款：

（1）偷开他人机动车的。

4.《公安机关办理行政案件程序规定》。

第153条　对于因民间纠纷引起的殴打他人、故意伤害、侮辱、诽谤、诬告陷害、故意损毁财物、干扰他人正常生活、侵犯隐私、非法侵入住宅等违反治安管理行为，情节较轻，且具有下列情形之一的，可以调解处理：

（1）亲友、邻里、同事、在校学生之间因琐事发生纠纷引起的；

（2）行为人的侵害行为系由被侵害人事前的过错行为引起的；

（3）其他适用调解处理更易化解矛盾的。

对不构成违反治安管理行为的民间纠纷，应当告知当事人向人民法院或者人民调解组织申请处理。

对情节轻微、事实清楚、因果关系明确，不涉及医疗费用、物品损失或者双方当事人对医疗费用和物品损失的赔付无争议，符合治安调解条件，双方当事人同意当场调解并当场履行的治安案件，可以当场调解，并制作调解协议书。

第154条　具有下列情形之一的，不适用调解处理：

（1）雇凶伤害他人的；

（2）结伙斗殴或者其他寻衅滋事的；

（3）多次实施违反治安管理行为的；

（4）当事人明确表示不愿意调解处理的；

（5）当事人在治安调解过程中又针对对方实施违反治安管理行为的；

（6）调解过程中，违法嫌疑人逃跑的；

（7）其他不宜调解处理的。

第155条　调解处理案件，应当查明事实，收集证据，并遵循合法、公正、自愿、及时的原则，注重教育和疏导，化解矛盾。

第156条　当事人中有未成年人的，调解时应当通知其父母或者其他监护人到场。但是，当事人为年满16周岁以上的未成年人，以自己的劳动收入为主要生活来源，本人同意不通知的，可以不通知。

被侵害人委托其他人参加调解的，应当向公安机关提交委托书，并写明委托权限。违法嫌疑人不得委托他人参加调解。

第157条　对因邻里纠纷引起的治安案件进行调解时，可以邀请当事人居住地的居（村）民委员会的人员或者双方当事人熟悉的人员参加帮助调解。

第158条　调解一般为一次。对一次调解不成，公安机关认为有必要或者当事人申请的，可以再次调解，并应当在第一次调解后的7个工作日内完成。调解应当制作笔录。

第159条　调解达成协议的，在公安机关主持下制作调解协议书，双方当事人应当在调解协议书上签名，并履行调解协议。

调解协议书应当包括调解机关名称、主持人、双方当事人和其他在场人员的基本情况，案件发生时间、地点、人员、起因、经过、情节、结果等情况、协议内容、履行期限和方式等内容。

对调解达成协议的，应当保存案件证据材料，与其他文书材料和调解协议书一并归入案卷。

第160条　调解达成协议并履行的，公安机关不再处罚。对调解未达成协议或者达成协议后不履行的，应当对违反治安管理行为人依法予以处罚；对违法行为造成的损害赔偿纠纷，公安机关可以进行调解，调解不成的，应当告知当事人向人民法院提起民事诉讼。

调解案件的办案期限从调解未达成协议或者调解达成协议不履行之日起开始计算。

第161条　对符合本规定第153条规定的治安案件，当事人自行和解并履行和解协议，双方当事人书面申请并经公安机关认可的，公安机关不予治安管理处罚，但公安机关已依法作出处理决定的除外。

5.《公安派出所执法执勤工作规范》。

第 56 条　对群众求助的事项，应当问明情况，依法履行职责，积极予以帮助解决。

第 57 条　现场先期处置后，对应当自行办理的案（事）件，依法办理；对应当移交的案（事）件，及时移交有管辖权的公安机关或者有关部门处理，并做好移交登记。

第 58 条　公安派出所民警进行刑事案件现场处置时，应当做到：

（1）划定保护区域，布置现场警戒，保护现场；

（2）抓捕、看管和监视犯罪嫌疑人；

（3）救助伤员；

（4）进行初步现场调查；

（5）核实情况，保全证据，并迅速报告上级公安机关；

（6）向侦查人员通报案件发现经过、现场保护和初步处置的情况。

第 59 条　对于严重暴力案件现场的处置，除按本规范第 60 条执行外，还应当立即请求上级公安机关采取以下措施：

（1）对可能受侵害的重点目标采取保护和警戒措施；

（2）向邻近地区发出预警通报；

（3）迅速通知治安检查站点进入警戒状态，全面部署堵截。

第 60 条　对治安案件现场的处置，应当做到：

（1）维护现场秩序；

（2）进行现场调查；

（3）搜集、保全证据；

（4）收缴和扣押违法、违禁物品；

（5）除按法律规定实行当场处罚外，依法将有关人员带回公安派出所继续调查处理。

第 62 条　对群体性治安事件的先期处置，应当做到：

（1）了解现场情况，迅速报告上级；

（2）掌握现场动态，控制重点人员；

（3）维持现场秩序，疏导围观人员；

（4）教育说服群众，防止事态扩大。

6.《公安机关现场执法视音频记录工作规定》。

第 2 条　现场执法视音频记录工作，是指公安机关利用现场执法记录设备对现场执法活动进行全过程视音频同步记录，并对现场执法视音频资料进行收集、保存、管理、使用等工作。

第 3 条　公安机关应当按照规定配备单警执法记录仪等现场执法记录设备和现场执法视音频资料自动传输、存储、管理等设备。

第4条 对于以下现场执法活动，公安机关应当进行现场执法视音频记录：

（1）接受群众报警或者110指令后处警；

（2）当场盘问、检查；

（3）对日常工作中发现的违反治安管理、出入境管理、消防管理、道路交通安全管理等违法犯罪行为和道路交通事故等进行现场处置、当场处罚；

（4）办理行政、刑事案件进行现场勘验、检查、搜查、扣押、辨认、扣留；

（5）消防管理、道路交通安全管理等领域的排除妨害、恢复原状和强制停止施工、停止使用、停产停业等行政强制执行；

（6）处置重大突发事件、群体性事件。

地方公安机关和各警种可以根据本地区、本警种实际情况，确定其他进行现场执法视音频记录的情形。

第6条 开展现场执法视音频记录时，应当对执法过程进行全程不间断记录，自到达现场开展执法活动时开始，至执法活动结束时停止；从现场带回违法犯罪嫌疑人的，应当记录至将违法犯罪嫌疑人带入公安机关执法办案场所办案区时停止。

第7条 现场执法视音频记录应当重点摄录以下内容：

（1）执法现场环境；

（2）违法犯罪嫌疑人、被害人、被侵害人和证人等现场人员的体貌特征和言行举止；

（3）重要涉案物品及其主要特征，以及其他可以证明违法犯罪行为的证据；

（4）执法人员现场开具、送达法律文书和对有关人员、财物采取措施情况；

（5）其他应当记录的重要内容。

（三）注意事项

1. 民警不宜介入纠纷的实质内容，明确告知当事人通过民事途径或行政途径解决纠纷。

2. 民警处警的主要任务是平息事态，预防和及时查处由各类纠纷引发的违法犯罪行为。

3. 家庭纠纷处置过程中应当注意保护当事人的隐私，尽量避免对未成年子女身心造成伤害。

4. 处置医患纠纷时要理解患者本人及亲属的心情，积极引导，讲究方式方法，避免激化矛盾。

5. 处置人数较多的纠纷时，要注意进行现场控制，不能控制时要及时报告下达处警指令单位，防止形成群体性事件。

第五节 巡逻勤务与接处警相关文书填写示范

一、

治安巡逻登记表

<table>
<tr><td colspan="5">20××年××月××日   星期× 天气 晴</td></tr>
<tr><td>巡逻人员</td><td>张某某、李某某、
周某某、刘某某</td><td>带班领导</td><td colspan="2">张某某</td></tr>
<tr><td>巡逻区域</td><td>××商业街及交通要道
××中学周边</td><td>巡逻时间</td><td colspan="2">××时××分——××时××分</td></tr>
<tr><td>巡逻处置情况</td><td colspan="4">1. 8：30，接班后至商业街交通岗定点巡逻。
2. 9：05，110指令，××街××号有老人被困家中，查询联系其女儿林某某开门。
3. 14：15，接李某某报警家中被盗，已转交分局刑警大队办理。
4. 20：50，110指令，××街××号楼下有人打群架。现场处置后，带回2名涉案人员，并移交治安值班民警宋某某办理。</td></tr>
<tr><td rowspan="2">交接班负责人</td><td>张某某</td><td>交接时间</td><td colspan="2">20××年××月××日××时××分</td></tr>
<tr><td>陈某某</td><td>填表时间</td><td colspan="2">20××年××月××日</td></tr>
<tr><td>备注：</td><td colspan="4"></td></tr>
</table>

二、

第 __1__ 页 共 __4__ 页

当场盘问、检查/继续盘问笔录

当场盘问、检查/继续盘问时间：20××年××月××日××时××分始至××时××分止

当场盘问、检查/继续盘问地点：××市××区××街××号

当场盘问、检查/继续盘问人：张某某，单位及职务：××公安局××派出所民警；黄某某

单位及职务：××公安局××派出所民警

被盘问人姓名：刘某某   曾用名：刘某某   性别：__男__

出生年月日：××××年××月××日   文化程度：__初中__   民族：__汉__

身份证件名称及号码：居民身份证210211×××××××8760

户籍所在地：××市××区××镇×乡×村   现住址：××市××区×街×号

工作单位：××市××建材厂

被盘问人被带至公安机关的具体时间：20××年××月××日××时××分

刘某某（捺指印）

向被盘问人宣读其依法享有下列权利：

1. 对人民警察侵犯其合法权益的行为，有权提出控告。

2. 有权申请继续盘问人回避。

3. 有权为自己辩解。

4. 对人民警察的提问，应当如实回答。对与本案无关的问题，有权拒绝回答。

5. 有权核对笔录（如果被盘问人没有阅读能力，人民警察应当向其宣读）。如果笔录记载有遗漏或者差错，有权提出补充或者更正。

6. 有权对错误的继续盘问申请国家赔偿。

当场盘问、检查情况记录如下（包括对被盘问、检查人提出的问题及其回答情况，携带的财物名称、种类、型号、数量及当场检查情况等）/继续盘问内容记录如下（包括被盘问人的家庭情况、主要经历、有无前科及继续盘问情况等）：

问：我们是××公安局××派出所的民警，现依法对你进行当场盘问、检查，请你配合。

答：（慌张，并将手中提包往身后藏）怎么了？

问：请你按照我们的要求做。请你将手里的包放在地上，并请你背过身去，双臂高举过头，双脚尽量分开，双手扶墙站立。

答：是。（犹豫了一会儿，将包放在了地上）

（经过检查，从其右侧裤兜里搜出一把改锥。手提包为××牌女士坤包，颜色为深棕色，包拉锁上挂了一个米老鼠的挂件。包内有一个粉色钱包，钱包内有人民币 500 元及建设银行信用卡一张，另有一张姓名为"唐某某"的居民身份证。还有一支口红及一些女士用品。）

向被盘问人宣读其依法享有的权利。

问：刚才给你宣读的权利，你是否听清？

答：听清楚了。

问：你应当如实回答我们提出的问题，对于与办案无关的问题，你可以不回答，明白吗？

答：明白了。

问：改锥做什么用的？

答：修自行车。

问：车呢？

答：在家里。

问：那你为什么随身携带着改锥？

刘某某（捺指印）

答：修完车就随手放在口袋里了，这有什么可怀疑的。

问：你拿的包是你自己的吗？请你大致描述一下你所提的包。比如，什么颜色，什么牌子，有什么明显标志？

答：包是我女朋友的。是黑色的，什么牌子我没注意，没什么明显标志。

问：你女朋友叫什么名字？

答：我女朋友叫……叫白某某。

问：包里有什么东西？

答：有……有……我不太清楚，这得问我女朋友。

问：你女朋友有手机吗？我们好给她打个电话核实一下？

答：（有些慌张）有，我们刚才走散了，我给她打电话，关机了，应该是手机没电了。

问：你说的好像不是实话，希望你如实回答。你再仔细想想，这个包是从哪里来的？

答：我说的是实话，请你们相信我。

问：唐某某，你认识吗？

答：（停了四五秒钟）哦，我想起来了，唐某某是我女朋友的朋友，你怎么知道？包里是不是有她的东西？我想起来了，这个包是唐某某给我女朋友的。

问：包里的东西也是唐某某送给你女朋友的？

答：对……不对……

问：究竟是还是不是？

答：（更加慌张）这个包不是她送给我女朋友的，是唐某某托我带给别人的。

问：带给谁？

答：带给孙某某。

问：孙某某住哪儿？有没有电话？

答：和我都住在单位宿舍，没有电话。

问：唐某某住在哪儿？有没有电话？

答：住在……住在……我不知道。

问：你不能说清楚包的来源。我们需要将你带回派出所依法继续盘问，请你配合。

答：我又没有犯罪，为什么带我去派出所？

问：你的回答无法排除你的违法犯罪嫌疑，你没有实事求是回答我们的问题。你要是如实回答，还是可以从轻处理的。你可以认真想一下。

答：我说的都是事实，请你们相信我。

刘某某（捺指印）

问：目前还不能排除你的违法犯罪嫌疑，请你跟我们回派出所，我们要根据《人民警察法》第9条的规定对你依法继续盘问。

答：好吧。

问：笔录已经制作好，请你核对一下，如果有错误，你可以修改、补充。你自己可以看吗？如果不能，我们可以读给你听。

答：我可以自己看。（看了约有5分钟）笔录没有错误。

问：如果没有错误，就请你在每一页上签名并捺指印。

答：好。

以上记录我看过，与我说的相符。

被盘问人（签名或捺指印）：　刘某某

20××年××月××日××时××分

被盘问人拒绝签名和捺指印，应注明原因：＿＿＿＿＿＿＿

当场盘问、检查/继续盘问大（签名）：　张某某

黄某某

记录人（签名）：　张某某

三、

接处警登记表

编号：

接警时间	20××年××月××日××时××分				到达现场时间	20××年××月××日××时××分		
报警人	姓名	田某某	性别	男	年龄	23	联系电话	130××××7299	报警方式	110指令
	住所或服务处所	××市××区××海鲜烧烤店						
接警人	李某某	处警民警	金某某、乔某某、李某某			案别	行政	
报案内容	20××年××月××日晚××时××分，××市××区××海鲜烧烤店门口有人打架斗殴。							
处警情况	20××年××月××日××时××分，处警民警金某某、乔某某、李某某3人到达现场。经现场了解，××区××海鲜烧烤店内就餐人员高某某酒后用手将饭店服务员田某某打倒在地，致使田某某鼻部出血。							
损失情况	服务员田某某鼻部出血，烧烤店损坏椅子1把。							
处理意见	拟立治安案件			领导批示				

填表人：金某某　　　　　　　　填表日期：20××年××月××日

注：案别指案件类别，即行政或刑事；报警形式指110指令、执勤巡逻发现、口头（电话）报警、群众扭送、投案自首、器材报警、领导交办、其他部门移送等。

四、

公安（分）局

现场　笔录

（本文书可用于制作勘验笔录、检查笔录、辨认笔录和现场笔录）

时间：20××年×月×日××时××分至20××年×月×日××时××分

地点：　××区××街××号

办案人或勘验、检查人姓名、单位：　张某某　王某某　×××派出所

检查或者辨认对象：

当事人/辨认人（姓名、性别、身份证件种类及号码）：

见证人（姓名、性别、身份证件种类及号码）：　刘某某，男

居民身份证　290119××××××0612

　　事由和目的：　记录现场情况，固定证据。

　　过程和结果：　20××年×月×日××时，×××派出所接到报警称××区××街××号兴旺酒楼被闹事者打砸，民警张某某、王某某立即赶赴现场。到达现场后发现一楼内侧左边的窗户玻璃破碎；靠窗的一张桌子被掀翻，一条椅子腿已折断，地上有一些碎玻璃和破碎的碗片，××酒瓶1只，饭菜和酒洒满了地面，1位女客人的裙子被汤汁沾污；现场遗落1个黑色钱包，钱包内装有身份证和工作证各1张，人民币500元。

　　经了解，××时××分，两名醉酒的顾客在酒楼里打起来，经理上前制止，他们反而迁怒于酒楼，用酒瓶打碎了玻璃，还掀翻了桌子。两名肇事者因互相斗殴受伤，已被送往医院。

　　经清理受损物品，共有窗户玻璃1块，椅子1把，碗6只。

　　办案人或勘验检查人：张某某　王某某　　　　　　　　　20××年×月×日

　　当事人/辨认人或见证人：刘某某　　　　　　　　　　　20××年×月×日

五、

公安（分）局
现场治安调解协议书

编号：

当事人　高某某　性别　男　年龄　35　身份证件及号码　210202××××××××0912

工作单位及职业　××市××机械厂工人　联系电话　159××××7651

家庭住址　××市××区××号×－×－×

当事人　田某某　性别　男　年龄　23　身份证件及号码　340207××××××××0415

工作单位及职业　××海鲜烧烤店服务员　联系电话　130×××0256

家庭住址　××市××区××号×－×－×

主要事实：20××年××月××日××时××分，在××区××海鲜烧烤店内，高某某酒后用手打了饭店服务员田某某面部一拳，致使田某某倒地且鼻部出血。

经调解，双方自愿达成如下协议：

一、高某某向田某某赔礼道歉。

二、高某某一次性赔偿田某某医疗费、误工费等费用，合计人民币捌佰元整。

三、双方互相谅解，田某某不再追究高某某法律责任。

四、该调解为公安机关一次性调解，达成协议后双方均按调解协议的条款执行。

本协议自双方签字之时起生效，并当场履行，公安机关对违反治安管理行为人不予处罚。

当事人（签名）：高某某

当事人（签名）：田某某

办案民警：张某某、李某某

（公安机关印章）

20××年××月××日

（第一联：存根；第二联：送当事人；第三联：送当事人）

第六节　巡逻勤务与接处警实训

一、实训内容

（一）治安类警情先期处置模拟实训

1. 根据案情设定的情景，模拟巡逻民警巡逻、群众报警和 110 报警服务台接警。

2. 模拟 110 指挥中心接到报警后给处警民警下达处警指令和指挥调度。

3. 模拟处警民警接到处警指令后的出警准备工作。

4. 模拟处警民警到达现场后向指挥中心报告现场情况以及在处置过程中与指挥中心信息沟通、现场反馈和请求支援情况。

5. 模拟处警民警现场处置情况，包括如何制止违法犯罪行为、如何进行现场控制和保护、如何救助伤员、如何当场盘查、如何开展调查取证、如何应对媒体等处置措施和工作方法。

6. 模拟现场处结、移交及离开现场的工作。

（二）填写相关文书

（三）形成实训小结

二、情境设计

案例设计依据治安类警情的特点与公安工作中发案率较高、地域范围较广泛等特点，以真实案例为依托设计案例情境。

（一）殴打他人警情

2016 年 9 月 19 日 16 时许，×市×区×路×号"××网吧"内，吧台服务员刘某（女，身份证号码 210212×××××××5082，联系电话 157×××1234）正在忙活日常工作，为上网人员办理会员卡充值。此时，×市×装饰公司的项目施工负责人谷某（男，身份证号码 210202×××××××0521，联系电话 130×××8999）与该公司装修工人陈某（男，身份证号码 530121××××××0917，联系电话 159×××0321）一起过来找网吧老板李某（男，身份证号码 210211××××××0422，联系电话 158×××9888）讨要网吧装修钱款。可网吧老板李某以装修公司装修不符合消防验收标准导致其不能按时营业并花费大量钱财重新装修为由拒绝给付 2 人钱款。双方在网吧争执起来，这时李某冲出网吧到到隔壁超市将超市老板王某（男，身份证号码 201011×××××0210，联系电话 158×××8877）用来别门的木棍拎走，快速返回网吧，冲着还在前台站着的谷某后背就打了一棍。这时，在网吧上网的小伙郑某（男，身份证号码 210202××××××1117，联系电话 187×××0111）和阚某（男，身份证号码 210203×××××××1230，联系电话 187×××2345）上去拉李某并劝说其别打了，但在拉扯过程中李某又用手中的木棍打了谷某头部一下，谷某被打倒在网吧门口附近的地上，随后其同伴陈某拨打 110 报警。

（二）矛盾纠纷警情

2017 年 5 月 22 日下午 13 时 30 分许，×市×职业技术学院×校区南门口，2016 级学生矫某（男，身份证号码 210211××××××××0612，联系电话 139×××5679）在其同学裴某（男，身份证号码 210211××××××××0428，联系电话 139×××5678）的陪同下外出看病返校，由于矫某是腿部受伤，走路一瘸一拐，行动不方便，两人便没有绕路走日常让学生通行的北门。学校南门的保安刘某（男，身份证号码 371425××××××××0626，联系电话 158×××9888）以学校南门日常不对学生开放，只允许车辆通行为由不让两人通过，裴某两人以行动不便为由请保安通融，但被拒绝，于是裴某两人钻过大门口车辆通行的栏杆强行要通过，双方发生争执并相互撕扯，矫某被撞倒在地。此时，保安李某（男，身份证号码 340207××××××××0103，联系电话 156×××0101）从岗亭内冲过来与恰逢上班开车经过此处的学院老师蒋某（女，身份证号码 210203××××××××0418，联系电话 136×××0966）将 3 人拉开，随后裴某转过身来准备扶矫某起来时，矫某感觉疼痛难忍，裴某便拿手机打电话报警。

（三）盗窃行为警情

2017 年 4 月 2 日晚，×市×区××路派出所巡逻民警张某、李某、刘某 3 人在辖区内执行巡逻任务。由于近期辖区内发生案件数量有所增多，经所领导研究，加强夜间巡逻力度，每天晚上巡逻至下半夜 3 点钟。22 时许，巡逻民警张某开着巡逻警车经过××路×号楼××家园小区附近，发现有一男子推着一辆电动车前行，东张西望，神情慌张，其可疑的神情引起了巡逻民警张某的高度重视。巡逻民警张某不动声色悄悄地将警车开到偏僻处，3 人一起下车，以楼房为掩护，悄悄靠近。见 3 名警察突然出现在面前，男子立即站在原地不动了，紧张地望着面前的 3 名警察，巡逻民警张某大声说："不许动，靠墙站好！"巡逻民警张某、李某、刘某 3 人对其进行了当场盘问和检查。经盘问，该男子名叫高某，某建筑工地外来务工人员，×省×市×镇×乡×村人，身份证号码 369011××××××××0317，联系电话 131×××3790，晚上在美树家园小区闲逛，撬开一辆电动车的车锁，就将电动车推走。巡逻民警 3 人将高某带至派出所，并将电动车带回。2017 年 4 月 3 日早 6 时许，派出所接到 110 指令，有群众报警称自己停在小区楼下的电动车被盗。报警人叫王某，男，退休工人，身份证号码 210211××××××××0703，联系电话 159×××0910，户籍所在地为辽宁省×市×区××路×号×-×-×，现居住于此。报警人自述：我是 2017 年 4 月 2 日晚上 20 点回家时将我的电动车用链锁锁好后车轮后，停在楼下单元门旁边的。4 月 3 日早上起来准备去买菜的时候发现我的电动车不见了，锁链被撬开扔在昨晚停车的位置。然后我就知道我的车被偷走了，我就打电话报警了。我的电动车是银灰色的，什么牌子的我也不认识，是我去年花 480 块钱从南岭路东边的一个修车铺（修车铺老板：刘某，男，身份证号码 410402××××××××1120，联系电话 187×××8972）买的二手电动车，没有发票也没有其他牌证。我手机里有一张我小孙女和车子的合影。

三、实训组织

（一）学员课前预习重点

1. 预习巡逻警务与接处警的相关知识要点及法律依据。

2. 预习治安盘查的程序、接警的基本流程、处警的基本流程。

3. 预习治安类警情先期处置的程序、法律依据、注意事项。

（二）模拟演练

1. 场地、器材准备。

（1）情境一：殴打他人警情。

【实训场地】

实战训练馆内的模拟网吧，有上网人员，周围有其他建筑场所、有行人。

【实训器材】

①接警器材。手机若干台、座机电话1台、黑色签字笔2支、对讲机2台、电脑1台（含接警录入系统）。

②处警器材。处警车辆1辆、多功能腰带24个、执法记录仪4台、对讲机4台、催泪喷射器4个、手铐4个、伸缩性警棍4个、塑料手枪2支、记录本2本、黑色签字笔2支、《接处警登记表》若干、《现场笔录》若干。

③情境模拟器材。木棍1根（长约70cm、直径约6cm）、香烟1根、矿泉水2瓶、台式电脑若干（模拟网吧场景）、手机若干（围观群众拍摄使用）。

（2）情境二：矛盾纠纷警情。

【实训场地】

学校大门口或在校内选择与现场环境相似的有门禁系统的室外大门附近，周围有其他建筑场所、有车辆、有行人。

【实训器材】

①接警器材。手机若干台、座机电话1台、黑色签字笔2支、对讲机2台、电脑1台（含接警录入系统）。

②处警器材。处警车辆1台、多功能腰带24个、执法记录仪4台、对讲机4台、催泪喷射器4个、手铐4个、伸缩性警棍4个、塑料手枪2支、记录本2本、黑色签字笔2支、《接处警登记表》若干、《现场笔录》若干、《现场治安调解协议书》若干。

③情境模拟器材。私家车辆1台、大门岗亭、车辆栏杆、受伤绷带、保安制服2套、手机若干（围观群众拍摄使用）。

（3）情境三：盗窃行为警情。

【实训场地】

实战训练馆内的居民住宅楼楼下或者在校内选择与案件描述现场环境相似的居民楼单元门附近。

【实训器材】

①接警器材。手机若干台、座机电话1台、黑色签字笔2支、对讲机2台、电脑1台（含接警录入系统）。

②处警器材。处警车辆1辆、多功能腰带24个、执法记录仪4台、对讲机4台、催泪喷射器4个、手铐4个、伸缩性警棍4个、塑料手枪2支、记录本2本、黑色签字笔2支、《治安巡逻登记表》若干、《当场盘问、检查笔录》若干、《接处警登记表》若干、《现场笔录》若干。

③情境模拟器材。被盗电动车1辆（银色）、被撬开的链锁1套、小女孩与电动车的合影电子照片1张、保安制服1套、手机若干（围观群众拍摄使用）。

2. 实训相关文书。《治安巡逻登记表》《当场盘问、检查笔录》《接处警登记表》《现场笔录》等。

3. 组织及安排。

（1）演员角色确定。

①各类型案例按照实训中的人物角色对应性别、职业特点进行有针对性的任务演员选取。

②确定人物身份后，事先熟悉场地和台词，结合案例中的具体身份熟练警情。

③以案例情境为小组，进行案例模拟演练2~3遍，辅助教官负责流程及细节指导。

④确定小组案例的场地内最终定稿内容，落实案例模拟演练的小组负责人。

（2）现场分组、分工。

①每个警情处置小组由6名学员组成。

②抽签确定角色分配（1号为现场指挥员，2、3号为现场保护员，4、5、6号为调查取证员）。

（3）考核教官就位。

①每个模拟现场配备主考教官1名和辅助教官1名。

②主考教官按照考核标准对小组整体处警情况进行考核，并指出存在问题。

③辅助教官按照考核标准和小组成员分工情况对其处警情况分别进行考核，并指出存在问题。

（4）注意事项。

①确定处警小组成员及分工，小组内部进行讨论与安排。

②接到处警指令后，领取处警装备开展处警准备工作。

③以小组为单位对3个模拟现场进行循环处置，3个模拟现场同时进行。

④警情处置完毕后，回到教室完善相关表格。

四、实训文书

（一）情境一：殴打他人警情

接处警登记表

编号：

接警时间				到达现场时间		
报警人	姓名		性别		年龄	联系电话	报警方式	
	住所或服务处所						
接警人			处警民警			案别		
报案内容							
处警情况							
损失情况							
处理意见				领导批示		

填表人：　　　　　　　　　　　　　　　填表日期：　　　年　月　日

注：案别指案件类别，即行政或刑事；报警形式指 110 指令、执勤巡逻发现、口头（电话）报警、群众扭送、投案自首、器材报警、领导交办、其他部门移送等。

公安（分）局
___现场___笔录

（本文书可用于制作勘验笔录、检查笔录、辨认笔录和现场笔录）

时间：_____年____月____日____时____分至_____年___月___日___时____分

地点：_____

办案人或勘验、检查人姓名、单位：_____

检查或者辨认对象：_____

当事人/辨认人（姓名、性别、身份证件种类及号码）：_____

_____

见证人（姓名、性别、身份证件种类及号码）：_____

_____

　　事由和目的：_____

　　过程和结果：_____

_____

_____

_____

_____

_____

_____

_____

_____

_____

_____

_____

_____

　　办案人或勘验检查人：_____

　　当事人/辨认人或见证人：_____

（二）情境二：矛盾纠纷警情

接处警登记表

编号：

接警时间				到达现场时间				
报警人	姓名		性别		年龄		联系电话		报警方式	
	住所或服务处所								
接警人			处警民警			案别			
报案内容									
处警情况									
损失情况									
处理意见					领导批示				

填表人：　　　　　　　　　　　　　　填表日期：　　　年　月　日

注：案别指案件类别，即行政或刑事；报警形式指 110 指令、执勤巡逻发现、口头（电话）报警、群众扭送、投案自首、器材报警、领导交办、其他部门移送等。

公安（分）局
___现场___笔录

（本文书可用于制作勘验笔录、检查笔录、辨认笔录和现场笔录）

时间：_____年___月___日___时___分至_____年___月___日___时___分

地点：_____

办案人或勘验、检查人姓名、单位：_____

检查或者辨认对象：_____

当事人/辨认人（姓名、性别、身份证件种类及号码）：_____

_____

见证人（姓名、性别、身份证件种类及号码）：_____

_____

　　事由和目的：_____

　　过程和结果：_____

_____

_____

_____

_____

_____

_____

_____

_____

_____

_____

_____

_____

　　办案人或勘验检查人：

　　当事人/辨认人或见证人：

_____公安（分）局
现场治安调解协议书

编号：

当事人_____ 性别____ 年龄____ 身份证件及号码_____

工作单位及职业_____ 联系电话_____

家庭住址_____

　　当事人_____ 性别____ 年龄____ 身份证件及号码_____

工作单位及职业_____ 联系电话_____

家庭住址：_____

　　主要事实：_____

_____

_____

_____

_____

_____

　　经调解，双方自愿达成如下协议：_____

_____

_____

_____

本协议自双方签字之时起生效，并当场履行，公安机关对违反治安管理行为人不予处罚。

当事人（签名）：

当事人（签名）：

办案民警：

（公安机关印章）

年　月　日

（第一联：存根；第二联：送当事人；第三联：送当事人）

（三）情境三：盗窃行为警情

治安巡逻登记表

年　　月　　日　　星期　　天气			
巡逻人员		带班领导	
巡逻区域		巡逻时间	
巡逻处置情况			
交接班负责人		交接时间	
		填表时间	
备注：			

第___页 共___页

当场盘问、检查/继续盘问笔录

当场盘问、检查/继续盘问时间：_____年___月___日___时___分始至___时___分止

当场盘问、检查/继续盘问地点：_____

当场盘问、检查/继续盘问人：_____，单位及职务：_____；

_____，单位及职务：_____

被盘问人姓名：_____ 曾用名：_____ 性别：_____

出生年月日：_____年___月___日 文化程度：_____ 民族：_____

身份证件名称及号码：_____

户籍所在地：_____

工作单位：_____

被盘问人被带至公安机关的具体时间：_____年___月___日___时___分

向被盘问人宣读其依法享有下列权利：

1. 对人民警察侵犯其合法权益的行为，有权提出控告。

2. 有权申请继续盘问人回避。

3. 有权为自己辩解。

4. 对人民警察的提问，应当如实回答。对与本案无关的问题，有权拒绝回答。

5. 有权核对笔录（如果被盘问人没有阅读能力，人民警察应当向其宣读）。如果笔录记载有遗漏或者差错，有权提出补充或者更正。

6. 有权对错误的继续盘问申请国家赔偿。

当场盘问、检查情况记录如下（包括对被盘问、检查人提出的问题及其回答情况，携带的财物名称、种类、型号、数量及当场检查情况等）/继续盘问内容记录如下（包括被盘问人的家庭情况、主要经历、有无前科及继续盘问情况等）：

_____

_____

_____

_____

_____

_____

_____

_____

＿＿＿＿＿＿＿＿＿＿＿＿＿＿＿＿＿＿＿＿＿＿＿
＿＿＿＿＿＿＿＿＿＿＿＿＿＿＿＿＿＿＿＿＿＿＿
＿＿＿＿＿＿＿＿＿＿＿＿＿＿＿＿＿＿＿＿＿＿＿
＿＿＿＿＿＿＿＿＿＿＿＿＿＿＿＿＿＿＿＿＿＿＿
＿＿＿＿＿＿＿＿＿＿＿＿＿＿＿＿＿＿＿＿＿＿＿
＿＿＿＿＿＿＿＿＿＿＿＿＿＿＿＿＿＿＿＿＿＿＿
＿＿＿＿＿＿＿＿＿＿＿＿＿＿＿＿＿＿＿＿＿＿＿
＿＿＿＿＿＿＿＿＿＿＿＿＿＿＿＿＿＿＿＿＿＿＿
＿＿＿＿＿＿＿＿＿＿＿＿＿＿＿＿＿＿＿＿＿＿＿
＿＿＿＿＿＿＿＿＿＿＿＿＿＿＿＿＿＿＿＿＿＿＿
＿＿＿＿＿＿＿＿＿＿＿＿＿＿＿＿＿＿＿＿＿＿＿
＿＿＿＿＿＿＿＿＿＿＿＿＿＿＿＿＿＿＿＿＿＿＿
＿＿＿＿＿＿＿＿＿＿＿＿＿＿＿＿＿＿＿＿＿＿＿
＿＿＿＿＿＿＿＿＿＿＿＿＿＿＿＿＿＿＿＿＿＿＿
＿＿＿＿＿＿＿＿＿＿＿＿＿＿＿＿＿＿＿＿＿＿＿
＿＿＿＿＿＿＿＿＿＿＿＿＿＿＿＿＿＿＿＿＿＿＿
＿＿＿＿＿＿＿＿＿＿＿＿＿＿＿＿＿＿＿＿＿＿＿
＿＿＿＿＿＿＿＿＿＿＿＿＿＿＿＿＿＿＿＿＿＿＿
＿＿＿＿＿＿＿＿＿＿＿＿＿＿＿＿＿＿＿＿＿＿＿

被盘问人（签名或捺指印）：＿＿＿＿＿
＿＿＿＿＿年＿＿月＿＿日＿＿时＿＿分

被盘问人拒绝签名和捺指印，应注明原因：＿＿＿＿＿＿＿＿＿＿

当场盘问、检查/继续盘问人（签名）：＿＿＿＿＿
＿＿＿＿＿

记录人（签名）：＿＿＿＿＿

接处警登记表

编号：

接警时间				到达现场时间			
报警人	姓名		性别		年龄	联系电话	报警方式
	住所或服务处所						
接警人		处警民警			案别		
报案内容							
处警情况							
损失情况							
处理意见				领导批示			

填表人：　　　　　　　　　　　　　　　　　　填表日期：　　　年　　月　　日

注：案别指案件类别，即行政或刑事；报警形式指110指令、执勤巡逻发现、口头（电话）报警、群众扭送、投案自首、器材报警、领导交办、其他部门移送等。

公安（分）局
___现场___笔录

（本文书可用于制作勘验笔录、检查笔录、辨认笔录和现场笔录）

时间：_____年___月___日___时___分至_____年___月___日___时___分

地点：_____

办案人或勘验、检查人姓名、单位：_____

检查或者辨认对象：_____

当事人/辨认人（姓名、性别、身份证件种类及号码）：_____

_____

见证人（姓名、性别、身份证件种类及号码）：_____

_____

　事由和目的：_____

　过程和结果：_____

_____

_____

_____

_____

_____

_____

_____

_____

_____

_____

_____

　办案人或勘验检查人：

　当事人/辨认人或见证人：

五、分享点评

（一）学员分享

以模拟处置过程中的具体角色进行匹配，请学员根据自身小组对模拟警情处置过程的实际情况，分析小组及个人在处置程序、处置方法、处置技巧、注意事项等方面存在的问题及不足，并提出改进意见。

（二）教官点评

经过案例的综合模拟演练后，在辅助教官做好跟踪记录的基础上，以考核标准中规定事项为对照，结合学员现场警情受理及处置的具体表现从处置流程、场面控制、语言使用规范、处置过程是否规范等多角度进行分享点评。并根据实训小组填写法律文书内容的实际情况进行规范点评与讲解。

六、实训考核标准和成绩

（一）考核方式

1. 学员按小组实地操作，教官按照治安类警情先期处置实训考核指标（见表 1 – 1）的要求和标准同时对小组整体情况及小组各成员情况进行赋分。

2. 将小组成绩与个人成绩相加得出最终成绩。

（二）考核内容

1. 使学员掌握警情先期处置的流程及现场处置措施。

2. 使学员学会相关法律文书的制作。

3. 使学员具备巡逻民警接处警的实际工作能力。

（三）成绩评定（见表 1 – 2）

1. 总成绩为 100 分满分；

2. 小组考核成绩为 100 分 ×60%；

3. 个人表现成绩占总成绩的 40%，由考核教官按照评分表中的标准直接打分；

4. 总成绩（100%）＝小组成绩（60%）＋个人成绩（40%）。

表 1 - 1　治安类警情先期处置实训考核指标

一级指标	序号	二级指标	评分标准			
			5 分	3 分	1 分	0 分
处警准备	1	处警人员	2 人以上			1 人出警
	2	处警装备	齐全			不齐全
	3	出警时限	按时到达			未按时到达
到达现场	4	开启执法记录仪（视音频记录）	开启			未开启
	5	表明身份	表明			未表明
	6	判断警情	准确			不准确
	7	报告情况	全面	不全面	逻辑混乱	未报告
现场处置	8	制止违法犯罪行为	制止			未制止
	9	设置警戒	设置			未设置
	10	保护现场	保护完好			破坏现场
	11	应对采访拍摄	掌握技巧	基本应对		不会应对
	12	请求支援/报请勘查	请求			未请求
	13	先期取证	全部	大部分	小部分	无
	14	调查访问	全部	大部分	小部分	无
	15	其他措施（救治伤员、排除险情、现场追捕等）	采取措施	采取部分措施		未采取措施
现场处结	16	报告情况	报告			未报告
	17	带回人员	带回			未带回
	18	带回证据	带回			未带回
文书制作	19	《现场笔录》	全面、准确	较全面、准确	一般	明显错误
	20	《接处警登记表》	全面、准确	较全面、准确	一般	明显错误
合计		上述内容，每项 5 分，共计 20 项，满分 100 分。得分 = 最终成绩 × 60%				

表1-2 治安类警情先期处置练习/考核评分表

案例编号：

考核对象			大队 中队 第 小组				
考核时间			年 月 日 时 分至 时 分				
小组考核	赋分点	分值	得分	赋分点		分值	得分
	1. 处警人员准备	5		11. 应对采访拍摄		5	
	2. 处警装备准备	5		12. 请求支援/报请勘查		5	
	3. 及时出警	5		13. 先期取证		5	
	4. 开启执法记录仪	5		14. 调查访问		5	
	5. 表明身份	5		15. 其他措施		5	
	6. 判断警情	5		16. 处置结果报告		5	
	7. 到达现场报告	5		17. 带回人员		5	
	8. 制止违法犯罪行为	5		18. 带回证据		5	
	9. 设置警戒	5		19.《现场笔录》		5	
	10. 保护现场	5		20.《接处警登记表》		5	
小组成绩							

个人成绩	编号	1	2	3	4	5	6
	分工	现场指挥	现场保护	现场保护	调查取证	调查取证	调查取证
	姓名						
	得分						
总成绩							

填表说明	1. 小组成绩（满分60）：各赋分点得分相加×60%； 2. 个人成绩（满分40）：根据现场表现，直接赋分； 3. 总成绩（满分100）＝小组成绩＋个人成绩。

教官签名：

年 月 日

七、治安类警情先期处置实训小结

项目	内容
治安类警情先期处置实训中存在的问题	
文书填写实训中存在的问题	
心得体会	
对实训教学的建议	

任务二　治安调解

[训练目标]

通过对治安调解相关基础知识的学习，掌握公安派出所治安调解的范围、程序和方法，做到会调解、会填写相关法律文书。

第一节　治安调解的概念和特征

一、治安调解的概念

《治安管理处罚法》第 9 条规定："对于因民间纠纷引起的打架斗殴或者损毁他人财物等违反治安管理行为，情节较轻的，公安机关可以调解处理。经公安机关调解，当事人达成协议的，不予处罚。经调解未达成协议或者达成协议后不履行的，公安机关应当依照本法的规定对违反治安管理行为人给予处罚，并告知当事人可以就民事争议依法向人民法院提起民事诉讼。"《公安机关治安调解工作规范》第 2 条规定："本规范所称治安调解，是指对于因民间纠纷引起的打架斗殴或者损毁他人财物等违反治安管理、情节较轻的治安案件，在公安机关的主持下，以国家法律、法规和规章为依据，在查清事实，分清责任的基础上，劝说、教育并促使双方交换意见，达成协议，对治安案件做出处理的活动。"《公安机关办理行政案件程序规定》第 160 条规定："调解达成协议并履行的，公安机关不再处罚。对调解未达成协议或者达成协议后不履行的，应当对违反治安管理行为人依法予以处罚；对违法行为造成的损害赔偿纠纷，公安机关可以进行调解，调解不成的，应当告知当事人向人民法院提起民事诉讼。调解案件的办案期限从调解未达成协议或者调解达成协议不履行之日起开始计算。"从上述规定我们可以对治安调解的概念做出如下归纳：治安调解，是指公安机关人民警察对于因民间纠纷引起的殴打他人，故意伤害、侮辱、诽谤、诬告陷害，故意损毁财物，干扰他人正常生活，侵犯隐私等违反治安管理且情节较轻的治安案件，在公安机关人民警察的主持下，以国家法律、法规和规章为依据，在查清事实，分清责任的基础上，遵循当事人双方自愿的原则，劝说、教育并促使双方交换意见，本着相互协商，互谅互让，结果共赢的精神，就财物损毁和人身伤害等有关财产和精神赔偿问题达成一致的处理意见，并且以《治安调解协议书》这一规范的形式达成解决争议的具体协议，公安机关对违反治安管理行为人决定不再追究其违反治安管理行政责任的一种治安案例结案方式。

二、治安调解的特征

（一）治安调解的主体必须是公安机关

依法承担治安案件的查处职责的公安机关人民警察是主持治安调解的法定主体。

《治安管理处罚法》第9条规定："对于因民间纠纷引起的打架斗殴或者损毁他人财物等违反治安管理行为，情节较轻的，公安机关可以调解处理。经公安机关调解，当事人达成协议的，不予处罚。"《公安机关治安调解工作规范》第3条规定："对于因民间纠纷引起的殴打他人、故意伤害、侮辱、诽谤、诬告陷害、故意损毁财物、干扰他人正常生活、侵犯隐私等违反治安管理行为，情节较轻的，经双方当事人同意，公安机关可以治安调解。"依据《治安管理处罚法》第9条和《公安机关治安调解工作规范》第3条规定，治安调解的主体必须是公安机关，决定了治安调解属于行政调解的性质，由此也决定了治安调解条件必须是民间纠纷引起的违反治安管理行为，在方式上采取教育劝说和协调双方之间的利益关系，治安调解的法律依据是《治安管理处罚法》、《公安机关治安调解工作规范》、《公安机关办理行政案件程序规定》，治安调解的法律后果是对违反治安管理行为人不再追究其治安行政法律责任。由公安机关主持治安调解，也就决定了治安调解的性质从属于行政调解。对各类治安案件是否属于《治安管理处罚法》第9条规定的治安调解范围，是否适用治安调解方式结案，由承担治安案件查处的公安机关人民警察审查确定。因此，治安调解已经成为公安机关查处治安案件的结案方式之一，只有符合《治安管理处罚法》第9条规定的治安调解条件，并且公安机关认为适宜调解处理的，才可以依法作出采用相应的治安调解方式结案的处理决定。

（二）必须适用治安调解的法定条件

适用治安调解的法定条件必须是局限于因民间纠纷引起的殴打他人、故意伤害、侮辱、诽谤、诬告陷害、故意损毁财物、干扰他人正常生活、侵犯隐私等违反治安管理且情节较轻的治安案件。

《治安管理处罚法》第9条明确规定了适用治安调解结案处理的法定条件。首先，明确了调解的行为的性质必须是因为民间纠纷引发的殴打他人、故意伤害、侮辱、诽谤、诬告陷害、故意损毁财物、干扰他人正常生活、侵犯隐私等违反治安管理行为，如果行为的性质已经构成了犯罪就不能再适用治安调解方式结案。对于未构成违反治安管理行为的其他矛盾纠纷一般也不能适用治安调解方式结案，因为这类矛盾纠纷尚未构成违反治安管理行为，因此，按照《治安管理处罚法》规定的标准就不能立为治安案件查处，治安调解作为治安案件的一种结案方式也就失去了适用的前提。其次，在违反治安管理行为的种类上规定了必须属于因民间纠纷引起的殴打他人、故意伤害、侮辱、诽谤、诬告陷害、故意损毁财物、干扰他人正常生活、侵犯隐私等一类性质的违反治安管理行为。对于上述违反治安管理行为有下列情形之一的，不适用治安调解：一是雇凶伤害他人的；二是结伙斗殴的；三是寻衅滋事的；四是多次实施违反治安管理行为的；五是当事人明确表示不愿意调解处理的；六是当事人在治安调解过程中又挑起事端的；七是其他不宜治安调解的。

（三）治安调解交叉力的特殊性

治安调解属于诉讼外调解，因而治安调解协议仅仅具有一定的法律约束力，而不具有强制执行的法律效力。

《公安机关办理行政案件程序规定》第 160 条规定："调解达成协议并履行的，公安机关不再处罚。对调解未达成协议或者协议达成后不履行的，应当对违反治安管理行为人依法予以处罚。"对于当事人通过治安调解达成协议的方式结案的治安案件，公安机关应依法制作《治安调解协议书》。公安机关对案件的调解处理方式即产生一定的法律约束力。这种法律约束力体现在：当双方当事人严格按照《治安调解协议书》所确定的内容完全履行时，就意味着治安案件已经结案并处理完毕，公安机关就不再追究违反治安管理行为人的治安行政法律责任，即不能再给予本案中的违反治安管理行为人裁决治安管理处罚。但是《治安调解协议书》对双方当事人达成的损害赔偿、负担医疗费用的协议不具有强制执行的法律效力。因此从这一点说，《治安调解协议书》仅仅具有一定的法律约束力。

三、治安调解适用的条件

《治安管理处罚法》第 9 条规定："对于因民间纠纷引起的打架斗殴或者损毁他人财物等违反治安管理行为，情节较轻的，公安机关可以调解处理……"根据第 9 条规定，准备适用治安调解的方式结案的，必须按照法定条件严格掌握，不能随意扩大。按照现行的治安管理法律法规规定，公安机关可以适用治安调解方式处理的治安案件，应当符合以下的法定条件。

（一）必须是因民间纠纷引起的违反治安管理的行为

这是由治安调解的性质所决定的。所谓民间纠纷，是指在公民之间的有关人身、财产权益和其他日常生活中产生的民事权益纠纷。民间纠纷一般可以分为以下两个方面：

1. 一般的家庭邻里民事纠纷。在实践中主要有婚姻纠纷、恋爱纠纷、农田水利纠纷、农村宅基地纠纷、山林权属纠纷、邻里纠纷等。

2. 日常生活生产中的一般经济纠纷。它包括数量不大的债务纠纷、因民事侵权行为引发的赔偿纠纷等。这些民事纠纷虽然起因比较简单，案件涉及的人数不多，产生的影响不大，但如果不及时稳妥处理，案件就会发生质变，进而引发严重刑事犯罪或者引发群体性治安事件，给全社会造成严重的危害，因此，要引起各级公安机关的普遍重视，切不可等闲视之。

（二）必须是情节轻微的违反治安管理的行为

这是有利于达成治安调解协议的基础。首先，对因民间纠纷引起的违反治安管理行为，并不是凡是情节轻微的，都可以调解处理，而应当局限于打架斗殴或损毁他人少量财物等违反治安管理行为。如因民间纠纷引起的情节轻微的侵占他人财物行为、干扰他人正常生活行为等，虽然也可以调解处理，但是这种调解的性质不属于治安调解，因为从行为的种类看，它不符合治安调解的法定条件。其次，适用治安调解处理的治安案件，只限于情节轻微的。如果情节较重，双方当事人的积怨就比较深，分歧比较大，难以达成调解协议，适用调解处理就不符合公平效率的行政原则，因此对此类案件应当按照《治安管理处罚法》第 9 条即其他有关规定予以处罚。

（三）必须是依法应当受到治安管理处罚的行为

适用治安调解结案的一个重要条件就是：通过治安调解结案处理的，对案件中的违反治安管理行为人可以依法给予治安处罚。这是达成治安调解协议的一个重要条件。如果行为本身依照《治安管理处罚法》的规定，不予或者免予处罚的，就不宜适用治安调解方式结案。此外，如果该行为违反了民事、刑事法律法规的规定，从行为的性质看则不属于违反治安管理行为，因此也就不属于治安调解的范围。

（四）必须出于案件双方当事人本人真实意思表达

虽然法律并没有规定治安调解必须出于当事人自愿的意思表达，但是既然是治安调解，就必须出于双方当事人自愿。因为在实践中不存在强制调解。治安调解也不例外，必须按照当事人自愿的原则决定是否组织治安调解。只有双方当事人自愿接受治安调解处理，自愿达成治安调解协议，并表示自觉履行治安调解协议，才能依法适用治安调解。在实践中，只要双方当事人中有一方不同意对案件进行治安调解处理的，公安机关就不能强制调解。因为在双方当事人还没有通过调解解决纠纷的意愿时，公安机关如果强制达成调解协议，不但事与愿违，难以达到教育的目的，反而容易激化矛盾，引发新的社会危害，有百害而无一利。

（五）必须是公安机关在适用治安调解上处于主导地位

在查处治安案件的实践中，是否适用治安调解的方式结案，公安机关有权根据《治安管理处罚法》的有关规定，结合治安案件的具体案情，综合考虑是否有利于实现教育目的，有利于三个文明建设，来决定是否适用治安调解的方式结案。

四、治安调解的程序

（一）当场调解程序

当场调解程序，是指对即时发生的违反治安管理的行为，造成他人财物损失或人身损害，情节轻微，符合治安调解条件的案件，可以由现场民警主持，当场让当事人双方自愿达成有效调解协议的一种治安调解程序。

当场调解程序也是治安调解的简单程序，通常适用于因果关系明确，双方当事人能够及时悔改，互谅互让，达成调解协议的情况。当场调解程序比较简单，一般在现场就可以完成，但是，主持调解的民警要做简要的当事人违反治安管理记录，并制作治安调解协议书。治安调解协议当事人可以当场履行或事后由公安机关中介履行。

（二）普通调解程序

普通调解程序，是治安调解的完整程序。因民间纠纷引发的治安案件调解的普通程序主要包括以下四个步骤：

1. 受理立案。受理案件是普通治安调解的第一环节。对于因民间纠纷引起的符合治安调解条件的治安案件，在当事人双方自愿的基础上，公安机关认为可以进行调节处理的，经过主管领导的审查批准，可以立为治安调解案件，并指派特定民警主持调解工作。

2. 调查取证。治安调解应该在弄清案情，明确是非责任的基础上进行，这样才能有针对性地对当事人进行有效的教育疏导。因此，调查取证的对象主要是当事人双方、旁观者、邻里以及其他知情人。人身伤害主要靠鉴定，财物损失要及时估价和登记。

3. 教育调停。教育调停是进行普通治安调解的关键环节。一方面，负责治安调解的民警要对当事人的违法行为进行教育批评，指出当事人不合理要求的非公正性，促使当事人认识到行为的性质和危害；另一方面，对当事人达成公平的赔偿协议，要防止负责调停的民警有任何倾向性。对于调解不成或者达成协议后当事人反悔的，调停民警应该告知当事人双方到人民法院按民事案件起诉，公安机关不再裁决处理，也不允许强制裁决。

4. 制作治安调解书。制作治安调解书是整个治安调解工作的中心环节，是治安调解协议执行的依据。治安调解协议书必须依法制作，符合法定形式。治安调解书一般由开头、协议内容和结尾三部分构成。开头部分包括双方当事人、案由、案情；协议内容部分包括当事人双方自愿达成协议的具体条款；结尾部分注明本协议的份数、持有人、注意事项、公安机关和双方当事人的签字盖章以及时间等。

五、治安调解与其他调解的区别

（一）治安调解与一般民间纠纷调解

民间纠纷，是指公民之间、公民和单位之间，在生活、工作、生产经营等活动中产生的纠纷。例如，发生在家庭、邻里、同事、同学之间的因琐事引起的争议，或者因排队、就餐，乘车等而引起的争议。因这些争议而引起的打架、损毁财物等行为，一般情节比较轻微，当事人之间熟识，甚至将来还要长期相处，如果处理不当，矛盾解决得不彻底，不仅会影响当事人的生活、工作，而且还可能会造成矛盾的积累激化，酿成新的事端，引起治安案件或者刑事案件。

治安调解与民间纠纷有极为密切的关联。在公安机关查处的治安案件中有相当一部分打架斗殴或者损毁他人财物等轻微违反治安管理行为是因民间纠纷引起的。违反治安管理行为的行为人虽然已经构成治安违法，应当受到查处，但由于当事人违反治安管理的行为是因民间纠纷引起的，如果公安机关在查处此类治安案件时只是采用简单的"就事论事"的方法处罚，违反治安管理行为人虽然接受了处罚，但内心就会存在抵触情绪，这样处理既不能达到促其认识到错误的目的，也不利于矛盾的解决。如果通过调解的方式，对违反治安管理行为人给予批评教育，促其认识到错误，向被侵害人赔礼道歉、赔偿损失，就能实现双方和解，真正解决矛盾。因此，从某种角度讲，民间纠纷是治安调解的前提，不是民间纠纷引起的治安案件不适用治安调解。

治安调解与一般民间纠纷调解均与民间矛盾和纠纷有关，两种调解的基础、原则、方法和效力基本相同，但两者是性质完全不同的调解矛盾和纠纷的方式。区别主要有：

1. 纠纷影响的范围不同。治安调解的民间纠纷已激化为治安案件，治安违法行为人的违法行为不仅对当事人的合法权利产生负面影响，而且已经影响到社会管理秩序，公安机关应当依法予以查处；而一般民间纠纷尚处于民事主体之间，只对当事人双方的权益产生影响，尚未对社会管理秩序产生较大威胁。

2. 主持调解的人不同。治安调解一般由受理该治安案件的公安机关民警主持进行；而一般民间纠纷当事人既可以请求人民调解组织调解，也可以提请当事人户籍所在地（或者居所地）的基层人民政府处理，由司法助理员作为基层人民政府的司法行政工作人员具体负责调解。

3. 调解不成后的处置不同。因民间纠纷引起的治安案件经过调解，达不成协议或达成协议不执行的，公安机关应当依法做出处罚或者其他处理决定，不得久调不决；而一般民间纠纷经过调解后，达不成协议或者达成协议不执行的，人民调解组织或基层人民政府不得做出处理决定，只能告知当事人可通过向人民法院提起民事诉讼解决争议。

（二）治安调解与其他行政调解

行政调解是以当事人双方自愿为基础，由行政机关主持，以国家法律、法规及政策为依据，以自愿为原则，通过对争议双方的说服与劝导，促使双方当事人互让互谅、平等协商、达成协议，以解决有关争议而达成和解协议的活动，是行政机关主持下处理纠纷的一种方式。行政调解主要包括基层人民政府的调解、同管理机关的调解、公安机关的调解、婚姻登记机关的调解等。治安调解是公安行政调解之一，与其他行政调解一样，也应在当事人双方自愿的基础上，通过居中调解、说服劝解，促使当事人达成和解，调解协议均无强制执行力。但治安调解与其他行政调解仍存在较大差异：

1. 主持机关不同。治安调解由公安机关治安部门主持调解；而其他行政调解则是由其他行政机关或者公安机关其他部门进行调解。例如，基层人民政府的调解是由乡镇人民政府和街道办事处的司法助理员负责进行。司法助理员作为基层人民政府的组成人员，也是司法行政工作人员。他们除了指导人民调解委员会的工作和法制宣传以外，还要亲自调解大量纠纷。国家工商行政管理局和地方各级工商行政管理局是国家规定的合同管理机关。法人之间和个体工商户、公民和法人之间的经济纠纷，都可以向工商行政管理机关申请调解。根据我国婚姻法的规定，男、女双方自愿离婚的，应同时到婚姻登记机关申请。婚姻登记机关受理后可以对婚姻双方当事人进行调解。《道路交通安全法实施条例》第 89 条和第 94 条也赋予了公安机关交通管理部门调解事故赔偿纠纷的权利。

2. 调解的依据不同。公安机关进行治安调解的法律依据主要是《治安管理处罚法》《公安机关办理行政案件程序规定》《公安机关治安调解工作规范》《公安机关办理伤害案件规定》等，而其他行政调解则依据其他法律规范进行，如基层人民政府的司法行政调解主要依据的是司法部于 1990 年 4 月 19 日颁布的《民间纠纷处理办法》。

3. 调解的定位不同。治安调解是公安机关办理治安行政案件的一种结案方式，当治安调解不成或者调解协议不执行时，公安机关应对治安违法行为人及时作出治安处罚；而其他行政调解只是为了帮助当事人妥善解决争议，当调解不成或者调解协议不执行时，法律并未赋予行政机关作出行政处理的权利。

（三）治安调解与刑事和解

1. 目的相同。刑事和解是指刑事诉讼中，加害人以认罪、赔偿、道歉等形式与被害人达成和解后，国家司法机关对加害人免除刑事处罚或者从轻、减轻处罚的一种制度。治安调解与刑事和解都是以协商合作形式恢复原有秩序的案件解决方式，对于妥善化解社会矛盾、积极解决社会纠纷、保持社会稳定均具有十分重要的意义。

2. 案件性质不同。治安调解与刑事和解最大的区别在于适用的案件是不同的。治安调解主要适用于民间纠纷引起的轻微治安案件中，当事人的行为仅仅违反了治安管理法律法规，尚不具有刑事违法性；而刑事和解目前主要适用于存在被害人的轻微刑事案件，包括未成年人犯罪案件，成年人犯罪中的初犯、偶犯、过失犯，还有与被害人之间存在亲属、邻里、同事，同学等特殊关系的犯罪人案件。例如，根据浙江省高级人民法院、省人民检察院、省公安厅《关于当前办理轻伤犯罪案件适用法律若干问题的意见》的规定，为妥善处理社会矛盾，维护社会稳定，实现办案法律效果与社会效果的统一，轻伤犯罪案件在侦查、审查起诉过程中，具备下列条件的，经审查属实，公安机关可以撤案，检察机关可以作相对不起诉：当事人双方自愿就民事赔偿问题达成一致，形成书面协议；当事人双方和解，被害人书面要求或者同意不追究犯罪嫌疑人刑事责任；犯罪嫌疑人本人确有悔罪表现，社会危险性已经消除，不需要判处刑罚。

第二节　治安调解的适用范围

一、可以调解处理的治安案件

（一）殴打他人、故意伤害案件

殴打他人或者以其他方式故意伤害他人，是指对他人的身体实行打击，或者以其他方式故意非法损害他人身体的行为。可以使用治安调解处理的殴打他人或者故意伤害行为，一般系民间纠纷引起，大多数情况下受害人对案件的发生也有一定过错，如果仅凭造成了轻微伤，就根据《治安管理处罚法》第43条的规定对行为人给予治安处罚，往往不能达到通过处罚教育违法者的目的。因此，通过治安调解，消解矛盾，赔礼道歉、赔偿损失，不失为较好地处理因民间纠纷引起的殴打或故意伤害案件的治本之法。

因民间纠纷殴打他人与寻衅滋事殴打他人虽然都造成他人伤害，但两者是截然不同的违反治安管理的行为。从受害者来看，前者所侵犯的对象是特定的，一般是与行为人存在某种矛盾和纠纷；后者所侵害的对象往往是随意的、不特定的，与行为人没有纠纷甚至根本不认识。从行为的目的来看，前者主要侵害的是身体健康权；而后者则挑战的是社会公共秩序。因此，对寻衅滋事殴打他人的应予处罚而不得以调解结案。

根据公安部2006年施行的《公安机关办理伤害案件规定》第30条规定："对于因民间纠纷引起的殴打他人或者故意伤害他人身体的行为，情节较轻尚不够刑事处罚，具有下列情形之一的，经双方当事人同意，公安机关可以依法调解处理：（一）亲友、邻里或者同事之间因琐事发生纠纷，双方均有过错的；（二）未成年人、在校学生殴打他人或者故意伤害他人身体的；（三）行为人的侵害行为系由被害人事前的过错行为引起的；（四）其他适用调解处理更易化解矛盾的。"在实践中，这类轻伤害案件一般已符合刑事案件的立案条件，但公安机关通过侦查，查明案件系民间纠纷引起，"情节显著轻微危害不大的，不认为是犯罪"，公安机关应将案件转为治安案件处理。如果行为人案发后有悔改态度，积极理赔，当事人双方提出调解处理，公安机关可以按照治安调解的规定进行调解处理。但是，轻伤害案件中如果不是因民间纠纷引起，有下列情形之一的，不得调解处理：雇凶伤害他人的；涉及黑社会性质组织的；寻衅滋事的；聚众斗殴的；累犯；多次伤害他人身体的；其他不宜调解处理的。

（二）侮辱、毁谤案件

构成治安案件的侮辱他人的行为，是指以轻微暴力或者其他方法，公然贬低、损害他人人格尊严的行为。诽谤行为是指无中生有，捏造并散布某种事实，破坏他人名誉的行为。

侮辱和诽谤在行为方式上是不同的。侮辱可以用暴力手段，也可以通过言语或其他行为对受害人进行嘲弄、辱骂；诽谤则只能通过语言进行，不能使用暴力。侮辱必须是公然进行的；而诽谤可以是公开进行的，也可以是通过其他方式散布使第三人或公众知晓。侮辱只要是贬低他人人格，使他人人格受损即构成；而诽谤则必须是故意捏造不实之词，导致他人对受害人作出错误评价。

由于侮辱、诽谤他人的行为是当众进行或者已经扩散使公众知晓，虽然没有造成受害人生命健康损失，但会使人蒙受耻辱，人格受损，造成受害人较大的精神痛苦，所以公安机关在办理治安案件中可适用调解处理的侮辱案，一般均应符合"民间纠纷引起"和"情节轻微"两个条件。如果不是因民间纠纷引起的，而是毫无征兆、无端挑衅，故意贬低或损害他人人格尊严，就很难获得受害人的谅解，可调解处理的基础无法成立，即使情节较轻也必须予以治安处罚。

（三）诬告陷害案件

诬告陷害行为，是指通过捏造他人有犯罪事实，向公安司法机关或者有关单位告发，企图使他人受到刑事追究或者受到治安处罚的行为。诬告陷害行为不仅侵犯他人的人身权，而且干扰了正常的工作秩序，浪费公安司法机关大量的公共资源。对此行为，一般情况下应根据《治安管理处罚法》第 42 条之规定予以处罚，以示惩戒。如果行为人虽然实施了诬告陷害行为，但能深刻认识到自己行为的违法性，并积极采取措施消除诬告陷害行为造成的不良影响，取得受害人的谅解，则公安机关应当积极通过调解的方式，促使当事人达成和解协议。

诬告陷害行为与错告、检举失实是不同的。后者一般为行为人看到或听到某些事实，由于认识不清、判断不准，误以为是违法犯罪行为，而非故意捏造，行为人无故意陷害他人之目的。因此，公安机关在查处治安案件时，如发现行为人系错告、检举失实而非诬告陷害的，应在澄清事实的基础上，作为一般民间纠纷进行协调沟通，促使当事人消除误会，达成和解，主动撤案。

（四）故意损毁财物案件

故意损坏公私财物，是指出于发泄或者报复等目的，故意非法损坏或者毁灭少量公私财物，破坏公私财物的完整性，导致其部分或者全部丧失使用价值的行为。因民间纠纷行为在与对方当事人发生争执过程中，意气用事损毁对方少量财物，其行为虽然构成治安违法，但如果能及时认识到行为的错误，取得对方当事人的谅解，则可以通过治安调解的方式促使当事人双方达成和解协议，由违反治安管理行为人向受害人赔礼道歉并赔偿损失，而公安机关不再给予治安处罚。

（五）干扰他人正常生活秩序案件

干扰他人正常生活的行为，是指以干扰他人正常生活为目的，发送淫秽、侮辱、恐吓等信息或者以其他方式影响他人正常生活秩序且未造成严重后果的行为。该行为针对的对象往往是特定的，一般情况下行为人与受害人之间是认识的，有的有矛盾冲突。对此类因纠纷而引起、情节较轻、危害不大的治安案件，公安机关可以通过调解解决矛盾，化解纠纷，以保证当事人的正常生活秩序。

（六）侵犯隐私案件

侵犯隐私案件的行为，是指通过偷窥、偷拍、窃听、散布等方式非法将他人的个人信息、私生活及私人领域中的隐秘公布于众的行为。此类行为主要侵犯的是特定人的人格利益，如果此类案件本身影响面积小、情节轻微、危害不大，对受害人的隐私侵害不是特别严重，事发后行为人又有真诚的悔改态度和悔改表现的，就有通过调解获得受害人谅解的基础，公安机关可以调解处理。

（七）法律规定的其他案件

这是兜底条款，只要是法律规定可以调解处理的其他治安案件，均可使用治安调解结案。

二、不可调解处理的治安案件

根据《公安机关办理行政案件程序规定》第 154 条和《公安机关治安调解工作规范》第 4 条的规定，具有以下恶劣情节的治安案件，应予处罚，而不能适用调解处理：

（一）雇凶伤害他人的

所谓雇凶伤害他人，是指雇用第三者实施伤害他人的行为。这一行为的特征表明了行为的主观恶性较重，社会危害性较大，难以获得受害人的谅解。因此，不可以调解处理，应当依法处罚。

（二）结伙斗殴的

所谓结伙斗殴，是指为了报复他人、争夺势力范围、争霸一方或者其他不正当目的，纠集他人结成团伙互相斗殴，破坏社会公共秩序的行为。结伙斗殴行为不仅可能造成双方多人受伤，而且往往造成社会公共秩序混乱，是一种严重危害社会公共秩序的违法行为。因此，不可以调解处理。

（三）寻衅滋事的

所谓寻衅滋事，是指行为人无事生非，起哄闹事，殴打伤害无辜，任意损毁、占用公司财物，肆意挑衅，横行霸道，破坏社会公共秩序的行为。寻衅滋事的情节和性质以及行为人的主观恶性、社会危害性都比较严重，不可以调解处理。

（四）多次实施违反治安管理行为的

调解是教育、感化行为的一种手段，促使其改过自新，不再实施违法行为。但是，如果行为人不思悔改，一而再、再而三地多次实施违反治安管理行为，则不可以调解处理。由于累犯的犯罪恶性较大，故《公安机关办理伤害案件规定》把轻伤害累犯也排除在可调解范围之外。

（五）当事人明确表示不愿意调解处理的

双方当事人同意调解是治安调解的基础。如果双方当事人或者其中一方当事人明确表示不愿意调解，则公安机关应尊重当事人的选择，不宜强行调解，更不能强迫当事人接受公安机关的调解意见。公安机关不能为了提高治安调解率而滥用调解手段，更不能通过调解办理"关系案""人情案"，侵犯当事人的合法权益。

（六）当事人在治安调解过程中又挑起事端的

调解是为了及时化解矛盾、解决纠纷，防止矛盾、纠纷激化，促进社会和谐。如果当事人在治安调解过程中又挑起事端、激化矛盾和纠纷的，则不可调解处理。

（七）其他不宜治安调解处理的

1. 违反治安管理行为后果比较严重，情节比较恶劣的。

2. 违反治安管理行为人态度恶劣，拒不认错的。

3. 违反治安管理行为人利用民间纠纷打击报复的。

4. 违反治安管理行为人一贯无事生非，在当地影响恶劣的。

5. 案件涉及黑社会性质组织的。

这几类案件，情节都较恶劣，后果都较严重，对社会公共秩序的危害较大，行为人事后没有积极认错悔改的态度，不仅不具备进行治安调解的条件，而且调解也难以起到教育惩戒的作用。涉及黑社会性质组织的案件往往属于刑事案件，不属于治安案件，自然也不适用治安调解。即使对其中一些成员不追究其刑事责任，改做行政处理，同样也不得适用治安调解处理，而应依法作出治安处罚等行政处理。

第三节　治安调解工作的基本功

一、语言沟通技巧

在现代社会中，沟通能力是一个人成功的必要条件。国外的调查统计表明，成功的管理者大约 70% 的时间是用在与他人的沟通上的。著名学者戴尔·卡内基也说："一个人的成功 15% 取决于他的天分，85% 取决于他的人际交往能力。"对于公安民警而言，提高沟通意识，养成沟通习惯，掌握有效沟通技巧，就一定会使自己成为受群众欢迎的人，在公安群众工作中达成事半功倍的效果。

（一）表达的技巧

1. 说好开场白。心理学中的首因效应告诉我们，初次见面给对方留下的第一印象非常重要。说好开场白是成功沟通的第一步。因此，说好开场白应坚持亲热、贴心、消除陌生感的原则。

（1）攀认式。攀认式开场白，主要是通过有意识寻找彼此之间存在的某些共同点，并以此拉近双方感情距离进而产生好感的方法。例如，在赤壁之战中，鲁肃见到诸葛亮的第一句话就是："我，子瑜之友也。"子瑜是诸葛亮的哥哥诸葛瑾，这短短的一句话，就奠定了鲁肃与诸葛亮的交情。有些人非常为难于是否能够与对方攀上关系，但心理学中的"熟人效应"告诉我们，看似陌生的两个人，只要彼此留意，就一定能够发现双方存在这样或者那样的"亲"和"友"关系。

（2）敬慕式。对初次见面时表示敬重、仰慕，是一种热情礼貌的表现。敬慕式开场白一般用于和年长者与成功者的交往之中。但这种方式的运用必须掌握好分寸，表达的语言要恰到好处，千万不能胡乱吹捧，诸如"久闻大名，如雷贯耳"一类的过头话，非但不能起到好的作用，还会给人留下阿谀奉承的嫌疑。此外，敬慕式的开场白还需要注意要因人、因时、因地而异。切记不能将这种方式用在失败者的身上。

（3）赞赏式。人们总是愿意听到赞美的话语。有时明知对方讲的是奉承话，心中还是免不了沾沾自喜，这是人性的弱点。所以用赞美的话开头对于沟通者来讲总是一种好的选择。例如，在见到男性老年人时可以说："大叔的身体真好"，见到年轻人可以表扬"进步非常大"，在遇到小孩子时说"学习很努力，很有礼貌"等。这样的开场白总是为对方所乐意接受。

（4）问候式。"您好"是最简单、也是最常用的问候式话语，这种开场白没有什么深刻的寓意，一般不容易体现出亲热、贴心和消除陌生感的效果。问候式的用语应根据不同的对象、不同的时间、不同的场合，使用不同的问候语，如"早上好""晚上好"等。如在问候语前面再加上适当的称呼，效果则会更好。例如"您老人家好""王老师好""刘处长好"等。

（5）道具式。有时通过展示一幅画、一张照片，或者其他物品等，可以让人们联想起某些特定的事件或者活动，有利于讲话者阐述自己的思想。例如，在防范宣传工作中，可以通过展示一些现场照片来加深群众的印象，让群众深刻认识到治安防范工作的重要性。

2. 表达的基本技巧。

（1）说话"就低不就高"。口头言语是通过声音传入大脑的，不免会受到环境等各种因素的影响。但是，最重要的影响莫过于听者的文化素质。因此，在与群众的沟通过程中，应该采取"就低不就高"的表达策略，语言的运用要通俗易懂，明白晓畅。如果在沟通中不考虑对方的文化程度、理论水平、接受能力，凡事讲大道理，就会曲高和寡，影响表达的效果。

（2）尽量使用口头语言。口头语言与书面语言有较大的差异，使用书面语言过多，听了就会让人很不是滋味。例如，一个青年人在表达听到母亲被杀害的心情时说："我的心海荡起悲哀的浪潮，两只眼睛犹如双泉，盈满晶莹、清澈见底的泪水，最后我的两行泪水像断了线的珍珠，纷纷落下。"这种过于书面化的语言表达，听后让人不知是哭好还是笑好。

（3）语言尽量通俗易懂。表达的目的，就是让听者能够理解讲话的真实意图。如果在表达时总是习惯使用一些晦涩难懂的话，如"请恕冒昧"等之类，未免给人以故作高雅的印象，听者未必喜欢。特别是在一些日常交流的场合，用群众最熟悉的方式去表达，就能够达到良好的效果。

3. 表达的禁忌。

（1）使用极端语言。在沟通的过程中，应该尽量采取较低的姿态，避免使用一些质问语句以及极端用语。如"你是怎么搞的！""为什么不早告诉我？"以及"我都说过几百遍了，你还犯这样的错误，真是个猪脑袋！""你真是太差劲了！"等。如果我们能够换位思考，就能够体会到这些极端用语是多么伤人，这样的表达无疑是令人非常难以接受的。人们的心理极为复杂，不会因为你使用了极端用语，就会随之改变。相反，在绝大多数情况下，极端用语的使用只会破坏双方的关系，对进一步的沟通没有任何好处。

（2）说话不留余地。沟通双方总会存在掌握信息不对称的情况，这也是需要沟通的主要原因之一。所以，在任何时候说话都要给自己留有余地，不能太绝对化，以便为进一步沟通保留迂回的空间。诸如"你必须如何""这事绝对不行！""一律不可以！"等的祈使句，不但听起来让人并不舒服，更是一种语言暴力的体现。此外，也需要避免强势的建议，如"你最好如何"等，这也是一种语言攻击行为，往往会伤及对方的自尊心。

（3）态度不够谦卑。心理学家的研究发现，谦卑的姿态最容易获得对方的好感。因此，在表达的过程中，尽量保持谦卑的姿态，有助于获得对方的同情和理解，更容易得到对个人品质的褒奖。当我们的个人品质为对方所认可的时候，对方自然会重视我们的谈话，沟通自然就会顺利得多。正如法国哲学家罗西法古说："如果你要得到仇人，就表现得比你的朋友优越吧；如果你要得到朋友，就让你的朋友表现得比你优越。"

（4）缺乏时间观念。表达是有时间要求的，不是说得越多越好。日本的学者铃木健二认为："把自己的心情传递给对方，45 秒最为适当。超过 45 秒，就会变得唠叨；超过 1 分半钟，听者就会觉得冗长；超过 2 分半钟，听者就会感到厌烦而听不进去。"也就是说，在有效沟通过程中，表达一般以 45 秒至 1 分半的时长为一个段落最为适宜，这样既给对方留下了思考空间，又可以根据对方的反馈来调整自己的表达方式与内容，从而使沟通更加深入流畅。

（5）说话自以为是。如果表达者认为自己的观点和做法是正确的，不接受他人的意见，对他人的意见满不在乎，这就是典型的自以为是。从本质上来讲，自以为是就是不尊重对方，这必然伤害对方的自尊心。而一旦对方认为自尊心受到了伤害，自然就会进行语言上甚至是行动上的反击，在这样的情形下，双方当然也就没有办法进行有效沟通了。所以说，在沟通中要尽量避免自以为是的表达。

（二）倾听的技巧

聪明的人，借助经验说话，更聪明的人，根据经验不说话。积极倾听不仅是一种礼貌，也是对说话者的最好恭维。专注对方说话，可使对方在心理上得到极大的满足。

1. 倾听的基本技巧。

（1）支持的态度。在倾听中保持支持的态度，会让对方产生尊重的感觉，也是在心理上暗示对方的表达是可以接受的，所以说在沟通中保持支持的态度，可以起到鼓励对方的作用，会让双方的沟通更加顺利。在倾听过程中切忌目中无人、专横跋扈、满脸不屑，这样会抑制表达者的愿望，沟通就无法继续进行。

（2）适时的提问。在倾听过程中通过适时地提问，表明自己的观点与看法，让对方感觉到自己是在认真地聆听对方的讲话，注意力也是集中在对方的谈话内容上的，会进一步让对方感觉到理解和尊重，这是在沟通中减少误解和偏见产生的有效做法，也是倾听者理解对方说话内在含义的重要技巧。

（3）阶段性的总结。阶段性的概括与总结，对于进行深入的沟通交流是必不可少的。因为阶段性的概括与总结，不仅仅体现了倾听者尊重的态度，而且还体现了倾听者对对方表达内容的理解，体现了自己对表达内容的观点和看法，表明了倾听者希望继续沟通的态度。从这个角度来说，阶段性的概括与总结是倾听过程中的重要技巧。

（4）恰当的重复。一般而言，在倾听过程中重复对方说过的话，表明了自己对对方说话内容的重视，有利于自己弄清楚表达者的真实意图，同时恰当的重复也能够让对方感到自己是非常重视沟通内容的。所以说恰当的重复，对于减少倾听过程中误解与偏见是非常重要的，也是非常重要的倾听技巧之一。

2. 倾听的禁忌。

（1）轻易下结论。在没有完全理解对方的话语之前，不要匆忙下结论，说出自己的判断和评价，这样可能会误解对方的真实意思，容易让对方陷入防御的地位。由于公安民警在沟通交流中往往处于强势地位，如果在倾听过程中急于表态下结论，往往会令对方产生反感，容易形成以权压人的印象，从而抑制对方表达的愿望。

（2）打断对方谈话。弗兰西斯·培根说："打断别人，乱插嘴的人，甚至比发言者更令人讨厌。"轻易岔开话题或者打断别人说话，是一种非常不礼貌的行为，会让对方产生不受尊重的感觉。打断对方说话还会扰乱对方的表达思路，让对方无所适从，在引起对方不快的同时，也会大大抑制对方继续表达的愿望。打断别人的说话也是产生误会的重要根源之一。

（3）神情不专注。在倾听中神情不专注，就意味着对对方的不尊重甚至蔑视。例如，目光游移、思想溜号、答非所问，都会让说话的人产生反感，认为你没有交流的诚意，或者说对于讨论的话题不感兴趣，在这种情况下就会抑制对方的表达，使得沟通出现停顿，也就很难达到沟通交流的目的。

（三）其他技巧

1. 赞美的技巧。美国心理学家威廉·詹姆斯说："人类本性上最深的企图之一就是期望被赞美、钦佩和尊重。"也就是说，在每个人内心深处，都有渴望被赞美的期待。在现实社会，赞美也是一门独立的学问。学会赞美是衡量现代人素质的一个标准，也是衡量一个人交际水平的重要标志之一。赞美的技巧主要包括：

（1）赞美要适度，措辞要适当。赞美要依据事实，过分的赞美会使人反感甚至难堪。如"逢人减岁，见物添钱"是常用的赞美方式，但如果我们见到50多岁的大姐一定要说她像18，这样的赞美效果可想而知。赞美不能让对方产生阿谀奉承的感觉，那样就失去了赞美的目的。此外，好的赞美语言会令人奋进，坏的赞美可能使人误入歧途。我们可以从一个母亲对孩子的两种赞美表达来体会。一是"你真是个好孩子，妈妈因你而感到骄傲和欣慰"，二是"你真是个天才，在我看到的小孩子中没有一个能赶上你的。"对于前者，被赞美的孩子会更加努力表现，而后者显然会将自己的成功归结为自己的天分，认为自己是"天才"，不需要努力也会成功。

（2）赞美要具体，要言之有物。空洞的赞美是不能达到好的赞美效果的，往往还会令对方产生敷衍的感觉，进而引起反感和不满。赞美要具体，不能含糊其辞。例如，对于时装的看法见仁见智，如果赞美对方说"你的衣服非常好看"，就不如说"这件衣服很好看，非常适合你这个年龄"令人感到真实亲切。再如，当我们说"他真是个好人"的时候，就很难起到赞美的效果，因为这样的赞美过于平凡，连他自己都很难体会到究竟好在什么地方，而表达成"他是个好人，对待朋友非常热心"效果就会好很多。

（3）多在背后赞美他人。在背后说人的好话是非常重要的赞美技巧。对一个人的赞美往往掌握不好"度"，赞美过度容易引起反感，不够又起不到作用。但在背后赞美就能够从根本上避免这样的风险。在背后赞美别人时，会被认为是发自内心的，不带有任何私人动机，从而能够增强对赞美者的好感，消除对赞美者的不满。事实上，有意识地选择在背后赞美一个人，对领导者来讲也是一种领导艺术。因为当被赞美者从他的朋友们处听到赞美时，会加深对你的好感，进而有利于双方良好关系的发展。

（4）借用第三者口吻赞美。在沟通中，恰当的赞美能够给对方留下好印象。一般而言，如果我们不知道对方喜欢什么样的赞美方式，或者不知道用怎样的方式进行赞美时，借用第三者的口吻赞美是一种比较好的选择。这样既可以防止因赞美的话语运用不当导致的恭维、奉承嫌疑，又可以规避因赞美不当导致的不满。例如，表扬学生可以用"老师说你学习态度非常认真"，表扬下属可以用"张局长对于你们这段时间的工作非常满意"等方式进行，这样不但加深了对方的印象，还可以减少因赞美用语不当导致的其他负面效果。

（5）赞美的频率要适当。尽管人们都愿意听赞美的话语，但是，公共关系专家的研究发现，在单位时间内赞美对方的次数越多，赞美的效用越小，对同一个人尤其如此。因此，为有效避免对方的反感，赞美最好能够通过变换不同的角度或者方式进行，而且要想达成更好的赞美效果，同样赞美的话不要说得太多，太多往往也会导致适得其反的效果。例如，在赞美一个孩子学习努力时，不要总是用完成作业好这一项指标来表扬，说多了对方就习以为常、满不在乎了。

2. 批评的技巧。在沟通中既需要热情的赞美，也需要中肯的批评。批评别人，态度要诚恳，语气要委婉，以不伤害对方的自尊心为前提。批评的主要技巧包括：

（1）避免严厉责问式批评。多数人对自己的错误都会心生歉意，对别人适当的批评能够虚心接受。如果受到严厉的责问，往往就会改变歉疚心理，觉得自尊受到了伤害，于是就很难接受批评，导致沟通无法进行。例如，在批评犯错误的人时不能说"就你这样的人能改好？除非太阳从西边出来！"

（2）批评要对事不对人。批评应该就事论事，不能扩大批评的范围，特别是在批评具体事情时不能联系到被批评者的个人品质。诸如"从你做的事就能看出你的人品怎样"这样的批评话语，是最令当事人反感的。即便对方真的做错了，也不愿意接受这样的批评，因为接受这样的批评，就等于否定了自己的人品，不接受这样的批评方式也就是非常自然的事了。

（3）先赞扬，后批评。对于犯错误的人的批评，一般可以分四种方式：一是全部是批评；二是先批评，后表扬；三是先赞扬，后批评；四是全部是赞扬。心理学家经过大量的调查发现，"先赞扬，后批评"的方式最为大家所愿意接受。这是因为先赞扬起到了缓和双方关系的作用，冲淡了因担心批评所产生的戒备心理，因此也就更容易接受后面的批评。如多用"你做得已经很好了，但是……"的句型开展批评，一般效果都会很好。

（4）尽量缩小批评范围。任何具有上进心的人，都不愿意犯错误。对于批评，至少意味着别人认为自己做错了事。如果在大庭广众下受到批评，就会让当事人感觉到没有面子。批评不论多么具有诚意，动机多么高尚，只要对方觉得人格受到贬低，就一定会心生怨恨，从而失去了批评的意义。

（5）切忌新旧账一齐算。话说三遍淡如水，翻出老账更无助于问题的解决。过多的批评话语，会让当事人觉得你对他抱有成见或别有用心。在沟通结束时说几句"我相信你会从中吸取教训的"等诸如此类勉励的话语，会让对方感到鼓舞，对于平复因批评引起的情绪波动大有益处。

（6）批评不能超过限度。任何批评都会让对方产生心理挫折感。批评的目的是让对方认识到错误，如果批评起来就滔滔不绝地讲个不停，会让对方产生揪住不放的感觉，于是被批评的人就很可能出现逆反心理，转变因错误而产生的歉意。而且如果批评的口气强硬、行动过激，甚至会激化矛盾，使沟通无法进行。

3. 拒绝的技巧。拒绝是我们每个人的权利，拒绝甚至不需要理由，但拒绝对大多数人来说并不是一件容易的事。因为有时拒绝会使自己心生内疚，也会使他人产生挫折感。学会拒绝也是真诚交友之道。

（1）沉默式拒绝。当别人有求于你或者征求你的意见时，如果自己不想回答或者不方便表态时，可以不表态，或者一笑置之，以此来表示你的拒绝。这种方法对于那些知趣的人来讲是非常有效的，也不会伤了彼此的和气。

（2）拖延式拒绝。一般而言，人们不愿意接受直接的拒绝。但是由于各种因素的影响，拒绝的话又很难说出口，这时便可以采取拖延的方式拒绝对方。典型的推脱方式是"今天推明天，明天推后天"。例如，如果你不想赴约吃饭，就可以说"今天没时间，再约了"予以回绝。

（3）推脱式拒绝。推脱式拒绝与拖延式拒绝的不同在于，推脱式拒绝是将别人要求自己办的事，直接推给别人，如"这件事不在我的管辖范围之内，建议你去张局长"等。但在运用推脱式拒绝时，最好能够体现出真诚的态度，不要让对方感到自己在推卸责任，从而引起对方的不满。

（4）友好式拒绝。如果自己不同意别人的意见，要注意把对事的意见和对人的态度区分开来，对不同意的事情要坚决拒绝，对人则要热情友好，这样的拒绝方式比较容易让人接受。对于有求于自己的人，如果认为自己能够办到，就会爽快答应对方；但如果感到自己不能为对方办事，就一定要说明理由，并且对人一定要注意礼节表示出真诚。致此，不论是否能够办成事，所有人都对你没有什么不满。

（5）建议式拒绝。提出建议来拒绝对方的请求，既可避免伤了和气，又能够达到拒绝的效果，是一种非常有效的拒绝技巧。例如：小李："小张，王队长让我将今年的事故资料统计出来，我怕完不成，你能帮我吗?"小张："我手头的工作还没完。我相信你能够完成，你先干着，也许我能帮你做点什么。"小李："那好吧，谢谢!"如果小张再加上一句："对了，小刘现在休息，你找他试试。"对于小张如此的拒绝，小李当然也就不好意思有意见了。

4. 说服的技巧。

（1）把握说服时机。一个人的说话不论多么精彩，如果时机掌握不好，就无法达到说话的目的。选择对方心境好时说服会事半功倍。一般而言，个人谈话最好在饭后进行，因为人在吃饱以后的心情更稳定。开会发言在两三个人谈完之后及时切入话题效果最好。

（2）了解对方好恶。人是以自我为中心的动物，总是最关注自己的事情。高效的说服者应了解对方的好恶，用对方喜欢的方式进行说服。不顾对方的感受与反应夸夸其谈，即便理由充分、证据确凿，也很难为对方所接受。有时需要以对方的兴趣为兴趣，从而找到双方沟通的共同点。了解别人兴趣的能力，是人生获得成功的最大能力之一。只有懂得从他人的兴趣出发考虑问题，才能避免过分考虑自己的偏好，在沟通中将自己的意见强加于人。

（3）鼓励对方说话。在说服工作中，鼓励对方先开口说话往往能够赢得主动。这是因为：一是让对方先开口表达了自己的礼貌；二是可以降低彼此之间的竞争意味；三是更容易理解对方的意愿和观点等，从而作出有的放矢的对策策略。

（4）寻找共同话题。"物以类聚，人以群分"，"士为知己者死"。找到共同的话题，双方就有了共同语言，有了共同语言，就能够发挥同理心的作用。共同的话题很多，诸如同学关系、朋友关系、战友关系、老乡关系，以及对某些问题的共同看法等，这些能够引起共鸣的话题，会大大融洽双方的关系，有利于说服工作的顺利进行。

（5）发挥权威效应。人们都有一种"安全心理"，即人们总认为权威人物的思想、行为和语言往往是正确的，服从他们会使自己有种安全感，增加不会出错的"保险系数"。同时，人们还有一种"认可心理"，即人们总认为权威人物的要求往往和社会要求相一致，按照权威人物的要求去做，会得到各方面的认可。因此，利用权威效应进行说服工作容易获得较好的效果。

（6）妙用数字力量。在说服对方时，巧用数字，往往会产生意想不到的说服效果。例如，1972年，来自纽约的女参议院贝拉·伯朱格在一次关于提高妇女在政治生活中平等地位的讲演时说道："几个星期前，我在国会聆听总统对全国发表讲话，他说：'这里云集了美国政府的全体重要成员。'但我环顾四周，发现在全体700多名政府要员中，只有17名是女性；在435名众议员中只有11名；在100名参议员中只有1名；最高法院中一个也没有。"

二、心理学常识

人的心理活动可以说是自然界里最奇妙、最复杂的现象之一。人们的任何活动，无不受到当事者的心理活动的影响，学习和掌握一些心理学，对于做好群众工作能够起到事半功倍的效果。

（一）个体行为的心理效应

1. 期待效应。心理学家将人们的行为和思想因赞美和期待而发生正向改变的现象称为期待效应，也称为"皮格马利翁效应"或"罗森塔尔效应"。它是美国心理学家罗森塔尔等人在1968年通过一个著名的心理学实验发现的。期待效应表明，赞美和期待能够改变一个人的行为与思想，能够激发出一个人的巨大潜能。

期待效应也提示我们：绝大多数的人都是希望得到赞美与肯定的，所以要积极发挥赞美与期待的作用，不要轻易批评人，更不能对群众采取鄙视的态度。伤害别人的自尊，无异于宣布自己是不受欢迎的人，在这种情况下自然就别指望自己能够与他人建立良好的人际关系。如某社区民警发现自己辖区的一个有劣迹行为的青少年，在学习上有不错的潜质，只是由于交友不慎而误入歧途。于是，他便一方面做家长的工作，另一方面做班主任老师的工作，让大家都积极鼓励他，在这些正面鼓励下，逐渐让他树立自信心，也激发出了他的学习热情，最后如愿考上了自己心仪的学校，成为改过自新的典型。

2. 心理摆效应。心理学家的研究发现，每个人的情绪变化一般以 28 天为周期，情绪从高涨期，到临界期，再到低落期，心理学家称这种现象为"心理摆效应"。在情绪的高潮期内，人们会感到心情愉悦、精力充沛，往往能够平心静气地做到每件事；在情绪的临界期内，会觉得心情烦躁不安，容易莫名其妙地发火；而在情绪低潮期内，不但情绪会十分低落，而且思维反应会迟钝，对任何事情往往都提不起兴趣，严重时甚至会产生悲观厌世的情绪。

心理摆效应提示我们：要注意掌握自己的情绪周期，以便提前预测自己的情绪变化，合理安排自己的工作与休息时间。有意将自己的工作多安排在情绪高涨时期完成，这样一般就会大大提高自己的工作效率；在处于情绪的低潮期时，要多散散心，多参加一些健身活动和体育锻炼，避免自己受情绪的影响出言不逊，平安度过危险的情绪低潮期。

3. 超限效应。在心理学上，人们将由于刺激过多、过强和作用时间过久而引起心理极不耐烦或反抗的心理现象，称为"超限效应"。

超限效应提示我们：对于失范行为的批评教育，不能超过被批评者的心理承受限度，否则由此引起的逆反心理更不利于批评目的的达成。为了防止在批评教育过程中出现超限效应，春秋战国时期思想家管仲提出的"一则教，二则宥，三则不赦"的理念值得提倡，这样的批评方式容易使对方心服口服。例如，民警小王在例行的消防检查中，发现某场所存在一些防火安全方面的隐患，便给业主发了整改通知书，并告知还会过来检查；三天后小王再过来复查发现还没有整改，如果这时对业主进行罚款处理，业主会觉得自己很冤枉，他会为自己找很多借口，可能认为警察是专为罚款而来的。如果在保证安全的前提下，能给业主再一次整改的机会，达不到要求再进行罚款处理，不但会使业主印象深刻，而且如果业主还没有整改，这个时候再进行处罚，他也就没有话讲，一般都会心服口服。

4. "踢猫效应"。一般而言，人们在受到批评和自责时，往往总是倾向于将自己心中的怨气以某种形式或者途径发泄出来，心理学家将这种心理现象称为"踢猫效应"。快乐是会传染的，愤怒也是如此。愤怒的传递令所有人都会感到不愉快。多与正能量的人接触，自己也会感到对方传递过来的快乐。

"踢猫效应"提示我们：在群众工作中调整好自己的情绪是非常重要的，怀着快乐的心情工作，就会将自己的好情绪传递给对方，让自己成为受欢迎的人；反之，如果自己总是处于消极的情绪之中，不但可能使自己的坏情绪传染给对方，也会使自己成为不受欢迎的人。如果我们受到了他人的批评甚至误解，也应该做到虚怀若谷，别再找那些无辜的"猫"去踢，将自己的坏情绪传染开来，从而影响到工作的绩效。

（二）人际交往的心理效应

1. 首因效应。首因效应，是指人际交往中最初接触到的信息所形成的印象对以后的行为活动及评价产生的影响。首因效应也被称为"第一印象"，所谓"给人好印象，只需 7 秒钟。"

首因效应提示我们：在人际交往的过程中，一是要注重自己的仪表风度。二是要注意自己的言谈举止。三是要避免仅凭第一印象就对人妄加判断。所谓"路遥知马力，日久见人心"。例如，民警小赵刚刚调入一个新的社区工作，他在每次入户走访之前，都会精心将自己修饰打扮一番，非常注意自己的形象，对于在辖区遇到的群众，总是主动热情打招呼，嘘寒问暖，让群众感到非常贴心。平易近人的风格，让他在群众中享有很高的威望，家庭、邻里之间有了什么矛盾纠纷，都愿意让他来调解，大大提升了小张在群众中的满意度。

2. 投射效应。所谓投射效应是指以己度人，认为自己具有某种特性，他人也一定会有与自己相同的特性，把自己的感情、意志、特性投射到他人身上并强加于他人的一种心理学上的认知现象。"以小人之心度君子之腹"就是典型的投射效应。

投射效应提示我们：不能以自己的好恶来对人对事。自己喜欢的，不见得正确；自己不喜欢的，不见得就是错误的。例如，民警小李对社区远近闻名的"刺头"张某，没有用世俗的眼光看他，在了解到他酷爱汽车，也非常喜欢修理汽车，但由于他的品行，没有业主敢雇他，小李自己担保在辖区内汽车修理厂为他找了一个学徒的工作，张某工作非常积极，业主也非常满意，消除了辖区内的一个不安定因素，也使张某的家人感激不尽。

3. 晕轮效应。所谓晕轮效应，就是在人际交往中，以某一方面特征的表现掩盖其他特征，从而造成人际认知障碍的心理现象。晕轮效应是一种以偏概全的主观心理臆测。在日常生活中，晕轮效应往往会影响我们对别人的认知和评价。

晕轮效应提示我们：在工作中不能以言取人，认为对方说得头头是道就全是对的；也不能以貌取人，认为对方穿戴整齐，就会认真做事；还不能以事取人，认为一件事做好了，其他所有的事都能做好等。

4. 从众效应。从众效应，是指个体在真实的或臆想的群体压力下，在认知上或行动上以多数人或权威人物的行为为准则，进而在行为上努力与之趋向一致的现象。从众效应既包括思想上的从众，又包括行为上的从众。1952 年，在美国心理学家所罗门·阿希设计的从众效应实验结果显示，平均有33%的人判断是从众的，即改变了自己从前的正确判断，有76%的人至少做了一次从众的判断，只有24%的人一直没有从众。

从众效应提示我们：从众是一种普遍的社会心理现象，从众本身并无好坏之分，其作用取决于在什么问题及场合上产生从众行为。例如，在处置诸如群体性的事件时，必须审时度势，及时疏导出现的任何哪怕是微小的不良情绪，避免从众效应的消极作用得以发酵；在发动群众时，要注意引导和激励正义的行为，发挥从众效应的积极作用。

5. 多看效应。在心理学上，将对待事物越熟悉越喜欢的现象，称为"多看效应"。"远亲不如近邻"就说明了这个道理。

多看效应提示我们：建立良好的人际关系，见面次数少，见面时间长，不如见面时间短，见面次数多。因此，公安民警应该多走访，多接触群众，这样更容易得到群众的喜欢，更容易获得群众的支持和理解。例如，社区民警小王在辖区进行走访时，平时会经常有意识地出现在群众休闲活动的场所，如果没有什么事，从不参与群众的家长里短，向大家打个招呼便离开。长此以往，群众就觉得小王非常平易近人，没有任何架子，都愿意与他交朋友，他的工作也非常顺利。

6. 刺猬效应。人与人之间的关系既不能太近，也不能太远，太近则会平庸，太远又会产生陌生感。这种心理现象，被称为"刺猬效应"。如果一个人随便进入他人的空间，就会引起对方的反感。当然，人与人之间的距离还取决于所处的环境。美国心理学家爱德华·霍尔经过对美国白人中产阶级群体的研究发现，人与人之间的距离大致可以分为亲密距离（15~44cm）、个人距离（46~75cm）、社交距离（120~210cm）和公众距离（350~760cm）四种，在不同的人际关系中应保持不同的距离，这样不至于产生尴尬甚至反感。

"刺猬效应"提示我们：人与人之间的交往，应该保持适当的交往距离，既不能太远，也不能太近。所谓"疏者密之，密者疏之"，才是成功的人际交往之道。如孔子所言："近则庸，远则威"，否则不仅会影响良好人际关系的形成，还容易导致人际关系的庸俗化。

（三）事半功倍的心理效应

1. 互惠原理。如果人们得到了他人的恩惠，那么他在心里就会产生一种压力，并总是倾向于对施恩者给予类似行为的回报，这就是心理学上的互惠原理。事实上，整个社会对不遵守互惠原理的人，都有一种发自内心的厌恶。

互惠原理提示我们：要时刻注意满足群众的要求，不论这种要求是多么的微不足道。同时，也要有意识地为群众提供一些力所能及的帮助，这不仅仅是职责要求，也会使群众产生一种感恩的心态，在我们需要更大的支持与帮助的时候，他们因此会毫不犹豫地挺身而出，在工作上给予我们最大的回报。

2. 蝴蝶效应。在心理学上，将因个人情绪的微小变化，可能导致其精神及行为发生巨大波动的现象称为"蝴蝶效应"。人在心理上的"蝴蝶效应"可以表现为一次大胆的尝试、一个灿烂的微笑、一个习惯性的亲切动作、一种积极向上的态度等，都可能给对方留下深刻印象，成为良好关系建立的起点。

"蝴蝶效应"提示我们：群众工作无小事，任何一件小事都不能等闲视之。特别是对一些弱势群体成员或者小人物的求助，都需要拿出百分之百的努力给予重视，因为"在你的统计中，对于100位群众，只有一位不满意，你可以骄傲地称满意率为99%，但对另一个人而言，他的不满意却是100%的。"所以，对待工作应该采取"零容忍"策略，不能让那些微不足道的小事，演变成无法控制的安全事件。

3. "三对一"法则。在群体行为中，人们总是存在容易不加区分地接受大多数人认同的观点或者行为的心理倾向，但3~4人最容易引发对方同步行为的心理倾向被称为心理学上的"三对一"法则。"三人成虎"的成语也说明了这个道理。

"三对一"法则提示我们：公安民警在群众工作中要多考虑运用这一心理学法则，特别是在说服教育、纠纷调解过程中，尽量避免个人单干，请2~3名社区干部，或者德高望重的长者参与调解，这样就形成了"三对一"的态势，更容易让当事人接受调解，使工作事半功倍。

4. 登门槛效应。日常生活中有这样一种现象，在你请求别人时，如果一开始就提出较高的要求，很容易遭到拒绝。但如果先提出较低的要求，在获得同意之后再提出较大的要求，则更容易达到目标。

这种"先得寸再进尺，容易实现目标"的心理学现象就是"登门槛效应"。美国心理学家弗里德曼的心理学实验结果表明，多数人在接受一个较小的请求之后都倾向于同意一个更大的请求。

"登门槛效应"提示我们：一是要学会将自己的工作目标分解成比较容易完成的部分分别加以实现，这样我们在心理上对完成任务就不容易产生畏惧情绪；二是在对群众提出一些要求时，要循序渐进地进行，这样就更容易为对方所接受，减少被拒绝的机会。

第四节 治安调解的基本方法

根据《治安管理处罚法》第9条的规定，公安机关对因民间纠纷引起的打架斗殴或者损毁他人财物、情节轻微的违反治安管理行为，可以在自愿的原则上进行调解处理。但是，对于尚未引起其他法律责任的普通民事纠纷，如果公民诉求到派出所，公安民警也要进行调解处理。因此，对于治安纠纷的调解和处理，既是公安民警的职责任务，也是构建和谐社会对公安民警的必然要求。

一、纠纷调解的一般方法

由于社会的复杂性，人际间的矛盾纠纷千变万化。想要找到一个一劳永逸的矛盾纠纷解决方法是不可能的。但是，任何事物都有其规律性，否则我们人类就没有办法去认识这个世界。归结起来，治安纠纷的调解方法主要有：

（一）苦口婆心法

苦口婆心法，是指通过对纠纷当事人不厌其烦地反复进行沟通劝说，以达成化解双方矛盾纠纷的目的。在双方当事人较多的群体性纠纷中，运用此法更容易获得调解的效果。因为在群体性纠纷中，由于人多嘴杂，意见往往难以统一，只有通过苦口婆心地劝说，才能达成双方和解的目的。例如，某中学实行封闭式管理，规定在校学生不能在外就餐，导致家长不满，家长纠集20余人将学校大门堵住，双方矛盾一触即发。派出所接警后，及时赶到现场，为避免事态扩大，及时将双方进行隔离后开展工作，但由于群众人数多，出现做通了甲的工作、乙不同意，做通了丙的工作、丁又不同意的现象。派出所民警以及多名街道干部不厌其烦地开展思想疏导，通过长达数小时的工作，双方达成了共识，有效遏制了一起不稳定因素或恶性案（事）件的发生。

（二）政策引导法

所谓政策引导，就是充分利用各种政策，引导矛盾双方知晓哪些是符合政策的，可以支持，哪些是违背政策的，必须制止，使双方明白调解的底线在哪里。这种方法在调解农村边界纠纷、荒山权属纠纷、共有共用纠纷等时较为有效。例如，某村的易氏兄弟因进家道路要占一方的土地，而另一方认为通村通户路是国家政策，不想用自己的土地与其交换修路入户，两家因此发生长期纠纷，驻村民警经过了解实情后，将镇国土所的同志请到现场，给其讲解土地权属、宅基地的取得方式等与土地相关的政策与法律法规，并进行多方引导及工作，双方最终握手言和，一场多年的纠纷就此化解。

（三）法制教育法

法制教育法，是指通过向矛盾纠纷双方进行法制宣传教育，并向双方指明纠纷可能导致的法律后果与损失，来化解矛盾纠纷的方法。有的纠纷当事人法制观念淡漠，法律知识欠缺，一意孤行、胡作非为，所谓无知者无畏。对于这样的当事人，公安民警在调解时，首先就要对当事人适时进行法律、法规知识的宣传和教育，让当事人从心里真正知道自己究竟错在什么地方，这样有利于纠纷的顺利调解。此外，也可以通过双方身边已经解决了的类似纠纷的调解结果，让纠纷的双方有一个参照标准，在解决"一方喊到天、一方还到地"之类的矛盾纠纷时特别有用。

（四）换位思考法

换位思考，是指让当事人双方在考虑自己利益的同时，也要学会替对方着想，采用"要想公道打个颠倒"的思维方式，进而达成调解目的的方法。缺乏理解就没有共同语言。有些纠纷是由于双方误解造成的，而处理时，双方却各执一词，往往会使调解工作一时难以正常进行。如果双方当事人冷静地站在对方的角度上考虑问题，让他们设想自己是受害者该怎么办？如果自己是被告者又该怎么办？往往能够迫使双方的意见回归统一，进而达成矛盾的化解。这种方法在调解伤害性纠纷案件时特别有用。

（五）成本核算法

成本核算法，是指向矛盾纠纷双方讲清楚，如果不接受调解将会产生的各种解决成本，包括通过法院解决将产生诉讼费用、聘请律师将产生代理费用，而且责任一方当事人将可能被依法追究法律责任等，让矛盾双方认真进行核算，不要因为自己"怄气"导致出现"杀敌一千，自损八百"的不利局面，促使其主动选择调解方式解决矛盾纠纷。事实上，对于那些双方都有财产损失而且财产损失也不大的纠纷，通过这种方式解决非常有效。很多时候，纠纷双方往往更在意面子问题，公安民警应该通过审时度势，争取在台前幕后先将这个面子处理好，一般而言纠纷本身的调解就不困难了。

（六）回访巩固法

回访巩固法，是指对于成功调解的治安纠纷，进行事后回访，防止出现反复，以巩固调解成果的方法。由于环境以及其他因素的影响，一些当事人在治安纠纷调解成功后还可能出现反复，为了防止这种情况的出现，公安民警往往需要采取回访巩固法。一般地，为了增强说服的效果，可以利用群体心理学中的"三对一法则"，在回访巩固时，约上与当事人熟悉的两三位居委会干部或者工作人员，走进矛盾纠纷双方之间，共同开展工作。通过关心他们的家庭生活、子女就学等，让他们理解公安民警和政府的关心，建立纠纷双方与公安民警之间的信任关系，让这些群众能够充分感受到民警帮助他们解决实际问题的诚意，使已经调解成功的效果得到巩固。

（七）道德引导法

道德引导法，是指在法律教育无效的情况下，应当巧妙地施以伦理道德、社会良知以及亲情诱导的方式解决矛盾纠纷的方法。事实上，对于一些群体性治安纠纷，在多数参与者情绪已经失控的情况下，他们已经不惧怕法律的惩罚了，甚至甘愿"上刀山，下火海"。通常的法制教育和提醒往往很难起作用，这时通过道德引导，尽量争取大多数群众的理解和支持，有利于事态的平息。还有一些看上去"合理、合情"但却"不合法"的纠纷，也需要通过向其讲解道德伦理以及民间风俗等，寻求解决。例如因"婚外情"等因素引发的矛盾纠纷运用这种方法调解就比较有用。

（八）耐心倾听法

耐心倾听法，是指主持调解的公安民警一定要认真听取矛盾双方的辩解，哪怕是一些无理辩解也要耐心听取，使双方当事人感觉到你尊重他，这样就会使公安民警首先站在了道德的制高点上，容易营造良好的调解氛围，获得纠纷双方调解人的理解和支持，在此基础上，再进行耐心的调解就容易获得成功。也就是说，在当事人的情绪处于非常激动的状况下，我们采取耐心倾听的方式最为重要。因为这个时候不论你说什么，当事人几乎都很难听进去。通过耐心倾听，让当事人的情绪得到一定程度的宣泄之后再进行调解，效果就会更好一些。

（九）"四宜四不宜"法

"四宜四不宜"法，是指按照"宜解不宜结、宜和不宜激、宜缓不宜急、宜宽不宜严"的原则进行治安纠纷调解的方法。纠纷调解的目的是平息事态，解决问题，防止矛盾激化。因此，公安民警必须站在公开公正的立场上依法进行调解，通过疏导教育将矛盾纠纷尽量向和解的方向上引导。对于那些积怨很深的矛盾纠纷，很难在较短的时间内解决，这就需要民警有足够的耐心，且不可急于求成。对于违反治安管理行为的民间纠纷，只要求得当事人的谅解，能不处罚的尽量不处罚，以免激化矛盾。

二、不同类型纠纷的调解

（一）邻里纠纷的调解

在社区居民的日常生活中，邻里之间难免会出现一些矛盾和纠纷，如果处理不当就会影响社区的和谐与稳定。而解决这些社区纠纷和矛盾，调解是一种最常见又实用的手段，邻里矛盾纠纷的调处应遵循以下步骤与方法：

1. 调解前知根知底。一般的纠纷，从发生到调解有一个时间差，利用好这个时间差是一个很重要的环节。在这段时间中，一方面，要了解和收集纠纷发生的缘由、大致的经过以及双方当事人的个性特点等信息，必要时还可对知情人和证人进行调查，做到"知己知彼"。另一方面，要就事论事，针对纠纷的类型查询相关的法律法规和政府的有关政策。对于因邻里纠纷产生财产损失，还要弄清楚《民法总则》中对财产损失赔偿的规定，明白侵犯的是公民的什么权利以及应承担的民事责任等，最好熟记于心，以备在调解过程中运用。

2. 调解中"软硬兼施"。第一，"软"的方法。包括三个方面的内容：一是要学会"听"，耐心地听当事人叙述纠纷过程和要求，这时候当事人的情绪容易激动，我们最好不要对其直接进行反驳，要静静地听当事人把话讲完，尽量让他们发泄掉心中的怒气和不满；二是要学会"看"，仔细观察当事人言行举止，从当事人的陈述和辩论中，透视其真实想法，了解矛盾焦点，寻找调解的切入点；三是要讲"劝"，所谓"远亲不如近邻，近邻不如对门"，大家低头不见抬头见，应珍惜邻里之间的"缘分"，好的邻里关系在生活上彼此有个照应，坏的邻里关系会让我们天天提心吊胆，让当事人自己认识到接受调解的重要性。

第二，"硬"的方法。在"软招"无效的情况下，往往要配合使出"硬招"。"硬"的方法也包括三个方面的内容：一是进行法律震慑，运用事前查询过的法律知识，对当事人进行法律攻心，使其改变原先的错误态度；二是进行有力反驳，抓住恰当时机，对当事人在陈词和话语中存在的漏洞和不符合逻辑、情理、常规的方面进行有力的反驳，减弱对方坚持错误的自信心；三是进行案例警示，就是讲一些类似的成功调解过的案例或从其他途径了解的事例，突出处理结果，警示当事人调解结果一样具有法律效力，不要存有侥幸心理，以消除一些人对调解效力的轻视感。

3. 调解后适时回访。纠纷调解成功后，要进行适时的回访，对于一些存有履行义务的纠纷，不能认为已达成协议就万事大吉。通过回访，一方面可以有效监督当事人履行协议中约定义务的情况，另一方面也可以了解当事人在调解后的心态，避免出现"反弹"现象，巩固调解成果。如果可能，最好能够以给自己的工作提意见和建议为借口，将纠纷双方再次找到一起，所谓"人怕见面，树怕扒皮"，通过双方进一步的接触，对于把握事态进展、调整工作策略都有好处。

（二）家庭纠纷的调解

家庭是社会的细胞，家庭和谐是社会稳定的基础。但家庭纠纷的处理是非常困难的，俗话说"清官难断家务事"就是这个道理。对于家庭纠纷，应该本着"大事化小，小事化了"的原则进行处理。

先看一个案例：张甲与张乙系父子关系，张甲从张乙手中借了5000元钱为其大儿子张丙垫付超生子女罚款。张家兄弟分家后，张乙多次向其父张甲讨要这5000元钱，张父以种种借口推脱。张乙认为其父母是故意推脱，有意偏袒其大哥，一怒之下将其父母推倒在地。张丙获悉该情况后，请来一帮朋友准备教训张乙，而张乙舅哥获悉后，唯恐其妹夫吃亏，也邀来一帮人前来助阵，家中乱成一团，这种情况怎样调解？

1. 及时将双方隔离。父母兄弟之间的矛盾纠纷，多半是由矛盾双方信息掌握不对称引起的。如上述案例中张乙认为父亲偏袒哥哥，而且现场火药味十足，如果不事先进行有效隔离，可能造成双方混战，引起大规模的械斗，酿成家庭悲剧。

2. 现场冷静处理。矛盾的解决需要正确的方法，任何矛盾纠纷都有一个演变的过程，语言中伤、态度不恭等是将问题扩大化的催化剂；推心置腹、态度和蔼却是缓和矛盾的中和剂。上述案例中，民警对张乙进行劝说时，张乙开始有很大的抵触情绪，认为父母双方没有对兄弟两人一视同仁，有意偏袒其哥哥，在交谈中，张乙多次流下委屈的泪水，此时，民警没有制止张乙的行为，让其充分的陈述使他的情绪得到舒缓，在张乙的情绪彻底冷静下来后，民警一番中肯的话语，深深打动了张乙，张乙为自己做事不冷静深表后悔。民警没有大声呵斥和粗暴的干预，而是打出了一张"冷静"牌，反而使问题得到较好解决。

3. 善抓主要矛盾。唯物辩证法告诉我们，解决问题要透过现象看本质，此案例中的"关键点"是5000元钱，如何妥善处理5000元钱才是解决问题的关键。首先，通过向张丙讲明利害，张丙作为受益方，应该承担相应的责任；其次，耐心地做张乙的思想工作，讲明父子、兄弟之间存在金钱无法衡量的关系；最后，明确谁是最终为这5000元"埋单"的人，张家父子齐聚一堂，大家将存在的问题与隔阂摆明，矛盾迎刃而解。

4. 依法进行调解。矛盾纠纷的处理，都要依法处理、程序合法。此案例中，如果牵扯债务问题和殴打他人问题，可以根据《民法总则》《治安管理处罚法》等有关规定，通过协议的方式明确双方的责任和义务；同时，阐明双方的过错及违反协议应当承担的法律后果。一纸调解协议必不可少，以做到有据可查，防患于未然，同时也是对双方的约束。

（三）婚姻纠纷的调解

婚姻纠纷是危及家庭和睦的重要因素，也是重要的社会不安定因素。所谓"幸福的婚姻都是相似的，不幸的婚姻各有各的不幸"。产生婚姻纠纷的原因是多种多样的，不同情况下的纠纷需要不同的调解方法。

1. 因封建思想严重引起的离婚纠纷。常见的此类纠纷及调解方法有两种：一是夫权思想严重，歧视、压迫、打骂女方，无视女方的合法权益，限制女方活动自由而引起离婚纠纷；二是重男轻女，传宗接代的旧思想严重，因生女孩采取或节育措施引起离婚纠纷。调解这类纠纷时，应对有夫权思想的男方进行批评教育，只要本人承认错误，并愿意改正就应调解双方和好。对个别夫权思想特别严重的，要支持女方的合理要求，从保护妇女儿童利益出发，可建议男方单位给予其适当的处分，对夫权思想特别严重，并因此而引起严重后果和造成不良影响的，要支持女方诉诸人民法院。

2. 因喜新厌旧引起的离婚纠纷。所谓喜新厌旧引起的离婚纠纷是指受一方婚后地位、条件或客观条件的影响，夫妻思想感情发生变化，一方蓄意抛弃配偶，另寻新欢引起的离婚纠纷。在调解这类纠纷时，首先应做深入的调查，掌握确凿证据，分清是非责任，然后根据当事人的不同情况分别进行调解工作。

对有过错的一方，即喜新厌旧、另寻新欢的当事人，要进行严肃的批评教育，一般不做离婚调解，视其情节和认错态度，可建议有关组织给予处分。

对"第三者"也应配合有关单位进行严肃的批评教育，告诫其不要破坏他人的婚姻家庭，终止不正当的关系。必要时，也可建议有关单位给予其适当处分。

在做好有过错一方的思想工作，使其承认并愿意改正错误的基础上，对无过错的一方讲明，允许对方改正错误，劝其珍惜夫妻感情，给对方改正错误的机会，争取在新的基础上重归于好。

对"第三者"插足而构成杀人、伤害和虐待等违法犯罪的，公安民警则不宜做调解，应支持受害者向司法机关起诉，依法追究犯罪者的法律责任，以维护受害者的合法权益。

3. 因经济问题引起的离婚纠纷。经济问题也是引起婚姻纠纷的常见原因，不同的情况也需要不同的处理方法。

对于经济不民主的情况。即一方控制对方合理支出，甚至达到使对方不能维持正常生活的程度。在调解这类婚姻纠纷时，应宣传夫妻平等的原则，提倡民主持家，相互信任。对大数额支出夫妻应互相商量，并注意尊重对方的意见；对正常的小数额支出则不要斤斤计较。同时还应批评教育有过错的一方，帮助双方合理安排经济生活、改善夫妻关系。

对于一方挥霍无度的情况。如有的男方嗜烟酗酒，有的女方过于追求衣着打扮，支出超过应有的限度，严重影响了家庭正常生活。对此，应进行浪费可耻、勤俭持家光荣的教育，批评挥霍的一方，劝其改正不良嗜好，量入为出，合理计划，同时，也要说服另一方，不可"以错对错"，应对其耐心帮助。

对于不赡养父母的情况。主要是指夫妻一方在经济上限制过严，不让对方赡养自己父母而发生的婚姻纠纷。对于此类纠纷，公安民警应宣传赡养父母是我国劳动人民的优良传统美德，也是子女依法应尽的义务。批评教育有过错的一方，向其说明有条件而不赡养不仅会受到群众的谴责，情节恶劣、后果严重的还会受到法律制裁，以促其改正错误。例如，对赡养费的数额发生争执，可根据被赡养人的需要和赡养人的负担能力确定，一般不低于当地群众的平均生活水平。

对于家庭生活贫困情况。在实行生产责任制后，一方身体不好缺乏生产技术和致富经验，收入较低，生活出现了暂时困难，另一方提出离婚而引起的纠纷。公安民警应劝导夫妻互相谅解、互相帮助，并帮助其寻找致富门路，尽快致富。例如因对方好逸恶劳或一贯不务正业，不好好生产，又不顾家庭及子女生活的，应对有错一方进行批评教育，如坚持不改、又无和好可能的，也不要勉强调解和好。

4. 因个性不合引起的离婚纠纷。对于因个性不合引起的离婚纠纷，往往是由于双方或一方个性很强，在一些非原则的细小问题上为一句话、一件事争执不休，互不相让、如男方爱打、女方爱骂，有了矛盾，一触即发。这类纠纷的特点是夫妻之间经常争吵，感情不融洽，经过调解双方容易和好，事后又容易闹翻，常在气愤之中轻易表示离婚，但过后两人又自动和好，有的离婚后又要求复婚。为此，公安民警在调解这类纠纷时，要十分注意工作方法，一般要避开双方气愤的情绪，在气消之后进行疏导工作，启发他们多看对方的长处和优点，珍惜过去的感情。对双方脾气特别暴躁，经调解说服后双方仍坚持要离婚的，可采取一些延缓的办法，然后寻找时机，再做劝解疏导。但在延缓期间，应密切注意纠纷动向，防止纠纷激化或转化。

5. 因草率结婚引起的离婚纠纷。草率结婚，是指男女相识时间很短，彼此不够了解便匆忙结合，其夫妻关系缺乏应有的感情基础。婚后出现矛盾，引起离婚。在调解这类纠纷时，公安民警要通过摆事实、讲道理，教育帮助双方慎重对待婚姻问题，不能因草结而草离，认识到"亡羊补牢，犹未晚为"的道理，劝其互谅互让，在今后生活中增进了解，逐步培养夫妻感情，建立美满的家庭。如双方无感情基础，而且坚持离婚，也可以调解离婚。但要对其进行帮助教育，帮助他们吸取教训，避免再发生类似问题。对调解不成的，动员其诉讼到人民法院依法处理。

值得注意的是，要把这类纠纷同骗婚区别开来。骗婚，是指隐瞒重要问题或为了达到个人目的，如为进城、转移户口、调工作等而结婚。如确系骗婚而欺骗成婚的，调解委员会应支持受骗一方的正当要求；对骗婚的一方要进行严肃批评教育，情节严重、手段恶劣的，或建议有关部门给予处分，或由人民法院追究其法律责任。

（四）伤害赔偿纠纷的调解

伤害赔偿纠纷是公安民警经常遇到的一种纠纷形式。这类纠纷调解的关键，是赔偿额度的确认。要让当事双方能够接受公安民警的调解，就应该从以下几个方面着手：

1. 查明事实，分清是非，明确责任。调解伤害纠纷切忌事实不清、责任不明，一味地和稀泥，甚至强迫调解，久调不决。公安民警在调解伤害纠纷时，不能像处理其他治安案件那样过度强调"谁主张谁举证"，应尽量尊重事件的客观事实，重视证据，不轻信言辞，必要时要深入现场，调查取证。对事实不清、责任不明的，绝不能轻率调解，否则容易留下隐患，使调解工作陷入被动。

2. 坚持自愿与合法的原则。公安民警应启发、劝说当事人自觉服从调解，尽量一次履行赔偿义务，这样，既能反映出当事人的意见，又意味着有过错的一方当事人有悔改表现和诚意，还可保证调解处理后不留任何"后遗症"。但是，要防止有过错方当事人为逃避刑事处罚而无奈承诺经济赔偿的"空头支票"。要引导当事人在合法自愿的前提下实实在在地达成能够履行的调解协议，并积极督促有过错方当事人及时履行调解协议。

3. 考虑有过错方当事人的赔偿能力。公安民警在确定调解的赔偿数额时，除了依照有关赔偿原则之外，还要实事求是地考虑有过错方当事人的经济状况和实际赔偿能力，能够赔得起的，就应全额赔偿，如经济状况确实很差，没有能力赔偿或暂时没有能力赔偿的则要做好被害人的工作，酌情减免或让有过错方当事人分期分批偿付。

4. 必要时邀请有关单位派员参加。公安民警在实施这类纠纷调解时，最好能够邀请双方当事人单位负责人参加调解，这样可以把调解意图转变为双方单位的共同意向，化阻力为动力，同时对有过错当事人根据其悔改表现和纠纷情况，建议单位酌情给予行政纪律处分，还可以使少数当事人提出的纠纷外的合理要求一并得到落实。

5. 必须把教育疏导工作贯穿于调解始终。公安民警要有重点地对双方当事人进行教育，引导其客观地对纠纷的起因及矛盾的激化过程进行分析，从中认清各自的过错及责任，适时讲清楚调解处理的优越性，为调解工作打下思想基础，钝化矛盾，缓解对立。这样可以缩短调解周期，提高调解协议的履行率。

6. 适时采取必要的措施，促进调解协议的达成。伤害纠纷是双方当事人因口角或打架斗殴所导致，属违法违纪行为。由于这种纠纷在调解组织受理之前，纠纷当事人的心态较复杂，一方面，有过错方当事人或双方混合过错的当事人没有受到什么行政制裁，因而他们总以为没有什么大不了的事，不愿意接受调解，甚至拒绝单位组织调解。在一般情况下，受害方当事人有时也有过分的要求和错误的做法，不能与单位调解组织积极配合。另一方面，有过错一方当事人怕受处罚，被害方当事人怕得不到赔偿，这是加害人与被害人双方的心理。因此，适时应用适度的制裁措施，如停职检查、行政处分等，首先在心理上警示了有过错方当事人，被害人也害怕把事情闹大而"鸡飞蛋打"，矛盾加深，从而放弃了过分要求，这样在纠纷的处理上就有了突破口。在此基础上进一步做双方当事人工作，双方可能都愿意接受调解。当然，在采取行政措施后，不能"以罚代调"，要抓住时机，再次做好调解工作。

第五节　治安调解实训

一、实训内容

（一）治安调解实训

1. 治安调解的程序、方法和技巧。

2. 完成治安调解各种情景设定之模拟演练；

（二）填写相关文书

（三）形成实训小结，内容包括实训存在的问题及心得体会等

二、情景设计

（一）"公调对接"纠纷的调解

2010年4月20日，位于江苏省苏州市某建筑工地发生一起员工死亡事件。农民工薛某干完活后早晨回到工地宿舍，发现妻子李某还未起床，一动不动，上去拉妻子，发现妻子连气息都没有了。工友们赶来进行了简单的施救，之后迅速拨打120。救护人员迅速将李某送到医院，经抢救无效死亡。工友向当地派出所报案，工地相关人员也被带到派出所进行询问，他们都表示李某平时身体一向都好，当天也没有什么异常情况。法医对李某的尸体进行了解剖，也没有检查出死亡的原因。

痛失妻子的薛某以及赶来的亲戚朋友找到工地负责人王某，声称因为李某死在工地，要求其对李某的死亡负责提出16万元的赔偿，王某反复强调此事与自己无关，表示自己只是个包工头，实在拿不出钱进行赔偿，于是双方进行了激烈的争吵，工地的施工也受很大影响。经辖区派出所征求意见，双方同意以调解的方式解决问题。

（二）买卖纠纷引起的伤害性案件的调解

大学生王某利用暑假期间回家帮其母亲卖西瓜。2011年8月12日下午，城管局职员林某来到王某的摊位前，要买一个西瓜。王某告诉他自选价格是一斤1.2元，但不保熟；如果自己给他选保熟，但价格是一斤1.5元，林某表示认同。林某便自己挑选一个，拿回家后打开发现瓜不熟，就拿回来要求调换。因为有言在先，王某不同意。双方发生争执，而且各执一词。林某因激动将王某的秤杆踩断，并欲拉王某到工商局评理。在此情形下，双方发生扭打，在互殴中，双方都造成程度相当的轻微伤。

（三）殴打、故意伤害他人案件的调解

张某本是一个聪明勤劳的人，但遇人不淑，沾染上了赌博的坏习惯，最后搞得妻离子散。一天，张某向来村里其他村民家走亲戚的李某借钱，李某不知情，遂借给张某500元钱。张某借过钱，转身就去赌博并很快都输掉了。输了钱的张某见村民王某走过，就向王某借钱。王某不肯，张某就将王某打成轻微伤。其他村民报警，执法民警到达现场后，很快将张某及其赌友控制住，并将王某送到附近医院治疗。李某获知张某赌博伤人，遂要张某立即还钱。经查，张某向李某借钱参加

赌博以及无故将王某打伤情况属实。张某被抓以后，经民警教育，非常后悔，表示今后绝不再赌博了。张某的家人也表示愿意筹款帮助张某赔偿王某的医疗费和李某的欠款。

（四）故意损毁财物案件的调解

王某川与王某兴为嫡亲兄弟，原来关系比较密切。两人在 2010 年 8 月 16 日上午因为分家问题发生纠纷并引起互相之间打架，当地派出所出警后予以当场调解。但是，当天下午，王某川的两个儿子得知此事后，分别携带一根木棍和一根铁棍赶到王某兴家，将王某兴打成轻微伤，并砸坏王某兴家一些东西，损毁的财物价值不大。

（五）制造噪声干扰他人正常生活案件的调解

张某家住在单元楼 4 楼，为了学习跳街舞，他经常在家中放伴奏带练习到深夜，而且将声音放得很大，影响邻居休息。邻居向张某提出意见，张某不听，认为在家跳舞是自己的权利，别人无权干涉。周围邻居反映到辖区派出所。

三、实训组织

（一）学员课前预习重点

1. 预习治安调解的相关基础知识要点。

2. 预习公安派出所治安调解的范围、程序和方法。

（二）模拟演练

1. 场地及器材准备。调解室 1 间。基本要求：室内干净，整洁；圆桌或无级别三角桌。

2. 组织及安排。

学员：2 人 1 组；每组至少进行两个不同类型的模拟演练；

教官：主讲教官布置模拟演练脚本；辅助教官将脚本派发给角色扮演的学员并进行布置讲解；组织模拟演练，过程中主讲教官可进行个别指导，辅助教官跟踪考核；演练结束后，收拾装备、清理场地、带回学员。

3. 注意事项。

（1）学员提前熟悉本案案情；

（2）组织纠纷双方见面，详细了解双方的观点，争取调解解决问题；

（3）如果双方同意调解，学员设计调解方案；

（4）背对背做双方工作，制定具体调解措施；

（5）监督调解协议执行，及时了解双方反馈。

四、实训文书

治安调解协议书

___公（ ）调解字〔 〕___号

主持人姓名_____ 工作单位_____

调解地点_____

当事人基本情况（姓名、性别、年龄、出生日期、身份证件种类及号码、工作单位、现住址）___

_____

_____

其他在场人员基本情况（姓名、性别、年龄、出生日期、身份证件种类及号码、工作单位、现住址）_____

_____

主要事实（包括案发时间、地点、人员、起因、经过、情节、结果等）：_____

_____

_____

_____

_____

经调解，双方自愿达成如下协议（包括协议内容、履行期限和方式等）：_____

_____

_____

_____

_____

　　本协议自双方签字之时起生效。对已履行协议的，公安机关对违反治安管理行为人不再处罚。不履行协议的，公安机关依法对违反治安管理行为人予以处罚；当事人可以就民事争议依法向人民法院提起民事诉讼。

　　本协议书一式三份，双方当事人各执一份，调解机关留存一份。

主持人　　　　　　　　　　　　　　　　　　　　年　　　月　　　日

见证人　　　　　　　　　　　　　　　　　　　　年　　　月　　　日

当事人　　　　　　　　　　　　　　　　　　　　年　　　月　　　日

　　　　　　　　　　　　　　　　　　　　调解机关（印）

　　　　　　　　　　　　　　　　　　　　年　　　月　　　日

治安调解协议书

___公（ ）调解字〔 　 〕___号

主持人姓名_____ 工作单位_____

调解地点_____

当事人基本情况（姓名、性别、年龄、出生日期、身份证件种类及号码、工作单位、现住址）___

_____

_____

_____

其他在场人员基本情况（姓名、性别、年龄、出生日期、身份证件种类及号码、工作单位、现住址）_____

_____

_____

主要事实（包括案发时间、地点、人员、起因、经过、情节、结果等）：_____

_____

_____

_____

_____

经调解，双方自愿达成如下协议（包括协议内容、履行期限和方式等）：_____

_____

_____

_____

_____

_____

　　本协议自双方签字之时起生效。对已履行协议的，公安机关对违反治安管理行为人不再处罚。不履行协议的，公安机关依法对违反治安管理行为人予以处罚；当事人可以就民事争议依法向人民法院提起民事诉讼。

　　本协议书一式三份，双方当事人各执一份，调解机关留存一份。

主持人 　　　　　　　　　　　　　　　　　　　　年　　　月　　　日

见证人 　　　　　　　　　　　　　　　　　　　　年　　　月　　　日

当事人 　　　　　　　　　　　　　　　　　　　　年　　　月　　　日

调解机关（印）

年　　　月　　　日

五、分享点评

1. 学员分享治安调解中存在的问题及心得体会。

2. 教官点评治安调解及文书填写情况。

六、实训考核标准和成绩

1. 考核方式：教官根据学员实训现场表现，按照治安调解实训考核标准及成绩进行打分（见表2-1、表2-2）。

2. 成绩评定：

（1）按百分制评定成绩；

（2）团队本阶段成绩为小组每位成员的平均分；

（3）个人本阶段总成绩＝个人本阶段平均成绩×0.7＋团队本阶段成绩×0.3。

表2-1 治安调解实训考核标准及成绩（一）

考核指标	评分标准				成绩
	9-10分	7-8分	4-6分	0-3分	
适用范围	正确			错误	
程序	完全符合	有1处错误	有2处错误	有3处以上错误	
调解方法	熟练、有效	运用恰当	尚可	不当	
态度	严肃、认真、端庄、自然	认真、紧张	随意	恶劣、粗暴、野蛮	
用语	文明、规范、无脏话	文明、无脏话		脏话	
上述内容，每项满分为10分，共计50分。					
《治安调解协议书》	共50分，要求：用蓝色或黑色钢笔或水性笔填写；填写规范、内容全面、准确、无错项、漏项；字迹工整，无错别字				
上述内容，共计50分。					
实训总计100分满分。					

表2-2　治安调解实训考核标准及成绩（二）

考核指标	评分标准				成绩
	9-10分	7-8分	4-6分	0-3分	
适用范围	正确			错误	
程序	完全符合	有1处错误	有2处错误	有3处以上错误	
调解方法	熟练、有效	运用恰当	尚可	不当	
态度	严肃、认真、端庄、自然	认真、紧张	随意	恶劣、粗暴、野蛮	
用语	文明、规范、无脏话	文明、无脏话		脏话	
上述内容，每项满分为10分，共计50分。					
《治安调解协议书》	共50分，要求：用蓝色或黑色钢笔或水性笔填写；填写规范、内容全面、准确、无错项、漏项；字迹工整，无错别字				
上述内容，共计50分。					
实训总计100分满分。					

七、治安调解实训小结

项目	内容
治安调解实训中存在的问题	
文书填写实训中存在的问题	
心得体会	
对实训教学的建议	

任务三　治安案件的调查取证

[训练目标]

重点掌握普通程序的各个环节及实施，尤其是受案与调查取证环节；熟练掌握填制相关法律文书的各项目内容；基本具备对一般案件的治安询问、开展调查取证等工作能力，学会规范制作《治安询问笔录》；强化学生动手操作的能力；以便很好地适应治安案件查处岗位的实际需要。

第一节　治安案件调查取证的一般规定

证据是程序的核心，是治安案件查处的关键环节。取证的合法性问题，一直是治安行政执法实践中的热点和难点。本节主要阐述治安案件调查取证的基本原则、治安案件的管辖、调查的分工；治安案件证据的种类和特征，重点掌握治安案件证据收集的主要途径及其审查和运用，牢固树立证据意识是法律意识的核心的观念；熟悉治安案件调查取证过程中常用的基本方法；掌握案件调查终结与处理的相关规定。

一、什么是治安案件调查

治安案件的调查，就是了解、查证案件事实真相的法律活动。治安案件的发生都是行为人在一定时空及相关的客观环境条件下，通过有关的人、事、物的相互联系、作用、影响和制约而实施的。每一个环节都可能揭示案件的一个或多个侧面。调查就是通过对诸多与案件事实相关的因素了解、查证，对整个案情由感性认识到理性认识、由不知到知的深刻认识发展过程，为治安案件的结案处理提供有事实依据的执法行为。

二、治安案件调查的基本原则

（一）遵循法定程序原则

在程序上保证办案人员不得少于 2 人，应当向被调查人员表明执法身份。关于这一程序，《治安管理处罚法》以及《公安机关办理行政案件程序规定》作出了强制性的规范。《治安管理处罚法》第 87 条规定："公安机关对与违反治安管理行为有关的场所、物品、人身可以进行检查。检查时，人民警察不得少于 2 人，并应当出示工作证件和县级以上人民政府公安机关开具的检查证明文件。对确有必要立即进行检查的，人民警察经出示工作证件，可以当场检查，但检查公民住所应当出示县级以上人民政府公安机关开具的检查证明文件。检查妇女的身体，应当由女性工作人员进行。"《公安机关办理行政案件程序规定》第40条规定，在调查取证时，人民警察不得少于2人，并表明执法身份。

（二）遵循全面、及时、合法地收集、调取有关证据材料，并予以审查、核实的原则

这是对公安机关调查行政案件的一般要求，也是调查这一环节应当遵循的总的原则。公安机关对于单位和个人报案、举报、控告或者违法嫌疑人投案的行政案件，都应当根据本原则规定的精神并参照其他条款的具体规定开展调查活动。

公安机关在收集、调取有关证据材料时，应当做到：

1. 全面。全面，是指公安机关既要收集、调取违法嫌疑人有无违法行为的证据，也要收集、调取违法嫌疑人违法行为情节轻重的证据；既要注重收集、调取违法嫌疑人自己交代的证据材料，又要注意收集受害人及相关证人提供的其他证据材料。该原则要求公安机关收集、调取证据时必须尊重事实，真实、准确记录有关案件的证据材料，如实反映案件的发生、发展、后果等相关情况，既不能先入为主，主观臆断；也不能凭主观想象和个人好恶随意取舍相关证据，甚至故意制造伪证。要通过客观调查，准确反映案件"全貌"，"还原"案件发生时的本来面目，以确保案件能够得到合法、公正的处理。

2. 及时。及时，是指公安机关在对案件进行调查时，必须在尽可能快的时间内收集、调取相关的证据材料，防止出现因时过境迁、取证不及时而使案件的证据材料遗失或丧失证明力等情况的发生，影响对案件的最终处理。

3. 合法。合法，是指公安机关对行政案件进行调查属于执法活动的范畴，是依法履行职务的行为，因而必须遵循合法的原则。遵循合法原则，既要保证在实体问题上符合法律法规的明确规定和要求，不能曲解法律或者规避法律；又要严格执行有关的《公安机关办理行政案件程序规定》，保证程序合法，通过合法程序和手段调查、获取相关证据，违反法定程序或者通过非法手段获取的证据不能作为定案的依据。遵循合法原则，还要做到公正地收集、调取证据，公正本意就是要确保公平，维护正义，不能有任何偏私。公安机关在调查、收集证据时，应当始终保持对法律负责的态度和全心全意为人民服务的宗旨，多方听取意见和反映，防止偏听偏信、先入为主，从客观存在的证据材料出发，实事求是地进行分析，根据证据不同种类的特点，进行对照、比较，鉴别证据的真伪，既要收集、调取对违法嫌疑人不利的证据，以证实其违法行为，同时也要注意收集、调取对违法嫌疑人有利的证据，做到量罚相当；既不能让没有违法行为的人受到不应有的处罚，也不能放纵有违法行为的人逃避法律的制裁；既要严格依照法律规定追究违法行为人的法律责任，又要注意充分保障违法嫌疑人的合法权益，以维护法律的公正性。只有全面、及时、合法地收集、调取有关证据材料，才能够深挖其他违法犯罪行为，查明案件的真实情况和其他所有的违法犯罪嫌疑人，为下一步依法、客观、公正地处理案件和追究违法犯罪嫌疑人的法律责任打下坚实的基础。

4. 认真进行审查、核实。认真进行审查、核实，是指公安机关对在办理行政案件中收集、调取

的证据还必须按照本原则和其他有关条款的规定，认真进行审查、核实，未经审查、核实的证据材料不能作为定案依据。

（三）遵循专门机关管理与依靠群众相结合的原则

专门机关管理与依靠群众相结合的原则，是我国公安工作基本方针在治安案件查处领域的具体体现，它反映了我国公安工作的优良传统和特点。专门机关管理，是指办案部门职权范围内的专业工作只能由办案部门依法去从事，不能交给群众组织或其他单位去做。依靠群众，是指群众性的治安保卫工作应在专门机关的组织领导下，通过治保组织带领群众去做，使群众直接或间接地参加治安管理活动。在治安案件查处过程中，通过证人证言获得的言词证据能够起到十分重要的作用。旁证材料的收集，必须依靠广大人民群众，通过群众提供的线索或证据，来揭露、证实违法事实。正所谓"警力有限，民力无穷"。坚持这一原则就是要将办案部门的职能作用与广大群众的积极性、创造性有机地结合起来，以破窗理论（用来描述社会失序与犯罪之间潜在的一种相连关系，来源于美国斯坦福大学心理学家詹巴斗在20世纪60年代末所做的一个实验）为指导，认真查处每一起案件，齐心协力做好创新社会治安管理工作，创造和维护一个良好和谐的社会治安环境。

实行专门机关与广大群众相结合的原则，绝不意味着削弱专门机关的职能作用，也不是对群众和群众性治保组织的活动撒手不管。治安办案部门如果脱离了群众，就会耳目失灵，软弱无力，甚至一事无成。但另一方面，治安办案部门是案件查处的专门机关，是打击违法犯罪，保障公民合法权益，维护社会治安正常秩序的组织者和指挥者。只有在专门机关组织、指导下，充分发动和依靠群众，尤其注意发挥治保会、治安联防队等群众治保组织的桥梁和纽带作用，才能正确地贯彻群众路线，治安案件查处、治安管理工作才能有坚实的基础、无穷的力量。

（四）遵循公安机关保密原则

《治安管理处罚法》第80条规定："公安机关及其人民警察在办理治安案件时，对涉及的国家秘密、商业秘密或者个人隐私，应当予以保密。"同时，《公安机关办理行政案件程序规定》第31条也对涉密证据作出明确规定："公安机关及其人民警察在办理行政案件时，对涉及的国家秘密、商业秘密或者个人隐私，应当保密。"

这是对公安机关及其办案人员的义务性规定，是指公安机关在办理行政案件过程中，对于涉及国家秘密、商业秘密以及个人隐私的证据，应当从证据的收集、保管、使用等方面注意保密，不得让不该知道其内容的人知悉。但是在行政复议和行政诉讼的时候应当向复议机关和人民法院提供，否则，行政复议和行政诉讼就无法有效地审查公安机关的具体行政行为是否合法。《行政诉讼法》第45条规定："人民法院公开审理行政案件，但涉及国家秘密、个人隐私和法律另有规定的除外。"因此，在办理行政案件过程中，办案人员对涉及国家秘密，商业秘密，以及个人隐私的证据，必须按照有关法律规定，严格加以保密。诉讼时公安机关可以将需要保密的证据在卷宗上注明保密的字样，以便于人民法院审查与保密。

三、治安案件调查中的其他问题

（一）治安案件调查中可以适用的强制措施

1. 对物品、设施、场所采取扣押、扣留、临时查封、查封、先行登记保存、抽样取证等强制措施。

2. 对违法嫌疑人采取保护性约束措施、继续盘问、强制传唤、强制检测、拘留审查、限制活动范围等强制措施。

对于依法扣押、扣留、查封、抽样取证、追缴、收缴的财物以及由公安机关负责保管的先行登记保存的财物，公安机关应当妥善保管，不得使用、挪用、调换或者损毁。造成损失的，应当承担赔偿责任。

涉案财物的保管费用由作出决定的公安机关承担。

（二）治安案件调查的分工

治安案件的调查，一般实行受案与调查相一致的原则，即受案单位也是负责调查的单位。但是对于一些情况复杂、危害影响较大的治安案件，也可打破受案调查的分工，由较高级别的公安机关统一组织力量负责调查。

1. 一般治安案件的调查。

（1）发生在社会上的治安案件，由当地公安派出所负责调查；

（2）发生在机关、团体、企业、事业单位内部的治安案件，由所在地公安机关负责调查，单位保卫组织进行协助调查；

（3）发生在铁路、交通、民航、林业系统内部以及车站、港口、码头、机场、林场、列车、轮船、飞机上的治安案件，由上述单位公安机关相当于公安派出所一级的基层组织负责调查，地方公安机关应当积极协助。

2. 情况复杂，危害影响较大的治安案件的调查。情况复杂，危害影响较大的治安案件，一般是指连续发生在同一地区、系统、单位的同类案件，或者显系同一作案人（或同一伙作案人）作案的连续案件，或者是久查未破、影响较坏的案件，以及其他情况复杂、危害较大的治安案件等。

由于此类案件相对于一般治安案件来说，情况复杂，影响面大，有的需要并案调查，调查时往往需要较多的警力、物力和财力，对办案人员的业务、法律及政策水平要求较高，有时还可能需要几个部门或单位协调行动，联合调查。因此，此类案件一般由县一级的公安机关的治安主管部门负责调查；也可由治安主管部门指定一个或几个派出所并联合单位保卫组织进行共同调查。

具体到直接办案的调查人员，实践中一般是根据民警的治安辖区（或警务区、管片、责任区）的划分负责制，在谁的辖区发案，就由负责该辖区的民警进行调查；或者由派出所成立的治安中队进行调查；特殊案件，由办案单位（科、所、队）负责人指派或组织专门力量进行调查。

3. 涉外治安案件的调查。涉外治安案件的调查由县一级的公安机关负责进行。

四、治安案件的证据

(一)证据的含义

公安机关查处治安案件要收集证据材料,在事实清楚、证据确凿、证据必须经过查证属实的基础上,才能作为定案的根据并作出处罚决定。证据,是指能够证明某事物的真实性的有关事实或材料。下图是案件事实形成证据过程示意图(见图3-1)。

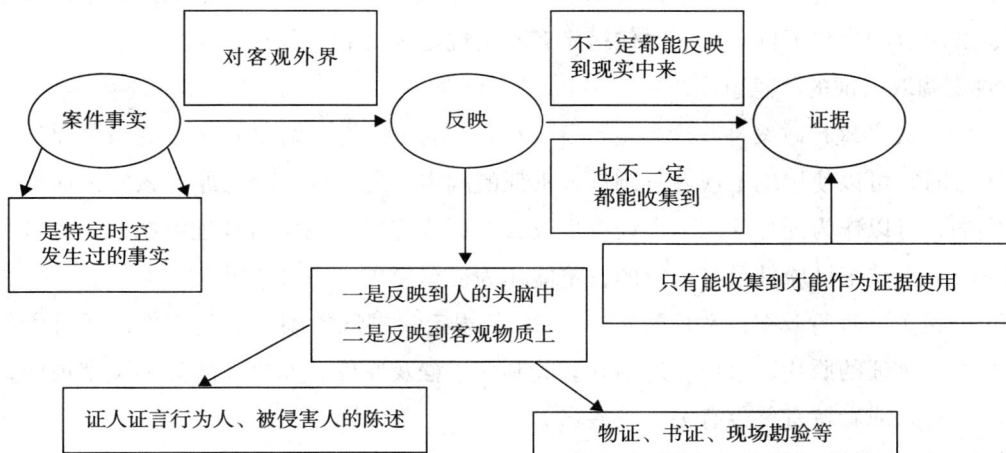

图3-1　案件事实形成证据过程示意图

注意:

1. 收集、认定证据的主体要合法。收集、认定证据是一种职权行为,要纳入证据的证明体系当中来方可证明。

2. 必须是法定的机关。不同阶段要由不同机关来收集、认定证据。

(二)治安案件证据的种类

根据有关的法律规定,主要是指《行政诉讼法》和公安部《公安机关办理行政案件程序规定》,尤其是《公安机关办理行政案件程序规定》第23条第1款规定了公安机关办理行政案件中证据的种类。我们知道,证据,是以法律规定的形式表现出来的能够证明案件真实情况,可以作为定案根据的一切事实。结合办案实践活动,用以查明治安案件真实情况的证据,通常有以下七种:

1. 物证。

(1)含义。物证,是指能够证明案件真实情况的物品和痕迹。物证是用物体的外部特征、物质属性、存在状态等来证明案件事实。物证可以是原物,但不要求必须是原物,也可以是复制品、照片等。物证的客观性较强,它是以其自身属性、特征或存在状况证明案件事实的物品和物质痕迹,如盗窃来的财物、作案工具,赌场上的赌资、赌具,吸食、注射毒品的器具,非法携带的弹簧刀、三棱刀等管制器具等,还有足迹、指纹等物质痕迹,以及故意损坏的公私财物等。物证在证明活动中不仅应用广泛,而且具有其他证据不能替代的作用。

(2)收集物证的注意事项。《公安机关办理行政案件程序规定》第26条规定,收集调取的物证应当是原物。在原物不便搬运、不易保存或者依法应当由有关部门保管、处理或者依法应当返还时，可以拍摄或者制作足以反映原物外形或者内容的照片、录像。物证的照片、录像，经与原物核实无误或者经鉴定证明为真实的，可以作为证据使用。

2. 书证。

（1）含义。书证，是指以文字、符号、图形等记载的内容，来表达人的思想或行为，其内容对案件的真实情况具有证明作用的证据，称为书证。

常见的书证有：伪造的证件、票证、侮辱、诽谤他人的信件、为干扰他人正常生活秩序而书写的恐吓信、被涂改的户口证件、旅店对住宿旅客不按规定登记的项目记载等。

（2）收集调取书证的注意事项。

① 《公安机关办理行政案件程序规定》第 27 条规定，收集、调取的书证应当是原件。在取得原件确有困难时，可以使用副本或者复制件。书证的副本、复制件，经与原件核实无误或者经鉴定证明为真实的，可以作为证据使用。书证有更改或者更改迹象不能作出合理解释的，或者书证的副本、复制件不能反映书证原件及其内容的，不能作为证据使用。

② 《公安机关办理行政案件程序规定》第 28 条规定，书证的副本、复制件，视听资料、电子数据的复制件，物证的照片、录像，应当附有关制作过程及原件、原物存放处的文字说明，并由制作人和物品持有人或者持有单位有关人员签名。

3. 被侵害人陈述和其他证人证言。

（1）含义。被侵害人陈述，是指治安案件中的被侵害人就自己所知道的案件情况和被侵害经过向公安机关所作的陈述。证人证言，是指了解案件情况的人，就其所了解的案件情况所作的口头或者书面陈述。

（2）收集被侵害人陈述的注意事项。由于受相关因素的影响和干扰，被侵害人的陈述，有时存在不真实、不准确、甚至虚假的情况。影响被侵害人陈述准确性的干扰因素，主要表现在以下几方面（见图 3－2）：

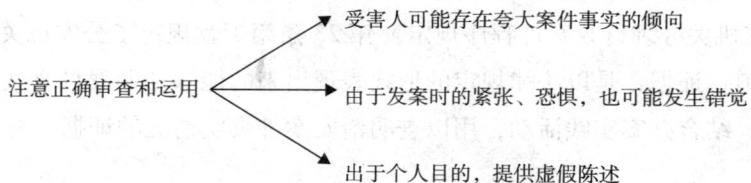

图 3－2　影响被侵害人陈述准确性的干扰因素示意图

（3）收集证人证言的注意事项。在通常情况下，证人证言一般由证人口头陈述，由办案人员作询问笔录。必要时可以要求证人出具书面证言，也可以由证人主动出具书面证言。考虑到证人有时可能会受到主观或客观条件的限制，影响其陈述案件情况的真实性和客观性，因此，对证人证言的收集和审查判断必须依照法定程序进行，只有经过查证属实后，方可作为定案依据。

4. 违法嫌疑人的陈述和申辩。

（1）含义：违法嫌疑人的陈述和申辩，是指违法嫌疑人就案件情况所作的陈述。他既包括违法嫌疑人承认自己违法行为的陈述，也包括违法嫌疑人说明自己没有违法行为的辩解。

（2）收集违法嫌疑人的陈述和申辩的注意事项。违法嫌疑人的陈述和申辩一般是口头的，由办案人员进行记录；也可以由违法嫌疑人亲自书写。违法嫌疑人的陈述和申辩在办理行政案件中具有重要作用，经查证核实，可以作为定案的根据。违法嫌疑人享有陈述和申辩的权利是法律赋予的权利，在整个办理行政案件过程中，公安机关都应当予以保障，对此，办案人员不得予以限制或者剥夺，更不能因违法嫌疑人提出陈述和申辩而加重对违法行为人的处罚。

5. 鉴定意见。

（1）含义。鉴定是公安机关在办理治安案件中，为了查明案情，解决案件中有争议的专门技术问题，指派或聘请具有专门知识的人进行的特定活动。治安案件中，需要作出鉴定意见的情况有：法医鉴定、司法精神病鉴定、痕迹检验鉴定、文检鉴定、涉案物品价格鉴定（估价）以及其他物品的检验鉴定。

（2）鉴定意见的注意事项。

①对经审查作为证据使用的鉴定意见，公安机关应当在收到鉴定意见之日起5日内将鉴定意见复印件送达违法嫌疑人和被侵害人。

违法嫌疑人或者被侵害人对鉴定意见有异议的，可以在3日内提出重新鉴定的申请，经公安机关审查批准后，进行重新鉴定。重新鉴定以一次为限。

重新鉴定，公安机关应当另行指派或者重新聘请鉴定人。

②当事人是否申请重新鉴定，不影响案件的正常办理。公安机关认为必要时，也可以直接决定进行重新鉴定。

③鉴定人对鉴定意见负责，不受任何机关、团体、企业、事业单位和个人的干涉。多人参加鉴定，对鉴定意见有不同意见的，应当注明（《公安机关办理行政案件程序规定》第80条）。

6. 勘验、检查、辨认笔录，现场笔录。

（1）含义。勘验、检查笔录，是指办案人员凭借自己感官的感觉作用，按照一定的要求，运用科学技术手段，对与案件有关的场所、物品和违法嫌疑人等进行勘验和检查时，所作的如实的文字记录、绘图、照片等证据资料的总称。

（2）注意事项。

①勘验、检查（现场）笔录，是办案人员依法制作的特殊书面材料，在表现形式上与书证相同，但又不同于书证。它是对客观事实的反映，能够证明案件的真实情况，是一种独立的证据。

②辨认笔录，是指为了查明案情，办案人民警察可以让违法嫌疑人、被侵害人或者其他证人对与违法行为有关的物品、场所或者违法嫌疑人进行辨认，对辨认经过和结果所制作的笔录。辨认笔录由办案人民警察和辨认人签名或者捺指印。

③现场笔录，应当在现场及时制作；制作完毕，应由执法人员和当事人签名或盖章。在可能的情况下还应有见证人签名或盖章（如当事人不到场的、醉酒或肇事处于昏迷状态的等。目的是保证笔录的客观性）。

7. 视听资料、电子数据。

（1）含义。视听资料，是指以录音、录像的方法录制的音像或图像等资料来证明案件真实情况的证明材料；电子数据，是指以电子计算机或者其他存储媒介所存储的信息来证明案件真实情况的证明材料。例如，安全防范系统，电视监控系统所获得的录音、录像资料，电子计算机中储存的有关违反治安管理行为人的既往违法犯罪信息资料，以及治安询问时的录音、录像等，都属于视听资料。

（2）注意事项。办理行政案件中，需要作出检测结论的情况主要有：毒品成分检测和交通警察进行的酒精度检测。（在对有吸毒嫌疑的人进行尿样检测时，如呈阳性可能吸毒；如呈阴性可以排除吸毒嫌疑）。

①这检测是对案件中某些专门性问题提出的客观理性意见，不是感性认识。

②检测人只就专门性问题发表意见，而不解决案件中的其他问题和法律问题，更不是对整个案件所作的结论性意见。

③初次检测费用由公安机关承担。

（三）收集证据时，常用的几种访问、询问方法及策略

在收集证据过程中，调查访问的对象，除大部分是与案件无利害关系的群众外，也夹杂着事后将被证明是违反治安管理行为的当事人、发案的责任人（如违反安全制度等），也有同违法行为人有所瓜葛的亲友等。因此，知情者在对提供线索的问题上，其所持的态度往往是各式各样的。那种"有问必答""答则必实"的想法，并非符合客观事实。所以说，调查取证工作是件难度较大的工作。但是如果我们的工作方法得当，又懂得对方的心理，更重要的是要用我们的真心和实际行动打动对方，那么我们的工作就会事半功倍。

结合治安案件查处的实际情况及多年的工作经验，现总结实用方法如下：

1. 择机：尽量避开对方为难的时间。如吃饭、睡觉、看戏等，还有会客等等。

2. 单访：对两个以上的知情者，不宜集中访问，应分别单访。其好处有二：一可打消其担心他人泄露其提供的情况；二可防止不正常的"雷同"。

3. 安慰：对处于啼哭、激动、心绪烦乱状态的被害人或其家属切忌急于发问。须先安慰、体贴，使其恢复理智之后，再慢慢发问。

4. 专问：参加访问的公安人员是两人，甚至多于两人时，切忌七嘴八舌的"打岔"，否则易引起对方思维紊乱，说错情况；但不排除，也需要记录的同志沿专门发问的同志"路子"适当地配合，以便侧重记录一些重要内容。

5. 搭桥：要有引导对方开口提供情况的艺术。先不谈正题，话题可先从天气、新闻、爱好、生活……聊起，先打消对方可能产生的"拘谨""恐惧"心理，对生人尤应注意。为谈正题布下这样一个序幕。

6. 语融：用词、用语要符合对方的身份、职业、爱好等特点。即所谓"共同语言"，以达融洽访问的气氛。

7. 诚朴：诚朴的态度，总会给人以信任感。以信任感唤起他的责任感，即使对方后来被证明是违法行为人，也体现了挽救、感化、帮助的方针，诚朴态度修养的养成并非易事。

8. 启发：切忌暗示、诱导。暗示，如某某很好或很坏；诱导，如某某穿的黑夹克吧？是不是3个人？是大连口音吧？……这样发问，易使对方迎合，上"诱导线"；但可启发，如发案那天是中秋节，是大连国际服装节开幕式的第二天……让对方联想，追忆。

9. 尊重：调查访问一般群众，不要因为他们无什么职务而态度傲慢、语言语气粗鲁，尊重其自尊心，他会有所感，从而有助访问效果。

10. 博听：在访问方法上，首先提大题目，如某某案件，不打断对方的话，留心博听，以观察他都知道哪些情况。"捞"完了底细后，再针对具体情况，采用一问一答的方式进行询问；假如一开始即采用一问一答的方式，则可能出现被访问对象还知道某情况，但我们没问到，使其以为我们不需要而作罢的情况。

11. 耐心：要想让知情者一下子把情况全部而真实地向我们提供，有时并非易事，一旦遇到有顾虑，想不起来或吞吞吐吐，甚至出尔反尔的情况时，要沉住气，要耐心。

12. 溯源：对方提供了情况后，记完盖印就走，以示全盘接受，这样做未免有点简单，有时会出错。应该问个究竟，即是目睹的？听说的？还是估计的？汇报和听取汇报时都应谈个究竟和问个究竟。

13. 扩线：访问结束时，有件非常重要的事是类似"还有谁知道"的话要问到，以扩大线索。须知，从一个陌生的现场和一两个知道点滴情况的人着手工作，到后来攒成有若干证人写的厚厚一部卷宗，就是靠"还有谁知道"之类的话来扩大的。

14. 善后：最后，还须强调对访问一事除办案机关外，不准向任何人泄露、串通。如系通过其组织找其访问的，对方若有问题，可酌情同其组织联系，这好说；若对方无问题，则应向其组织做笼统的说明，以免让人家背上不必要的"公安局挂号"的"包袱"。

第二节 治安询问

治安案件调查的目的是查清案件事实，获取证据，及时结案，为肯定或否定案情提供充分、准确的事实根据。

为实现、达到这一目的，办案单位和人员在法律允许的权限和范围内，通过开展各种调查，尽可能完整地再现案件发生的全过程，查明作案人实施危害行为的时间、地点、涉及的人员（作案人、被侵害人、知情人、关系人等）、动机、目的、情节、手段、作案工具、结果（包括人身伤害、财物损失等）等案件事实。

一、传唤

（一）含义

公安机关为查明案情，依法限令违反治安管理行为人，于指定时间到指定地点接受询问的一项法律措施。传唤分为口头传唤和传唤证传唤。

（二）种类

1. 口头传唤。

（1）口头传唤的条件：现场发现的违法嫌疑人。

（2）口头传唤的要求：将传唤的机关、理由、地点、期限通知违法嫌疑人家属；在《询问笔录》中注明违法嫌疑人到案经过、到达时间、离开时间和通知家属情况。

（3）口头传唤的流程（见图3-3）。

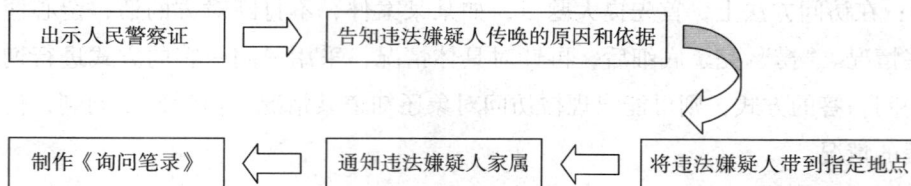

```
出示人民警察证  ⟹  告知违法嫌疑人传唤的原因和依据
                                            ⬇
制作《询问笔录》 ⟸ 通知违法嫌疑人家属 ⟸ 将违法嫌疑人带到指定地点
```

图3-3　口头传唤流程图

2. 传唤证传唤。

（1）传唤证传唤的条件：需要传唤违法嫌疑人接受调查的。

（2）传唤证传唤的要求：人民警察不得少于2人；违法嫌疑人被传唤到案后和询问查证结束后，应当由其在传唤证上填写到达和离开时间并签名。拒绝填写和签名的，办案人员应当在传唤证上注明；将传唤的机关、理由、地点、期限通知违法嫌疑人家属。

（3）注意事项：要求被侵害人、证人或者其他与案件有关的人到公安机关提供证言的，应当采用通知形式，不得传唤。

（4）传唤证传唤的流程（见图3-4）。

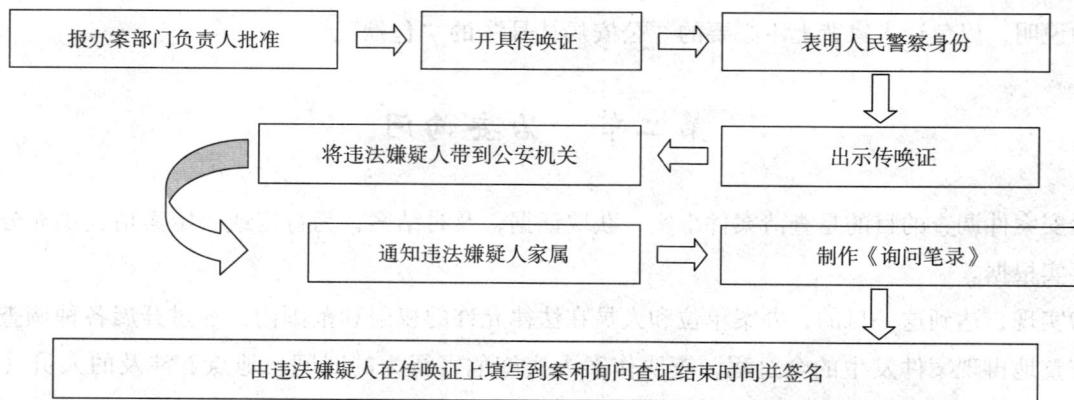

```
报办案部门负责人批准 ⟹ 开具传唤证 ⟹ 表明人民警察身份
                                            ⬇
将违法嫌疑人带到公安机关 ⟸ 出示传唤证
    ⬇
通知违法嫌疑人家属 ⟹ 制作《询问笔录》
                            ⬇
由违法嫌疑人在传唤证上填写到案和询问查证结束时间并签名
```

图3-4　传唤证传唤流程图

（三）法律依据

1. 《治安管理处罚法》。

第82条　需要传唤违反治安管理行为人接受调查的，经公安机关办案部门负责人批准，使用传唤证传唤。对现场发现的违反治安管理行为人，人民警察经出示工作证件，可以口头传唤，但应当在询问笔录中注明。

公安机关应当将传唤的原因和依据告知被传唤人。对无正当理由不接受传唤或者逃避传唤的人，可以强制传唤。

第 83 条 对违反治安管理行为人，公安机关传唤后应当及时询问查证，询问查证的时间不得超过 8 小时；情况复杂，依照本法规定可能适用行政拘留处罚的，询问查证的时间不得超过 24 小时。

公安机关应当及时将传唤的原因和处所通知被传唤人家属。

2. 《公安机关办理行政案件程序规定》。

第 43 条 实施行政强制措施应当遵守下列规定：

（1）实施前须依法向公安机关负责人报告并经批准；

（2）通知当事人到场，当场告知当事人采取行政强制措施的理由、依据以及当事人依法享有的权利、救济途径。当事人不到场的，邀请见证人到场，并在现场笔录中注明；

（3）听取当事人的陈述和申辩；

（4）制作现场笔录，由当事人和办案人民警察签名或者盖章，当事人拒绝的，在笔录中注明。当事人不在场的，由见证人和办案人民警察在笔录上签名或者盖章；

（5）实施限制公民人身自由的行政强制措施的，应当当场告知当事人家属实施强制措施的公安机关、理由、地点和期限；无法当场告知的，应当在实施强制措施后立即通过电话、短信、传真等方式通知；身份不明、拒不提供家属联系方式或者因自然灾害等不可抗力导致无法通知的，可以不予通知。告知、通知家属情况或者无法通知家属的原因应当在询问笔录中注明。

（6）法律、法规规定的其他程序。

检查时实施行政强制措施的，制作检查笔录，不再制作现场笔录。

第 52 条 询问违法嫌疑人，可以到违法嫌疑人住处或者单位进行，也可以将违法嫌疑人传唤到其所在市、县内的指定地点进行。

第 53 条 需要传唤违法嫌疑人接受调查的，经公安派出所、县级以上公安机关办案部门或者出入境边防检查机关负责人批准，使用传唤证传唤。对现场发现的违法嫌疑人，人民警察经出示工作证件，可以口头传唤，并在询问笔录中注明违法嫌疑人到案经过、到案时间和离开时间。

单位违反公安行政管理规定，需要传唤其直接负责的主管人员和其他直接责任人员的，适用前款规定。

对无正当理由不接受传唤或者逃避传唤的违反治安管理、消防安全管理、出境入境管理的嫌疑人以及法律规定可以强制传唤的其他违法嫌疑人，经公安派出所、县级以上公安机关办案部门或者出入境边防检查机关负责人批准，可以强制传唤。强制传唤时，可以依法使用手铐、警绳等约束性警械。

公安机关应当将传唤的原因和依据告知被传唤人，并通知其家属。公安机关通知被传唤人家属适用本规定第 43 条第 1 款第 5 项的规定。

第 54 条 使用传唤证传唤的，违法嫌疑人被传唤到案后和询问查证结束后，应当由其在传唤证上填写到案和离开时间并签名。拒绝填写或者签名的，办案人民警察应当在传唤证上注明。

第 55 条　对被传唤的违法嫌疑人，应当及时询问查证，询问查证的时间不得超过八小时；案情复杂，违法行为依法可能适用行政拘留处罚的，询问查证的时间不得超过 24 小时。

不得以连续传唤的形式变相拘禁违法嫌疑人。

二、治安询问

（一）盘查与继续盘问、讯问、询问的主要区别

1. 盘查包括盘问和检查两种行为，而其他三种行为只有"问"一种行为。

2. 盘查中的当场盘问与继续盘问在性质上并没有区别，但两者在约束力上、在实施对象上和一些程序上有着明显的不同。首先，是在盘问的时空上的不同，当场盘问是在发现违法犯罪嫌疑人的当时当地，而继续盘问在时间上最长可以达到 48 小时，地点则是在公安机关内。显然，继续盘问的强制约束力要强于当场盘问。其次，继续盘问的对象只能是经过当场盘问、检查后，认为有进一步审查必要的四种人。《公安机关适用继续盘问规定》第 44 条规定：本规定自 2004 年 10 月 1 日起施行，第 8 条规定：对有违法犯罪嫌疑的人员当场盘问、检查后，不能排除其违法犯罪嫌疑，且具有下列情形之一的，人民警察可以将其带至公安机关继续盘问：被害人、证人控告或者指认其有犯罪行为的；有正在实施违反治安管理或者犯罪行为嫌疑的；有违反治安管理或者犯罪嫌疑且身份不明的；携带的物品可能是违反治安管理或者犯罪的赃物的。最后，继续盘问应当制作继续盘问笔录，而当场盘问则不需要。

3. 《治安管理处罚法》规定，公安民警对违反治安管理行为人有权进行询问，取证时可以询问证人。《刑事诉讼法》规定，公安机关在侦查过程中，可以讯问犯罪嫌疑人，询问证人和被害人。从性质来看，盘查中的盘问和治安管理处罚程序中的询问都属于行政行为，刑事侦查过程中的讯问、询问则属于刑事诉讼活动；从对象来看，盘查中的盘问是针对形迹可疑的人以及有违法犯罪嫌疑的人进行的，治安管理处罚程序中的询问对象则是违反治安管理的人和证人，而刑事侦查过程中的讯问对象则是犯罪嫌疑人，询问对象是被害人和证人。

（二）继续盘问的相关规定

《人民警察法》第 9 条规定，对于符合四种情形之一的人员可以将其带回公安机关继续盘问（在实践中被称为"留置"、"留置盘问"）。为了保护被继续盘问人的合法权益，应当遵循公安部发布的，于 2004 年 10 月 1 日起施行的《公安机关适用继续盘问规定》。尤其应当注意：

1. 关于时限的规定。依据《公安机关适用继续盘问规定》第 11 条。

继续盘问的时限一般为 12 小时（填写《继续盘问审批表》报公安派出所负责人审批决定继续盘问 12 小时）。对于在 12 小时以内确实难以证实或者排除违法犯罪嫌疑的，可以延长至 24 小时（第 17 条　对符合本规定第 11 条所列条件，确有必要将继续盘问时限延长至 24 小时的，公安派出所应当填写《延长继续盘问时限审批表》，报县、市、旗公安局或者城市公安分局的值班负责人审批）；对于不讲真实姓名、住址、身份，而且在 24 小时以内仍然不能证实或者排除违法犯罪嫌疑的，还可以延长至 48 小时（符合本规定第 17 条　确有必要将继续盘问时限从 24 小时延长至 48 小

时的，公安派出所应当填写《延长继续盘问时限审批表》，报县、市、旗公安局或者城市公安分局的主管负责人审批）。

2. 对三种人继续盘问的特殊规定。

一般来说，继续盘问最长时限为 48 小时。《公安机关适用继续盘问规定》第 10 条规定，对符合本规定第 8 条所列条件，同时具有下列情形之一的人员，可以适用继续盘问，但必须在带至公安机关之时起的 4 小时以内盘问完毕，且不得送入候问室：一是怀孕或者正在哺乳自己不满 1 周岁婴儿的妇女；二是不满 16 周岁的未成年人；三是已满 70 周岁的老年人。

如果是在晚上 9 点至次日早上 7 点之间释放的，应当通知其家属或者监护人领回；对身份不明或者没有家属和监护人而无法通知的，应当护送至其住地。

3. 被盘问人的家属属于无独立生活能力等情形时的特别规定。

《公安机关适用继续盘问规定》第 15 条规定，被盘问人的家属为老年人、残疾人、精神病人、不满 16 周岁的未成年人或者其他没有独立生活能力的人，因公安机关实施继续盘问而使被盘问人的家属无人照顾的，公安机关应当通知其亲友予以照顾或者采取其他适当办法妥善安排，并将安排情况及时告知被盘问人。

如果没有履行该职责的，要追究有关责任人的责任，并依照《人民警察法》、《国家公务员暂行条例》和其他有关规定给予处分。如果构成犯罪的，还要依法追究直接责任人以及直接负责的主管人员的刑事责任。

（三）治安询问的概念

治安询问，是指公安机关的办案人员为了查明治安案件事实真相，依法（依照法律赋予的职权，按照法定程序和法定时间）对作案人（违法嫌疑人）、被侵害人、证人等所进行的正面调查和了解活动。

（四）治安询问的法律规定和要求

1. 询问必须由办案人员进行且不得少于 2 人，并应当向被调查人员表明执法身份。同时，应当对违法嫌疑人进行安全检查。《公安机关办理行政案件程序规定》第 41 条规定："对查获或者到案的违法嫌疑人应当进行安全检查，发现违禁品或者管制器具、武器、易燃易爆等危险品以及与案件有关的需要作为证据的物品的，应当立即扣押；对违法嫌疑人随身携带的与案件无关的物品，应当按照有关规定予以登记、保管、退还。安全检查不需要开具检查证。"

2. 询问同案的违法嫌疑人，应当个别进行。

3. 公安机关负责人、办案人员等应当遵守回避的相关规定。

公安机关负责人、办案人员有下列情形之一的，应当回避，当事人及其法定代理人有权要求他们回避：

一是本案的当事人或者当事人的近亲属；二是本人或者其近亲属与本案有利害关系；三是本案的证人或者鉴定人；四是与本案当事人有其他关系，可能影响案件公正处理。

办案人员的回避，由本级公安机关负责人决定；公安机关负责人的回避，由上一级公安机关负责人决定。

4. 遵守询问查证的时间规定。

《治安管理处罚法》第 83 条规定，对违反治安管理行为人，公安机关传唤后应当及时询问查证，询问查证的时间不得超过 8 小时；情况复杂，依照本法规定可能适用行政拘留处罚的，询问查证的时间不得超过 24 小时。公安机关应当及时将传唤的原因和处所通知被传唤人家属。

5. 询问特殊行为主体的相关规定。

（1）询问不通晓当地通用的语言文字的违反治安管理行为人、被侵害人或者其他证人，应当配备翻译人员，并在笔录上注明。

（2）询问未成年人时，应当通知其父母或者其他监护人到场，其父母或者其他监护人不能到场的，也可以通知未成年人的其他成年亲属，所在学校、单位、居住地基层组织或者未成年人保护组织的代表到场，并将有关情况记录在案。确实无法通知或者通知后未到场的，应当在询问笔录中注明。

（3）询问聋哑的违反治安管理行为人、被侵害人或者其他证人，应当有通晓手语的人参加，并在询问笔录中注明被询问人的聋哑情况以及翻译人的姓名、住址、工作单位和联系方式。

（4）公安机关办理涉外行政案件，使用中华人民共和国通用的语言文字。对不通晓我国语言文字的，公安机关应当为其提供翻译；当事人通晓我国语言文字而不需要他人翻译的，应当出具书面声明。经公安机关批准，外国籍当事人可以自己聘请翻译，翻译费由其个人承担。

6. 首次询问违法嫌疑人（包括外国人）时应当问明相关情况（《公安机关办理行政案件程序规定》第 59 条）。

首次询问违法嫌疑人时，应当问明违法嫌疑人的姓名、出生日期、户籍所在地、现住址、身份证件种类及号码，是否曾受过刑事处罚或者行政拘留、劳动教养、收容教育、强制戒毒、收容教养等情况。必要时，还应当问明其家庭主要成员、工作单位、文化程度、民族、身体状况等情况。

违法嫌疑人为外国人的，首次询问时还应当问明其国籍、出入境证件种类及号码、签证种类、入境时间、入境事由等情况。必要时，还应当问明其在华关系人等情况。

7. 询问笔录应当交被询问人核对，对没有阅读能力的，应当向其宣读，在文字记录的同时，可以根据需要录音、录像（《公安机关办理行政案件程序规定》第 63 条）。

询问笔录应当交被询问人核对，对没有阅读能力的，应当向其宣读。记录有误或者遗漏的，应当允许被询问人更正或者补充，并要求其在修改处捺指印。被询问人确认笔录无误后，应当在询问笔录上逐页签名或者捺指印。拒绝签名和捺指印的，办案人民警察应当在询问笔录中注明。

办案人民警察、翻译人员应当在询问笔录上签名。

询问时，在文字记录的同时，可以根据需要录音、录像。

8. 违法嫌疑人（被侵害人或者其他证人）请求自行提供书面材料的，应当准许（《公安机关办理行政案件程序规定》第 64 条）。

违法嫌疑人、被侵害人或者其他证人请求自行提供书面材料的，应当准许。必要时，办案人民警察也可以要求违法嫌疑人、被侵害人或者其他证人自行书写。违法嫌疑人、被侵害人或者其他证人应当在其提供的书面材料的末页上签名。办案人民警察收到书面材料后，应当在首页右上方写明收到日期，并签名。

9. 认真听取违法嫌疑人的陈述和申辩并应当认真核查（《公安机关办理行政案件程序规定》第65条）。

询问违法嫌疑人时，应当认真听取违法嫌疑人的陈述和申辩。对违法嫌疑人的陈述和申辩，应当认真核查。

10. 依法做好询问违法嫌疑人的地点选择（《公安机关办理行政案件程序规定》第52条、57条，《治安管理处罚法》没有规定）。

公安机关询问违法嫌疑人，可以到违法嫌疑人住处或者单位进行，也可以将违法嫌疑人传唤到其所在市、县内的指定地点进行。

询问违法嫌疑人，应当在公安机关的办案场所进行。

询问查证期间应当保证违法嫌疑人的饮食和必要的休息时间，并在询问笔录中注明。

在询问查证的间隙期间，可以将违法嫌疑人送入候问室，并按照候问室的管理规定执行。

《治安管理处罚法》第85条与《公安机关办理行政案件程序规定》第66条规定：询问被侵害人、其他证人或者其他与案件有关的人，可以在现场进行，也可以到其单位、学校、住所、其居住地居（村）民委员会或者其提出的地点进行。必要时，也可以书面、电话或者当场通知其到公安机关提供证言。

在现场询问的，办案人民警察应当出示工作证件。

11. 应当制作治安询问笔录。

（1）治安询问笔录的概念。治安询问笔录是公安机关的治安案件办案人员问话和违反治安管理行为人答话的完整文字记载，是询问情况和过程的客观反映，经过核实的询问笔录具有法律效力，是定案的证据之一。

（2）治安询问笔录的制作。应当问明违法嫌疑人的基本情况：应当问明违法嫌疑人的姓名、出生日期、户籍所在地、现住址、身份证件号码、工作单位、文化程度等情况。必要时，还应当问明家庭主要成员、是否曾受过刑事处罚或者行政拘留处罚以及劳动教养、收容教育、强制戒毒、收容教养等情况。

违法嫌疑人为外国人的，询问时还应当问明其国籍、出入境证件种类及号码、签证种类、入境时间、入境事由等有关情况。必要时，还应当问明在华关系人等情况。

应当告知其对办案人员的提问有如实回答的义务以及对与本案无关的问题有拒绝回答的权利；询问笔录应当交给违法嫌疑人核对或者向其宣读；记载有遗漏或者差错的，被询问人可以提出补充或者更正。被询问人确认笔录无误后，应当签名并捺指印，询问的人民警察也应当在笔录上签名。询问违法嫌疑人，在文字记录的同时，可以根据需要录音、录像；被询问人要求就被询问事项自行提供书面材料的，应当准许；必要时，人民警察也可以要求被询问人自行书写。询问时，应当认真听取违法嫌疑人的陈述和申辩，对违法嫌疑人的陈述和申辩，应当认真核查。

第三节　检　查

一、概述

(一) 检查的概念

检查，是指公安机关为了查明案情，依法对与违反治安管理行为有关的场所、物品、人身进行实地查看、寻找、检验，以发现和收集有关证据的一种强制性调查活动。

对与违反治安管理行为有关的场所、物品、人身进行检查，是公安机关调查违反治安管理行为、收集证据的一种基本调查手段。对此，《治安管理处罚法》第87条、第88条作了明确规定。

(二) 检查的流程

实际办案工作中，需要运用检查这种方法收集证据时，必须履行完整的检查手续，然后才能进行检查。检查的主要流程（见图3-5）。

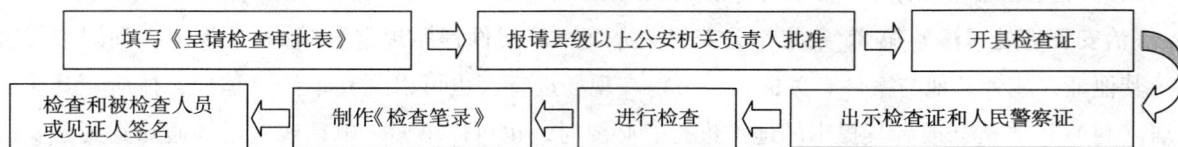

填写《呈请检查审批表》 ⇒ 报请县级以上公安机关负责人批准 ⇒ 开具检查证

检查和被检查人员或见证人签名 ⇐ 制作《检查笔录》 ⇐ 进行检查 ⇐ 出示检查证和人民警察证

图3-5　检查流程图

(三) 检查应当遵守的规定

1. 检查权的适用对象只能是与违反治安管理行为有关的场所、物品、人身。即与违反治安管理行为有关的场所、物品、人身。对与违反治安管理行为无关的场所、物品、人身，则不得检查。与违反治安管理行为有关的场所，是指实施违反治安管理行为的现场、现场周边以及其他可能留有或者隐藏违反治安管理行为的证据的地方，如违反治安管理行为人的住所或者其他可能隐藏违反治安管理行为人或者证据的场所。与违反治安管理行为有关的物品，是指用于违反治安管理行为的工具、违反治安管理的赃物、现场遗留物等，包括违反治安管理行为人随身携带的物品。与违反治安管理行为有关的人身，是指违反治安管理行为人或者被侵害人的身体。通常人身检查的目的主要有两个方面：一是为了检查与违反治安管理行为有关的人身上是否藏有违禁品、枪支、凶器、赃款、赃物等；二是为了确定与违反治安管理行为有关的人的某些身体特征、伤害情况、生理状态等。

2. 行使检查权的执法主体，必须是公安机关的人民警察，且不得少于两人。必须是公安机关的人民警察，且不得少于两人。法律之所以如此规定，既能够保护被检查人的合法权益，防止检查人员违法行使甚至滥用检查权，也能够让执行检查任务的人民警察之间互相监督，并且能够保护人民警察的合法权益和人身安全，防止被检查人诬告陷害或者伤害检查人员。实践中，不具有人民警察身份的人员，如治安员、联防队员、协勤员等，一律不得替代人民警察行使检查职责。

3. 应当出示人民警察的工作证件和县级以上人民政府公安机关开具的检查证明文件。一般情况下，公安机关人民警察对与违反治安管理行为有关的场所、物品和人身进行检查时，应当出示人民警察的工作证件和县级以上人民政府公安机关开具的检查证明文件。"检查证明文件"，即为检查证。检查时，只要出示工作证件和检查证即可，无须向被检查人、被检查物品的持有人、被检查场所的管理人员送达检查证，但是应当向被检查人说明检查的原因、内容和法律依据。

在实践中，人民警察对与违反治安管理行为有关的场所、物品、人身进行检查时，需出具其所属的公安机关开具的检查证，无须上级公安机关开具检查证。例如，公安派出所和县级公安机关办案部门执行检查任务时，应当出具所属的县级人民政府公安机关开具的检查证。铁路、交通、民航、森林公安派出所和相当于县一级的铁路、交通、民航、森林公安机关的办案部门执行检查任务时，可以出具其所属的相当于县一级的铁路、交通、民航、森林公安机关开具的检查证。

4. 当场检查的对象一般是除公民住所以外的场所、物品和人身，而且是确有必要立即进行检查的并在人民警察经出示工作证件后，可以当场检查。

5. 检查公民住所一般情况下必须出示人民警察工作证件和县级以上人民政府公安机关开具的检查证明文件，极特殊情况除外。

《宪法》第 39 条明确规定："中华人民共和国公民的住宅不受侵犯。禁止非法搜查或者非法侵入公民的住宅。"为了保护公民的住宅不受非法搜查和侵入，体现对公民基本生活权利的尊重，同时也考虑到违反治安管理行为的社会危害性不大，《治安管理处罚法》明确规定，检查公民住所的，必须出示检查证。也就是说，需要对公民的住所进行检查时，无论在什么情况下，都必须出示人民警察工作证件和县级以上人民政府公安机关开具的检查证。没有检查证或者不出示人民警察的工作证件，任何人都不得对公民的住所进行检查，公民也有权拒绝。

6. 检查妇女的身体，应当由女性工作人员进行。人格权和人格尊严是公民的基本权利，检查人身特别是妇女的人身时，不得采用有辱人格的检查方式。被检查人为女性的，必须由女性工作人员进行。考虑到公安机关女性人民警察较少，有的公安派出所甚至连一名女民警也没有的现实，如果一律要求由女人民警察进行检查，实践中难以做到。因此，法律规定，检查妇女的身体由女性工作人员进行检查。这里的女性工作人员，不仅包括公安机关的女性人民警察及其聘用、雇用的女性工作人员，也包括为了实施检查而临时借用的女性医务工作者或者其他女性工作人员。例如，根据全国人民代表大会常务委员会《关于严禁卖淫嫖娼的决定》规定，对卖淫嫖娼人员要一律强制进行性病检查。因此，对女性卖淫人员进行性病检查，必须由女性医务人员进行。

7. 应当注意避免对被检查物品造成不必要的损坏，应当有被检查人或者其他见证人在场（《公安机关办理行政案件程序规定》第 70 条）。检查场所或者物品时，应当注意避免对被检查物品造成不必要的损坏；检查场所时，应当有被检查人或者其他见证人在场。

8. 应当制作检查笔录。检查的情况应当制作检查笔录，由检查人、被检查人或者见证人签名；被检查人不在场或者拒绝签名的。人民警察应当在笔录上注明。

（四）当场检查的法律规定

除应遵守检查的一般法律规定外，还必须遵守下列特别规定：

1. 对象一般是除公民住所以外的场所、物品和人身。对与违反治安管理行为有关的场所、物品、人身确有必要立即进行检查的，人民警察经出示工作证件后，可以当场检查。

2. 确有必要立即进行检查的。确有必要立即进行检查的，主要是指有需要立即进行检查的紧急情况，如果不立即检查，就有可能导致证据被转移、毁灭或者违反治安管理行为人逃脱等情况发生，从而贻误战机，影响案件调查工作的顺利开展。如人民警察在执法执勤中发现的有违法犯罪嫌疑的人员，或者在110接处警时需要对有关场所、物品、人身进行立即检查的，等等。那些有计划或已部署进行的检查，不在其列，应当按照规定，出示人民警察工作证件和县级以上人民政府公安机关开具的检查证。当然，实践中可由办案人民警察根据当时的情形、案件调查工作的需要等情况综合判断是否"确有必要立即进行检查"，但必须遵循合法、合理、必要的原则进行。

3. 特殊情况下可以当场检查公民住所（《公安机关办理行政案件程序规定》第68条）。检查公民住所必须持有县级以上公安机关开具的检查证。但是，有证据表明或者有群众报警公民住所内正在发生危害公共安全或者公民人身安全的案（事）件，或者违法存放危险物质，不立即检查可能对公共安全或者公民人身、财产安全造成重大危害的，人民警察经出示工作证件，可以立即检查。

4. 人民警察经出示工作证件后，可以当场检查。

5. 应当制作检查笔录。检查的情况应当制作检查笔录，由检查人、被检查人或者见证人签名；被检查人不在场或者拒绝签名的，人民警察应当在笔录上注明。

（五）检查带有强制性

公安机关人民警察依法对与违反治安管理行为有关的场所、物品、人身进行检查，带有法律上的强制性，当事人负有积极配合的义务，不得拒绝和阻挠。当事人拒绝检查的，人民警察可以进行强制检查。阻碍人民警察检查的，可以依照《治安管理处罚法》第50条的规定予以治安管理处罚，使用暴力、威胁方法构成犯罪的，依法追究刑事责任。

（六）《治安管理处罚法》规定的检查与公安机关日常工作中治安检查的区别

根据《人民警察法》的规定，公安机关承担着消防监督、管理特种行业、管理危险物品，指导和监督国家机关、社会团体、企业事业组织和重点建设工程的治安保卫工作，指导治安保卫委员会等群众性组织的治安防范工作，对相关单位进行治安检查是公安机关日常工作的一部分。《公安派出所执法执勤工作规范》对治安检查的具体内容和要求作了明确规定。上述治安检查与治安管理处罚法规定的检查在目的、对象、内容等方面都存在不同。

1. 检查目的不同。处罚法规定的检查，其目的是为了调查治安案件、收集证据。日常治安检查的目的是为了检查有关场所是否违反安全制度、安全设施是否符合规定、安全保卫人员是否到位、是否存在治安隐患、单位内部治安秩序如何、有无违法犯罪等情况。

2. 检查的对象不同。处罚法规定的检查对象是与违反治安管理行为有关的场所（包括公民住所）、物品、人身。日常治安检查的对象主要是公共娱乐服务场所、特种行业及企业事业单位。

3. 检查内容不同。处罚法规定的检查，主要是收集与违反治安管理行为有关的证据。日常治安检查的基本内容主要是房屋建筑的出入口、紧急通道畅通情况，安全指示、警示标志设置情况，防盗设施安装情况，易燃易爆物品存放情况，配备治安保卫、保安人员情况，安全防范规章制度建立落实情况，治安秩序情况，有无违法犯罪活动等。

4. 检查的时效性不同。处罚法规定的检查是临时的，发生了违反治安管理行为，为了调查案件、收集证据，才对相关的场所、物品、人身进行检查。日常治安检查是日常工作，对行业、场所、单位的检查每月不得少于一次，对有上级通报、群众反映的问题要随时检查。

5. 检查程序不同。处罚法规定的检查，一般情况下，须出示人民警察工作证件和县级人民政府公安机关开具的检查证明文件。确有必要立即检查的，可以经出示人民警察工作证件后当场检查，但检查公民住所必须出示人民警察工作证件和县级人民政府公安机关开具的检查证明文件。日常治安检查仅须出示人民警察作证件或者其他执法检查证件，以表明身份，但对娱乐服务场所的检查，应当在公安派出所的统一安排下进行。

6. 执法主体不同。处罚法规定的检查，不得少于两名人民警察，检查妇女的身体，必须由女性工作人员进行。日常治安检查对执行检查的人民警察数量没有要求，但是对娱乐服务场所的检查必须由两名以上民警共同进行。

（七）处罚法规定的当场检查与人民警察法规定的当场检查的区别

二者都是公安机关调查案件、收集证据的手段，都是在一些特殊、紧急的情况下采取的，在执法程序上都是只需出示人民警察的工作证件，无须出示检查证明文件。但是，二者也存在区别。

1. 适用对象不同。处罚法规定的当场检查适用于与违反治安管理行为有关的场所（也包括住所）、物品和人身。人民警察法规定的当场检查仅限于公安机关人民警察在执行巡逻执勤、维护公共场所秩序、现场调查、追捕逃犯、侦查案件等执法执勤活动中，对发现的有违法犯罪嫌疑的人员，可以在发现违法犯罪嫌疑人的现场对其人身及有关物品进行检查，不能对场所进行当场检查。

2. 法律后果不同。处罚法规定的当场检查只是调查案件、收集证据的活动。人民警察法规定的当场盘问、检查除了有上述作用以外，还是依法对有违法犯罪嫌疑的人员适用继续盘问的前提条件。

3. 法律文书不同。处罚法规定的当场检查的情况，应当依据本法的规定制作检查笔录。而人民警察法规定的当场检查，如果已排除被当场盘问、检查人的违法犯罪嫌疑的，则无须制作相关的文书。但是，对于符合继续盘问适用条件而被依法适用继续盘问的，当场盘问、检查后，应当依法制作《当场盘问检查笔录》，在笔录中载明当场检查的具体情况。

第四节　辨　认

一、概念

辨认，是指为了查明案情，在办案人员控制下，可以让违法嫌疑人、被侵害人或者其他证人对与违法行为有关的物品、场所或者违法嫌疑人进行的辨认。

二、辨认的基本要求

1. 多名辨认人对同一辨认对象或者一名辨认人对多名辨认对象进行辨认时，应当个别进行（《公安机关办理行政案件程序规定》第 87 条）。

2. 辨认时，应当将辨认对象混杂在特征相类似的其他对象中，不得给辨认人任何暗示。辨认违法嫌疑人时，被辨认的人数不得少于 7 人；对违法嫌疑人照片进行辨认的，不得少于 10 人的照片；辨认每一件物品时，混杂的同类物品不得少于 5 件。同一辨认人对与同一案件有关的辨认对象进行多组辨认的，不得重复使用陪衬照片或者陪衬人（《公安机关办理行政案件程序规定》第 88 条）。

3. 对违法嫌疑人的辨认，辨认人不愿意暴露身份的，可以在不暴露辨认人的情况下进行，办案人民警察应当为其保守秘密（《公安机关办理行政案件程序规定》第 89 条）。

4. 辨认经过和结果，应当制作辨认笔录，由办案人民警察和辨认人签名或者捺指印。必要时，应当对辨认过程进行录音、录像（《公安机关办理行政案件程序规定》第 90 条）。

三、辨认的流程（见图 3 - 6）

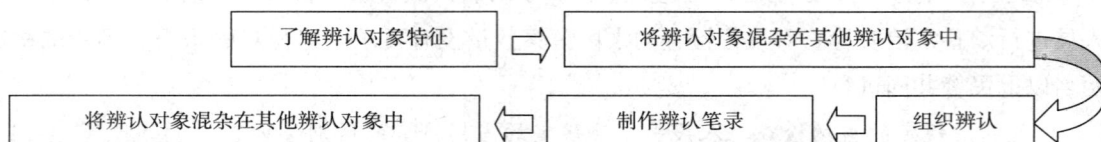

图 3 - 6　辨认的流程图

四、注意事项

1. 辨认前应当避免辨认人见到辨认对象。

2. 通知见证人到场，对辨认过程和结果予以见证。

3. 同一辨认人对同一案件有关的辨认对象进行多组辨认的，不得重复使用陪衬照片或者陪衬人。

4. 辨认人不愿意暴露身份的，对违法嫌疑人的辨认可以在不暴露辨认人的情况下进行，公安机关及其人民警察应当为其保守秘密。

5. 几名辨认人对同一辨认对象进行辨认时，应当由辨认人个别进行。

五、其他调查方法

如串并案调查、鉴定、检测、辨认、抽样取证、现场调查、追踪调查、摸底调查、秘密调查、模拟实验等。

六、法律依据

1.《行政处罚法》第 20 条、第 23 ~ 27 条、第 29 ~ 32 条、第 38 ~ 41 条。

2.《治安管理处罚法》第 12 ~ 14 条、第 16 条、第 18 ~ 22 条、第 91 ~ 97 条、第 99 条。

3.《禁毒法》第 62 条。

4.《出境入境管理法》第 70 条。

5.《公安机关办理行政案件程序规定》（2014 年 6 月 29 日公安部令第 132 号修订）第 33 条、第 130 ~ 151 条、第 160 条第 2 款。

6.《道路交通安全违法行为处理程序规定》（2008 年 12 月 20 日公安部令第 105 号修订）第 48 条。

7.《公安机关执行〈治安管理处罚法〉有关问题的解释》（公安部　公通字〔2006〕12 号）

第 3~5 条、第 11 条、第 12 条。

8.《公安机关执行〈治安管理处罚法〉有关问题的解释（二）》（公安部　公通字〔2007〕1号）第 1~4 条。

9.《关于如何执行〈治安管理处罚法〉第18条规定问题的批复》（公安部　公复字〔2010〕4号）。

10.《关于出入境边防检查机关办理行政案件程序有关问题的通知》（公安部　公境〔2013〕1501号）第 4 条。

11.《关于机关事业单位工作人员被采取刑事强制措施和受刑事处罚实行向所在单位告知制度的通知》（最高人民法院、最高人民检察院、公安部、国家安全部　高检会〔2015〕10号）。

第五节　治安案件调查取证相关文书

一、询问笔录

（一）询问笔录的样例

询问笔录

（第　次）

询问时间_____年___月___日___时___分至_____年___月___日___时___分

询问地点_____

询问人姓名及单位_____

记录员姓名及单位_____

被询问人_____　曾用名（别名、绰号）_____　性别_____

出生日期_____　民族（国籍）_____　文化程度_____　政治面貌_____

身份证件名称_____　号码_____

工作单位（职业、职务）_____

户籍所在地址_____

现住地址及电话_____

违法犯罪经历_____

是否具备阅读汉语能力_____　是否具备听、说汉语能力_____

是否怀孕或哺乳自己未满一周岁婴儿_____　是否限制行为能力_____

是否是人大代表、政协委员_____　是否患有严重疾病_____

口头传唤（群众扭送、主动投案）的被询问人___月___日___时___分到达，___月___日___时___分离开，本人签名确认：_____）。

第　页　共　页

_____（捺指印）

问：_____

答：_____

问：_____

答：_____

问：_____

答：_____

问：_____

答：_____

第　页　共　页

办案民警：　　　　　　　　　　　　　　　　　_____（捺指印）

年　月　日

（二）询问笔录（违法嫌疑人、被侵害人及证人）的制作

1. 适用条件。询问笔录，是办案民警询问违法嫌疑人、被侵害人及证人，记载询问经过时所使用的文书。询问笔录，应当全面、准确记录违法的经过和事实，着重记录违法的时间、地点、情节、后果及证据。有共同违法嫌疑人的，还应当记明共同违法嫌疑人的情况，以及各自在案件中所起的作用。

2. 填写要求。询问笔录为刑事行政公用文书，在办理行政案件时使用，应将涉及刑事案件的"讯问"、"讯问人"字样用笔划掉。

"姓名"是指户籍上注明的常用姓名，与案件有关的姓名，如曾用名、化名、笔名、绰号、网名等也应当注明。填写的姓名必须与调取的被询问人户籍信息上的姓名相一致，不允许出现错字、别字等书写错误。属外国籍或少数民族的人员，应当写明其汉语音译名，必要时，也可在汉语音译名后注明其使用的本国或本民族文字姓名。

身份证件种类及号码，应写明证件种类：居民身份证、护照、士兵证、军官证等，以及相应证件号码。

"询问人"栏应当由询问民警分别亲笔签名。

"记录人"栏应当由记录人亲笔签名。

"第　次"的横线处填写中文数字，"第　页"、"共　页"的横线处填写阿拉伯数字。

3. 注意事项。

（1）询问应当由两名以上人民警察进行。

（2）询问笔录属于叙述型文书，由首部、正文和尾部组成。正文是询问笔录的关键部分，采用问答形式记录。记录时，每段应当用"问"、"答"为句首开始，不能用问号（？）、冒号（：）等其他符号代替。对被询问人的回答内容以第一人称"我"来进行记录。在记录违法行为的事实时，要全面、客观不失原意地记录违法的经过与事实，重点记录违法的时间、地点、起因、情节、手段、

后果以及证据；违法过程中若有共同违法嫌疑人的，还应当记明每个人的情况，以及各自在案件中所处的地位与作用。

（3）询问笔录末尾应当由被询问人写明"以上笔录我看过，与我说的相符"。笔录中记录被询问人回答的内容有改动的，应当由被询问人在改动处捺指印确认。被询问人没有书写能力的，由办案民警代为书写"以上笔录我看过（向我宣读过），与我说的相符"，由其本人签名并捺指印。同时，被询问人应当对询问笔录逐页签名捺指印，其拒绝签名捺指印的，办案民警应在笔录上注明。

（4）询问时，人民警察应当告知被询问人依法享有的权利和承担的义务。告知被询问人权利和义务可以采取制作权利义务告知书方式或者直接在询问笔录中以问答方式予以体现。对当事人要求回避的，办案民警应当要求其提供具体的事实、理由和证据，在两日内作出是否同意的决定，并告知申请人。

（5）首次询问违法嫌疑人时，应当问明违法嫌疑人的姓名、出生日期、身份证件种类及号码、户籍所在地、现住址，是否为各级人民代表大会代表，是否受过刑事处罚或者行政拘留、收容教育、强制隔离戒毒、社区戒毒、收容教养等情况。必要时，还应当问明其家庭主要成员、工作单位、文化程度、民族、身体状况等情况。违法嫌疑人为外国人的，首次询问时还应当问明其国籍、出入境证件种类及号码、签证种类、入境时间、入境事由等情况。必要时，还应当问明其在华关系人等情况。

（6）询问笔录中还应当根据《公安机关办理行政案件程序规定》第43条第1款第5项、第53条第1款、第56条第1款、第57条第2款、第61条、第62条、第63条第1款和第2款等规定注明告知家属等情况。

①口头传唤的，应当由被传唤人在询问笔录首部"口头传唤事项"栏中亲笔填写到案时间、离开时间并签名，已确认询问查证时间和告知传唤理由、依据情形。

②询问查证时间需要延长至24小时的，按照要求在询问笔录尾页注明报批情况，并由审批领导签名，同时。写明审批时间（201×年×月×日×时×分）。询问未成年人时，应当通知其父母或者其他监护人到场。确实无法通知或通知后未到场的，办案民警应在笔录中注明相关情况，其他见证人到场见证的应在笔录尾页签名，以示询问的合法有效性。

③根据《公安机关办理行政案件程序规定》第57条"询问查证期间应当保证违法嫌疑人的饮食和必要的休息时间"的规定，可以采取"你先休息一下，我们一会儿再谈"或者"你先吃饭，吃完饭我们再谈"等方式在询问笔录中注明。

④询问笔录既要客观反映询问人员的问话和被询问人员的答话，又要客观、全面如实反映询问的策略与方法，以及被询问人喜怒哀乐的情绪、态度和思想反映。询问笔录可加附页，并按要求标明页码。

⑤必须在每页右下角处由被询问人签名并捺指印。

二、调取证据通知书

（一）调取证据通知书的样例

公安（分）局
调取证据通知书

公（治）调证字〔　　　〕　　　号：

_____：

　　根据《公安机关办理行政案件程序规定》第二十五条之规定，现调取与_____一案有关的下列证据：_____

_____。

　　伪造证据、隐匿证据或者毁灭证据的，将受法律追究。

公安机关（印）

年　　月　　日

（办案部门负责人）

年　　月　　日

证据持有人：

年　　月　　日

（二）调取证据通知书的填制

1. 适用条件。

（1）调取证据通知书，是公安机关向有关单位或者个人调取与案件有关的证据时使用的文书。

（2）该文书一式两份，一份交证据持有人，一份附卷，除附卷联外其他联无证据持有人签名等内容。

2. 填写制作要求。抬头部分横线处填写证据持有人的姓名或者单位名称。"下列证据："后面的横线处填写具体证据的名称。名称填写必须明确、具体、清楚，不许笼统填写证据的种类，例如"物证""书证""视听资料"等。

3. 注意事项。

（1）需要向有关单位和个人调取证据的，经公安机关办案部门负责人批准，开具《调取证据通知书》，被调取人应当在《调取证据通知书》上盖章或者签名，被调取人拒绝的，公安机关应当注明。必要时，公安机关应当采用录音、录像等方式固定证据内容及取证过程。

（2）公安机关向有关单位和个人调取证据时，应当告知其必须如实提供证据，并告知其伪造、隐匿、毁灭证据，提供虚假证词应当承担的法律责任。

（3）需要向有关单位和个人调取证据的，经公安机关办案部门负责人批准，开具《调取证据通知书》。《调取证据通知书》上应当加盖办案单位印章。

（4）被调取人应当在《调取证据通知书》上盖章或者签名，被调取人拒绝的，公安机关应当注明。必要时，公安机关应当采用录音、录像等方式固定证据内容及取证过程。

三、调取证据清单

（一）调取证据清单的样例

调取证据清单

编号	名称	数量	特征	备注

持有人	保管人	办案民警
		办案单位（印）
201×年×月×日	201×年×月×日	201×年×月×日

一式三份，一份交持有人，一份交保管人，一份附卷。

（二）调取证据清单的填制

1. 适用条件。

调取证据清单，是公安机关使用调取证据通知书调取到证据后，给证据持有人开具的清单。

2. 填写制作要求。

（1）填写《调取证据清单》表格中上述内容时，应当一项一格，格与格之间不允许留空格，如果填写完毕留有空格的，必须用画对角线的方式划去。空格不够的，可加附页，且附页也应加盖公安机关印章并由办案人民警察和证据持有人签名。

（2）填写清楚具体证据的名称、数量、特征，要准确、清楚；数量要用大写来表示。

（3）该文书一式三份，一份交持有人，一份交保管人，一份附卷。

3. 注意事项

（1）调取的物证应当是原物。在原物不便搬运、不易保存或者依法应当由有关部门保管、处理或者依法应当返还时，可以拍摄或者制作足以反映原物外形或者内容的照片、录像。物证的照片、录像，经与原物核实无误或者经鉴定证明为真实的，可以作为证据使用。

（2）调取的书证应当是原件。在取得原件确有困难时，可以使用副本或复制件。书证的副本、复制件，经与原件核实无误或者经鉴定证明为真实的，可以作为证据使用。书证有更改或者更改迹象不能作出合理解释的，或者书证的副本、复制件不能反映原件及其内容的，不能作为证据使用。书证的副本、复制件，视听资料、电子数据的复制件，物证的照片、录像，应当附有关制作过程及原件、原物存放处的文字说明，并由制作人和物品持有人或者持有单位有关人员签名。

四、鉴定聘请书

（一）鉴定聘请书的样例

公安（分）局
鉴定聘请书

公（治）鉴聘字〔201　　〕　　　号

＿＿＿＿＿＿＿＿：

　　为了查明＿＿＿＿＿＿＿＿＿＿＿＿＿＿＿＿＿＿＿一案，根据《公安机关办理行政案件程序规定》第七十二条之规定，特聘请你（单位）对＿＿＿＿＿＿＿＿＿＿＿＿＿＿＿＿＿＿＿＿＿进行鉴定。请于＿＿＿年＿＿＿月＿＿＿日前将书面鉴定意见送交我（分）局。

公安机关（印）

年　　月　　日

（部门负责人）

年　　月　　日

接收人：

年　　月　　日

一式两份，一份交被聘请人，一份附卷。

（二）鉴定聘请书的填制

1. 适用条件。鉴定聘请书，是公安机关为了查明案情，需要对案件中专门性技术问题进行鉴定时，聘请本公安机关以外的鉴定人时使用的文书。鉴定时有两种鉴定的方式：一是指派，二是聘请。要求公安机关内部有鉴定资格的人进行鉴定的，称指派，不需要制作《鉴定聘请书》；邀请公安机关以外的人员进行鉴定的称聘请，需要制作《鉴定聘请书》。

　　该文书一式两份，一份送交被聘情人（接收人），一份附卷。除附卷联以外，其他联内无审批意见和被聘情人（接收人）签字内容。

2. 填写制作要求。抬头部分横线处填写被聘请人的单位名称。办案部门负责人在附卷联审批意见栏目签批履行审批程序即可。"接收人"后由接收聘请书的人员签名，并加盖单位印章。

3. 注意事项。鉴定聘请书，是公安机关为了查明案情，需要对案件中专门性技术问题进行鉴定

— 145 —

时，聘请本公安机关以外的鉴定人时使用的文书。要求本公安机关内部有鉴定资格的人进行鉴定的，不使用《鉴定聘请书》。

第六节　治安案件的调查取证实训

一、实训内容

公安派出所调查取证程序、内容和方法，学会制作笔录。

1. 完成对治安案件的调查取证；

2. 填写相关文书，重点是学会制作笔录；

3. 形成实训小结，内容包括实训存在的问题及心得体会等。

二、情境设计

（一）殴打他人案件

1. 案件背景。

（1）加害方：丁某林，男，36 岁，身份证号码：610202××××××××2332，卯州市菜鸟驿站工作人员，位于圣克拉二期公建一楼。

（2）被害方：孙某宗，男，30 岁，身份证号码　610202××××××××2330，卯州市约言网吧网管，位于圣克拉二期公建二楼。

（3）基本案情：2017 年 8 月 20 日晚 19 点 16 分，双方当事人因纠纷出现争执，加害方丁某林将孙某宗打伤。因围观群众报案，民警发现孙某宗头部被打，口子很大，出血量较大。

（4）受案派出所：卯州市龙口派出所，办案民警为李警官和田警官。

2. 实训内容。

（1）违法嫌疑人丁某林询问笔录 1 份。

（2）被害人孙某宗检查笔录 1 份。

（3）地点：龙口派出所办案区。

3. 预设对话。

李警官对违法嫌疑人丁某林进行询问，民警田警官负责记录。

问：我们是卯州市龙口派出所派出所的侦查员（出示证件、证明文件），这是《行政案件权利义务告知书》，你看一下，是否看明白？

答：我看明白了。

问：如果没有问题，请在《行政案件权利义务告知书》上签名，捺指印。

答：好的。

问：你是否完全理解告知书的内容？

答：我完全理解，并收好了告知书。

问：你是否要求办案人员回避？

答：我不要求。

问：你有什么要求？

答：没有。

问：你以前是否被公安机关处理过？

答：没有。

问：你是否有精神疾病或者其他类似的重大疾病？

答：都没有。

问：你是否是人大代表或者政协委员？

答：都不是。

问：你的个人简历？

答：……

问：你的家庭成员？

答：父亲…母亲…

问：你是否是中国共产党党员？

答：不是。

问：你是否有微信？

答：没有，上网都用 QQ。

问：你的 QQ 号码是多少？

答：……

问：根据《中华人民共和国治安管理处罚法》第 83 条的规定，应将你被传唤的原因和处所通知你家属，怎么联系？

答：不通知家里。

问：你知道警察为什么事给你带到派出所？

答：我知道，因为我把人打伤了。

民警开始对具体案情进行细致了解。

问：你还有什么补充吗？

答：没有了。

问：以上所说是否属实？

答：属实。

问：你看一下上述笔录，无异议签字捺指印。

答：好。

(二) 关于刘某嫖娼案

1. 基本案情。

2016 年 9 月 21 日晚 11 时许，刘某（男，1973 年 11 月 23 日出生，身份证号码为：220205 × ×

××××× 1415，无业，现住××市×××区建设路×号楼 1—2）在××市××洗浴中心的贵宾房内与一卖淫女发生性关系时，被××分局幸福路派出所执法民警（李警官、王警官）查获。此时，刘某的生殖器上还戴着安全套。刘某面对突如其来的执法民警，态度良好，当场表示"认罪（注：违法行为）认罚"。于是，被口头传唤到派出所，经过询问后，便在询问笔录上签上了"王五"的名字与家庭住址（×××区幸福路×号楼 1—2），并交上了 5000 元人民币（罚款）。

9 月 23 日，××市公安局×××分局经过审核，对交了罚款的"王五"下达《公安行政处罚决定书》时发现，"王五"的真实姓名是"刘某"，于是，办案民警让涉及此案的卖淫女对"刘某"进行秘密辨认，形成的《辨认笔录》上，卖淫女明确"9 月 21 日晚 11 时许与我发生性关系的就是他（刘某）"。（刘某）面对《辨认笔录》又称，当晚（9 月 21 日）形成的《询问笔录》是办案人员威逼引诱形成的，根本没有《公安行政处罚决定书》上的事实发生。

9 月 25 日，"刘某"向该市公安机关提起行政复议。

2. 实训内容。

以上述刘某嫖娼案例为背景材料，学会制作违法嫌疑人《治安询问笔录》。并对下列环节和内容进行实训：

（1）办案民警查处这一起治安案件过程中，哪些环节出现了违法情形？

（2）查处这类治安案件必不可少的程序有哪些？

（3）作为 1 名治安民警从中应吸取哪些教训？

3. 预设对话。

李警官对违法嫌疑人丁某林进行询问，民警田警官负责记录。

问：我们是卯州市龙口派出所派出所的侦查员（出示证件、证明文件），这是《行政案件权利义务告知书》，你看一下，是否看明白？

答：我看明白了。

问：如果没有问题，请在《行政案件权利义务告知书》上签名，捺指印。

答：好的。

问：你是否完全理解告知书的内容？

答：我完全理解，并收好了告知书。

问：你是否要求办案人员回避？

答：我不要求。

问：你有什么要求？

答：没有。

问：你以前是否被公安机关处理过？

答：没有。

问：你是否有精神疾病或者其他类似的重大疾病？

答：都没有。

问：你是否是人大代表或者政协委员？

答：都不是。

问：你的个人简历？

答：……

问：你的家庭成员？

答：父亲…母亲…

问：你是否是中国共产党党员？

答：不是。

问：你是否有微信？

答：没有，上网都用 QQ。

问：你的 QQ 号码是多少？

答：……

问：根据《中华人民共和国治安管理处罚法》第 83 条的规定，应将你被传唤的原因和处所通知你家属，怎么联系？

答：不通知家里。

问：你知道警察为什么事给你带到派出所？

答：我知道，因为我把人打伤了。

民警开始对具体案情进行细致了解。

问：你还有什么补充吗？

答：没有了。

问：以上所说是否属实？

答：属实。

问：你看一下上述笔录，无异议签字捺指印。

答：好。

三、实训组织

1. 学员课前预习。

（1）预习、回顾课堂关于治安案件调查取证的法律规定和所涉及的法律文书等相关知识要点。

（2）预习治安询问笔录制作的基本要求和规定。

2. 模拟演练。

（1）布置模拟现场，讲解演练案例。

教官课前准备好情景模拟，学生分为几组，分别扮演不同角色；之后，进行角色互换。同时，对学员进行知识要点提示。

（2）实训需要准备的相关文书即《治安询问笔录》，这是训练的重点。

（3）填写调查取证文书。

四、实训文书

实训一：（行政刑事通用）

询问/讯问笔录

第＿＿次

时间＿＿＿＿年＿＿月＿＿日＿＿时＿＿分至＿＿＿＿年＿＿月＿＿日＿＿时＿＿分

地点＿＿＿＿＿＿＿＿＿＿＿＿＿＿＿＿＿＿＿＿＿＿＿＿＿＿＿＿＿＿＿＿＿＿＿

询问/讯问人（签名）＿＿＿＿、＿＿＿＿ 工作单位＿＿＿＿＿＿＿＿＿＿＿＿＿＿＿

记录人（签名）＿＿＿＿＿ 工作单位＿＿＿＿＿＿＿＿＿＿＿＿＿＿＿＿＿＿＿

被询问/讯问人＿＿＿ 性别＿＿ 年龄＿＿ 出生日期＿＿＿＿＿＿＿＿＿＿＿＿

身份证件种类及号码＿＿＿＿＿＿＿＿＿＿＿＿＿＿＿＿＿＿＿＿＿＿＿＿＿＿＿

□是□否人大代表＿＿＿＿＿＿＿＿＿＿＿＿＿＿＿＿＿＿＿＿＿＿＿＿＿＿＿＿

现住址＿＿＿＿＿＿＿＿＿＿＿＿＿＿＿＿＿＿＿＿＿＿＿＿＿＿＿＿＿＿＿＿＿

联系方式＿＿＿＿＿＿＿＿＿＿＿＿＿＿＿＿＿＿＿＿＿＿＿＿＿＿＿＿＿＿＿＿

户籍所在地＿＿＿＿＿＿＿＿＿＿＿＿＿＿＿＿＿＿＿＿＿＿＿＿＿＿＿＿＿＿＿

（口头传唤/被扭送/自动投案的被询问/讯问人＿＿月＿＿日＿＿时＿＿分到达，＿＿月＿＿日＿＿时＿＿分离开，本人签名＿＿＿＿＿）。

问：我们是×××公安局的民警（出示证件），现依法对你进行询问。你应当如实回答我们的询问并协助调查，不得伪造、隐匿、毁灭证据，否则将承担法律责任。你有权对有关情况作陈述和申辩，有权就被询问事项自行提供书面材料，有权拒绝回答与案件无关的问题，有权提出对办案公安机关负责人、办案人员、鉴定人、翻译人的回避申请，有权核对询问笔录，对笔录记载有误或者遗漏之处提出更正或者补充意见。如果你回答的内容涉及国家秘密、商业秘密或者个人隐私，公安机关将予以保密。以上内容你是否已听清楚？

答：

问：你是否申请我们办案民警的回避？

答：

问：因你涉嫌殴打他人（或者：故意伤害），依据《治安管理处罚法》第82条第1款规定，对你传唤（或者：口头传唤）询问，你是否听清楚？

答：

问：因你涉嫌殴打他人（故意伤害）的违反治安管理行为的，被群众扭送至公安机关，你必须如实回答我们的提问，你是否听清楚？（选择）

答：

第 页 共 页

问：你今天主动到公安机关来说明情况，应当如实陈述，否则不能按法定的投案自首情节认定，你是否听清楚？（选择）

答：

问：因你涉嫌殴打他人（故意伤害）的违反治安管理行为，今天我们到你家（单位）来，依法向你询问有关情况，你必须如实回答，你是否听清楚？（选择）

答：

问：根据《治安管理处罚法》第83条第2款的规定，公安机关应当及时将传唤的原因和处所通知你的家属，请你提供家属的联系方式？

答：

问：因你被群众扭送到公安机关（主动到公安机关投案），公安机关需要将你到案的原因和住所及时通知你的家属，请你提供家属的联系方式？（选择）

答：

问：因你未满18周岁，属于未成年人，依法应当通知你的父母或其他监护人到场，故请你提供你的父母或其他监护人的联系方式〔或者：因你未满18周岁，属于未成年人，今天我们依法通知你的父亲×××（母亲×××、监护人×××、老师×××、见证人×××）到场参加询问，你是否听清楚？〕

答：

问：因你是聋哑人（不通晓汉语），故今天我们依法邀请×××（住址、工作单位、联系方式）作为你的语言翻译，对此你有何异议？是否提出对翻译人的回避申请？（选择）

答：

问：如实陈述一下案件发生的过程及相关情况？

答

问：你们发生争执、殴打的起因是什么？你为什么殴打对方？

答：

问：对方的姓名等基本情况或案发当时的衣着、体貌等特征？你及你方人员在案发现场的衣着、体貌特征？

答：

问：是谁先动手的，你是如何殴打对方的？是否使用工具？殴打的方式，殴打的部位？

答：

问：对方被你殴打后造成了什么伤害？你是怎么知道的？

答：

问：对方的伤害究竟是在什么情况下造成的？

答：

第　页　共　页

问：你们数人殴打对方，其他参与殴打人的具体殴打情况？

答：

问：你们共同殴打对方，事先是否经过商量？其他殴打人员是如何参与进来的？

答：

问：有哪些人员看到（知道）本案的过程情况？

答：

问：你还有什么要补充的？

答：

问：你以上讲的是否属实？

答：

问：你看以上笔录（或者：以上笔录内容读给你听过），是否与你所说的相符？

答：

办案民警：   被询问人：×××（同时捺指印）

201×年×月×日

第　页　共　页

调取证据清单

编号	名称	数量	特征	备注

持有人	保管人	办案民警
		办案单位（印）
201×年×月×日	201×年×月×日	201×年×月×日

一式三份，一份交持有人，一份交保管人，一份附卷。

实训二：检查笔录

市公安局　　区分局
_____笔录

时间_____年___月___日___时___分至_____年___月___日___时___分

地点_____

办案民警或者勘验、检查人姓名及工作单位_____

检查或者辨认对象_____

当事人/辨认人基本情况_____

_____

见证人基本情况_____

_____

事由和目的_____

过程和结果_____

_____

_____

_____

_____

_____

_____

_____

_____

_____

_____

_____

检查人　　　　　　　　　　　　　　　　　　　　年　　月　　日

当事人　　　　　　　　　　　　　　　　　　　　年　　月　　日

调取证据清单

编号	名称	数量	特征	备注

持有人	保管人	办案民警
		办案单位（印）
201×年×月×日	201×年×月×日	201×年×月×日

一式三份，一份交持有人，一份交保管人，一份附卷。

五、分享点评

1. 学员分享派出所治安调查取证中存在的问题及心得体会。

2. 教官点评治安调查取证程序及笔录填写情况。

六、实训考核标准和成绩

1. 考核方式：教官根据学员实训现场表现，按考核标准打分（见表 3 – 1）；

2. 成绩评定：按百分制评定成绩；

团队本阶段成绩为小组每位成员的平均分；

个人本阶段总成绩 = 个人本阶段平均成绩 ×0. 7 + 团队本阶段成绩 ×0. 3。

表 3－1　调查取证实训考核标准及成绩

一级指标	二级指标	评分标准				成绩
		5 分	3 分	1 分	0 分	
调查取证程序	1. 现场拍照取证（外围、违法）	现场拍照取证全面	仅对部分违法行为拍照	仅对外围拍照	未拍照	
	2. 采用多种方法进行调查取证	3 种及以上方法	2 种方法	1 种方法		
	3. 调查取证过程中，适用法律正确	实体和程序争取	实体和程序部分正确	实体或程序部分正确	未指出	
	4. 调查取证结束后反馈存在的问题	反馈全面	部分反馈		没有反馈	
警民关系	执法态度	严肃、认真、端庄、自然	认真　紧张	随意	恶劣、粗暴、野蛮	
	执法用语	文明、规范、无脏话	文明、无脏话		脏话	
合计		上述内容，每项满分为 5 分，共计 50 分。				
法律文书填写	《违法嫌疑人询问笔录》	共 20 分，要求：用蓝色或黑色钢笔或水性笔填写；填写规范、内容全面、准确，无错项、漏项；字迹工整，无错别字				
	《检查笔录》	共 20 分，要求：用蓝色或黑色钢笔或水性笔填写；填写规范、无错项、漏项；字迹工整，无错别字				
	文书逻辑关系	共 10 分，要求：文书内容无因果关系错误。				
合计	上述内容，共计 50 分。					
总计	调查取证综合实训总计 100 分满分。					

七、公安派出所调查取证实训小结

项目	内容
调查取证实训中存在的问题	
制作笔录实训中存在的问题	
心得体会	
对实训教学的建议	

任务四　办理治安案件的普通程序

[训练目标]

　　对《治安管理处罚法》《公安机关办理行政案件程序规定》等相关法律法规以及治安案件查处专业课程的学习，熟悉并掌握公安机关办理治安案件程序的相关规定，做到能够根据普通程序的规定办理行政案件；重点掌握普通程序的各个环节及实施，熟练掌握填制《治安案件受案登记表》等相关法律文书的各项目内容；基本具备对一般案件的治安询问、开展调查取证及依法结案、组卷等工作能力；强化学生动手操作的能力以便很好地适应治安案件查处岗位的实际需要。

第一节　普通程序概述

一、法定职责

　　1. 公安机关办理行政案件是保障执法机关依法办事、公正执法的重要方面。

　　2. 普通程序，是指公安机关除适用简易程序以外的治安案件，经过受案、调查取证、处罚前告知、听证（选择性程序）、审核与审批（内部程序）、作出处理决定、送达与执行等程序，依法作出处理决定的行政执法活动的全过程。

　　3. 公安机关办理行政案件普通程序主要包括：受案登记、接受证据清单、受案回执、询问笔录、通（告）知记录、检查笔录、现场检测报告、检测结果告知笔录、检测人员身份证明、处罚告知笔录以及其他需要保存的材料等。

　　4. 普通程序是公安机关处罚程序中最完整、适用最广泛的法定基本程序。

　　5. 查处违反《治安管理处罚法》规定的相关治安案件。

二、履行标准

　　1. 按照规定，合法合理地采用办理行政案件的方式、方法、步骤、顺序，在规定时限内办理案件。

　　2. 公安机关必须依法办事、公正执法。

　　3. 保障公民权利的重要途径，保证权力行使的合理性的有效措施，维护国家与社会的稳定有效条件。

4. 保证行政处罚结果符合实体公正和程序公正。公安机关行政案件普通程序中的任何一个环节不合法，都属于程序违法。没有程序的公正，就没有实体的公正。

三、工作重点

普通程序，是指公安机关除适用简易程序以外的治安案件，经过受案、调查取证、处罚前告知、听证（选择性程序）、审核与审批（内部程序）、作出处理决定、送达与执行等程序，依法作出处理决定的行政执法活动的全过程（见图4-1）。

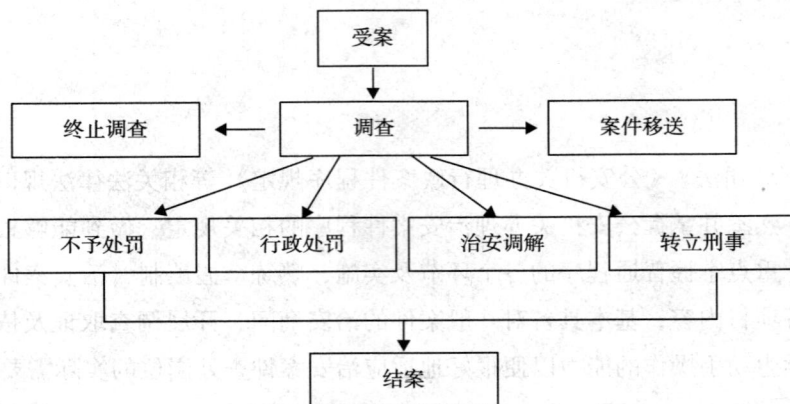

图4-1　普通程序简单流程图

1. 程序规范与实体规范有机结合。根据《公安机关办理行政案件程序规定》，公安机关端正执法思想，必须树立程序公正意识，坚持实体与程序并重的原则，严格、文明、公正执法。在执法过程中，严格按照法律程序的要求实行警务公开，建立权利告知和听证制度，向当事人公开办事程序。

2. 始终坚持"宣传教育在先，服务帮助到位，整改处罚适度"。一是在日常治安防范宣传中，加大宣传教育，避免治安案件频发，积极消除治安隐患。二是在处理治安案件过程中，避免因可用其他方式纠正解决的问题而给予治安处罚使个人和单位产生较大的损失。

第二节　普通程序流程

一、办理治安案件普通程序的流程（见图4-2）

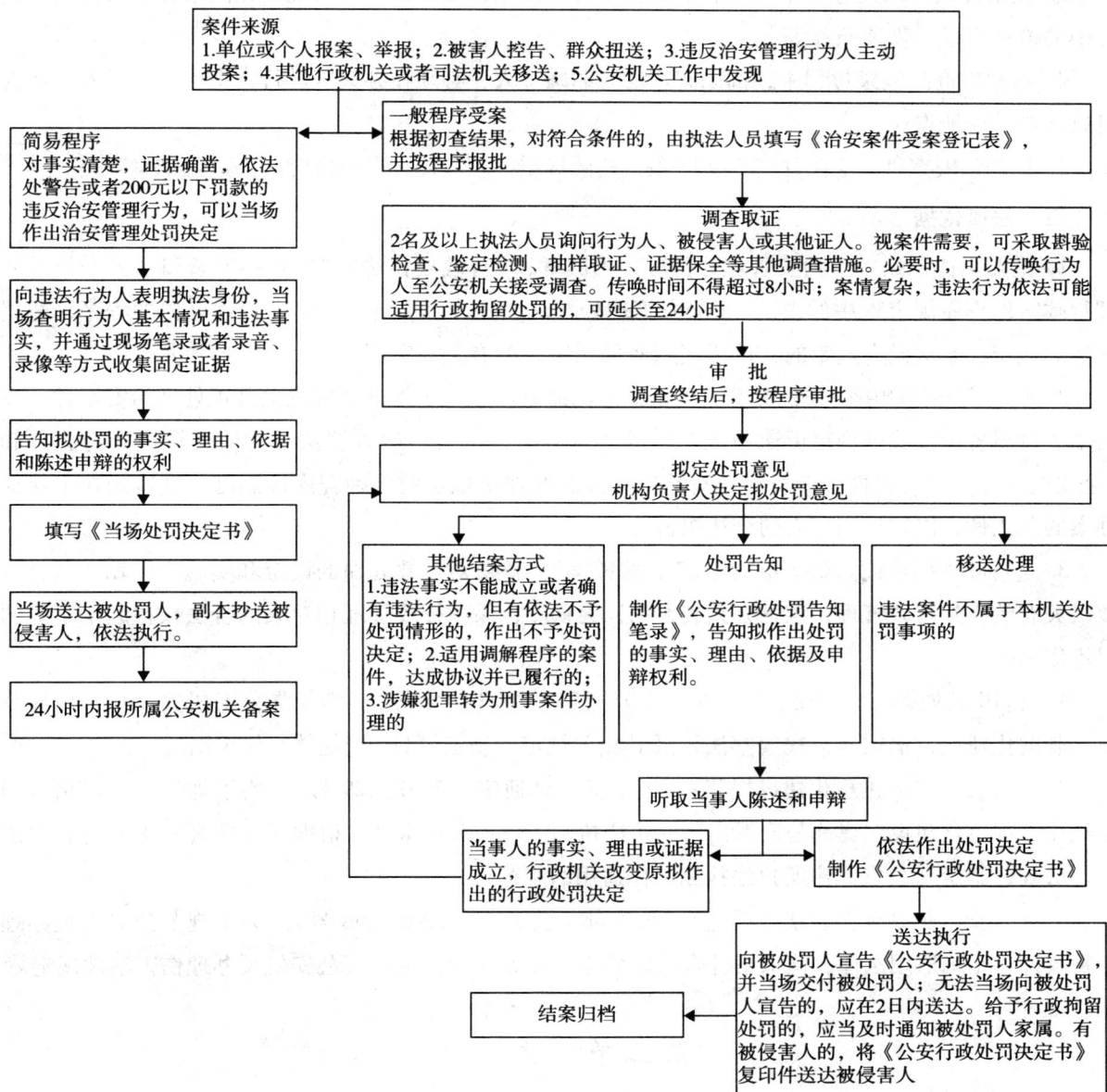

图4-2　普通程序完整流程示意图

二、注意事项

在治安案件办理过程中应主要注意以下事项：

1. 办理治安案件要求2名以上公安机关工作人员，如果检查女性身体，需要女性工作人员1

名。为提高检查效率，2人要提前分派好各自的任务角色，互相配合，避免缺项漏项。

2. 办理治安案件，一定要先仔细了解案情，判断是否符合受案范围。这样可以避免案件受理后，发现案件并不属于受案范围，造成不必要的麻烦。符合受案范围的治安案件，应及时将案情输入警务综合应用平台。

3. 在案件调查取证过程中，注意及时保全各种证据，如吸毒人员的现场检测报告、殴打他人案件中的检查笔录、物证照片等。

4. 在制作询问笔录过程中，询问有违法犯罪嫌疑人，必须在办案区进行，询问证人或者其他人可以选择其他地点。

5. 办理治安案件，必须注意办案时限，按照规定办理案件，在规定时间内进行结案归档。

三、法律依据

1. 主要法律依据是《治安管理处罚法》第四章、《行政处罚法》第36~41条和《公安机关办理行政案件程序规定》中的规定。《治安管理处罚法》第3条规定："治安管理处罚的程序，适用本法的规定；本法没有规定的，适用《行政处罚法》的有关规定。"

2. 治安案件只能由公安机关受案管辖，而回避制度是为了保证公安机关公正处理治安案件。在借鉴了世界各国及我国刑事诉讼中成功经验的基础上，由《行政处罚法》《治安管理处罚法》和《公安机关办理行政案件程序规定》对治安案件的办理所规定的一种程序性制度。其目的在于保证办案的公正性，以维护当事人的合法权益。

3. 《行政处罚法》（2009年8月27日修改案）。该法对行政处罚的设定和实施，保障和监督行政机关有效实施行政管理，维护公共利益和社会秩序，保护行政管理相对人的合法权益起了很好的促进作用。

4. 《110接处警工作规则》（公安部　公通字〔2003〕31号）。为加强公安机关110工作规范化、制度化建设，根据《人民警察法》及其相关规定，制定《110接处警工作规则》。

5. 《公安派出所正规化建设规范》（公安部　公通字〔2007〕29号）。为了加强公安派出所的正规化、规范化建设，提高公安派出所的执法执勤工作和服务水平，根据《人民警察法》等有关法律、法规，制定《公安派出所执法执勤工作适用的规范》。

6. 《公安机关办理伤害案件规定》（公安部　公通字〔2005〕98号）。为了规范公安机关办理伤害案件，正确适用法律，确保案件合法、公正、及时处理，制定《公安机关办理伤害案件规定》。

第三节　受　案

一、受理与登记

查处治安案件的第一道工序就是要对案件进行受理和登记。受案的前提是公安机关具有管辖权。《治安管理处罚法》第7条第1款规定：国务院公安部门负责全国的治安管理工作。县级以上地方各级人民政府公安机关负责本行政区域内的治安管理工作；第7条第2款规定：治安案件的管辖由国务院公安部门规定。

《公安机关办理行政案件程序规定》在第二章也对管辖问题作了具体规定。这就明确表明治安案件只能由公安机关受案管辖。

（一）治安案件受案的条件

公安机关对以下任何一种来源的案件都应当及时受理：报案、控告、举报、群众扭送或者违法嫌疑人投案的；110报警服务台指令的；其他行政主管部门、司法机关移送的。同时符合下列条件：

1. 有违反治安管理行为的事实或嫌疑存在。

2. 符合治安案件受案标准，需要给予行为人治安管理处罚。

3. 必须属于公安机关治安管理的职权、职责管辖范围。

（二）其他

1. 认真接待群众的报警案件。要冷静、热情、文明礼貌、问清、记全，并向领导汇报，填写《报警案件登记表》；必要时快速出警，及时制止并抓获现行。

2. 根据公安部制定印发的《公安机关现场执法视音频记录工作规定》，加强现场视音频使用管理。根据规定，充分配备相关仪器设备，公安机关接受群众报警或者110指令后处警、当场盘问检查、日常工作中发现的违反治安管理需当场处罚等六种现场执法活动，应当进行现场执法视音频记录。

3. 注意使用执法记录仪的起止时间：公安机关开展现场执法视音频记录时，应当对执法过程进行全程不间断记录，自到达现场开展执法活动时开始，至执法活动结束时停止；从现场带回违法犯罪嫌疑人的，应当记录至将违法犯罪嫌疑人带入公安机关执法办案场所办案区时停止。

4. 现场执法视音频资料的保存期限原则上应当不少于6个月。对于记录以下四类情形的现场执法视音频资料要永久保存：作为行政、刑事案件证据使用的；当事人或者现场其他人员有阻碍执法、妨害公务行为的；处置重大突发事件、群体性事件的；其他重大、疑难、复杂的警情。

而对具有"应当进行现场记录的执法活动未予记录，影响案（事）件处理或者造成其他不良影响的"、"剪接、删改、损毁、丢失现场执法视音频资料的"、"擅自对外提供或者公开发布现场执法视音频资料的"这三种情形之一的，应当依照有关规定，追究相关单位和人员的责任。

5. 转为刑事案件办理。经调查认为应当追究违法行为人刑事责任的，应当办理立案手续，转为刑事案件办理，并依照细则相关规定对行政案件予以结案。

6. 对无法区分刑事行政案件的办理。接受案件时，暂时无法确定为刑事案件或者行政案件的，可以按照行政案件程序办理。在办理过程中，认为涉嫌构成犯罪的，转为刑事案件办理，并依照细则相关规定对行政案件予以结案。

二、受案的程序

受案是公安机关办理治安案件的第一道法律程序，必须按照法律要求，认真、细致做好受案工作。受案环节的主要程序（见图4-3）。

```
                        ┌──────────────────┐
                        │       受案        │
                        └──────────────────┘
                                 │
                                 ▼
  ┌────────────────────────────────────────────────────────────────┐
  │ 查询本案违法嫌疑人有无其他违法犯罪行为，并作出相应处理          │
  └────────────────────────────────────────────────────────────────┘
                                 │
                                 ▼
  ┌────────────────────────────────────────────────────────────────┐
  │ 制作《受案登记表》，报领导审批（一般为办案部门负责人）          │
  └────────────────────────────────────────────────────────────────┘
                                 │
                                 ▼
  ┌────────────────────────────────────────────────────────────────┐
  │ 给报案人、控告人、举报人、扭送人开具《接受行政案件受案回执单》一式两份 │
  └────────────────────────────────────────────────────────────────┘
                                 │
                                 ▼
  ┌────────────────────────────────────────────────────────────────┐
  │ 对报案人、控告人、举报人、扭送人、投案人提供的证据材料、物品等进行登记，出具 │
  │ 《接受证据清单》一式三份                                        │
  └────────────────────────────────────────────────────────────────┘
                                 │
                                 ▼
  ┌────────────────────────────────────────────────────────────────┐
  │ 进行询问，制作《询问笔录》                                      │
  └────────────────────────────────────────────────────────────────┘
```

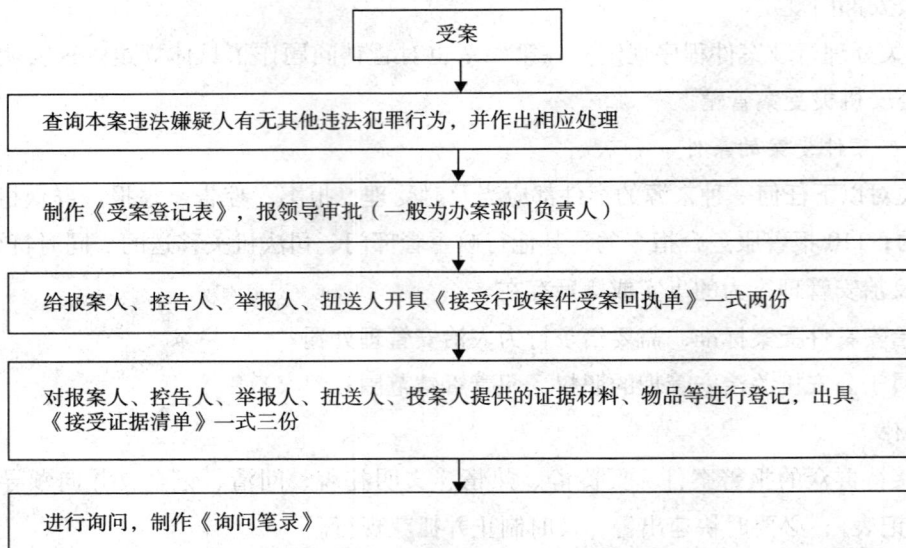

图 4 - 3　受案程序示意图

（一）制作《询问笔录》

对于报案、控告、举报、扭送或者违法嫌疑人投案的，都应当及时受理，问明情况，并制作笔录，经宣读无误或者报案人、控告人、举报人、扭送人、投案人阅读无误后，由其签名或者盖章。必要时可以录音、录像。

受理案件的民警，应当向控告人、举报人说明诬告应负的法律责任。报案人、控告人、举报人、扭送人如果不愿意公开自己姓名和报案行为的，应当为其保守秘密。以上情况，应当在笔录中注明。

（二）接受证据

受理案件的民警对报案人、控告人、举报人、扭送人提供的有关证据材料、物品等，应当登记，必要时拍照、录音、录像，并妥善保管。

（三）制作受案登记表

受理案件的民警应当制作受案登记表，记明以下内容：

1. 案件来源。填写工作中发现、报案、投案、移送、扭送等内容。

2. 报案人的基本情况。填写姓名、性别、单位、住址、联系电话等内容。

3. 简要案情。违法嫌疑人明确的，记明违法嫌疑人的姓名、性别、出生日期、现住址和工作单位等基本情况；违法嫌疑人是单位的，记明单位名称、地址和法定代表人；发案时间、地点、过程、后果及现状；有被侵害人的，记明被侵害人受害情况、损失物品及其数量、特征等要素。

4. 接报人。写明受案民警的姓名，并写明接报时间。

（四）制作《接受行政案件回执单》

公安机关接受案件时，应当制作《接受行政案件回执单》，交报案人、控告人、举报人、扭送人，并留存一份备查，需要报送其他单位备案的，按照有关规定执行。回执单中应当填明受案单位名称、受案民警姓名以及相关电话号码，以便报案人了解受案情况，监督受案单位的工作进展情况。

对其他行政主管部门、司法机关移送的案件，应当在《移送案件通知书》等文书或者其他送达回执上签收，不必制作《接受行政案件回执单》。

对明显不属于公安机关职责范围的报案事项，应当立即告知报案人向其他有关主管机关报案。对重复报案、案件正在办理或者已经办结的，应当向报案人作出解释，不再重复接报案登记。

（五）现场处置

1. 对需要立即赶赴现场处置的，或者110报警服务台指令赶赴现场处置的，应当尽快到达现场，依法、稳妥、果断处置。处警民警应当及时报告案件处理情况。

2. 需要进行现场处置的，依照《公安机关执法细则》（第三版）第十章有关规定执行。需要勘验、检查现场的，依照本细则第十八章规定执行。

3. 现场处置完毕，应当依法将违法嫌疑人、有关人员、作为证据使用的物品和文件带回公安机关继续调查处理。对不能带回的物品，依照有关规定查封或者妥善看管。

4. 现场处置完毕后，应当在24小时内完成受案登记；符合受案条件的，依法及时受案。

5. 对现场处置的过程，应当依照细则相关规定进行视音频记录。

三、提出受案意见

1. 受理案件的民警应当对受案材料进行审查，在受案登记表中注明受案意见，报受案部门负责人审批

（1）对属于本单位管辖范围内的事项，应当及时调查处理。

（2）对属于公安机关职责范围，但不属于本单位管辖的，应当在受理后的24小时内移送有管辖权的单位处理，并告知报案人、控告人、举报人、扭送人、投案人。

（3）对不属于公安机关职责范围内的事项，书面告知报案人、控告人、举报人、扭送人、投案人向其他有关主管机关报案或者投案。对不属于公安机关职责范围内的事项，当场告知当事人不予调查处理，或者建议当事人向其他有关主管机关报案或者投案。当事人要求公安机关处理的，受理案件的民警应当在受案登记表中注明不予调查处理的意见。

公安机关接受案件时，应当制作《受案回执单》一式二份，一份交报案人、控告人、举报人、扭送人，一份附卷。

公安机关及其人民警察在日常执法执勤中发现的违法行为，适用第1款的规定。

2. 暂时无法确定为刑事案件或者行政案件的，可以按照行政案件办理。在办理过程中，认为涉嫌构成犯罪的，应当按照刑事案件办理。

3. 对审查中发现案件事实或者线索不明，必要时，经受案部门负责人批准，可以进行初查。初查过程中，可以依照有关法律和规定采取询问、查询、勘验、检查、鉴定和调取证据材料等不限制被调查对象人身、财产权利的措施。

4. 对行政执法机关移送的涉嫌违反治安管理的案件，审查发现移送材料不全、证据不充分的，

可以就证明有违法事实的相关证据要求等提出补充调查意见，商请移送案件的行政执法机关补充调查。必要时，公安机关可以自行调查。

5. 期限。受案后，应当立即进行受案审查。对违法事实清楚的案件，公安机关办案部门应当即受即办，不得推诿拖延。

（1）一般行政案件受案审查期限原则上不超过 24 小时，疑难复杂案件受案审查期限不超过 3 日。

（2）上级公安机关指定管辖或者书面通知受案的，应当在指定期限内受案调查处理。

（3）法律、法规、规章等对受案审查期限另有规定的，从其规定。

四、决定是否调查处理

办案部门负责人在受案登记表上签署处理意见。

1. 办案部门负责人批准调查处理的，依法进行调查，收集证据，作出处理，并将有关情况告知报案人、控告人、举报人、投案人。

2. 办案部门负责人决定不予调查处理的

（1）对有报案人、控告人、举报人、投案人的，及时告知其不予调查处理决定的意见，说明理由，并告知当事人向其他主管机关报案或者投案.

（2）对其他部门移送的案件，将不予调查处理决定的书面意见送达移送案件的部门签收，并说明理由。

（3）办案部门负责人批示移送案件的，依照移送案件规定办理。

3. 注意事项。决定不予受案后又发现新的事实证据，或者发现原认定事实错误，需要追究行政、刑事责任地的，应当及时受案立案处理。

五、移送案件

（一）移送案件的程序

对于不属于本单位管辖但应当由其他公安机关管辖的案件，办案部门负责人批准移送案件的，应当在受理后的 24 小时内，制作《移送案件通知书》，移送有管辖权的单位处理。《移送案件通知书》一式两份，一份送被移送单位，一份（回执）由被移送单位填写后退移送单位留存。有报案人、控告人、举报人、投案人的，应当将《移送案件通知书》复印一份，送报案人、控告人、举报人、投案人。

（二）移送案件前的注意事项

移送案件前，有必要采取紧急措施的，应当先采取紧急措施，然后再移送有管辖权的单位。属于公安机关职责范围但不属于本单位管辖的案件，具有下列情形之一的，受理案件或者发现案件的公安机关及其人民警察应当依法先行采取必要的强制措施或者其他处置措施，再移送有管辖权的单位处理：

1. 违法嫌疑人正在实施危害社会行为的。

2. 正在实施违法行为或者违法后即时被发现的现行犯被扭送至公安机关的。

3. 在逃的违法嫌疑人已被抓获或者被发现的。

4. 有人员伤亡，需要立即采取救治措施的。

5. 其他应当采取紧急措施的情形。

行政案件移送管辖的，询问查证时间和扣押等措施的期限重新计算。

六、信息录入与查询

1. 录入。将案件受理、处理情况依照有关规定录入执法办案信息系统或者数据库。

2. 查询。受理案件的民警应当查询本案违法嫌疑人有无其他违法犯罪行为，并作出相应处理。

七、法律依据

1.《行政处罚法》。

第 22 条：违法行为构成犯罪的，行政机关必须将案件移送司法机关，依法追究刑事责任。

2.《治安管理处罚法》

第 77 条：公安机关对报案、控告、举报或者违反治安管理行为人主动投案，以及其他行政主管部门、司法机关移送的违反治安管理案件，应当及时受理，并进行登记。

第 78 条：公安机关受理的报案、控告、举报、投案后，认为属于违反治安管理行为的，应当立即进行调查；认为不属于违反治安管理行为的，应当告知报案人、控告人、举报人、投案人，并说明理由。

3.《公安机关办理行政案件程序规定》。

第 47 条第 1 款：公安机关对报案、控告、举报、群众扭送或者违法嫌疑人投案，以及其他行政主管部门、司法机关移送的案件，应当及时受理，制作受案登记表，并分别做出以下处理：

（1）对属于本单位管辖范围内的事项，应当及时调查处理。

（2）对属于公安机关职责范围，但不属于本单位管辖的，应当在受理后的 24 小时内移送有管辖权的单位处理，并告知报案人、控告人、举报人、扭送人、投案人。

（3）对不属于公安机关职责范围内的事项，书面告知报案人、控告人、举报人、扭送人、投案人向其他有关主管机关报案或者投案。

对不属于公安机关职责范围内的事项，当场告知当事人不予调查处理，或者建议当事人向其他有关主管机关报案或者投案。当事人要求公安机关处理的，受理案件的民警应当在受案登记表中注明不予调查处理的意见。

第 48 条：属于公安机关职责范围但不属于本单位管辖的案件，具有下列情形之一的，受理案件或者发现案件的公安机关及其人民警察应当依法先行采取必要的强制措施或者其他处置措施，再移送有管辖权的单位处理：

（1）违法嫌疑人正在实施危害行为的；

（2）正在实施违法行为或者违法后即时被发现的现行犯被扭送至公安机关的；

（3）在逃的违法嫌疑人已被抓获或者被发现的；

（4）有人员伤亡，需要立即采取救治措施的；

（5）其他应当采取紧急措施的情形。

行政案件移送管辖的，询问查证时间和扣押等措施的期限重新计算。

第49条：报案人不愿意公开自己的姓名和报案行为的，公安机关应当在受案登记时注明，并为其保密。

第50条：对报案人、控告人、举报人、扭送人、投案人提供的有关证据材料、物品等应当登记，出具接受证据清单，并妥善保管。必要时，应当拍照、录音、录像。移送案件时，应当将有关证据材料和物品一并移交。

第51条：对发现或者受理的案件暂时无法确定为刑事案件或者行政案件的，可以按照行政案件的程序办理。在办理过程中，认为涉嫌构成犯罪的，应当按照《公安机关办理刑事案件程序规定》办理。

4.《110接处警工作规则》

第10条：110报警服务台应当及时下达处警指令，公安机关各业务部门、基层单位和人员必须服从110报警服务台发出的处警指令，不得推诿、拖延出警，影响警情的处置。

第14条：110报警服务台受理报警的范围：

（1）刑事案件；

（2）治安案（事）件；

（3）危及人身、财产安全或者社会治安秩序的群体性事件；

（4）自然灾害、治安灾害事故；

（5）其他需要公安机关处置的与违法犯罪有关的报警。

第15条：110报警服务台接到报警后，根据警情调派警力进行处置。对危及公共安全、人身或者财产安全的紧急案（事）件，应当在派警处置的同时，立即向分管负责人报告，并向业务主管部门通报。

第16条：对接报的符合本规则第14条规定范围中的重大案（事）件，应当根据警情的性质、事态规模、紧急程度，及时报告分管负责人，并按照工作预案和分管负责人的指示，迅速派警处置。

第24条：处警民警到达现场后，应当根据有关规定对警情妥善处置。处警结束后，应当及时将处警情况向110报警服务台反馈，并做好处警记录。处警结果需要制作法律文书的，按有关规定办理。

第25条：对正在发生的案（事）件，最先到达现场的处警民警不足以制止或者控制局面的，应当立即将案（事）件情况报告110报警服务台。110报警服务台应当按照工作预案，迅速调集、指挥有关警种、部门赶赴现场增援或者进行布控查缉。

5.《公安派出所执法执勤工作规范》。

第48条：公安派出所值班民警接受报案、控告、举报及扭送违法犯罪嫌疑人和投案自首人员时，应当做到：

（1）询问基本情况，制作询问笔录，填写《接受案件回执单》，并根据公安派出所所长意见交有关民警处理；

（2）对紧急案（事）件，应当立即依法采取紧急处理措施，并向公安派出所所长报告。

第 55 条：公安派出所民警在处理案（事）件时，应当做到：

（1）接到出警指令后，在城市 5 分钟内到达现场，在农村以最快的速度到达现场；

（2）保持联络，及时报告案（事）件处理情况；

（3）依法、稳妥、果断处置；

（4）服从命令，严格履行法定职责。

6.《公安派出所正规化建设规范》。

第 67 条：接受报案、控告、举报及扭送违法犯罪嫌疑人和投案自首人员时，应当认真询问，制作笔录，填写《接受案件回执单》，并根据所领导指示交有关民警处理。对紧急案（事）件，应当立即依法采取紧急处理措施，并向所领导报告。

7.《公安机关办理伤害案件规定》。

第 11 条：对正在发生的伤害案件，先期到达现场的民警应当做好以下处置工作：

（1）制止伤害行为；

（2）组织救治伤员；

（3）采取措施控制嫌疑人；

（4）及时登记在场人员姓名、单位、住址和联系方式，询问当事人和访问现场目击证人；

（5）保护现场；

（6）收集、固定证据。

第 12 条：对已经发生的伤害案件，先期到达现场的民警应当做好以下处置工作：

（1）组织救治伤员；

（2）了解案件发生经过和伤情；

（3）及时登记在场人员姓名、单位、住址和联系方式，询问当事人和访问现场目击证人；

（4）追查嫌疑人；

（5）保护现场；

（6）收集、固定证据。

第四节　治安案件调查的终结与处理

一、治安案件调查的终结

（一）概念

治安案件调查的终结，是指治安案件经过依法调查后，案件主要事实已经查清，证据材料充分、确凿，法律手续齐全、完备，可以据此作出处理，而结束案件的调查。

（二）治安案件调查终结的条件

1. 案件主要事实已经查清。这是办理治安案件的基本要求，是案件调查终结的首要条件。

案件主要事实包括：作案人、时间、地点、动机、目的、手段、危害结果及其他情节（过程、准备）；共同作案的，每个人的情况，行为之间的关系和共同行为的情况；单位违反治安管理的，不仅要查明直接责任者，还要查明主管负责人的情况。

查清：指发生原因、发展过程、结果、每个人的责任等都已查明，均有相应的证据加以证明其客观真实性。

2. 证据材料充分、确凿。这是保障办案质量的关键环节，是案件调查终结的重要条件。

3. 对作案活动的性质和案名的认定准确无误。行为人实施的行为是何种行为，是否构成犯罪行为？不构成犯罪行为，是否给予治安处罚？是否是正当防卫行为、紧急避险行为？触犯的是何法、何条、何款、何项？是违反治安管理的此行为，还是彼行为？是连续行为，还是牵连行为？是一行为，还是数行为？等等。

4. 案件调查符合法律规定的程序，法律手续齐全。程序合法和手续齐备，是案件调查终结的必要条件。

总之，以上四个方面的终结条件，是对治安案件调查终结的原则性总体要求，是相互联系和制约的统一体，只有同时具备，才能结束案件的调查。

二、治安案件应当予以结案的情形

根据《公安机关办理行政案件程序规定》第232条的规定，如果公安机关在办理行政案件过程中，认为有符合以下情形之一的，应当予以结案：

1. 作出不予行政处罚决定的。经过调查处理，公安机关认为违法嫌疑人尽管实施了违法行为，但违法行为情节显著轻微，对社会没有造成实际危害后果或者危害后果很小，造成的社会影响也很小，通过批评教育，违法行为人已经认识到自己行为的违法性并及时改正的，本着教育与处罚相结合的原则，公安机关决定不对其实施行政处罚的，应当予以结案。

2. 适用调解程序的案件达成协议并已履行的。适用调解程序的案件已经调解终结的。所谓适用调解程序的案件主要是因民间纠纷引起的损害赔偿案件。根据我国法律规定，对此类案件，公安机关可以调解。经过调解，双方当事人都认识到自己行为的违法性，并就造成的损害赔偿达成协议并实际履行的。对于调解终结的案件，公安机关也应当予以结案。

3. 作出行政处罚等处理决定，且已执行的。公安机关经过调查处理，依法对违法行为人作出行政处罚或者行政处理决定，且已经执行完毕的案件，公安机关应当予以结案。如实施罚款处罚的案件，当事人已经按期缴纳罚款，或者行政拘留案件，已对当事人实际执行拘留的，公安机关对该行政案件的调查处理活动已然结束，理应予以结案。

4. 违法行为涉嫌构成犯罪，转为刑事案件办理的。如经调查，认为违法行为已涉嫌构成犯罪的，也应当结案，转为刑事案件程序办理。

5. 作出处理决定后，因执行对象灭失、死亡等客观原因导致无法执行或者无须执行的。

具有上述五种情形之一，公安机关就应当予以结案。结案时，办案人员应当将相关的案卷材料汇总处理，入卷留存。需要说明的是，《治安管理处罚法》第99条规定，"公安机关办理治安案件的期限，自受理之日起不得超过30日；案情重大、复杂的，经上一级公安机关批准，可以延长30日。为了查明案情进行鉴定的期间，不计入办理治安案件的期限。"所以，公安机关对所办理的行政案件应当及时作出处理决定，对违法行为人予以惩戒和教育，以体现法律的严肃性。如果案件久拖不决，有些证据就可能因时过境迁失去证明力，对违法行为人的最终处罚就会带来一定难度，特别是行政案件，如不能及时作出处理，不仅可能会使处罚失去其应有的惩罚和教育功能，还很有可能引发大的刑事案件或者其他社会问题。因此，公安机关对于办理的行政案件，应当在尽可能快的时间内予以结案，这既是监督公安机关履行职责的要求，也符合行政执法的效率原则，同时，也有利于保护公民、法人和其他组织的合法权益。

三、终止调查

（一）终止调查概念

所谓终止案件调查，是指治安案件受案后，公安机关在调查处理案件过程中，发现具有《公安机关办理行政案件程序规定》第233条所列情形之一的情况，依法不再继续对案件进行调查处理或依法不再追究违法行为人的法律责任，从而彻底停止调查活动。

（二）应当终止调查案件的情形

在查处治安案件的实践工作中，并不是所有的案件都需要处理完毕，公安机关经过调查，如果发现有些行政案件因为具有一些特殊情形而使案件调查工作不必再进行调查或者无法继续进行调查，或者继续调查下去已无任何实际意义，就应当及时终止案件调查工作。经过调查，发现行政案件有下列情形之一的，经公安派出所、县级公安机关办案部门或者出入境边防检查机关以上负责人批准，终止调查。这些情形主要有：

1. 没有违法事实的。公安机关决定调查处理行政案件除人民警察在工作中发现的外，有很大部分是由他人举报或者检举的，由于受多种因素的影响，这些举报的事实未必全部真实可靠，有的甚至是错告或者诬告；也有的违法嫌疑人由于认识上的错误，误认为自己的行为已经违法而向公安机关投案，等等，公安机关对上述行政案件经过调查后，认为不存在违法事实，或者报案人所称违法嫌疑人的行为并不违法，在此情况下，就没有继续进行调查处理的必要，因而公安机关应当终止调查工作。

2. 违法行为已过追究时效的。这里的追究时效是指对违法行为人的违法行为追究行政责任，给予行政处罚的有效时限。超过法定时效期限的，无论在任何时候发现了这一违法事实，都不得对当事人的违法行为给予行政处罚。之所以这样规定，是从我国行政处罚教育公民、法人和其他组织自觉遵守国家法律的目的出发，违法行为人在追诉时效内没有再实施违法行为，说明他已改过自新，不再危害社会，在该种情况下再对其实施处罚已无多大实际意义。《行政处罚法》第29条规定："违法行为在两年内未被发现的，不再给予行政处罚，法律另有规定的除外。"对于违反治安管理的行为，依照《治安管理处罚法》第22条规定，违反治安管理行为在6个月内公安机关没有发现的，不再处罚。这两者并不矛盾，也就是说，对一般违反公安行政法律规范的行为，追诉时效是两年，而对违反治安管理的行为，追诉时效是 6 个月。对于已过追诉时效的行为，公安机关依法不应再对其给予行政处罚，当然也就无须再进行案件调查工作，因此，公安机关应当终止案件调查工作。

3. 违法嫌疑人死亡的。公安机关对违法行为人实施行政处罚的目的旨在惩罚和教育违法行为人，如果违法嫌疑人已经死亡，被处罚对象已不存在，无从进行调查处理。退一步讲，即使经过调查处理，也无从对其实施行政处罚，有关当事人也不能履行。因此，公安机关对违法嫌疑人死亡的行政案件，也应终止调查。

4. 其他需要终止调查的情形。公安机关终止调查时，违法嫌疑人已被采取行政强制措施的，应当立即解除。

（三）终止案件调查的处理

1. 办案人员应当向办案部门负责人提交《终止案件调查报告》，该报告是公安机关对撤销案件进行内部审批时所使用的法律文书。主要内容包括：大致案由、案件编号、违法嫌疑人基本情况、受案根据和来源、案件调查结果、终止案件调查理由和根据、承办人意见和办案部门负责人审批意见等。

2. 办案人员将《终止案件调查报告》报办案部门负责人批准。需要注意的是，能否终止案件调查工作直接关系到公民、法人和其他组织的合法权益，因此，办案人员无权自行决定终止案件调查，而必须经公安机关办案部门以上负责人批准后方可进行。

3. 终止案件调查报告经批准后，办案人员还应当向当事人出具《终止案件调查决定书》。这是公安机关决定终止行政案件调查工作时所使用的法律文书，该文书既是行政案件处理结果的凭证，也是告知违法嫌疑人和被侵害人的法律凭据。《终止案件调查决定书》除存根外，一式三联，一联交违法嫌疑人，一联交被侵害人，一联附卷并及时通知另一方当事人。

4. 违法嫌疑人和被侵害人对《终止案件调查决定书》不服，有权申请行政复议或者提起行政诉讼。

5. 公安机关终止调查案件时，如对违法嫌疑人采取强制措施的，应当立即解除，不得以任何理由对违法嫌疑人继续采取强制措施。

四、治安案件结案后的处理

（一）对作案人的处理

1. 经过调查，已构成刑事犯罪的，应按《公安机关办理刑事案件程序规定》办理。其中治安部门负责下列刑事案件侦查、起诉工作。但根据《刑法》修正案（八）以及两高司法解释，现在治安部门管辖的刑事案件约 110 种。

从"非法制造、买卖、运输、邮寄、储存枪支弹药、爆炸物案"（《刑法》第 125 条第 1 款）到"组织淫秽表演案"（《刑法》第 365 条）

《公安部关于公安消防机构办理刑事案件有关问题的通知》（1999 年 4 月 5 日公通字〔1999〕19 号）

……失火案、消防责任事故案由县级公安消防机构负责侦查，地（市）级以上公安消防机构主要承担重大涉外犯罪和下级公安消防机构侦破有困难的重大刑事案件的侦查……

2. 对构成违反治安管理的行为，应给予治安管理处罚。

3. 构成违反治安管理并符合治安调解的，可以先行调解，调解不成的，再进行处罚。

4. 对于行为显著轻微、不够治安处罚的，不予处罚。

（二）对案件有关财物的处理

1. 对赃款、赃物的处理。赃款、赃物是违反治安管理行为事实的证据，在案件结案前，应由办案单位保存。在移交时，应填写移交清单，写明财物的名称、数量、特征、型号、规格和数额，对现金还应注明票面面值和张数，由移交单位和接收单位的具体经手人签名盖章，注明移交的具体日期，存案备查。

2. 对违禁品和作案工具的处理。

（1）在办案过程中查获的违禁品等一律收缴，并可根据违禁品的性质不同采取相应的处理方法。对枪支、弹药、毒品、爆炸、剧毒等物品，可以拍成照片附卷；实物统一上交治安部门；淫秽物品应开列清单附卷，原物上交治安部门统一登记造册；由专人保管，适时组织销毁。

（2）对违反治安管理行为时所使用的工具，应区分不同情况分别处理。

①行为人擅自非法使用的属于单位或他人所有的，应退还原主；

②对行为人本人所有的直接用于违法行为的一律收缴。

③对扣押的物品和文件应在法定期限内作出处理决定。

五、注意事项

1. 在公安机关在办理治安案件中，根据《公安机关办理行政案件程序规定》可以依法采取下列措施：

（1）在办案中对下列物品，经公安机关负责人批准，可以依法扣押或者扣留：

①与治安案件、违反出境入境管理的案件有关的需要作为证据的物品；

②道路交通安全法律、法规规定适用扣留的车辆、机动车驾驶证；

③其他法律、法规规定适用扣押或者扣留的物品。

（2）根据《公安机关办理行政案件程序规定》，公安机关在办理治安案件中对下列物品，不得扣押或者扣留：

①与案件无关的物品；

②公民个人及其所扶养家属的生活必需品；

③被侵害人或者善意第三人合法占有的财产。

对办案中遇到的公民个人及其所扶养家属的生活必需品以及被侵害人或者善意第三人合法占有的财产情形的，应当予以登记，写明登记财物的名称、规格、数量、特征，并由占有人签名或者捺指印。必要时，可以进行拍照。但是，与案件有关必须鉴定的，可以依法扣押，结束后应当立即解除。

2. 在办理下列行政案件时，对专门用于从事无证经营活动的场所、设施、物品，经公安机关负责人批准，可以依法查封。但对与违法行为无关的场所、设施，公民个人及其扶养家属的生活必需品不得查封：

（1）擅自经营按照国家规定需要由公安机关许可的行业的；

（2）依照《娱乐场所管理条例》可以由公安机关采取取缔措施的；

（3）法律、法规规定适用查封的其他公安行政案件。

3. 对有关单位或者个人经通知不及时消除消防安全隐患可能严重威胁公共安全的，公安机关消防机构应当对危险部位或者场所采取临时查封措施；场所、设施、物品已被其他国家机关依法查封的，不得重复查封。

4. 收集证据时，经公安机关办案部门负责人批准，可以采取抽样取证的方法。抽样取证应当采取随机的方式，抽取样品的数量以能够认定本品的品质特征为限；抽样取证时，应当对抽样取证的现场、被抽样物品及被抽取样品进行拍照或者对抽样过程进行录像。对被抽取样品应当及时进行检验。经检验，能够作为证据使用的，应当依法扣押、先行登记保存或者登记；不属于证据的，应当及时返还。样品有减损的，应当予以补偿。

在证据可能灭失或者以后难以取得的情况下，经公安机关办案部门负责人批准，可以先行登记保存。先行登记保存期间，证据持有人及其他人员不得损毁或者转移证据；对先行登记保存的证据，应当在七日内作出处理决定。逾期不作出处理决定的，视为自动解除。

实施扣押、扣留、查封、抽样取证、先行登记保存等证据保全措施时，应当会同当事人查点清楚，制作并当场交付证据保全决定书。必要时，应当对采取证据保全措施的证据进行拍照或者对采取证据保全的过程进行录像。证据保全决定书应当载明下列事项：

（1）当事人的姓名或者名称、地址；

（2）抽样取证、先行登记保存、扣押、扣留、查封的理由、依据和期限；

（3）申请行政复议或者提起行政诉讼的途径和期限；

（4）作出决定的公安机关的名称、印章和日期。

证据保全决定书应当附清单，载明被采取证据保全措施的场所、设施、物品的名称、规格、数量、特征等，由办案人民警察和当事人签名后，一份交当事人，一份附卷。有见证人的，还应当由见证人签名。当事人或者见证人拒绝签名的，办案人民警察应当在证据保全清单上注明。

对可以作为证据使用的录音带、录像带、电子数据存储介质，在扣押时应当予以检查，记明案由、内容以及录取和复制的时间、地点等，并妥为保管。

5. 扣押、扣留、查封期限为 30 日，情况复杂的，经县级以上公安机关负责人批准，可以延长 30 日；法律、行政法规另有规定的除外。延长扣押、扣留、查封期限的，应当及时书面告知当事人，并说明理由。对物品需要进行鉴定的，鉴定期间不计入扣押、扣留、查封期间，但应当将鉴定期间书面告知当事人。

6. 案件变更管辖时，与案件有关的财物及其孳息应当随案移交，并书面告知当事人。移交时，由接收人、移交人当面查点清楚，并在交接单据上共同签名。

第五节　行政处罚决定的程序

一、处罚前告知

（一）告知内容

1. 在作出行政处罚决定前，应当告知违法嫌疑人拟作出行政处罚决定的事实、理由及依据，并告知违法嫌疑人依法享有陈述权和申辩权。单位违法的，应当告知其法定代表人、主要负责人或者其授权的人员。

2. 听证后，拟改变行政处罚决定的事实、理由、依据的，在作出处罚决定前，应当重新告知违法嫌疑人，但可不再举行听证。

（二）告知方式

1. 适用一般程序作出行政处罚决定的，采用书面形式或者笔录形式告知。采用笔录形式的，应当在《行政处罚告知笔录》中记明告知情况，由被告知人签字确认。被告知人拒绝签字的，告知人应当注明。

2. 对违法行为事实清楚，证据确实、充分，依法应当予以行政处罚，因违法行为人逃跑等原因无法履行告知义务的，公安机关可以采取公告方式予以告知。自公告之日起 7 日内，违法嫌疑人未提出申辩的，可以依法作出行政处罚决定。

（三）听取申辩

1. 违法嫌疑人有权陈述和申辩。对违法嫌疑人提出的新的事实、理由和证据，公安机关应当进行复核。

2. 公安机关不得因违法嫌疑人申辩而加重处罚。

（四）法律后果

在作出行政处罚决定之前，不依法向当事人告知给予行政处罚的事实、理由和依据，或者拒绝听取当事人的陈述、申辩的，行政处罚决定不能成立；当事人放弃陈述或者申辩权利的除外。

二、审核、审批

（一）内容

对行政案件进行审核、审批时，应当审查下列内容：

1. 违法嫌疑人的基本情况；

2. 案件事实是否清楚，证据是否确实、充分；

3. 案件定性是否准确；

4. 适用法律、法规和规章是否正确；

5. 办案程序是否合法；

6. 拟作出的处理决定是否适当。

（二）程序

1. 对调查终结的行政案件，办案民警应当写明违法嫌疑人情况、违法事实与证据、法律依据以及承办人处罚意见等，并签署姓名、日期后呈报审核、审批。

2. 办案部门负责人签署处理意见，依法可以本办案部门名义作出行政处罚决定的，决定行政处罚；依法应当由县级以上公安机关作出行政处罚决定的，报本级公安机关审核部门审核。

3. 审核部门审核后，报县级以上公安机关负责人审批决定。

4. 对情节复杂或者重大违法行为给予较重的行政处罚，公安机关的负责人应当集体讨论决定。

三、许可和报告

1. 对县级以上的各级人民代表大会代表予以行政拘留的，作出处罚决定前应当经该级人民代表大会主席团或者人民代表大会常务委员会许可。

2. 对乡、民族乡、镇的人民代表大会代表予以行政拘留的，作出决定的公安机关应当立即报告乡、民族乡、镇的人民代表大会。

四、制作行政处罚决定书

1. 作出行政处罚决定的，应当制作《行政处罚决定书》，载明下列内容：

（1）被处罚人的姓名、性别、出生日期、身份证件种类及号码、户籍所在地、现住址、工作单位、违法经历以及被处罚单位的名称、地址和法定代表人；

（2）违法事实和证据以及从重、从轻、减轻等情节；

（3）处罚的种类、幅度和法律依据；

（4）处罚的执行方式和期限；

（5）对涉案财物的处理结果及对被处罚人的其他处理情况；

（6）对处罚决定不服，申请行政复议、提起行政诉讼的途径和期限；

（7）作出决定的公安机关的名称、印章和日期。

2. 作出罚款处罚的，《行政处罚决定书》应当载明逾期不缴纳罚款依法加处罚款的标准和最高限额；对涉案财物作出处理的，《行政处罚决定书》应当附没收、收缴、追缴物品清单。

3. 《行政处罚决定书》一式三份，被处罚人和执行单位各一份，一份附卷。

4. 作出社区戒毒、强制隔离戒毒、收容教育、收容教养等处理的，依照有关规定制作相应的法律文书。

五、送达

1. 依照相关规定，将决定书送达被处理人。

2. 治安案件有被侵害人的，公安机关应当在作出处罚决定之日起2日内将决定书复印件送达被侵害人。无法送达的，应当注明。

六、通知家属和有关单位

1. 作出行政拘留处罚决定的，应当及时将处罚情况和执行场所或者依法不执行的情况通知被处罚人家属，并在附卷的决定书中注明。书面通知的，应当留存一份附卷。

2. 作出社区戒毒决定的，应当通知被决定人户籍所在地或者现居住地的城市街道办事处、乡镇人民政府；作出强制隔离戒毒、收容教育、收容教养决定的，应当在法定期限内通知被决定人的家属、所在单位、户籍所在地公安派出所。

3. 被处理人拒不提供家属联系方式或者不讲真实姓名、住址，身份不明的，可以不予通知，但应当在附卷的决定书中注明。

4. 对机关事业单位工作人员，应当在作出行政拘留、收容教育决定后 5 日以内，告知其所在单位。告知一般应当采取送达告知书的形式进行。

（1）填写告知书，并加盖单位公章，直接送达机关事业单位工作人员所在单位。告知书应当由所在单位负责人或经其授权的人签收，并在告知书回执上签名或者盖章。

（2）收件人拒绝签收的，办案单位可以邀请见证人到场，说明情况，在告知书回执上注明拒收的事由和日期，由送达人、见证人签名或者盖章，将告知书留在机关事业单位工作人员所在单位。

（3）直接送达告知书有困难的，可以邮寄告知或者传真告知。通过传真告知的，应当随后及时将告知书原件送达。邮寄告知或者传真告知的，应当告知机关事业单位工作人员所在单位签收后，将告知书回执寄送办案单位。

（4）将告知书回执归入工作卷，作为工作资料存档备查。

第六节　普通程序相关文书

一、受案登记表

（一）受案登记表的样例

受案登记表

（行政刑事通用）

（受案单位名称和印章）　　　　　公（　）受案字〔201　〕　号

案件来源	□110指令□工作中发现□报案□投案□移送□扭送□其他					
报案人	姓　名		性别		出生日期	
	身份证件种类		证件号码			
	工作单位			联系方式		
	现住址					
移送单位		移送人			联系方式	
接报民警		接报时间	年 月 日时 分		接报地点	
简要案情或者报案记录（发案时间、地点、简要过程、涉案人基本情况、受害情况等）以及是否接受证据： 接受证据情况见所附《接受证据清单》						
受案意见	□属本单位管辖的行政案件，建议及时调查处理 □属本单位管辖的刑事案件，建议及时立案侦查 □不属于本单位管辖，建议移送_____处理 □不属于公安机关职责范围，不予调查处理并当场书面告知当事人 □其他_____ 受案民警：　　　　　　　　　　　　　　　年　月　日					
受案审批	 受案部门负责人：　　　　　　　　　　　年　月　日					

一式两份，一份留存，一份附卷。

（二）受案登记表的填制

1. 适用条件。受案登记表，是公安机关接受案件时所使用的文书。公安机关对报案、控告、举报、投案、群众扭送或者违法嫌疑人投案，以及其他行政主管部门、司法机关移送的案件和公安机关及其人民警察在日常执法执勤中发现的违法行为，应当及时受理，制作受案登记表。

受案登记表一式两份，一份留存，一份附卷。

接受证据清单作为受案登记表的附件，用于在受案时登记报案人、举报人、控告人、投案人、扭送人提交的证据。

2．填写制作要求。

"案件来源"栏由受案民警在相应的"□"中打钩选定。

"接报时间"填写报案的年、月、日、时、分。

"报案人"栏填写报案人、举报人、控告人、投案人、扭送人的姓名、性别、出生日期、身份证件种类及号码、工作单位、联系方式和现住址。报案人不愿公开自己的姓名和报案行为的，此栏可注明"匿名"，但应当写明联系方式。

"接报民警"栏填写接受报案人员的姓名。

"移送单位"栏填写移送案件的单位名称。

"简要案情或者报案记录"栏填写简要案情或者报案人报称的基本情况，可采用问答方式记录，主要包括发案时间、地点、简要过程、后果和现状，违法犯罪嫌疑人的姓名、性别、出生日期、现住址和工作单位等基本情况以及到案经过，有被害人（被侵害人）的，应当写明人身伤害、财物损失及数量、特征等情况。违法犯罪嫌疑人是单位的，应当填写单位名称、地址和法定代表人。该栏还应当注明是否接受了报案人、举报人、控告人、投案人、扭送人等提供的证据，接受证据的，应当在该栏中注明"接受证据情况见所附《接受证据清单》"，并按照要求制作《接受证据清单》。

"受案意见"是受案民警在初步判定案件性质、管辖权限以及可否追究法律责任等情况后提出的处理建议，由受案民警在相应的"□"内打钩选定。选择"其他"情形的，应当在随后的横线处注明具体情况。

"受案审批"栏由受案部门负责人签署审批意见，根据具体情况填写"同意调查处理"或者其他处理意见，并签名、注明日期。

受案登记表左上角需加盖受案单位公章。表左上角的"受案单位"与右上角的"文书文号"，即"×公×（　）字〔　〕　号"等内容的填写，在网上办案系统是自动生成的，无须手动填写，纸质表格需手动填写相关内容。

3．注意事项。

1．报案时间应当精确到分。

2．在制作本文书时，应当尽量清楚记载报案人的基本情况，但报案人不愿公开自己的姓名和报案行为的，公安机关应当为其保密。由于报案人不愿透露个人情况或者因情势紧急等原因无法记载报案人有关个人情况的，应当在相关栏目中简要注明。

3．一人有多种违法行为，或一事有多个违法行为人的，应当填写一个受案登记表。如同时查获两对卖淫嫖娼行为，或同时查获卖淫、嫖娼行为，或者同时查获赌博、为赌博提供条件的情形，应当填写一个受案登记表。受案后，发现违法嫌疑人有其他违法行为的，不需要另行填写受案登记表。

4. 有些行政违法案件属于现行案件，必要时，可以将受理、勘验检查等调查程序交叉或者同时进行。

二、受案回执

（一）受案回执的样例

受案回执

_____：

　　你（单位）于_____年___月___日报称的_____

_____

一案我单位已受理（受案登记表文号为　公（　）受案字〔　　〕　　号）。

　　你（单位）可通过_____查询案件进展情况。

　　联系人、联系方式_____。

受案单位（印）

201×年×月×日

　　报案人、控告人、举报人、扭送人：

201　年　　月　　日

一式两份，一份交报案人、控告人、举报人、扭送人，一份附卷。

（二）受案回执的填制

1. 适用条件。根据《公安机关办理行政案件程序规定》第47条之规定，公安机关受案后应给报案人、控告人、举报人、扭送人的回执。属于其他单位移送案件的，受案单位应当在《移送案件通知书》等文书或者有关送达回执上签收，不必制作受案回执。

　　受案回执一式两份，一份交报案人、控告人、举报人、扭送人，一份附卷。除附卷联外其他联无证据持有人签名等内容。

2. 填写制作要求。

（1）抬头部分横线处填写报案人、控告人、举报人、扭送人姓名或者单位名称。

（2）按照格式要求写明受案日期、案件名称及案件编号。

（3）"可通过_____查询案件进展情况"的横线处填写查询案件进展情况的方式，包括电话、网络、短信、微信、网址等。

（4）"联系人、联系方式"后的横线处填写受案民警或者办案民警的姓名、电话或者其他联系方式。

3. 注意事项。受案情况应及时告知报案人、控告人、举报人、扭送人，并由报案人、控告人、举报人、扭送人受案回执附卷联签名确认。

三、公安行政处罚决定书

（一）公安行政处罚决定书的样例

1. 制作式行政处罚决定书的样例。

（此处印制公安机关名称）

行政处罚决定书

公（　）行罚决字〔　〕　号

决定书正文载明以下内容：

1. 违法行为人的基本情况（姓名、性别、年龄、出生日期、身份证件种类及号码、户籍所在地、现住址、工作单位、违法经历以及被处罚单位的名称、地址和法定代表人）；

2. 违法事实和证据以及从重、从轻等情节（证人不愿意暴露姓名的，应当注意保密）；

3. 法律依据；

4. 处罚种类及幅度（包括对外国人适用或者附加适用限期出境）；

5. 执行方式及期限（包括当场训诫、当场收缴罚款、到指定银行缴纳罚款、送拘留所执行以及合并执行的情况，对罚款处罚，要注明逾期不缴纳罚款时加处罚款的标准和上限）；

6. 对涉案财物的处理情况及对被处罚人的其他处理情况；

7. 不服本决定的救济途径；

8. 附没收违法所得、非法财物清单及收缴/追缴物品清单。

公安机关名称、印章及决定日期

一式三份，被处罚人和执行单位各一份，一份附卷。治安案件有被侵害人的，复印送达被侵害人。

— 179 —

2. 填充式行政处罚决定书的样例

（此处印制公安机关名称）
行政处罚决定书

公（　　　）行罚决字〔　　　〕号

违法行为人（姓名、性别、年龄、出生日期、身份证件种类及号码、户籍所在地、现住址、工作单位、违法经历以及被处罚单位的名称、地址和法定代表人）＿＿＿＿＿＿＿＿＿＿＿
＿＿＿＿＿＿＿＿＿＿＿＿＿＿＿＿＿＿＿＿＿＿＿＿＿＿＿＿＿＿＿＿＿＿＿＿。

现查明＿＿＿＿＿＿＿＿＿＿＿＿＿＿＿＿＿＿＿＿＿＿＿＿＿＿＿＿＿＿＿，
＿＿＿＿＿＿＿＿＿＿＿＿＿＿＿＿＿＿＿＿＿＿＿＿＿＿＿＿＿＿＿＿＿＿＿，
以上事实有＿＿＿＿＿＿＿＿＿＿＿＿＿＿＿＿＿＿＿＿＿＿＿＿＿＿＿＿＿＿
＿＿＿＿＿＿＿＿＿＿＿等证据证实。

根据＿＿＿＿＿＿＿＿＿＿之规定，现决定＿＿＿＿＿＿＿＿＿＿＿＿＿＿＿。
执行方式和期限＿＿＿＿＿＿＿＿＿＿＿＿＿＿＿＿＿＿＿＿＿＿＿＿＿＿＿。

逾期不交纳罚款的，每日按罚款数额的百分之三加处罚款，加处罚款的数额不超过罚款本数。

如不服本决定，可以在收到本决定书之日起六十日内向＿＿＿＿＿＿＿＿＿＿＿＿＿＿，
申请行政复议或者在六个月内依法向＿＿＿＿＿＿＿＿＿＿＿＿＿＿＿＿＿＿＿＿
人民法院提起行政诉讼。

附：＿＿＿＿＿清单共＿＿＿＿份

公安机关（印）
年　　月　　日

行政处罚决定书已向我宣告并送达。

被处罚人
年　　月　　日

此联交被处罚人。治安案件有被侵害人的，复印送达被侵害人。

（二）公安行政处罚决定书的填制

1. 适用条件。公安行政处罚决定书是公安机关按照行政处罚的一般程序对违法行为人予以行政处罚时使用的文书。各地公安机关可以根据实际需要选择使用制作式决定书或者填充式决定书。对外国人作出驱逐出境处罚的，应当制作驱逐出境决定书。制作式决定书和填充式决定书均适用于"一案多人"、"一人多案"的情况，各地公安机关可以根据具体情况自行确定。

2. 填写要求。

（1）使用制作式决定书时，应当按照文书制作要求在正文中载明有关内容。其中，"对涉案财物的处理情况"包括没收、收缴、追缴以及相应的发还情况；"对被处罚人的其他处理情况"包括强制隔离戒毒和收容教育等强制措施。违法行为人同时被决定强制隔离戒毒或者收容教育的，制作式文书中应当写明强制隔离戒毒和收容教育的依据、期限和执行单位的名称和地点，可不再另行制作强制隔离戒毒或者收容教育决定书，但应当将该决定书按照要求送强制隔离戒毒所、收容教育所一份，将该决定书复印件送达被强制隔离戒毒人员家属、所在单位和户籍所在地公安派出所；"不服本决定的救济途径"应当写明申请行政复议或者提起行政诉讼的期限以及具体的行政复议机关、人民法院名称。

（2）使用填充式决定书时，"根据"后面的横线处填写法律依据，包括作出的处罚和收缴、追缴等其他行政处理的法律依据；"现决定"后面的横线处填写决定内容，包括处罚的种类和幅度以及收缴、追缴以及取缔、限期改正等其他处理内容。对多个违法行为人的处罚不同的，应当同时写明每个违法行为人的姓名及处罚种类、幅度，对一人的多个违法行为应当分别写明处罚种类、幅度。"执行方式和期限"后面的横线处应当注明具体的方式和期限，包括合并执行、不予执行的情况。同时没收、收缴、追缴财物的，应当附有相应的清单，并在行政处罚决定书中注明清单的名称和数量。附卷的决定书应当由被处罚人签名或者盖章，注明"行政处罚决定书已向我宣告并送达"，不再使用送达回执。拒绝签名、盖章的，由办案民警在文书上注明。

没收违法所得、非法财物清单，是公安机关对违法行为人作出没收违法所得、非法财物处罚时与行政处罚决定书配套使用。

3. 注意事项。本文书一式三份，被处罚人和执行单位各一份，一份附卷。治安案件有被侵害人的，可复印送达被侵害人。也可以从网上办案系统中另行打印一份原件送达被侵害人。

第七节　办理治安案件的普通程序实训

一、实训内容

公安派出所受案的治安案件普通程序的各个环节及实施，熟练掌握填制《治安案件受案登记表》等相关法律文书的各项目内容。

1. 基本掌握治安案件普通程序的各个环节。

2. 填写相关文书。

3. 形成实训小结，内容包括实训存在的问题及心得体会等。

二、情景设计

公安派出所民警对辖区内殴打他人的治安案件办案程序：

1. 基本案情：

一品锦绣小区内。地址：××省留山市凌水路 162 号 2017 年 6 月 26 日 20 时 10 分左右，席某听到××省留山市凌水路 162 号楼下一小孩喊叫，误认为张某遛狗吓到自己家孩子，用水果刀将张某左侧太阳穴划伤。

2. 双方当事人：

席某，男，身份证号码 130201×××××××0219，

张某，男，身份证号码 130202×××××××2431

双方现住留山市凌水路 162 号，户籍留山市公安局长江路派出所。

3. 案发时间：2017 年 6 月 26 日 20 时 10 分左右。

4. 受案单位：留山市公安局长江路派出所。

三、实训组织

（一）学员课前预习重点

1. 预习派出所办理行政案件的普通程序的相关知识要点，熟知相关法律依据。

2. 预习普通程序文书的填写。

（二）模拟演练

1. 场地及器材准备。场地布置要求在模拟派出所里进行，需要具备治安案件办案区 1 个；办公室 1 间，内有 2 套办公桌椅和公安网电脑 1 台，长条椅 4 个；民警办案数字钥匙。

2. 组织及安排。

学员：全班分为 2 队，分别选取小组长 1 名负责组织协调，每队 2 人一组，学员交叉进行办案民警与案件当事人的角色扮演；

教官：主讲教官布置模拟演练脚本；辅助教官将脚本派发给角色扮演的学员并进行布置讲解；组织模拟演练，过程中主讲教官可进行个别指导，辅助教官跟踪考核；演练结束后，收拾装备、清理场地、带回学员。

3. 模拟演练脚本。

（1）人物：

席某，男，身份证号码 130201×××××××0219，现住留山市凌水路 162 号，户籍所在地留山市公安局长江路派出所。

张某，男，身份证号码 130202×××××××2431，现住留山市凌水路 162 号，户籍所在地留山市公安局长江路派出所。

李某，男，25 岁，物业保安，勤快，热心。

辛某，男，20 岁，小区业主。

刘某，男，45岁，派出所治安案件办案民警

裴某，男，36岁，派出所治安案件办案民警

王某，男，34岁，派出所110巡警

林某，男，42岁，派出所110巡警

（2）地点及场景设计：张某和席某被110出警的巡警带到所里。

场景一：

110巡警王警官和林警官，将席某殴打他人的基本案情简单陈述给两位治安案件办案民警。刘警官和裴警官两名民警开始用普通程序办理案件。

预设对话。

问：你们怎么来派出所的？

答：警察给我带过来。

问：你知道警察为什么带你带到派出所？

答：因为有人遛狗吓唬我孩子，我给他打了。

问：你是否知道你打别人是什么行为？

答：我不知道。

（民警刘警官和裴警官在了解情况后，将席某带到办案区，了解情况，制作询问笔录）

场景二：

办案民警，将当事人带到办案区，进行人身检查包括：

1. 随身携带物品需要暂存、登记。

2. 伤情情况等，制作询问笔录，了解案情，进行案件受理。

预设对话。

问：我们是留山市公安局长江路派出所的侦查员（出示证件、证明文件），这是《行政案件权利义务告知书》，你看一下，是否看明白？（另一名民警裴警官负责记录）

答：我看明白了。

问：如果没有问题，请在《行政案件权利义务告知书》上签名，捺指印。

答：好的。

问：你是否完全理解告知书的内容？

答：我完全理解，并收好了告知书。

问：你是否要求办案人员回避？

答：我不要求。

问：你有什么要求？

答：没有。

问：你以前是否被公安机关处理过？

答：没有。

问：你是否有精神疾病或者其他类似的重大疾病？

答：都没有。

问：你是否是人大代表或者政协委员？

答：都不是。

问：你的个人简历？

答：……

问：你的家庭成员？

答：父亲…母亲…

问：你是否是中国共产党党员？

答：不是。

问：你是否有微信？

答：没有，上网都用QQ。

问：你的QQ号码是多少？

答：……

问：根据《中华人民共和国治安管理处罚法》第83条的规定，应将你被传唤的原因和处所通知你家属，怎么联系？

答：不通知家里。

民警开始对案情进行细致了解。

问：你还有什么补充吗？

答：没有了。

问：以上所说是否属实？

答：属实。

问：你看一下上述笔录，无异议签字捺指印。

答：好。

基本要求：

（1）民警首先要对当事进行人身检查，制作检查笔录；

（2）民警受理案件，填写受案登记表，出具《受案回执》；

（3）民警对两位当事人要分别进行调查取证，制作询问笔录；

（4）民警对于物证要进行证据保全，出具证据保全决定书。

场景三：

刘警官和裴警官2名民警，对于案件中的证人李某和辛某进行询问，了解案情，制作询问笔录。

预设对话。

问：我们是留山市公安局长江路派出所的侦查员（出示证件、证明文件），这是《行政案件权

利义务告知书》，你看一下，是否看明白？（另一名民警裴警官负责记录）

答：我看明白了。

问：如果没有问题，请在《行政案件权利义务告知书》上签名，捺指印。

答：好的。

问：你是否完全理解告知书的内容？

答：我完全理解，并收好了告知书。

问：你为何事来到派出所？

答：因为我看到有人打架，我来作证。

问：你的工作单位？

答：……

问：什么时间，在哪里发生的事情？

答：……

问：你把事情的经过说一下？

答：……

问：以上所说是否属实？

答：属实。

问：是否还有补充？

答：没有。

问：你看一下上述笔录，如果和你讲的相符，请签名？

答：好。

基本要求：民警对两名证人分别予以询问，详细了解案情，制作询问笔录。

场景四：

刘警官和裴警官两名民警，在调查取证后，对案件进行定性，做出行政处罚决定，并予以执行。

预设对话。

问：我们是留山市公安局长江路派出所的侦查员（出示证件、证明文件），这是《行政案件权利义务告知书》，你看一下，是否看明白？（另一名民警裴警官负责记录）

答：我看明白了。

问：如果没有问题，请在《行政案件权利义务告知书》上签名，捺指印。

答：好的。

问：你是否完全理解告知书的内容？

答：我完全理解，并收好了告知书。

其中 1 名民警陈述：现查明，留山市凌水路 162 号 2017 年 6 月 26 日 20 时 10 分左右，席某（男，身份证号 130201 * * * * * * * 0219）听到留山市凌水路 162 号楼下一小孩喊叫，误认为张某遛狗吓到自己家孩子，用水果刀将张某左侧太阳穴划伤。以上事实有当事人的询问笔录、证人证言和物证照片等证据证实。根据《中华人民共和国治安处罚法》第43第1款之规定，现决定给予席某拘留5日并罚款200元的行政处罚。

基本要求：

（1）制作行政处罚告知笔录；

（2）办案民警在调查取证后，对案件要进行准确定性，做出正确的行政处罚决定，并予以执行。

场景五：

加害方席某接受行政处罚决定，并予以执行。

预设对话。

告知加害方席某的执行方式和期限以及到指定银行缴纳罚款，并送拘留所执行。逾期不缴纳罚款的，每日按罚款数额的3%加处罚款，加处罚款的数额不超过罚款本数。

基本要求：

（1）席某到指定银行缴纳罚款，并送拘留所执行。

（2）保存《罚没款收据》和《拘留回执》。

（3）结案归档。

四、实训文书

受案登记表

（行政刑事通用）

（受案单位名称和印章）　　　　　公 （ ）受案字〔201 〕 号

案件来源	□110 指令□工作中发现□报案□投案□移送□扭送□其他				
报案人	姓 名		性别		出生日期
	身份证件种类		证件号码		
	工作单位			联系方式	
	现住址				
移送单位		移送人		联系方式	
接报民警		接报时间	年 月 日时 分	接报地点	

简要案情或者报案记录（发案时间、地点、简要过程、涉案人基本情况、受害情况等）以及是否接受证据：

接受证据情况见所附《接受证据清单》

受案意见	□属本单位管辖的行政案件，建议及时调查处理 □属本单位管辖的刑事案件，建议及时立案侦查 □不属于本单位管辖，建议移送＿＿＿＿＿＿＿＿＿处理 □不属于公安机关职责范围，不予调查处理并当场书面告知当事人 □其他＿＿＿＿＿＿＿＿＿＿＿＿＿＿＿＿＿＿＿ 受案民警：　　　　　　　　　　　　　　　　年 月 日
受案审批	受案部门负责人：　　　　　　　　　　　　　　年 月 日

一式两份，一份留存，一份附卷。

受案回执

_____ :

你（单位）于_____年____月____日报称的_____

_____

一案我单位已受理（受案登记表文号为 公（ ）受案字〔 〕 号）。

你（单位）可通过_____查询案件进展情况。

联系人、联系方式_____。

受案单位（印）

201×年×月×日

报案人、控告人、举报人、扭送人：

201 年 月 日

一式两份，一份交报案人、控告人、举报人、扭送人，一份附卷。

（此处印制公安机关名称）
行政处罚决定书

公（　　）行罚决字〔　　〕号

违法行为人（姓名、性别、年龄、出生日期、身份证件种类及号码、户籍所在地、现住址、工作单位、违法经历以及被处罚单位的名称、地址和法定代表人）＿＿。

现查明＿＿＿＿＿＿＿＿＿＿＿＿＿＿＿＿＿＿＿＿＿＿＿＿＿＿＿＿＿＿＿＿＿＿＿，

＿＿＿＿＿＿＿＿＿＿＿＿＿＿＿＿＿＿＿＿＿＿＿＿＿＿＿＿＿＿＿＿＿＿＿＿＿＿＿，

以上事实有＿＿＿＿＿＿＿＿＿＿＿＿＿＿＿＿＿＿＿＿＿＿＿＿＿＿＿＿＿＿＿

＿＿＿＿＿＿＿＿＿＿＿等证据证实。

根据＿＿＿＿＿＿＿＿＿＿＿之规定，现决定＿＿＿＿＿＿＿＿＿＿＿＿＿＿＿＿。

执行方式和期限＿＿＿＿＿＿＿＿＿＿＿＿＿＿＿＿＿＿＿＿＿＿＿＿＿＿＿＿。

逾期不交纳罚款的，每日按罚款数额的百分之三加处罚款，加处罚款的数额不超过罚款本数。

如不服本决定，可以在收到本决定书之日起六十日内向＿＿＿＿＿＿＿＿＿＿＿＿＿＿＿，申请行政复议或者在六个月内依法向＿＿＿＿＿＿＿＿＿＿＿＿＿＿＿＿＿＿＿＿＿人民法院提起行政诉讼。

附：＿＿＿＿＿清单共＿＿＿＿＿份

公安机关（印）

年　　月　　日

行政处罚决定书已向我宣告并送达。

被处罚人

年　　月　　日

一式三份，被处罚人和执行单位各一份，一份附卷。治安案件有被侵害人的，复印送达被侵害人。

五、分享点评

主讲教官对实训整体情况进行总结与讲评，总结学员容易出现的问题及忽略的内容，进一步深化学员对普通程序相关环节、内容及文书制作的理解和认识。

1. 模拟治安案件办理程序过程中存在的问题；

2. 检查文书填写质量；

3. 遵守纪律、团队合作等情况。

六、实训考核标准和成绩

1. 考核方式：教官根据学员实训现场表现，按考核标准打分（见表4-1）。

2. 成绩评定：按百分制评定成绩。

团队本阶段成绩为小组每位成员的平均分；

个人本阶段总成绩 = 个人本阶段平均成绩 × 0.7 + 团队本阶段成绩 × 0.3。

3. 实训评价考核环节具体操作时，可参考以下标准赋分：

（1）逼真、形象，贴近实战，有现场感，将案件中涉及的行为表现出来。

（2）警容严整，程序规范，处理得当；表明身份及法律用语准确得当、检查与询问程序规范。

4. 法律文书制作要求。询问查证规范，笔录制作符合规范与证据格式；处罚决定书的填制要做到依据准确、项目完整；所有文书均能体现当事人的合法权益保障。

表4-1 普通程序实训考核标准

考核内容	考核知识点	要点分值	考核得分	其他
知识运用方面	1. 案件性质认定与程序适用	5		
	2. 受案操作与文书制作	15		
	4. 笔录制作	15		
	5. 行政处罚决定书的填制	15		
组织协调与能力培养方面	6. 组织管理与指挥能力	5		
	7. 问题处理能力	5		
	8. 语言表达能力	5		
	9. 业务水平能力	10		
实训状态方面	10. 进入角色快，分工明确	10		
	11. 警容、实训纪律	5		
	12. 器材准备、爱护公物	5		
	13. 实训总结及时且到位	5		
合计得分				

七、普通程序适用实训小结

项目	内容
普通程序实训中 存在的问题	
文书填写实训中 存在的问题	
心得体会	
对实训教学的建议	

任务五　办理治安案件的简易程序

[训练目标]

通过该项目实训，使学员熟悉并掌握公安机关办理治安案件程序的相关规定；重点掌握简易程序的适用条件与实施规定、执法程序（即当场处罚程序）以及不适用简易程序办理的案件类型；能依法熟练地运用简易程序办理行政案件，规范行政措施的适用和涉案财物的管理，保障违反治安管理行为人的合法权益；会填制《当场处罚决定书》等相关法律文书及结案后的材料归档工作；初步具备适用简易程序办理治安案件的能力。

第一节　简易程序概述

简易程序是《治安管理处罚法》规定的公安机关办理治安案件两种程序（简易程序、普通程序）之一，是公安派出所办理治安案件较为常用的一种处罚程序。该程序的适用能使派出所节省大量人力、物力和财力，从而为派出所集中精力抓好基础工作建设、侦破重大案件以及其他工作提供强有力的支持和保障。

一、简易程序的概念

简易程序也称当场处罚程序，是指公安机关针对违法事实清楚、证据确凿、情节简单、因果关系明确的违反治安管理行为，依照法律规定，当场作出决定，并执行治安管理处罚的法律活动。它是《治安管理处罚法》赋予人民警察在维护社会治安中的职权，简易程序是较普通程序而言简便易行的程序。

二、法律依据

简易程序实施的法律依据主要有以下法律和规章：

1. 《行政处罚法》。

第33条明确规定：违法事实确凿并有法定依据，对公民处以50元以下罚款，对法人或者其他组织处以1000元以下罚款或者警告的行政处罚的，可以当场作出行政处罚决定。当事人应当依照本法第46条、第47条、第48条的规定履行行政处罚规定。

2.《治安管理处罚法》。

第100条明确规定：违反治安管理行为事实清楚、证据确凿，处警告或200元以下罚款的，可以当场作出治安管理处罚决定。

3.《公安机关办理行政案件程序规定》。

第34条明确规定：违法事实确凿，且具有下列情形之一的，人民警察可以当场作出处罚决定，有违禁品的，可以当场收缴：

（1）对违反治安管理行为人或者道路交通违法行为人处200元以下罚款或者警告的；

（2）出入境边防检查机关对违反出境入境管理行为人处500元以下罚款或者警告的；

（3）对有其他违法行为的个人处50元以下罚款或者警告、对单位处1000元以下罚款或者警告的；

（4）法律规定可以当场处罚的其他情形。

涉及卖淫、嫖娼、赌博、毒品的案件，不适用当场处罚。

综合以上规定，当场处罚程序适用的法律依据明确，针对的案情清楚，处罚种类适当，处罚执行方式简便易行，为公安机关的行政执法行为提供了行之有效的科学依据。

三、适用简易程序的意义

适用简易程序处理治安案件的重要意义体现在：

1. 提高公安机关的行政效率，体现了权责一致的管理原则，减轻不必要的负担，节省治安管理成本。

公安机关过去在适用治安处罚时，无论何种案件，必须一律经过有关领导批准，现在，执法的人民警察依法拥有了限定性当场处罚权，使职责和权力得到了统一，提高了行政办案效率。

2. 当场处罚程序能够迅速解决纠纷，了结治安案件，尽快化解矛盾，当场处罚是便民原则在处罚程序中的具体体现。

3. 当场处罚是公安机关公开办案，增强工作透明度的一个具体体现，有利于抵制不正之风。由于简易程序减少了办案的许多环节，为办案赢得了时间，所以，减少了某些人说情的时间和机会，等他们通过各种关系找到所谓的熟人以后，办案民警已当场处罚完毕，《当场处罚决定书》已送达，没有办法再更改处罚决定。这就有力地抵制了不正之风，很好地体现了执法办案的公开、公正和公平原则。

第二节　简易程序的适用

适用简易程序为办理治安案件带来了许多方便，提高了案件办理效率，节省了执法成本，但因其程序简化必然存在一定的执法风险，有较大局限性。为此，《行政处罚法》《治安管理处罚法》以及《公安机关办理行政案件程序规定》等法律规范都对简易程序的适用条件作出了严格规定。

一、简易程序的适用条件

1. 必须是公安人员在依法执行职务中，当场发现的违反治安管理行为。

2. 违法事实确凿并有法定依据，情节轻微，因果关系明确。

（1）事实清楚，证据确凿主要是指：违反治安管理行为人实施违法行为的事实及一切危害后果等都已经调查清楚，已经有确实充分的证据证明违法事实及其产生的危害后果的存在；并有确凿充分的证据证明违法行为确实是行为人所实施的。

（2）有法定依据。应该做到：一是认定违法行为的性质应当是现行公安行政法律法规规定应受处罚的行为；二是必须符合适用简易程序的法定条件；三是必须严格按照法定的简易程序操作步骤进行处罚。

（3）违反治安管理行为情节较轻微，社会危害性小。治安行政违法行为所造成的危害性的大小，情节是否轻微，是公安行政执法人员能否适用简易程序作出处罚决定的法定条件之一。如果违法行为的社会危害性较大，按照"过罚相当"的原则，对违法行为人就可能给予较重的治安管理处罚。这就必然导致公安机关在选择和适用治安处罚的种类和处罚幅度上超过了适用简易程序的法定条件，不能适用简易程序作出治安处罚。

（4）违反治安管理行为案情简单，因果关系明确。适用简易程序的前提，是当场发现的违反治安管理行为，并且案情简单，因果关系明确，无须进一步调查取证；执法人员与行政相对人对已经确认的违法事实都没有异议。案情简单，主要是指涉案的当事人人数不多，实施违法行为的起因和过程比较简单；因果关系明确，主要是指违法行为人实施行为的事实以及违法行为所造成的危害后果之间的关系清晰明了，呈现一一对应的关系，可以排除其他的可能。如果案情比较复杂，那就应当适用普通程序决定治安处罚。

3. 被处罚人承认自己的违法事实。适用简易程序作出处罚决定，必须是违法行为人承认违法事实，被侵害人对公安机关人民警察确认的违法事实没有异议。如果事实比较复杂，双方对违法事实的情节争议较大，需要公安机关人民警察进一步核实查证，就不能适用简易程序。

4. 符合法定处罚种类和幅度。即处警告、200 元以下罚款或法律规定可以当场处罚的其他情形（出入境边防检查机关对违反出境入境管理行为人处 500 元以下罚款）。

根据《治安管理处罚法》的规定，处以 200 元以下罚款或者警告的行政处罚，可以由办案人员当场作出行政处罚决定；同时，《公安机关办理行政案件程序规定》第 34 条还规定一个概括性的兜底条款，即法律规定可以当场处罚的其他情形。

5. 适用简易程序处罚的，可以由人民警察 1 人作出行政处罚决定。《公安机关办理行政案件程序规定》第 36 条规定，适用简易程序处罚的，可以由人民警察 1 人作出行政处罚决定。

二、不适用简易程序作出处罚决定的治安案件

《公安机关办理行政案件程序规定》第 34 条第 2 款明确规定，下列违反治安管理行为，不适用当场处罚：

1. 涉及卖淫的案件。

2. 涉及嫖娼的案件。

3. 涉及赌博的案件。

4. 涉及毒品的案件。

之所以作出上述规定，是因为卖淫、嫖娼行为根据卫生部、公安部《对卖淫、嫖娼人员强制进行性病治疗有关问题的通知》的规定，须对行为人强制进行性病检查；根据检查结果才能确定具体的处罚，其调查取证过程较为复杂；介绍或者容留卖淫、嫖娼行为，须进一步查清是否构成犯罪，查清是否涉及经营单位和经营人员，是否还有其他违反治安管理行为；拉客招嫖和赌博案件因为涉及人员较多，情节较复杂，证据的收集和固定比较困难，而且调查程序的合法性和公正性要求严格，所以不能适用当场处罚程序进行。

三、简易程序的执法办案步骤

（一）人民警察执法程序

根据《治安管理处罚法》第 101 条和《公安机关办理行政案件程序规定》第 35 条、第 36 条的规定，当场作出治安管理处罚决定的，人民警察应当履行以下步骤：

1. 出示执法身份证，表明执法主体身份，指出其违法事实。《治安管理处罚法》第 101 条规定，当场作出治安管理处罚决定的，人民警察应当向违反治安管理行为人出示工作证件，并填写处罚决定书。处罚决定书应当当场交付被处罚人；有被侵害人的，并将决定书副本抄送被侵害人。处罚决定书，应当载明被处罚人的姓名、违法行为、处罚依据、罚款数额、时间、地点以及公安机关名称，并由经办的人民警察签名或者盖章；当场作出治安管理处罚决定的，经办的人民警察应当在 24 小时内报所属公安机关备案。

《公安机关人民警察内务条令》规定，民警应当向违反治安管理行为人出示自己的工作证件，主要是人民警察证，以此表明自己合法的执法主体身份和资格，是在代表公安机关依法履行职务，是一种公务行为，具有合法性和合理性。而并非是个人行为，并据此向违反治安管理的行为人和被侵害人了解案情。

2. 收集证据。

3. 口头告知违法行为人拟作出行政处罚决定的事实、理由和依据，并告知违法行为人依法享有的陈述权和申辩权。虽然行政处罚法并没有将告知程序作为适用简易程序作出行政处罚决定成立的要件来规定，但是行政处罚法已经把告知作为行政处罚决定成立的要件和必经程序，公安机关在适用简易程序作出行政处罚决定时，也必须严格履行这种法定义务，否则所作出的处罚决定无效。

《治安管理处罚法》第 94 条规定，公安机关作出治安管理处罚决定前，应当告知违反治安管理行为人作出治安管理处罚的事实、理由及依据，并告知违反治安管理行为人依法享有的权利。

4. 充分听取违法行为人的陈述和申辩。违法行为人提出的事实、理由或者证据成立的，应当采纳。违反治安管理行为人有权陈述和申辩。公安机关必须充分听取违反治安管理行为人的意见，对违反治安管理行为人提出的事实、理由和证据，应当进行复核；违反治安管理行为人提出的事实、理由或者证据成立的，公安机关应当采纳；公安机关不得因违反治安管理行为人的陈述、申辩而加重处罚。

5. 制作《治安管理当场处罚决定书》并当场交付被处罚人。《治安管理当场处罚决定书》既是公安机关执行处罚决定的根据，又是当事人不服处罚决定而进行复议或诉讼的合法凭证。因此，必须制作当场处罚决定书并当场交付被处罚人。

当场作出治安管理处罚决定的，处罚决定书应当载明被处罚人的姓名、违法行为、处罚依据、罚款数额、时间、地点以及公安机关名称，并由经办的人民警察签名或者盖章。

6. 收缴罚款。人民警察当场收缴罚款的，应当同时填写罚款收据，交付被处罚人。公安机关及其人民警察当场收缴罚款的，应当出具省级或者国家财政部门统一制发的罚款收据。对不出具省级或者国家财政部门统一制发的罚款收据的，被处罚人有权拒绝缴纳罚款。对不当场收缴罚款的，要告知被处罚人应当自收到行政处罚决定书之日起 15 日内，到指定的银行缴纳罚款。

根据《治安管理处罚法》第 104 条的规定，有下列情形之一的，人民警察可以当场收缴罚款，需要注意的是，当场收缴罚款不一定都是指简易程序，也可适用于普通程序的下列情形：

（1）被处 50 元以下罚款，被处罚人对罚款无异议的。

（2）在边远、水上、交通不便地区以及旅客列车上，公安机关及其人民警察依照《治安管理处罚法》的规定作出罚款决定后（编者注：关于此问题的规定，法规没有数额限制，也不仅限于简易程序），被处罚人向指定的银行缴纳罚款确有困难，经被处罚人提出的。

对上述两种情况，办案人民警察应当要求被处罚人签名确认。

（3）被处罚人在当地没有固定住所，不当场收缴事后难以执行的（编者注：此问题由现场执法民警决定不需当事人提出）。

7. 收缴非法财物。根据《公安机关办理行政案件程序规定》第 34 条的规定，违法事实确凿，且具有法定情形之一的，人民警察可以当场作出处罚决定，有违禁品的，可以当场收缴。在适用简易程序查处治安案件过程中，如果涉及直接用于违反治安管理行为的工具和违禁品等，人民警察应当予以收缴。

8. 向所属公安机关上交备案。《公安机关办理行政案件程序规定》第 36 条规定，适用简易程序处罚的可以由人民警察 1 人作出行政处罚决定。人民警察当场作出行政处罚决定的，应当于作出决定后的 24 小时内将当场处罚决定书报所属公安机关备案，交通警察应当于作出决定后的 2 日内报所属公安机关交通管理部门备案。在旅客列车、民航飞机、水上作出行政处罚决定的，应当在返回后的 24 小时内报所属公安机关备案。

《公安机关办理行政案件程序规定》第 190 条规定，人民警察应当自收缴罚款之日起 2 日内，将当场收缴的罚款交至其所属公安机关；在水上当场收缴的罚款，应当自抵岸之日起 2 日内将当场收缴的罚款交至其所属公安机关；在旅客列车上当场收缴的罚款，应当自返回之日起 2 日内将当场收缴的罚款交至其所属公安机关；公安机关应当自收到罚款之日起 2 日内将罚款缴付指定的银行。

（二）被处罚人接受当场处罚的程序

1. 对当场处罚决定书予以核对。凡是被处罚人认可了当场处罚，必须接受，并对法律文书予以核对。

2. 有权陈述和申辩。公安机关应当充分听取被处罚人的意见，凡是违反治安管理行为人提出的事实、理由或者证据成立的，公安机关应当采纳。

3. 有权索取处罚决定书和罚款收据。

4. 按照法律规定缴纳罚款。

5. 签名或盖章。

6. 对当场处罚不服，可以依法获得法律救济。当场作出的治安行政处罚决定虽然是数额较小的罚款或警告处罚，但毕竟属于治安处罚，在事后的法律救济上与其他治安处罚是相同的。被处罚人可以申请行政复议或者提起行政诉讼。

四、简易程序流程图（见图5-1）

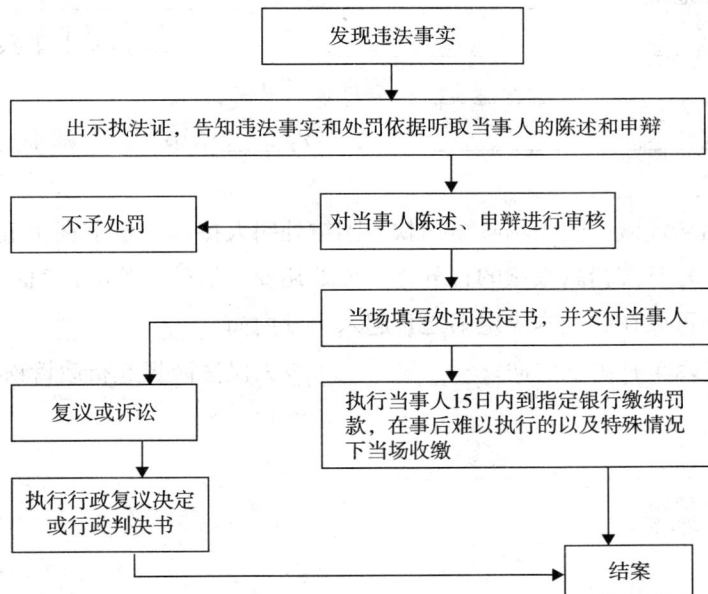

图5-1　简易程序流程图

五、当场处罚决定书

(一) 当场处罚决定书的样例

(此处印制公安机关名称)
当场处罚决定书

编号：

违法行为人姓名或者单位名称＿＿＿＿＿＿＿＿＿＿＿＿＿＿＿＿＿＿＿＿

性别＿＿＿年龄＿＿＿出生日期＿＿＿＿＿＿＿＿身份证件种类及号码＿＿＿＿＿＿＿＿＿＿

＿＿

法定代表人＿＿＿＿＿＿＿＿＿＿＿＿＿＿＿＿＿＿＿＿＿＿＿＿＿＿＿＿＿＿＿＿

现住址或者单位地址＿＿＿＿＿＿＿＿＿＿＿＿＿＿＿＿＿＿＿＿＿＿＿＿＿＿＿

现查明＿＿＿＿＿＿＿＿＿＿＿＿＿＿＿＿＿＿＿＿＿＿，以上事实有对＿＿＿＿＿＿

＿＿＿＿＿＿＿＿＿＿＿＿＿＿＿＿＿＿＿＿等证据证实。

根据《＿＿＿＿＿＿＿＿＿＿＿＿＿＿＿》第＿＿条第＿＿款第＿＿项之规定，决

定给予＿＿＿＿＿＿＿＿＿＿＿＿。

执行方式：□当场训诫　□当场收缴罚款　□被处罚人持本决定书在十五日内到银行缴纳罚

款。逾期不缴纳的，每日按罚款数额的百分之三加处罚款，加处罚款的数额不超过罚款本数。

如不服本决定，可以在收到本决定书之日起六十日内向＿＿＿＿＿＿＿＿＿＿＿＿

申请行政复议或者在六个月内依法向＿＿＿＿＿＿＿＿人民法院提起行政诉讼。

处罚地点＿＿＿＿＿＿＿＿＿＿＿＿＿＿＿＿＿＿

办案人民警察＿＿＿＿＿＿＿＿＿＿＿＿＿＿＿

□附：收缴物品清单

公安机关（印）

年　　月　　日

处罚前已口头告知违法行为人拟作出处罚的事实、理由和依据，并告知违法行为人依法享有

陈述权和申辩权。

被处罚人

年　　月　　日

一式两份，一份交被处罚人，一份交所属公安机关备案。治安案件有被侵害人的，复印送达被

侵害人。

(二) 当场处罚决定书的制作

1. 适用条件。当场处罚决定书，是公安机关进行当场处罚时使用的文书。该文书不适用于公安

交通管理当场处罚。

2. 填写制作要求。违法行为人是个人的，应当填写其姓名、性别、年龄、出生日期、身份证件种类及号码、现住址；违法行为人是单位的，填写单位名称、法定代表人及单位地址。

当场收缴物品的，在附：收缴物品清单"前的□"中打钩，并制作相应的收缴物品清单。

交所属公安机关备案的当场处罚决定书应当由被处罚人签名或盖章。被处罚人拒绝签名、盖章的，由办案民警在文书上注明。

3. 注意事项。除交所属公安机关备案联外，送达被处罚人联，没有被处罚人、被害人签字部分内容。案件有被害人的，可复印送达被害人。

第三节 办理治安案件的简易程序实训

一、实训内容

1. 通过对向大型活动场内投掷杂物、制造噪声干扰正常生活的两起违反治安管理行为处罚适用的模拟演练，掌握适用简易程序办案的条件及程序。

2. 正确填制《当场处罚决定书》。

3. 形成实训小结，内容包括训练中存在的问题及心得体会。

二、情境设计

（一）"向大型活动场内投掷杂物"的违反治安管理行为

时间：2016年8月17日15时。

地点：黄海市南关岭体育场内。

人物：安某东，男，身份证号，880911××××2016；

安某西，男，身份证号，880911××××0421，2人系表兄弟关系。

事件：中国足球协会超级联赛第三十一轮第162场辽西足球俱乐部宏远队与山东鲁能泰山足球俱乐部队的比赛在黄海市南关岭体育场进行。在比赛进行中，安某东及其表弟安某西因对裁判不满，向比赛场地内扔掷了矿泉水瓶子，幸好没有打到人，但已经达到破坏比赛秩序的程度。

民警牟警官，巡警韩警官接到报警后，赶到现场。

牟警官问：刚才是谁往比赛场内扔掷矿泉水瓶子了？韩警官在一旁进行记录。

安某东（语气不好）：是我扔的，能怎么样？什么狗屁裁判，吹黑哨，我不服，我不服……

安某西也在一旁跟着说：警察叔叔，确实是裁判不公平，要不我们也不能情绪这么激动……

牟警官问：安某西你刚才有没有扔矿泉水瓶子？

安某西：我扔了，但我知道这样做不对，下次再也不敢了。

牟警官问：安某东你呢？

安某东：我就是扔了，以后如果裁判再敢这样，我还扔，我就是不服气。

牟警官：你们二人不管对比赛怎么不满意，但这是比赛，你们的行为已经影响到了比赛的秩序，根据《治安管理处罚法》第24条第1款第5项之规定，要对你们二人进行治安管理处罚，但考虑到安某西态度较好，对安某西给予警告的处罚，鉴于安某东对自己的行为性质认识程度不够，对你处以 200 元罚款，对你们的处罚立即执行。这是《当场处罚决定书》，请你们看一下。

结果：安某东及安某西分别在《当场处罚决定书》上签字，接受了处罚。

（二）"制造噪声干扰正常生活"的违反治安管理行为

时间：2016 年 10 月 20 日晚 8 点。

地点：李某龙家里。

人物：李某龙，男，身份证号：410711×××× 2018；刘某凤，女，身份证号：410711×××××2014。

事件：李某龙在家唱歌，因音响的音量过大，影响到了楼下邻居刘某凤的休息，刘某凤因为第二天学校要考试，需要早起，刘某凤就到李某龙家敲门，李某龙态度不好，刘某凤报了警，民警李警官来到了现场。

刘某凤：他在家唱歌，唱歌音量太大，影响到了我休息，我明天有考试。我上来敲门让他关掉，他不听，态度还不好。

李某龙：是刘某凤态度不好，说话一点不客气，如果她好好跟我说，我可能马上就关掉了。

民警李警官：邻里之间互相照顾，互相理解，因为你的噪音影响到了别人的休息，根据我国《治安管理处罚法》第 58 条的规定，对你做出警告的处罚，希望你以后能够注意，不要制造噪音，影响到别人的休息。这是《当场处罚决定书》，请你看一下。

结果：李某龙在《当场处罚决定书》上签字，接受了处罚。

三、实训组织

（一）学员课前预习重点

1. 预习《治安管理处罚法》中关于简易程序的相关知识。

2. 预习《公安机关办理行政案件程序规定》中简易程序的相关知识。

（二）模拟演练

1. 场地及器材准备。布置模拟现场，教官课前准备好情景模拟教具及相关法律文书，并对学员进行知识要点提示。

2. 人员组织及安排。

（1）练习环节。把学员分成 2 个小组，分别选取小组长 1 名负责组织协调，每组 10 人左右，教官将给出 2 个简易程序的典型行政案件，每组实训扮演 1 个，小组成员内部再进行轮换。

（2）考核环节。

①学员：全班分为 2 小组，分别选取小组长 1 名负责组织协调，学员交叉进行各自案例的角色扮演；

②教官：每个情境将有一个教官负责每组的演练组织及考评。

（三）演练组织及实施

1. 主讲教官设计模拟演练脚本；

2. 辅助教官将脚本派发给角色扮演的学员并进行布置讲解；

3. 组织模拟演练，过程中主讲教官可进行个别指导，辅助教官跟踪考核；

4. 以组为单位，当场提交实训制作的《当场处罚决定书》；

四、实训文书

公安局　　　分局

当场处罚决定书

编号：

违法行为人姓名或者单位名称＿＿＿＿＿＿＿＿＿＿＿＿＿＿＿＿＿＿＿＿＿＿

性别＿＿　年龄＿＿　出生日期＿＿＿＿＿年＿＿月＿＿日

身份证件种类及号码＿＿＿＿＿＿＿＿＿＿＿＿＿＿＿＿＿＿＿＿＿＿＿＿＿＿

法定代表人＿＿＿＿＿＿＿＿＿＿＿＿＿＿＿

现住址或者单位地址＿＿＿＿＿＿＿＿＿＿＿＿＿＿＿＿＿＿＿＿＿＿＿＿＿＿

现查明＿＿＿＿＿＿＿＿＿＿＿＿＿，以上事实有＿＿＿＿＿＿＿＿＿＿＿＿＿＿等证据证实。

根据《中华人民共和国治安管理处罚法》第＿＿条第＿＿款第＿＿项之规定，决定给予＿＿＿＿

＿＿＿

执行方式：□当场训诫　□当场收缴罚款　□被处罚人持本决定书在十五日内到银行缴纳罚款。逾期不缴纳的，每日按罚款数额的百分之三加处罚款，加处罚款的数额不超过罚款本数。

如不服本决定，可以在收到本决定书之日起六十日内向＿＿＿＿＿＿＿＿＿＿＿＿＿＿市公安局或＿＿＿＿＿＿＿＿＿＿区人民政府申请行政复议或者在六个月内依法向＿＿＿＿＿＿＿＿区人民法院提起行政诉讼。

处罚地点＿＿＿＿＿＿＿

办案人民警察＿＿＿＿＿＿＿

□附：收缴物品清单

公安机关（印）

201　年　月　日

处罚前已口头告知违法行为人拟作出处罚的事实、理由和依据，并告知违法行为人依法享有陈述权和申辩权。

被处罚人＿＿＿＿＿＿＿

201　年　月　日

　　一式两份，一份交被处罚人，一份交所属公安机关备案。治安案件有被侵害人的，复印送达被侵害人。

公安局　　分局
当场处罚决定书

编号：

违法行为人姓名或者单位名称_____

性别____　年龄____　出生日期_____年___月___日

身份证件种类及号码_____

法定代表人_____

现住址或者单位地址_____

现查明_____，以上事实有_____等证据证实。

根据《中华人民共和国治安管理处罚法》第____条第____款第____项之规定，决定给予____

_____

执行方式：□当场训诫　□当场收缴罚款　□被处罚人持本决定书在十五日内到银行缴纳罚款。逾期不缴纳的，每日按罚款数额的百分之三加处罚款，加处罚款的数额不超过罚款本数。

如不服本决定，可以在收到本决定书之日起六十日内向_____市公安局或_____区人民政府申请行政复议或者在六个月内依法向_____区人民法院提起行政诉讼。

处罚地点_____

办案人民警察_____

□附：收缴物品清单

公安机关（印）

201　年　月　日

处罚前已口头告知违法行为人拟作出处罚的事实、理由和依据，并告知违法行为人依法享有陈述权和申辩权。

被处罚人_____

201　年　月　日

　　一式两份，一份交被处罚人，一份交所属公安机关备案。治安案件有被侵害人的，复印送达被侵害人。

公安局　　分局
当场处罚决定书

编号：

违法行为人姓名或者单位名称＿＿＿＿＿＿＿＿＿＿＿＿＿＿＿＿＿＿＿＿＿＿＿＿＿

性别＿＿＿　年龄＿＿＿　出生日期＿＿＿＿＿年＿＿月＿＿日

身份证件种类及号码＿＿＿＿＿＿＿＿＿＿＿＿＿＿＿＿＿＿＿＿＿＿＿＿＿＿＿＿＿

法定代表人＿＿＿＿＿＿＿＿＿＿＿＿＿

现住址或者单位地址＿＿＿＿＿＿＿＿＿＿＿＿＿＿＿＿＿＿＿＿＿＿＿＿＿＿＿＿＿

现查明＿＿＿＿＿＿＿＿＿＿＿＿＿＿，以上事实有＿＿＿＿＿＿＿＿＿＿＿＿＿＿等证据证实。

根据《中华人民共和国治安管理处罚法》第＿＿＿条第＿＿＿款第＿＿＿项之规定，决定给予＿＿＿＿

＿＿＿＿＿＿＿＿＿＿＿＿＿＿＿＿＿＿＿＿＿＿＿＿＿＿＿＿＿＿＿＿＿＿＿＿＿＿＿

执行方式：□当场训诫　□当场收缴罚款　□被处罚人持本决定书在十五日内到银行缴纳罚款。逾期不缴纳的，每日按罚款数额的百分之三加处罚款，加处罚款的数额不超过罚款本数。

如不服本决定，可以在收到本决定书之日起六十日内向＿＿＿＿＿＿＿＿＿＿＿＿市公安局或＿＿＿＿＿＿＿＿＿区人民政府申请行政复议或者在六个月内依法向＿＿＿＿＿＿＿＿区人民法院提起行政诉讼。

处罚地点＿＿＿＿＿＿＿

办案人民警察＿＿＿＿＿＿＿

□附：收缴物品清单

公安机关（印）

201　年　月　日

处罚前已口头告知违法行为人拟作出处罚的事实、理由和依据，并告知违法行为人依法享有陈述权和申辩权。

被处罚人＿＿＿＿＿＿＿

201　年　月　日

一式两份，一份交被处罚人，一份交所属公安机关备案。治安案件有被侵害人的，复印送达被侵害人。

五、分享点评

1. 小组组长分享发言

2. 学员分享发言

3. 每组考评教官分享发言

六、实训考核标准和成绩

1. 考核方式：教官根据学员实训现场表现，按考核标准赋分（见表5－1）。

2. 成绩评定：按百分制评定成绩。

3. 本任务的实训可根据实际情况决定，原则上可不参加成绩考核评定。

表5－1 简易程序实训考核标准

时间	年 月 日 时 分至 时 分					
案情						
考核要点 与分值	表明身份 10	现场询问 10	证据情况 10	告知情况 10	执法态度 10	当场处罚决定书 制作情况 50
各项得分						
总成绩						

个人成绩的总得分为100分，文书制作项50分，其他考核项共50分，由考核教官根据个人表现进行打分。

七、简易程序适用实训小结

项目	内容
简易程序实训中存在的问题	
文书填写实训中存在的问题	
心得体会	
对实训教学的建议	

任务六 办理治安案件的听证程序

[训练目标]

听证程序是公安机关办理行政案件的一个法定选择性程序，办案中是否需要听证，要视案情而定。通过该项目实训，使学员了解听证程序的适用范围、适用条件、时间节点以及听证过程的具体组织实施；基本掌握听证程序的实施操作路径，其环节主要包括听证告知、听证申请的提出、听证受理、听证相关事项通知、听证主持与组织、听证笔录制作以及听证会后的合议、听证报告书的制作等，以此培养和强化学员的人权意识、程序意识、法律意识，提高行政案件办理能力。

第一节 听证程序概述

听证程序是行政机关在决定某项重大的行政处罚前实施内部自我制约的制度，听证主持人实际上担负着行政机关内设"行政庭"的"法官"的职责，听证主持人在整个听证活动中的任何行为和表现都不容置疑地体现着行政机关的气度和风范。

听证程序在我国是一项新制度，公安机关在贯彻执行《行政处罚法》《治安管理处罚法》和《公安机关办理行政案件程序规定》时，必须注意和适用好听证制度，切实保护好当事人的合法权益。听证程序不是一种独立的办案程序，不是每一起案件的必经程序，是普通程序中的一个选择性程序，它是依托于普通程序基础之上的一种特殊情形。

一、听证的含义

听证，即听证程序，是指公安机关在对法定处罚种类作出处罚决定之前，听取违反治安管理行为人的陈述和申辩，并由听证程序的参加人就有关违反治安管理行为的事实相互进行质问、辩论和反驳，从而查明事实真相的一种法律制度。

二、法律依据

1. 《治安管理处罚法》第 3 条、第 98 条。

2. 《行政处罚法》第 42 条。

3. 《公安机关办理行政案件程序规定》第八章第 99～129 条的规定。

三、听证程序的适用范围

根据《治安管理处罚法》第 3 条和《公安机关办理行政案件程序规定》第 99 条的规定，治安管理处罚中的听证程序适用范围包括：

1. 责令停产停业。

2. 吊销公安机关发放的许可证（吊销许可证或者执照）。

3. 较大数额罚款。

4. 法律、法规和规章规定违法嫌疑人可以要求举行听证的其他行政案件。

第 3 项所指"较大数额罚款"是指对个人处以 2000 元以上罚款，对违反边防出入境管理法律、法规和规章的个人处以 6000 元以上罚款，对单位处以 10000 元以上罚款。对依据地方性法规或者地方政府规章作出的罚款处罚，适用听证的罚款数额按照地方规定执行。

四、听证程序适用的条件

1. 属于法定处罚范围。

2. 违反治安管理行为人要求听证的。

3. 听证由公安机关法制部门组织实施。公安机关内设业务部门依法以自己的名义作出行政处罚决定的，由该部门的非本案调查人员组织听证。

第二节　听证程序的组织与实施

一、治安行政案件听证人员和听证参加人

（一）治安案件听证人员

1. 治安案件听证主持人。治安案件听证会一般设听证主持人 1 名，具体负责组织举行听证会。听证主持人由组织听证的公安机关负责人指定。

（1）治安案件听证主持人的条件。法律法规要求听证主持人由组织听证的公安机关负责人指定的非本案调查人员主持。保证听证主持人能够站在比较客观、公正的立场上，依据所认定的案件事实和相关的法律做出比较公正的处理决定，有效避免听证主持人先入为主，主观臆断，造成错案冤案。由于他们不直接参与具体的治安行政执法工作，由其来组织和主持听证比较合适。

（2）听证主持人的法定职责权限。根据程序规定，公安机关听证主持人在听证活动中行使下列职权：一是确定举行听证的时间、地点；二是决定听证是否公开举行；三是通知和组织听证参加人到场参加听证，提供或者补充证据；四是决定听证的延期、中止或者终止；五是主持听证，并就案件的事实、理由、证据、程序、适用法律等相关问题组织案件当事人进行质证和辩论；六是维持听证秩序，对违反听证纪律的行为予以制止；七是决定其他听证员、记录员的回避；八是依法享有的其他职权。

（3）听证主持人的义务。听证主持人应当依法保障利害关系人的听证权，及时地将与听证有关

的材料和文书送达当事人，保证当事人能够自由地对行政机关的事实调查结果和适用法律问题发表意见，组织做好听证笔录，并且就有关行政案件的事实、证据、程序、适用法律等方面全面听取当事人的陈述和申辩。并根据听证过程中调查和核实的证据，依据事实，根据法律和法规，对案件独立地、客观公正地做出判断，并向同级公安机关提出处罚建议。

2. 治安行政案件其他听证人员。

（1）治安行政案件听证员。听证员，是指公安机关负责人在本机关内部指定的协助听证主持人工作的人员。公安机关根据听证案件的复杂程度，可以设听证员 1~2 名，协助听证主持人组织听证。本案调查人员、与案件有利害关系的人员不得担任听证员。

（2）听证记录员。《公安机关办理行政案件程序规定》明确规定：听证设记录员 1 名，负责制作听证记录，协助听证主持人安排听证过程中的一些具体事宜。听证记录员的回避与听证员相同。

（二）治安行政案件听证参加人

根据《公安机关办理行政案件程序规定》第 105 条的规定，治安行政案件听证参加人主要有以下四种：

1. 当事人及其代理人。

2. 本案办案人民警察。

3. 证人、鉴定人、翻译人员。

4. 其他有关人员。

二、治安行政案件听证的告知、申请和受理

（一）治安案件听证的告知

对适用听证程序的治安案件，办案部门在提出处罚意见后，应当告知违法嫌疑人拟作出的治安处罚的种类、幅度和有要求举行听证的权利。

（二）治安案件听证的申请

违法嫌疑人要求举行听证的，应当在公安机关告知后的 3 日内提出申请。违法嫌疑人放弃听证或者撤回听证要求后，在处罚决定做出前，又提出听证要求的，只要在听证申请有效期限内，应当允许。

（三）治安案件听证的受理

公安机关收到听证申请后，应当在 2 日内决定是否受理。对违法嫌疑人的听证申请要求不符合法定听证条件，决定不予受理的，应当制作不予受理听证通知书，告知听证申请人。逾期不通知听证申请人的，视为受理。

三、治安行政案件听证的举行步骤

（一）听证举行前需做的工作

1. 在做出处罚决定前，公安机关应当告知违反治安管理行为人即将作出处罚决定内容，依据的事实和理由，以及当事人依法享有的听证权利；

2. 违法行为人在接到通知后的 3 日以内，向作出决定公安机关提出听证要求；

3. 公安机关应当在组织听证的 7 日前，通知下列人员举行听证的时间和地点：违法行为人、被害人、办案人员即公安行政案件的调查取证人员、有关证人；

4. 听证应当在公安机关收到听证申请之日起 10 日内举行；

5. 由作出处罚决定的公安机关组织听证。

（二）听证的组织与实施

1. 听证开始时，听证主持人核对参加听证的调查人员、当事人身份或者代理人以及其他听证参加人身份、手续。

2. 宣布案由。

3. 宣布听证员、记录员和翻译人员名单。

4. 告知当事人在听证中的权利和义务。

5. 询问当事人是否提出回避申请。如果当事人认为主持人或者参加听证会的其他相关人员与本案有利害关系，可能影响对案件的定性对案件证据的质证公正性，有权依法申请该主持人或者其他相关人员回避，并报有关机关领导审批。听证主持人回避与否，由所在公安机关负责人审批决定。其他相关人员回避与否，由听证主持人决定。

6. 听证内容除了涉及国家秘密、商业秘密或者个人隐私的以外，应当公开举行，允许旁听和报道，以利于宣传法制。对不公开听证的行政案件，应当宣布不公开听证的理由。

7. 听证的审查环节。

（1）听证调查。听证开始后，首先由办案人员提出违法嫌疑人违法的事实、证据和治安处罚意见及法律依据。办案人员提出证据时，应当向听证会出示。对证人证言、鉴定意见、勘验、检查笔录和其他作为证据的文书，应当当场宣读。

违法嫌疑人可以就办案人员提出的违法事实、证据和法律依据以及治安处罚意见进行陈述、申辩和质证，并可以提出新的证据。第三人可以陈述事实，提出新的证据。

听证过程中，当事人及其代理人有权申请通知新的证人到会，调取新的证据。对上述申请，听证主持人应当当场做出是否同意的决定；申请重新鉴定的，按照《公安机关办理行政案件程序规定》第七章第五节有关规定办理。

（2）听证辩论。违法嫌疑人、第三人和办案人员可以围绕案件的事实、证据、程序、适用法律、处罚种类和幅度等问题进行辩论。

（3）最后陈述。辩论结束后，听证主持人应当听取违法嫌疑人、第三人、办案人员各方最后陈述意见。

8. 制作听证笔录。听证过程应当制作笔录；听证结束时，将笔录交当事人及有关人员审核无误后，分别签名或者盖章；如果听证笔录有遗漏或者差错，应当及时补正。

听证记录员应当将举行听证的情况记录在听证笔录内。听证笔录应当载明下列内容：

案由；举行听证的时间、地点和方式；听证人员和听证参加人的身份情况；办案人民警察陈述的事实、证据和法律依据以及行政处罚意见；听证申请人或者其代理人的陈述和申辩；第三人陈述的事实和理由；办案人民警察、听证申请人或者其代理人、第三人质证、辩论的内容；证人陈述的事实；听证申请人、第三人、办案人民警察的最后陈述意见；其他事项。

（三）审查决定

听证结束后，听证主持人应当写出治安行政案件听证报告书，连同治安行政案件听证笔录一并报送公安机关负责人。治安行政案件听证报告书应当包括下列内容：案由；听证人员和听证参加人的基本情况；举行听证的时间、地点和方式；听证会的基本情况；案件事实；治安行政案件处理意见和拟处罚建议。

公安机关负责人应当根据治安行政案件听证情况，进一步确定违法行为的性质、行为的具体种类和名称，并审查违法行为人的责任能力以及违法行为是否具有法律法规规定的从轻或者从重处罚的情节，以及减轻或者不予处罚的法定情节。按照《公安机关办理行政案件程序规定》第九章的规定作出处理决定。

第三节　听证程序相关文书

一、听证笔录

（一）听证笔录的样例

（此处印制公安机关名称）

听证笔录

案由_____

时间_____年___月___日___时___分至_____年___月___日___时___分

地点_____举行方式_____

听证主持人_____听证员_____

记录员_____

听证申请人_____

法定代表人_____

委托代理人_____

本案其他利害关系人_____本案其他利害关系人的代理人_____

本案办案人民警察_____

听证内容记录（可加页）_____

_____

_____

_____

_____

_____

_____

_____

_____

_____

_____

听证申请人或者代理人_____

其他利害关系人或者代理人_____

证人_____

听证员_____

听证主持人_____

记录员_____年_____月___日_____

第　页　共　页

（二）听证笔录的制作

1. 适用条件。是对听证过程和内容的记录。

2. 填写制作要求。"听证内容记录"前的"听证主持人"、"听证员"、"记录员"、"本案办案人民警察"后面的横线处填写上述人员的姓名、工作单位及职务。

听证申请人是个人的，"听证申请人"后面的横线处填写听证申请人的姓名、性别、年龄、现住址和工作单位；听证申请人是单位的，在"听证申请人"后面的横线处填写单位名称和地址，并在"法定代表人"后面的横线处填写法定代表人的姓名、性别、年龄。听证申请人有委托代理人的，应当在"委托代理人"后面的横线处填写委托代理人的姓名、性别、年龄和工作单位。

"本案其他利害关系人"后面的横线处填写利害关系人的姓名、性别、年龄、现住址和工作单位，并注明是何种利害关系。利害关系人有代理人的，在"本案其他利害关系人的代理人"后面的横线处填写代理人的姓名、性别、年龄和工作单位。

3. 注意事项。听证笔录内容的记录采取问答形式。记录时，每段应当以"问"、"答"为句首开始，回答的内容以第一人称"我"记录。

二、听证报告书

（一）听证报告书的样例

（此处印制公安机关名称）

听证报告书

案由_____

时间_____年___月___日___时___分至_____年___月___日___时___分

地点_____

举行方式_____

听证主持人_____

听证员_____

记录员_____

听证申请人_____

法定代表人_____

委托代理人_____

本案其他利害关系人_____

本案其他利害关系人的代理人_____

本案办案人民警察_____

听证会基本情况_____

_____

_____

_____

_____

_____

_____

听证后认定的案件事实及处理意见和建议_____

_____

_____

听证主持人

年　　月　　日

第　页　共　页

（二）听证报告书的制作

1. 适用条件。是听证主持人在听证结束后，就听证情况以及该案的处理意见和建议向公安机关负责人报告时使用的文书。

2. 填写制作要求。"听证会基本情况"后面的横线处填写听证会的基本情况，当事人和案件承办人的主要理由，听证员有不同意见的，也应当注明。"听证后认定的案件事实及处理意见和建议"后面的横线处填写听证会查明的案件主要事实、对该听证案件的具体处理意见和建议，包括建议采用原处理意见，或者提出新的处理意见等。

3. 注意事项。该文书相关项目的填写应当与听证笔录一致。

第四节　办理治安案件的听证程序实训

一、实训内容

1. 听证的法律依据掌握情况。

2. 听证的告知、听证的条件、听证通知的相关规定。

3. 听证的组织实施过程。

4. 听证笔录与听证报告书的制作。

5. 形成实训小结，内容包括训练中存在的问题及心得体会。

二、情境设计

"赌博"的违反治安管理行为。

时间：2017年5月15日14时。

地点：黄海市甘南区安某东住宅内。

人物：

安某东，男，身份证号，880911×××××××2016；

安某西，男，身份证号，880911×××××××0421；

李某龙，男，身份证号：410711×××××××2018；

刘某凤，女，身份证号：410711×××××××2014。

事件：2017年5月15日，南关岭派出所民警韩某接到群众电话报警称：在黄海市××区××街15号2-1室有人在赌博。接警后，黄海市公安局××区分局幸福街派出所民警韩警官和何警官，依法履行检查手续后，随即赶赴现场，经检查发现安某东、安某西、李某龙、刘某凤4人在用扑克牌赌博，当场查获扑克牌一副，赌资2800元，并予以收缴，后将4人带回派出所作进一步调查处理。经工作查明，上述4人的行为均构成违反治安管理的赌博行为，根据《治安管理处罚法》第70条之规定，拟决定对安某东处以行政拘留10日并处2600元罚款处罚，其他3人分别给予行政拘留10日并处500元罚款处罚。处罚决定做出前，办案人员告知了安某东，如对处罚不服，有权在3日内向本所提出听证的申请，安某东当即表示需要听证，派出所接受了当事人的听证请求。

三、实训组织

（一）学员课前预习重点

1. 预习《治安管理处罚法》中关于听证程序的相关知识。

2. 预习《公安机关办理行政案件程序规定》中听证程序的相关知识。

（二）模拟演练

1. 场地及器材准备。在模拟派出所大厅内布置模拟现场，准备照相机、摄（录）像机，足够数量的座椅若干套，标示牌，相关法律文书；教官课前准备好情景模拟教具及相关法律文书，并对学员进行知识要点提示。

2. 人员组织及安排。

（1）学员：全班分为 6 个小组（听证主持人、听证员、听证记录员、办案人员、申请听证人员、证人），分别选取小组长 1 名负责组织协调，每组实训扮演一个角色，进行一轮训练后，学员交叉互换进行各自案例的角色扮演；

（2）教官：每个情境将有一个教官负责每组的演练组织及考评。

（三）演练组织及实施

1. 主讲教官设计模拟演练脚本。

（1）办案人员进入住宅进行检查时，需办理何手续？

（2）处罚决定做出之前，告知安某东听证权是否合适？

（3）其他需要听证吗？他们是否享有听证权？可否参加听证？为什么？

（4）办案人可否作为该案的听证主持人？哪些人可以参加听证？

（5）模拟举行听证演练（模拟脚本主要包括以下内容，具体内容现场发给实训学员）

主持人宣布、听证员记录、听证调查阶段模拟、听证辩论阶段模拟、最后陈述阶段模拟，制作报告书。

2. 辅助教官将脚本派发给角色扮演的学员并进行布置讲解。

3. 组织模拟演练，过程中主讲教官可进行个别指导，辅助教官跟踪考核。

4. 以组为单位进行角色互换演练。

5. 演练结束后，收拾装备、清理场地、带回学员。

四、实训文书

（此处印制公安机关名称）
听证笔录

案由_____

时间_____年___月___日___时___分至_____年___月___日___时___分

地点_____举行方式_____

听证主持人_____听证员_____

记录员_____

听证申请人_____

法定代表人_____

委托代理人_____

本案其他利害关系人_____本案其他利害关系人的代理人_____

本案办案人民警察_____

听证内容记录（可加页）_____

_____

_____

_____

_____

_____

_____

_____

_____

_____

听证申请人或者代理人_____

其他利害关系人或者代理人_____

证人_____

听证员_____

听证主持人_____

记录员_____年_____月___日_____

第 页 共 页

（此处印制公安机关名称）

听证报告书

案由_____

时间_____年___月___日___时___分至_____年___月___日___时___分

地点_____

举行方式_____

听证主持人_____

听证员_____

记录员_____

听证申请人_____

法定代表人_____

委托代理人_____

本案其他利害关系人_____

本案其他利害关系人的代理人_____

本案办案人民警察_____

听证会基本情况_____

_____

_____

_____

_____

_____

_____

_____

听证后认定的案件事实及处理意见和建议_____

_____

_____

听证主持人

年　月　日

第　页　共　页

五、分享点评

1. 小组组长分享发言。

2. 学员分享发言。

3. 每组考评教官分享发言。

六、实训考核标准和成绩

1. 考核方式：教官根据学员实训现场表现，按考核标准赋分（见表6-1）。

2. 成绩核算。总成绩为100分满分，由考核教官根据考核标准直接打分。

3. 案件现场的设计与模拟环节评分参考标准

实训评价考核环节具体操作时，可参考以下标准赋分：

（1）逼真、形象，贴近实战，有现场感，将案件中涉及的行为表现出来。

（2）警容严整，程序规范，处理得当；表明身份及法律用语准确得当、检查与询问程序规范。

（3）法律文书制作要求。询问查证规范，笔录制作符合规范与证据格式；处罚决定书的填制要做到依据准确、项目完整；所有文书均能体现当事人的合法权益保障。

表6-1　听证程序实训考核标准

考核内容	考核知识点	要点分值	考核得分	其他
知识运用方面	1. 角色定位逼真、形象，贴近实战，有现场感，将案件中涉及的行为表现出来	5		
	2. 听证文书制作是否规范	5		
	3. 听证过程是否全面、客观	10		
	4. 听证组织是否依法进行	10		
	5. 听证相关业务知识掌握、运用情况	10		
组织协调与能力培养方面	6. 人权意识、程序意识是否树立	5		
	7. 主持人能否驾驭现场，其他人员是否配合	25		
实训状态方面	8. 进入角色快，分工明确	10		
	9. 警容、实训纪律	10		
	10. 器材准备、爱护公物	5		
	11. 实训总结及时且到位	5		
合计得分				

七、听证程序适用实训小结

项目	内容
听证程序实训中存在的问题	
文书填写实训中存在的问题	
心得体会	
对实训教学的建议	

任务七　娱乐场所治安检查

[训练目标]

通过对相关法律法规的学习，掌握公安派出所对娱乐场所进行日常治安检查程序、内容以及对发现的治安隐患进行处理的方法，锻炼学生治安秩序管理的实际动手能力及操作能力，做到会检查、会填写相关法律文书，并能够适时开展宣传教育，提出整改措施。

第一节　娱乐场所治安检查概述

一、法定职责

1. 负责歌舞、游艺等娱乐场所实行备案登记，加强硬件设施安全防范建设，落实安全管理制度，有效遏制黄、赌、毒等违法犯罪活动。

2. 娱乐场所日常管理工作主要包括基础信息掌握，安全检查、场所格局检查、监控检查、人员检查、宣传检查，对无证照经营娱乐场所的发现和取缔等。

3. 对从业单位、从业人员及其经营活动，依法依规实施治安监督工作。

4. 掌握辖区内娱乐场所管理工作情况，对治安民警和从业人员进行培训，指导、监督、检查娱乐场所日常工作。

5. 查处违反娱乐场所管理规定的相关刑事案件、治安案件和其他行政案件。

二、履职标准

娱乐场所要达到的标准是"大众快乐，健康向上；文明活泼，摒弃低俗；群众自愿，消费合理；管理规范，治安良好"。在管理工作中，要努力实现"三个零发生和五个百分之百"的目标。

（一）三个"零发生"

1. 因组织不力踩踏等群体性伤亡人事件"零发生"；

2. 因管理不善火灾等灾害性责任事故"零发生"；

3. 因失职失察"黄赌毒"等有较大社会影响的重大案件"零发生"。

（二）五个"百分之百"

1. 娱乐场所安检、消防、防范设施设备安装、使用合格率达到 100%；

2. 娱乐场所从业人员信息采集、人员管控率、违规格局整改率达到 100%；

3. 娱乐场所涉娼、涉赌违法犯罪活动举报线索核查率、实名群众举报线索反馈率达到 100%；

4. 涉丑违法犯罪活动娱乐场所停业整顿率、经营者法律责任追究率达到 100%；

5. 法制宣传教育覆盖率达到 100%。

三、工作重点

娱乐场所管理工作总的思路是"管理与服务相结合，教育与惩处相结合，治理与自治相结合"。其重点是，抓好三项基础工作、把握三个重要环节、学会三种检查方法、落实三类服务措施。

（一）三项基础工作

基层基础建设是公安机关掌握娱乐场所动态的一项重要工作。一是建立健全场所的基础档案。建立健全派出所管内所有场所的治安管理档案。通常包括场所自然情况、法人基本情况、场所格局、工商执照、娱乐经营许可证、消防验收合格证等 18 项内容，根据不同场所选用。二是在警务信息综合平台（娱乐场所治安管理信息系统）上及时录入、更新每个场所信息。对辖区内每个娱乐场所的自然情况、动态信息，特别是检查情况和从业人员变更情况都要随时录入。三是适时召开场所法人、负责人法制教育会议。因一个派出所管理的场所不多，教育会议可定期召开也可随时召开。当传达上级重要精神需要形势教育时，当发生重大安全、涉丑案（事）件需要警示教育时，当本辖区出现明显不良苗头需要震慑教育时，必须召开。

（二）三个重要环节

对存在治安问题较多的娱乐场所（重点场所），派出所在工作中应掌握以下三个重要环节：一是建立约谈制度。首先要对重点场所的投资决策人（真正的老板，有的法人是老板，有的法人不是老板）进行谈话，监管中进行第二次谈话，监管结束或续期监管进行第三次谈话。谈话内容主要有该场所被确定重点场所的理由、必要性、整改措施、违法问题一旦发生的后果，每次谈话内容都应有不同的侧重并做好记录。二是坚决落实检查制度。在检查工作中，要坚决认真地按照相关法律法规进行，不能只走过场不查问题，也不能只查不记，更不能只记不查。三是依法作出必要的处罚。对在重点监管期间的娱乐场所仍然我行我素，要出重拳予以处罚、打击。

（三）三种检查方法

在管理过程当中最重要的就是要到娱乐场所实地进行检查，检查的方法一般分为三种：公开检查、暗访侦查、明暗结合。公开检查就是按照规定的检查重点到场所出示证件后逐项检查；暗访侦查就是以顾客身份进行消费，如本人易暴露可派放心的生面孔去；明暗结合就是先暗访，在适当时机现场转为公开。

（四）三类服务措施

公安机关应坚持的原则是"宣传教育在先，服务帮助到位，整改处罚适度"。一是在娱乐场所新建、改建、扩建工程中提前介入，指导场所按照法律规定装修格局设施，避免事后监督造成浪费和形成隐患。二是积极做好消防联勤工作，确保娱乐场所安全运营。三是在日常监管中，应坚持"以教育整改为主，慎用停业整顿"（涉及"黄赌毒"的除外）的原则，避免因可用其他方式纠正解决的问题而给予停业整顿处罚使企业产生较大的经济损失。

第二节　治安检查的程序

一、娱乐场所治安检查流程

在深化公安执法规范化建设的大环境下，公安机关对娱乐场所进行日常安全检查，需按照《娱乐场所管理条例》《娱乐场所治安管理办法》以及《公安机关人民警察内务条令》《公安派出所执法执勤工作规范》及《公安机关现场执法视音频记录工作规定》等规定相关要求进行。

公安部门的工作人员依法履行监督检查职责时，有权进入娱乐场所，娱乐场所应当予以配合，不得拒绝、阻挠；公安机关及其工作人员对娱乐场所进行监督检查时应当出示人民警察证件，表明执法身份，不得从事与职务无关的活动。娱乐场所治安状况检查流程见娱乐场所治安状况检查运行流程图（见图7-1）。

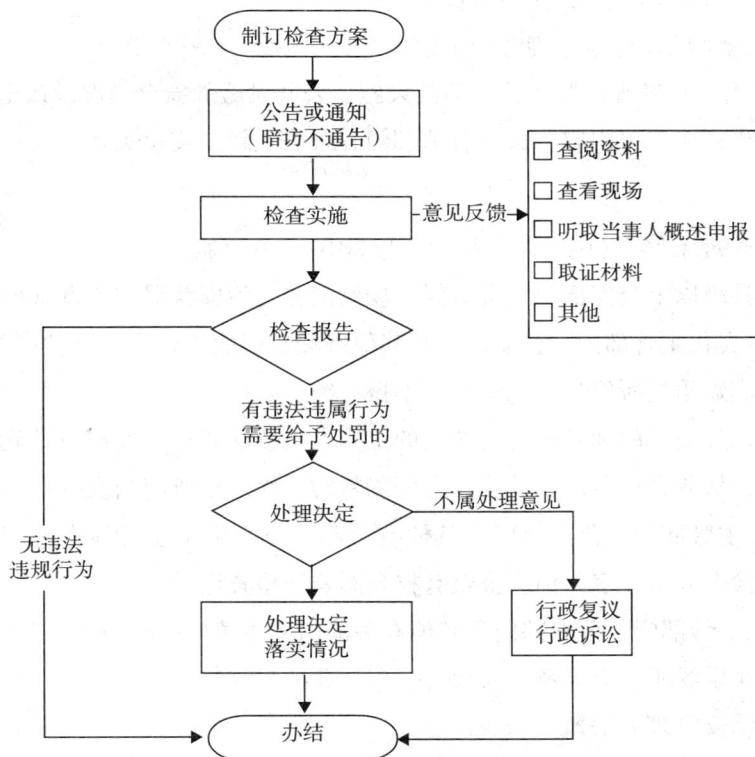

图7-1　娱乐场所治安状况检查运行流程图

二、注意事项

在检查过程中应主要注意如下事项：

1. 在日常安全检查中，要求两名以上公安机关工作人员进行。为提高检查效率，两人要提前分派好各自的任务角色，互相配合，避免缺项、漏项。

2. 到达现场后，民警要主动向现场工作人员表明身份，说明来意，并在一名工作人员陪同下实施日常安全检查，不得从事与工作无关的活动。日常安全检查全过程要用执法记录仪记录。

3. 对于检查过程中遇到能够立即改正的问题和隐患要立即更正，不能立即改正的应向娱乐场所下发《责令整改通知书》。如果检查时查获违法犯罪嫌疑人，应当带离现场；如果有扣押、收缴的物品，应当依照规定办理相关手续，开具单据，并按法定的程序对物品进行处理。对于发现的违法行为应当处以拘留的，按照《治安管理处罚法》的有关规定执行，构成犯罪的，依法追究刑事责任。对存在违法行为的娱乐场所，应及时将检查问题输入娱乐场所治安管理信息系统等公安信息系统。

4. 对行业、场所、单位的检查每月不得少于一次，对上级通报、群众反映的问题应当随时检查，认真查处。

5. 检查时应当尊重从业人员和顾客，从检查身份证件入手，除有违法犯罪嫌疑外，不得进行人身检查。

6. 对查获的违法犯罪嫌疑人，应当尽快带离现场。

7. 对扣押、收缴的物品应当办理法律手续，开具单据。

8. 日常检查应当注意发现房屋建筑、消防设施、公共设施的安全情况及改造、变动情况，对发现的治安隐患，应当列出隐患内容，通知有关部门并报告上级公安机关。

三、法律依据

1.《娱乐场所管理条例》（国务院令第 458 号 2016 年修订版）。

第 3 条 ……县级以上公安部门负责对娱乐场所消防、治安状况的监督管理。

第 32 条 各级文化主管部门、公安部门和其他有关部门的工作人员依法履行监督检查职责时，有权进入娱乐场所。娱乐场所应当予以配合，不得拒绝、阻挠。

文化主管部门、公安部门和其他有关部门的工作人员依法履行监督检查职责时，需要查阅闭路电视监控录像资料、从业人员名簿、营业日志等资料的，娱乐场所应当及时提供。

第 33 条 文化主管部门、公安部门和其他有关部门应当记录监督检查的情况和处理结果。监督检查记录由监督检查人员签字归档。公众有权查阅监督检查记录。

第 34 条 文化主管部门、公安部门和其他有关部门应当建立娱乐场所违法行为警示记录系统；对列入警示记录的娱乐场所，应当及时向社会公布，并加大监督检查力度。

2.《娱乐场所治安管理办法》。

第 33 条 公安机关及其工作人员对娱乐场所进行监督检查时应当出示人民警察证件，表明执法身份，不得从事与职务无关的活动。

公安机关及其工作人员对娱乐场所进行监督检查，应当记录在案，归档管理。

第 34 条 监督检查记录应当以书面形式为主，必要时可以辅以录音、录像等形式。

第 35 条　监督检查记录应当包括：

（1）执行监督检查任务的人员姓名、单位、职务；

（2）监督检查的时间、地点、场所名称、检查事项；

（3）发现的问题及处理结果。

第 36 条　监督检查记录一式两份，由监督检查人员签字，并经娱乐场所负责人签字确认。

娱乐场所负责人拒绝签字的，监督检查人员应当在记录中注明情况。

第 37 条　公众有权查阅娱乐场所监督检查记录，公安机关应当为公众查阅提供便利。

第 38 条　公安机关应当建立娱乐场所违法行为警示记录系统，并依据娱乐场所治安秩序状况进行分级管理。

娱乐场所分级管理标准，由各省、自治区、直辖市公安厅、局结合本地实际自行制定。

第 39 条　公安机关对娱乐场所进行分级管理，应当按照公开、公平、公正的原则，定期考核，动态升降。

第 40 条　公安机关建立娱乐场所治安管理信息系统，对娱乐场所及其从业人员实行信息化监督管理。

3.《公安派出所执法执勤工作规范》。

第 78 条　公安派出所民警执行治安检查时，应当注意以下事项：

（1）对行业、场所、单位的检查每月不得少于一次，对上级通报、群众反映的问题应当随时检查，认真查处；

（2）检查时应当主动出示工作证件或者其他执法检查证件，表明身份，提出检查要求；

（3）对娱乐服务场所的检查，应当在公安派出所统一安排下由两名以上民警共同进行；

（4）检查时应当尊重从业人员和顾客，从检查身份证件入手，除有违法犯罪嫌疑外，不得进行人身检查；

（5）对查获的违法犯罪嫌疑人，应当尽快带离现场；

（6）对扣押、收缴的物品应当办理法律手续，开具单据；

（7）日常检查应当注意发现房屋建筑、消防设施、公共设施的安全情况及改造、变动情况，对发现的治安隐患，应当列出隐患内容，通知有关部门并报告上级公安机关。

4.《辽宁省娱乐饮食服务场所治安管理条例》。（1998 年 5 月 29 日辽宁省第九届人民代表大会常务委员会第 2 次会议通过，根据：2006 年 1 月 13 日辽宁省第十届人民代表大会常务委员会第 23 次会议《关于修改〈辽宁省娱乐饮食服务场所治安管理条例〉的决定》修正）

第 3 条　各级公安机关是本行政区域内娱乐、饮食、服务场所治安管理的主管部门，依照公安机关的法定职责和本条例行使职权。

第 7 条　娱乐、饮食、服务场所招用从业人员，应当查看并登记被招用人的居民身份证，属于流动人口的，应当同时查看暂住证；没有居民身份证或者暂住证的，不得招用；招用保安人员应当经过专门培训。

第 9 条　营业场所的服务人员不得进行卖淫和色情陪侍等违法犯罪活动，不得为消费人员的违法行为提供条件。

第 10 条　消费人员不得进行嫖娼、接受色情陪侍、赌博、吸毒、殴斗、寻衅滋事等违法犯罪活动，不得携带枪支、管制刀具和易燃、易爆等危险物品。

第 11 条　公安人员对娱乐、饮食、服务场所进行治安检查时，应当 2 人以上，并出示《公共场所治安检查证》；否则，营业场所的经营者有权拒绝接受检查。

第 13 条　凡在营业场所内发生卖淫、嫖娼、赌博和色情陪侍等违法犯罪行为的，依照下列规定处理：

（1）对卖淫、嫖娼、赌博等违法犯罪行为，依照有关法律、法规处罚；

（2）对提供和接受色情陪侍的行为人，处 1000 元以上 3000 元以下罚款；

（3）对发生色情陪侍活动的营业场所，按照《娱乐场所管理条例》的规定处罚。

第三节　娱乐场所治安检查的内容

一、设置地点情况

1. 娱乐场所设置地点应符合规定。

2. 法律依据

《娱乐场所管理条例》第 7 条。娱乐场所不得设在下列地点：

（1）居民楼、博物馆、图书馆和被核定为文物保护单位的建筑物内；

（2）居民住宅区和学校、医院、机关周围；

（3）车站、机场等人群密集的场所；

（4）建筑物地下一层以下；

（5）与危险化学品仓库毗连的区域。娱乐场所的边界噪声，应当符合国家规定的环境噪声标准。

二、许可证照及备案情况

（一）核查内容

重点核查营业执照、文化经营许可证等。

（二）法律依据

1.《娱乐场所管理条例》。

第 11 条　娱乐场所依法取得营业执照和相关批准文件、许可证后，应当在 15 日内向所在地县级公安部门备案。

第 12 条　娱乐场所改建、扩建营业场所或者变更场地、主要设施设备、投资人员，或者变更娱乐经营许可证载明的事项的，应当向原发证机关申请重新核发娱乐经营许可证，并向公安部门备案；需要办理变更登记的，应当依法向工商行政管理部门办理变更登记。

2.《娱乐场所治安管理办法》。

第4条　娱乐场所领取营业执照后，应当在15日内向所在地县（市）公安局、城市公安分局治安部门备案；县（市）公安局、城市公安分局治安部门受理备案后，应当在5日内将备案资料通报娱乐场所所在辖区公安派出所。县（市）公安局、城市公安分局治安部门对备案的娱乐场所应当统一建立管理档案。

第5条　娱乐场所备案项目包括：

（1）名称；

（2）经营地址、面积、范围；

（3）地理位置图和内部结构平面示意图；

（4）法定代表人和主要负责人姓名、身份证号码、联系方式；

（5）与保安服务企业签订的保安服务合同及保安人员配备情况；

（6）核定的消费人数；

（7）娱乐经营许可证号、营业执照号及登记日期；

（8）监控、安检设备安装部位平面图及检测验收报告。设有电子游戏机的游艺娱乐场所备案时，除符合前款要求外，还应当提供电子游戏机机型及数量情况。

第6条　娱乐场所备案时，应当提供娱乐经营许可证、营业执照及消防、卫生、环保等部门批准文件的复印件。

第7条　娱乐场所备案项目发生变更的，应当自变更之日起15日内向原备案公安机关备案。

三、安全设施情况

（一）检查项目及标准（见图7-2）

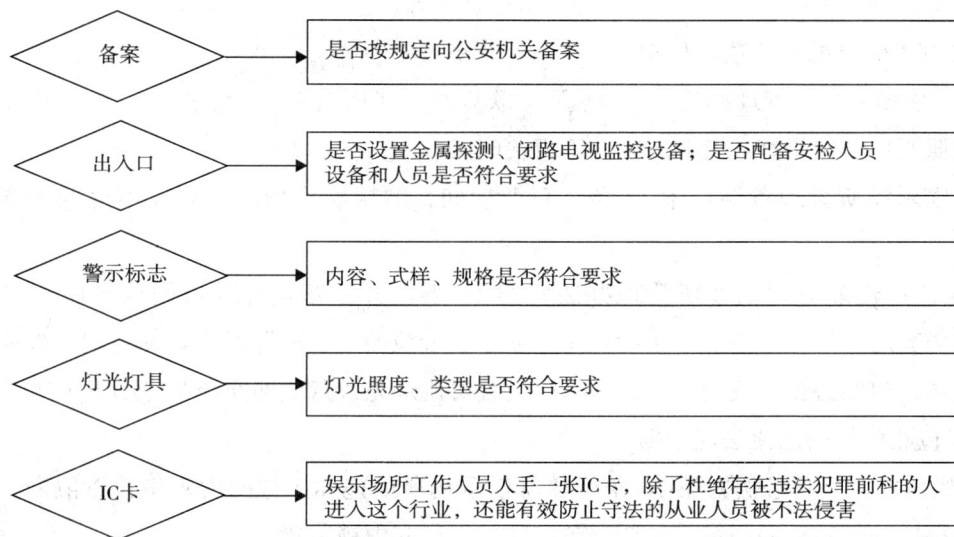

图7-2　检查项目及标准

（二）法律依据

1. 检查出入口的法律法规依据。

（1）《娱乐场所管理条例》第15条 歌舞娱乐场所应当按照国务院公安部门的规定在营业场所的出入口、主要通道安装闭路电视监控设备，并应当保证闭路电视监控设备在营业期间正常运行，不得中断。

歌舞娱乐场所应当将闭路电视监控录像资料留存30日备查，不得删改或者挪作他用。

（2）《娱乐场所治安管理办法》第12条 歌舞娱乐场所应当在营业场所出入口、消防安全疏散出入口、营业大厅通道、收款台前安装闭路电视监控设备。

第13条 歌舞娱乐场所安装的闭路电视监控设备应当符合视频安防监控系统相关国家或行业标准要求。闭路电视监控设备的压缩格式为 H.264 或者 MPEG－4，录像图像分辨率不低于4CIF（704×576）或者 D1（720×576）；保障视频录像实时（每秒不少于25帧），支持视频移动侦测功能；图像回放效果要求清晰、稳定、逼真，能够通过 LAN、WAN 或者互联网与计算机相连，实现远程监视、放像、备份及升级，回放图像水平分辨力不少于300TVL。

第14条 歌舞娱乐场所应当设置闭路电视监控设备监控室，由专人负责值守，保障设备在营业时间内正常运行，不得中断、删改或者挪作他用。

第15条 营业面积1000平方米以下的迪斯科舞厅应当配备手持式金属探测器，营业面积超过1000平方米以上的应当配备通过式金属探测门和微剂量 X 射线安全检查设备等安全检查设备。手持式金属探测器、通过式金属探测门、微剂量 X 射线安全检查设备应当符合国家或者行业标准要求。

第16条 迪斯科舞厅应当配备专职安全检查人员，安全检查人员不得少于2名，其中女性安全检查人员不得少于1名。

2. 检查灯光灯具的法律法规依据。

（1）《娱乐场所治安管理办法》第11条 歌舞娱乐场所营业大厅、包厢、包间内禁止设置可调试亮度的照明灯。照明灯在营业时间内不得关闭。

（2）《娱乐场所管理条例》第17条 营业期间，歌舞娱乐场所内亮度不得低于国家规定的标准。

（3）《营业性歌舞娱乐场所管理办法》第10条 开办营业性歌舞娱乐场所须具备下列条件：……场内亮度：舞厅不得低于4勒克司，歌厅、卡拉 OK 厅不得低于6勒克司，包厢亮度不得低于3勒克司，包厢必须有透明门窗，并不得设置可调灯光，营业期间照明灯不得关闭。……

3. 检查包厢包间的法律法规依据。

（1）《娱乐场所管理条例》第16条 歌舞娱乐场所的包厢、包间内不得设置隔断，并应当安装展现室内整体环境的透明门窗。包厢、包间的门不得有内锁装置。

（2）《娱乐场所治安管理办法》第8条 歌舞娱乐场所包厢、包间内不得设置阻碍展现室内整体环境的屏风、隔扇、板壁等隔断，不得以任何名义设立任何形式的房中房（卫生间除外）。

第9条　歌舞娱乐场所的包厢、包间内的吧台、餐桌等物品不得高于1.2米。包厢、包间的门窗，距地面1.2米以上应当部分使用透明材质。透明材质的高度不小于0.4米，宽度不小于0.2米，能够展示室内消费者娱乐区域整体环境。营业时间内，歌舞娱乐场所包厢、包间门窗透明部分不得遮挡。

第10条　歌舞娱乐场所包厢、包间内不得安装门锁、插销等阻碍他人自由进出包厢、包间的装置。

《营业性歌舞娱乐场所管理办法》第10条　开办营业性歌舞娱乐场所须具备下列条件：

（1）歌厅面积不得少于60平方米，舞厅面积不得少于80平方米，卡拉OK厅面积不得少于40平方米，设包厢的卡拉OK厅总面积不得少于80平方米，每个包厢面积不得少于6平方米；

（2）场内亮度：舞厅不得低于4勒克司，歌厅、卡拉OK厅不得低于6勒克司，包厢亮度不得低于3勒克司，包厢必须有透明门窗……

四、安全经营管理情况

（一）检查内容

检查内容包括：从业人员名册簿、保安人员名册簿、营业日志、治安巡逻记录、安全标语等。

（二）法律依据

1. 检查从业人员情况依据。

（1）《娱乐场所管理条例》。

第5条　有下列情形之一的人员，不得开办娱乐场所或者在娱乐场所内从业：

①曾犯有组织、强迫、引诱、容留、介绍卖淫罪，制作、贩卖、传播淫秽物品罪，走私、贩卖、运输、制造毒品罪，强奸罪，强制猥亵、侮辱妇女罪，赌博罪，洗钱罪，组织、领导、参加黑社会性质组织罪的；

②因犯罪曾被剥夺政治权利的；

③因吸食、注射毒品曾被强制戒毒的；

④因卖淫、嫖娼曾被处以行政拘留的。

第25条　娱乐场所应当与从业人员签订文明服务责任书，并建立从业人员名簿；从业人员名簿应当包括从业人员的真实姓名、居民身份证复印件、外国人就业许可证复印件等内容。

第27条　营业期间，娱乐场所的从业人员应当统一着工作服，佩戴工作标志并携带居民身份证或者外国人就业许可证。从业人员应当遵守职业道德和卫生规范，诚实守信，礼貌待人，不得侵害消费者的人身和财产权利。

（2）《娱乐场所治安管理办法》。

第19条　娱乐场所对从业人员应当实行实名登记制度，建立从业人员名簿，统一建档管理。

第20条　从业人员名簿应当记录以下内容：

①从业人员姓名、年龄、性别、出生日期及有效身份证件号码；

②从业人员户籍所在地和暂住地地址；

③从业人员具体工作岗位、职责。外国人就业的，应当留存外国人就业许可证复印件。

第21条　营业期间，娱乐场所从业人员应当统一着装，统一佩带工作标志。着装应当大方得体，不得有伤风化。工作标志应当载有从业人员照片、姓名、职务、统一编号等基本信息。

娱乐场所从业人员实行IC卡管理制度。娱乐场所工作人员将必须人手一张IC卡，上面登记从业者的姓名、性别、照片以及刷卡时间。如果此人以前曾经有过组织、容留、介绍卖淫等违法犯罪的前科，将绝对禁止重新进入娱乐场所工作。通过使用IC卡，除了杜绝存在违法犯罪前科的人进入这个行业，还可以有效防止守法的从业人员被不法侵害。娱乐场所IC卡管理将分四类：法人代表、总经理，领班主管，男女服务员，保安员、保洁及其他人员。

2. 检查保安情况依据。

（1）《娱乐场所管理条例》。

第26条　娱乐场所应当与保安服务企业签订保安服务合同，配备专业保安人员；不得聘用其他人员从事保安工作。

（2）《娱乐场所治安管理办法》。

第27条　娱乐场所应当与经公安机关批准设立的保安服务企业签订服务合同，配备已取得资格证书的专业保安人员，并通报娱乐场所所在辖区公安派出所。娱乐场所不得自行招录人员从事保安工作。

第28条　娱乐场所保安人员应当履行下列职责：

①维护娱乐场所治安秩序；

②协助娱乐场所做好各项安全防范和巡查工作；

③及时排查、发现并报告娱乐场所治安、安全隐患；

④协助公安机关调查、处置娱乐场所内发生的违法犯罪活动。

第29条　娱乐场所应当加强对保安人员的教育管理，不得要求保安人员从事与其职责无关的工作。对保安人员工作情况逐月通报辖区公安派出所和保安服务企业。

第30条　娱乐场所营业面积在200平方米以下的，配备的保安人员不得少于2名；营业面积每增加200平方米，应当相应增加保安人员1名。迪斯科舞厅保安人员应当按照场所核定人数的5%配备。

第31条　在娱乐场所执勤的保安人员应当统一着制式服装，佩带徽章、标记。保安人员执勤时，应当仪表整洁、行为规范、举止文明。

第32条　保安服务企业应当加强对派驻娱乐场所保安人员的教育培训，开展经常性督查，确保服务质量。

3. 检查营业日志、治安巡逻依据。

（1）《娱乐场所管理条例》。

第25条　娱乐场所应当建立营业日志，记载营业期间从业人员的工作职责、工作时间、工作地点；营业日志不得删改，并应当留存60日备查。

（2）《娱乐场所治安管理办法》。

第22条　娱乐场所应当建立营业日志，由各岗位负责人及时登记填写并签名，专人负责保管。营业日志应当详细记载从业人员的工作职责、工作内容、工作时间、工作地点及遇到的治安问题。

第23条　娱乐场所营业日志应当留存60日备查，不得删改。对确因记录错误需要删改的，应当写出说明，由经手人签字，加盖娱乐场所印章。

第24条　娱乐场所应当安排保安人员负责安全巡查，营业时间内每2小时巡查一次，巡查区域应当涵盖整个娱乐场所，巡查情况应当写入营业日志。

第25条　娱乐场所对发生在场所内的违法犯罪活动，应当立即向公安机关报告。

第26条　娱乐场所应当按照国家有关信息化标准规定，配合公安机关建立娱乐场所治安管理信息系统，实时、如实将从业人员、营业日志、安全巡查等信息录入系统，传输报送公安机关。本办法规定娱乐场所配合公安机关在治安管理方面所做的工作，能够通过娱乐场所治安管理信息系统录入传输完成的，应当通过系统完成。

4. 检查警示标志的依据。

（1）《娱乐场所治安管理办法》第17条，娱乐场所应当在营业场所大厅、包厢、包间内的显著位置悬挂含有禁毒、禁赌、禁止卖淫嫖娼等内容的警示标志。标志应当注明公安机关的举报电话。警示标志式样、规格、尺寸由省、自治区、直辖市公安厅、局统一制定。

（2）《娱乐场所管理条例》第30条，娱乐场所应当在营业场所的大厅、包厢、包间内的显著位置悬挂含有禁毒、禁赌、禁止卖淫嫖娼等内容的警示标志、未成年人禁入或者限入标志。标志应当注明公安部门、文化主管部门的举报电话。

五、其他

（一）检查内容

包括从事的经营活动类型、内容、消防管理等情况。

（二）法律依据

1. 《娱乐场所治安管理办法》第18条，娱乐场所不得设置具有赌博功能的电子游戏机机型、机种、电路板等游戏设施设备，不得从事带有赌博性质的游戏机经营活动。

2. 《娱乐场所管理条例》第13条，国家倡导弘扬民族优秀文化，禁止娱乐场所内的娱乐活动含有下列内容：

（1）违反宪法确定的基本原则的；

（2）危害国家统一、主权或者领土完整的；

（3）危害国家安全，或者损害国家荣誉、利益的；

（4）煽动民族仇恨、民族歧视，伤害民族感情或者侵害民族风俗、习惯，破坏民族团结的；

（5）违反国家宗教政策，宣扬邪教、迷信的；

（6）宣扬淫秽、赌博、暴力以及与毒品有关的违法犯罪活动，或者教唆犯罪的；

（7）违背社会公德或者民族优秀文化传统的；

（8）侮辱、诽谤他人，侵害他人合法权益的；

（9）法律、行政法规禁止的其他内容。

第14条　娱乐场所及其从业人员不得实施下列行为，不得为进入娱乐场所的人员实施下列行为提供条件：

（1）贩卖、提供毒品，或者组织、强迫、教唆、引诱、欺骗、容留他人吸食、注射毒品；

（2）组织、强迫、引诱、容留、介绍他人卖淫、嫖娼；

（3）制作、贩卖、传播淫秽物品；

（4）提供或者从事以营利为目的的陪侍；

（5）赌博；

（6）从事邪教、迷信活动；

（7）其他违法犯罪行为。娱乐场所的从业人员不得吸食、注射毒品，不得卖淫、嫖娼；娱乐场所及其从业人员不得为进入娱乐场所的人员实施上述行为提供条件。

3.《公共娱乐场所消防安全管理规定》。

第7条 公共娱乐场所宜设置在耐火等级不低于二级的建筑物内；已经核准设置在三级耐火等级建筑内的公共娱乐场所，应当符合特定的防火安全要求。公共娱乐场所不得设置在文物古建筑和博物馆、图书馆建筑内，不得毗连重要仓库或者危险物品仓库；不得在居民住宅楼内改建公共娱乐场所。公共娱乐场所与其他建筑相毗连或者附设在其他建筑物内时，应当按照独立的防火分区设置；商住楼内的公共娱乐场所与居民住宅的安全出口应当分开设置。

第9条 公共娱乐场所的安全出口数目、疏散宽度和距离，应当符合国家有关建筑设计防火规范的规定。安全出口处不得设置门槛、台阶，疏散门应向外开启，不得采用卷帘门、转门、吊门和侧拉门，门口不得设置门帘、屏风等影响疏散的遮挡物。公共娱乐场所在营业时必须确保安全出口和疏散通道畅通无阻，严禁将安全出口上锁、阻塞。

第10条 安全出口、疏散通道和楼梯口应当设置符合标准的灯光疏散指示标志。指示标志应当设在门的顶部、疏散通道和转角处距地面一米以下的墙面上。设在走道上的指示标志的间距不得大于20米。

第11条 公共娱乐场所内应当设置火灾事故应急照明灯，照明供电时间不得少于20分钟。

第四节 法律责任

一、涉黄涉赌案件

治安部门依据法律法规和案件管辖规定，组织查处相关涉黄涉丑案件。涉及的条款主要有：

（一）刑法

第358条第1款：组织他人卖淫或者强迫他人卖淫的，处5年以上10年以下有期徒刑，并处罚金；情节严重的，处10年以上有期徒刑或者无期徒刑，并处罚金或者没收财产。

第359条第1款：引诱、容留、介绍他人卖淫的，处5年以下有期徒刑、拘役或者管制，并处罚金；情节严重的，处5年以上有期徒刑，并处罚金。

第361条：旅馆业、饮食服务业、文化娱乐业、出租汽车业等单位的人员，利用本单位的条件，组织、强迫、引诱、容留、介绍他人卖淫的，依照本法第358条、第359条的规定定罪处罚。

第362条：旅馆业、饮食服务业、文化娱乐业、出租汽车业等单位的人员，在公安机关查处卖淫、嫖娼活动时，为违法犯罪分子通风报信，情节严重的，依照本法第310条的规定定罪处罚。

（二）治安管理处罚法

第66条第1款：卖淫、嫖娼的，处10日以上15日以下拘留，可以并处5000元以下罚款；情节较轻的，处5日以下拘留或者500元以下罚款。在公共场所拉客招嫖的，处5日以下拘留或者500元以下罚款。

第67条：引诱、容留、介绍他人卖淫的，处10日以上15日以下拘留，可以并处5000元以下罚款；情节较轻的，处5日以下拘留或者500元以下罚款。

第69条：有下列行为之一的，处10日以上15日以下拘留，并处500元以上1000元以下罚款：

（1）组织播放淫秽音像的；

（2）组织或者进行淫秽表演的；

（3）参与聚众淫乱活动的。明知他人从事前款活动，为其提供条件的，依照前款的规定处罚。

（三）娱乐场所管理条例

第43条：娱乐场所实施本条例第14条禁止行为的，由县级公安部门没收违法所得和非法财物，责令停业整顿3个月至6个月；情节严重的，由原发证机关吊销娱乐经营许可证，对直接负责的主管人员和其他直接责任人员处1万元以上2万元以下的罚款。

第45条：娱乐场所违反本条例规定，有下列情形之一的，由县级公安部门没收违法所得和非法财物，并处违法所得2倍以上5倍以下的罚款；没有违法所得或者违法所得不足1万元的，并处2万元以上5万元以下的罚款；情节严重的，责令停业整顿1个月至3个月：

（1）设置具有赌博功能的电子游戏机机型、机种、电路板等游戏设施设备的；

（2）以现金、有价证券作为奖品，或者回购奖品的。

二、其他类型案件

（一）涉噪声案件

《环境噪声污染防治法》第43条规定："新建营业性娱乐场所的边界噪声必须符合国家规定的环境噪声排放标准；不符合国家规定的环境噪声排放标准的，文化行政主管部门不得核发娱乐经营许可证，工商行政管理部门不得核发营业执照。经营中的文化娱乐场所，其经营管理者必须采取有效措施，使其边界噪声不超过国家规定的环境噪声排放标准。"娱乐场所噪声属于社会生活噪声，可以依照《治安管理处罚法》第58条的规定处理。

《治安管理处罚法》第58条规定：违反关于社会生活噪声污染防治的法律规定，制造噪声干扰他人正常生活的，处警告；警告后不改正的，处200元以上500元以下罚款。

（二）殴打他人案件

《治安管理处罚法》第43条规定：殴打他人的，或者故意伤害他人身体的，处5日以上10日以下拘留，并处200元以上500元以下罚款；情节较轻的，处5日以下拘留或者500元以下罚款。

有下列情形之一的，处 10 日以上 15 日以下拘留，并处 500 元以上 1000 元以下罚款：

（1）结伙殴打、伤害他人的；

（2）殴打、伤害残疾人、孕妇、不满 14 周岁的人或者 60 周岁以上的人的；

（3）多次殴打、伤害他人或者一次殴打、伤害多人的。

三、娱乐场所不配合公安机关建立娱乐场所治安管理信息系统的案件

根据《娱乐场所治安管理办法》第 26 条及第 44 条之规定："娱乐场所应当按照国家有关信息化标准规定，配合公安机关建立娱乐场所治安管理信息系统，实时、如实将从业人员、营业日志、安全巡查等信息录入系统，传输报送公安机关""娱乐场所违反本办法第 26 条规定，不配合公安机关建立娱乐场所治安管理信息系统的，由县级公安机关治安管理部门责令改正，给予警告；经警告不予改正的，处 5000 元以上 1 万元以下罚款。"

四、其他类型案件

《娱乐场所管理条例》第 41 条：违反本条例规定，擅自从事娱乐场所经营活动的，由工商行政管理部门、文化主管部门依法予以取缔；公安部门在查处治安、刑事案件时，发现擅自从事娱乐场所经营活动的，应当依法予以取缔。

第 44 条：娱乐场所违反本条例规定，有下列情形之一的，由县级公安部门责令改正，给予警告；情节严重的，责令停业整顿 1 个月至 3 个月：①照明设施、包厢、包间的设置以及门窗的使用不符合本条例规定的；②未按照本条例规定安装闭路电视监控设备或者中断使用的；③未按照本条例规定留存监控录像资料或者删改监控录像资料的；④未按照本条例规定配备安全检查设备或者未对进入营业场所的人员进行安全检查的；⑤未按照本条例规定配备保安人员的。

第 46 条：娱乐场所指使、纵容从业人员侵害消费者人身权利的，应当依法承担民事责任，并由县级公安部门责令停业整顿 1 个月至 3 个月；造成严重后果的，由原发证机关吊销娱乐经营许可证。

第 47 条：娱乐场所取得营业执照后，未按照本条例规定向公安部门备案的，由县级公安部门责令改正，给予警告。

第 50 条：娱乐场所未按照本条例规定建立从业人员名簿、营业日志，或者发现违法犯罪行为未按照本条例规定报告的，由县级人民政府文化主管部门、县级公安部门依据法定职权责令改正，给予警告；情节严重的，责令停业整顿 1 个月至 3 个月。

第 51 条：娱乐场所未按照本条例规定悬挂警示标志、未成年人禁入或者限入标志的，由县级人民政府文化主管部门、县级公安部门依据法定职权责令改正，给予警告。

第 53 条第 1 款：因擅自从事娱乐场所经营活动被依法取缔的，其投资人员和负责人终身不得投资开办娱乐场所或者担任娱乐场所的法定代表人、负责人。

娱乐场所因违反本条例规定，被吊销或者撤销娱乐经营许可证的，自被吊销或者撤销之日起，其法定代表人、负责人 5 年内不得担任娱乐场所的法定代表人、负责人。

娱乐场所因违反本条例规定，2 年内被处以 3 次警告或者罚款又有违反本条例的行为应受行政处罚的，由县级人民政府文化主管部门、县级公安部门依据法定职权责令停业整顿 3 个月至 6 个月；2

年内被 2 次责令停业整顿又有违反本条例的行为应受行政处罚的，由原发证机关吊销娱乐经营许可证。

第 54 条第 1 款：娱乐场所违反有关治安管理或者消防管理法律、行政法规规定的，由公安部门依法予以处罚；构成犯罪的，依法追究刑事责任。

第五节　疑难问题

一、电影院、剧院等观看电影、欣赏他人表演的场所是否纳入娱乐场所管理范围

《娱乐场所管理条例》第 2 条规定：本条例所称娱乐场所，是指以营利性为目的，并向公众开放、消费者自娱自乐的歌舞、游艺等场所。电影院、剧院等观看电影、欣赏他人表演的场所不属于娱乐场所范畴，根据《娱乐场所管理条例》第 2 条之规定，娱乐场所的定义有以下几层意思：第一，娱乐场所是以营利性为目的的。第二，该条例调整的娱乐场所是对公众开放的娱乐场所。第三，这种娱乐场所是消费者自娱自乐的场所。电影院、剧院等观看电影、欣赏他人表演的场所由《电影管理条例》和《营业性演出管理条例》调整，因此电影院、剧院等观看电影、欣赏他人表演的场所不属于《娱乐场所管理条例》明确的娱乐场所范畴。

二、公安部门在查处治安、刑事案件时，发现擅自从事娱乐场所经营活动的，应如何处罚

《娱乐场所管理条例》第 41 条规定：违反本条例规定，擅自从事娱乐场所经营活动的，由工商行政管理部门、文化主管部门依法予以取缔；公安部门在查处治安、刑事案件时，发现擅自从事娱乐场所经营活动的，应当予以取缔。擅自从事娱乐场所经营活动直接违反了我国工商行政管理法律、法规的规定，同时，扰乱文化娱乐市场秩序，也不便于文化行政主管部门、公安机关等有关部门对文化市场的监督管理，其行为人应当承担相应的法律责任。公安机关是我国的治安保卫机关，也是刑事诉讼中主要的侦查机关。公安部门在查处治安、刑事案件时，发现擅自从事娱乐场所经营活动的，应当予以取缔。

三、娱乐场所招用未成年人的，由公安机关还是劳动保障行政部门进行依法查处

为保护未成年人的身心健康，促进义务教育制度的实施，维护未成年人的合法权益，根据《娱乐场所管理条例》第 24 条与第 52 条之规定，娱乐场所不得招用未成年人，一旦招用由劳动保障行政部门责令整改，并按照每招用 1 名未成年人每月处 5000 元罚款的标准给予处罚。公安机关工作中发现后移交劳动保障行政部门处理。

四、关于利用赌博机组织赌博的性质认定

设置具有退币、退分、退钢珠等赌博功能的电子游戏设施设备，并以现金、有价证券等贵重款物作为奖品，或者以回购奖品方式给予他人现金、有价证券等贵重款物（以下简称设置赌博机）组织赌博活动的，应当认定为《刑法》第 303 条第 2 款规定的"开设赌场"行为。

五、关于利用赌博机开设赌场的定罪处罚标准

设置赌博机组织赌博活动，具有下列情形之一的，应当按照《刑法》第 303 条第 2 款规定的开设赌场罪定罪处罚：

（1）设置赌博机 10 台以上的；

（2）设置赌博机 2 台以上，容留未成年人赌博的；

（3）在中小学校附近设置赌博机 2 台以上的；

（4）违法所得累计达到 5000 元以上的；

（5）赌资数额累计达到 5 万元以上的；

（6）参赌人数累计达到 20 人以上的；

（7）因设置赌博机被行政处罚后，2 年内再设置赌博机 5 台以上的；

（8）因赌博、开设赌场犯罪被刑事处罚后，5 年内再设置赌博机 5 台以上的；

（9）其他应当追究刑事责任的情形。

设置赌博机组织赌博活动，具有下列情形之一的，应当认定为《刑法》第 303 条第 2 款规定的"情节严重"：

（1）数量或者数额达到第 2 条第 1 款第 1 项至第 6 项规定标准 6 倍以上的；

（2）因设置赌博机被行政处罚后，2 年内再设置赌博机 30 台以上的；

（3）因赌博、开设赌场犯罪被刑事处罚后，5 年内再设置赌博机 30 台以上的；

（4）其他情节严重的情形。

可同时供多人使用的赌博机，台数按照能够独立供一人进行赌博活动的操作基本单元的数量认定。

在两个以上地点设置赌博机，赌博机的数量、违法所得、赌资数额、参赌人数等均合并计算。

六、关于赌博共犯的认定

明知他人利用赌博机开设赌场，具有下列情形之一的，以开设赌场罪的共犯论处：

（1）提供赌博机、资金、场地、技术支持、资金结算服务的；

（2）受雇参与赌场经营管理并分成的；

（3）为开设赌场者组织客源，收取回扣、手续费的；

（4）参与赌场管理并领取高额固定工资的；

（5）提供其他直接帮助的。

七、关于生产、销售赌博机的定罪量刑标准

以提供给他人开设赌场为目的，违反国家规定，非法生产、销售具有退币、退分、退钢珠等赌博功能的电子游戏设施设备或者其专用软件，情节严重的，依照《刑法》第 225 条的规定，以非法经营罪定罪处罚。

实施前款规定的行为，具有下列情形之一的，属于非法经营行为"情节严重"：

（1）个人非法经营数额在 5 万元以上，或者违法所得数额在 1 万元以上的；

（2）单位非法经营数额在 50 万元以上，或者违法所得数额在 10 万元以上的；

（3）虽未达到上述数额标准，但 2 年内因非法生产、销售赌博机行为受过 2 次以上行政处罚，又进行同种非法经营行为的；

（4）其他情节严重的情形。

具有下列情形之一的，属于非法经营行为"情节特别严重"：

（1）个人非法经营数额在 25 万元以上，或者违法所得数额在 5 万元以上的；

（2）单位非法经营数额在 250 万元以上，或者违法所得数额在 50 万元以上的。

八、关于赌资的认定

赌资包括：当场查获的用于赌博的款物；代币、有价证券、赌博积分等实际代表的金额；在赌博机上投注或赢取的点数实际代表的金额。

九、关于赌博机的认定

对于涉案的赌博机，公安机关应当采取拍照、摄像等方式及时固定证据，并予以认定。对于是否属于赌博机难以确定的，司法机关可以委托地市级以上公安机关出具检验报告。司法机关根据检验报告，并结合案件具体情况作出认定。必要时，人民法院可以依法通知检验人员出庭作出说明。

十、如何认定娱乐场所内的"色情陪侍"行为

色情陪侍的特征：一是以营利为目的，用淫荡的言语、姿态和动作招徕、陪伴、侍候顾客的；二是以营利为目的，与顾客搂抱、亲吻的；三是以给予或获取财物及其他利益为条件进行显露、观看、抚摸男女生殖器、女性乳房等活动；四是以营利或淫乐为目的，跳半裸舞和裸体舞的。

《辽宁省娱乐饮食服务场所治安管理条例》第 13 条　凡在营业场所内发生卖淫、嫖娼、赌博和色情陪侍等违法犯罪行为的，依照下列规定处理：

（1）对卖淫、嫖娼、赌博等违法犯罪行为，依照有关法律、法规处罚；

（2）对提供和接受色情陪侍的行为人，处 1000 元以上 3000 元以下罚款；

（3）对发生色情陪侍活动的营业场所，依照《娱乐场所管理条例》规定处罚。

十一、娱乐场所如何解决消费者权益纠纷问题

根据《娱乐场所管理条例》第 53 条第 3 款规定，"娱乐场所及其从业人员与消费者发生争议的，应当依照消费者权益保护法的法律规定解决；造成消费者人身、财产损害的，由娱乐场所依法予以赔偿"。实践中可以通过下列途径解决：

（1）与经营者协商和解；

（2）请求消费者协会调解；

（3）向有关行政部门申诉；

（4）根据与消费者达成的仲裁协议提请仲裁机构仲裁；

（5）向人民法院提起诉讼。

十二、娱乐场所为什么要建立内部巡查制定

根据《娱乐场所管理条例》第 31 条规定：娱乐场所应当建立巡查制度，发现娱乐场所内有违法犯罪活动的，应当立即向所在地县级公安部门、县级人民政府文化主管部门报告。建立内部巡查制度有两方面的原因：一是娱乐场所可以通过建立巡查制度，提高自身安全防范意识。堵塞治安、

消防隐患的同时，提高发现违法犯罪活动的能力，增强向管理机关报告的主动性，更好地认真履行相关义务。二是管理部门可以通过对娱乐场所是否建立巡查制度及其运行情况进行检查，及时了解场所内的经营情况和治安状况，督促娱乐场所履行相关义务。巡查的方式，应由娱乐场所组织，采取适合场所经营特点的方式进行。巡查后，应填写巡查记录。巡查人员必须遵守国家法律法规，维护消费者合法权益。巡查的主要内容有实时了解掌握场所的情况，及时发现和堵塞治安、消防隐患，及时发现发生在场所内的违法犯罪活动并向公安部门、文化主管部门报告。

十三、如何认定"未按规定配备迪斯科舞厅安检设备或未对入场的人员进行安检"的行为

按照《娱乐场所条例》第 22 条规定：迪斯科舞厅应当配备安全检查设备，对进入营业场所的人员进行安全检查。该条例作出这样的限制性规定，是出于对迪斯科舞厅的安全考虑。其行为包括以下几种：一是迪斯科舞厅未按规定设置安全检查设备；二是迪斯科舞厅虽然设置了安检设备，但没有正常使用；三是未配备专门的安全检查人员；四是未对进入迪斯科舞厅人员进行安全检查；五是能够通过安全检查设备检查出来却没有检查出来的；六是对安全检查发现的危险物品没有依法进行处理的。

十四、发现娱乐场所超时营业的应如何处理

按照《娱乐场所条例》第 28 条规定：每日凌晨 2 时至 8 时，娱乐场所不得营业。公安机关在工作中发现娱乐场所存在擅自超时营业违规问题的，应将其线索转递文化部门进行处理。《娱乐场所条例》第 49 条规定：在本条例规定的禁止营业时间内营业的，由县级人民政府文化主管部门责令改正，给予警告；情节严重的责令停业整顿 1 至 3 个月。

十五、如何理解违法经营与擅自经营的区别

按照《娱乐场所管理条例》第 11 条规定：娱乐场所取得营业执照后，应当在 15 日内向所在地县级公安部门备案。构成本项违法行为的前提是娱乐场所已办理工商登记取得营业执照。而擅自从事娱乐场所经营活动是指未取得娱乐经营许可证和营业执照而从事娱乐经营活动。对发生违法行为的这两类娱乐场所在处理方面也有明显的区别，前者叫依法停业整顿，后者叫依法予以取缔。

十六、聘用外国从业人员应注意哪些问题

根据《娱乐场所管理条例》第 24 条规定：娱乐场所不得招用未成年人；招用外国人的，应当按照国家有关规定为其办理外国人就业许可证。娱乐场所聘用外国人的要求，即应当按照国家有关规定为其办理外国就业许可证。这里的国家规定，是指 1996 年《外国人在中国就业管理规定》。其中要求，用人单位聘用外国人要经行业主管部门批准，经用人单位所在省、自治区、直辖市劳动行政部门或其授权的地市级劳动行政主管部门许可，获得就业许可证才可就业。

十七、在我国是否可以设立外商独资的娱乐场所

根据《娱乐场所管理条例》第 6 条规定：外国投资者可以与中国投资者依法设立中外合资经营、中外合作经营的娱乐场所，不得设立外商独资经营的娱乐场所。中外合资经营企业有以下几个特点：中外合资经营企业的自有资本须由国内外投资者分别投入，并经法定的验资程序确验各方的实际投资比例和出具验资证明。其中外方投入的资本比例一般不低于该合营企业的注册资本的 25%。

十八、娱乐场所从业人员登记簿、营业日志的建立填写是否重复

目前，各娱乐场所已经安装了娱乐场所治安管理系统，系统内已涵盖了从业人员的信息采集、登记、入职、上下班刷卡，以及场所的营业情况。《娱乐场所管理条例》第25条规定："娱乐场所应当与从业人员签订文明服务责任书，并建立从业人员名簿；从业人员名簿应当包括从业人员的真实姓名、居民身份证复印件、外国人就业许可证复印件等内容。娱乐场所应当建立营业日志，记载营业期间从业人员的工作职责、工作时间、工作地点；营业日志不得删改，并应当留存60日备查。"

十九、关于宽严相济刑事政策的把握

办理利用赌博机开设赌场的案件，应当贯彻宽严相济刑事政策，重点打击赌场的出资者、经营者。对受雇佣为赌场从事接送参赌人员、望风看场、发牌坐庄、兑换筹码等活动的人员，除参与赌场利润分成或者领取高额固定工资的以外，一般不追究刑事责任，可由公安机关依法给予治安管理处罚。对设置游戏机，单次换取少量奖品的娱乐活动，不以违法犯罪论处。

二十、关于国家机关工作人员渎职犯罪的处理

负有查禁赌博活动职责的国家机关工作人员，徇私枉法，包庇、放纵开设赌场违法犯罪活动，或者为违法犯罪分子通风报信、提供便利、帮助犯罪分子逃避处罚，构成犯罪的，依法追究刑事责任。国家机关工作人员参与利用赌博机开设赌场犯罪的，从重处罚。

第六节 娱乐场所治安检查实训

一、实训内容

达到的目标：公安派出所管辖的娱乐场所治安检查程序、内容和方法。

1. 完成对娱乐场所的监督检查。

2. 填写相关文书。

3. 形成实训小结，内容包括实训存在的问题及心得体会等。

二、情景设计

公安派出所民警对辖区内的×××歌舞娱乐城检查。现场情况如下：

1. 被检查场所情况：

×××歌舞娱乐城。地址：××省溏山市兴工街150号。地上两层，每层面积2500平方米，舞池1个，大小包间共计53个。从业人员30名，其中因卖淫被打处过的女性3人；配备4名男性保安人员。

2. 法人：张某，男，身份证号码：130202××××××××4330，现住溏山市长江路×号，户籍所在地为溏山市公安局长江路派出所。

3. 检查时间：今天。

4. 检查单位：溏山市公安局大山派出所。

三、实训组织

（一）学员课前预习重点

1. 预习娱乐场所治安检查的相关知识要点。《营业性歌舞娱乐场所管理办法》《娱乐场所管理条例》《娱乐场所治安管理办法》。

2. 预习娱乐场所监督检查的程序，《公安派出所执法执勤工作规范》第 78 条。

（二）模拟演练

1. 场地及器材准备。场地布置要求舞池 1 个；包厢至少 1 个，要求内设隐蔽套间，有门，门上无窗，有锁，内有吧台 1.3 米以上，内有长条沙发、可调节亮度灯光。实训器材准备要求如表 7-1 所示：

表 7-1　实训器材准备项目

序号	项目	要求
1	从业人员名册	30 人，其中女性 5 人
2	保安人员名册	4 人
3	《文化经营许可证》	在有效期限内
4	《公众聚集场所使用营业前消防安全合格证》	在有效期限内
5	营业执照	在有效期限内
6	民警检查所需要的证件文书	警官证、治安检查记录本、隐患整改通知书等。要求每人 1 套
7	门	无窗，有锁
8	手持式安检设备	

2. 组织及安排。

学员：全班分为 2 队，分别选取小队长 1 名负责组织协调，每队 2 人 1 组，学员交叉进行歌舞娱乐场所主要负责人的角色扮演；

教官：主讲教官布置模拟演练脚本；辅助教官将脚本派发给角色扮演的学员并进行布置讲解；组织模拟演练，过程中主讲教官可进行个别指导，辅助教官跟踪考核；演练结束后，收拾装备、清理场地、带回学员。

3. 模拟演练脚本。

（1）人物：

张某，男，身份证号码为 130202××××××4330，现住溏山市长江路×号，户籍所在地为溏山市公安局长江路派出所。

李某，男，25 岁，保安员，勤快，热心。

辛某，男，20 岁，服务员。

赵某，女，20 岁，服务员，曾因卖淫被打处过。

（2）地点及场景设计：

×××歌舞娱乐城内，李某在门口手持金属探测仪，赵某、辛某正在打扫卫生。

场景一：

两名警察进行治安监督检查，李某热情接待并报告张某，张某热情接待并陪同检查。

基本要求：尽量配合民警，问什么答什么，不主动回答。让出示什么就拿什么，没有的如实回答。询问有关情况按实际回答。要求签字，配合签字。

场景二：

赵某为民警倒水。

预设对话：（自定）

基本要求：民警不提及赵某打处问题，不主动告知。

四、实训文书

娱乐场所检查记录

单位名称					地址	
法人代表	姓名		性别	出生日期		联系电话
被检查单位存在的问题						
处理意见						
检查单位	检查单位全称： 检查人员： 检查时间：					

娱乐场所检查记录存根

单位名称				地址			
法人代表	姓名		性别		出生日期		联系电话
被检查单位 存在的问题							

被检查单位负责人签字：
年　月　日

处理意见	

检查单位	检查单位全称： 检查人员： 检查时间：

五、分享点评

1. 模拟娱乐场所治安检查过程中存在的问题；

2. 检查文书填写质量；

3. 遵守纪律、团队合作等情况。

六、实训考核标准和成绩

1. 考核方式：教官根据学员实训现场表现，按考核标准打分（见表7-2）；

2. 成绩评定：按百分制评定成绩。团队本阶段成绩为小组每位成员的平均分；个人本阶段总成绩＝个人本阶段平均成绩×0.7＋团队本阶段成绩×0.3。

表7-2 治安检查实训考核标准

考核一级指标	考核二级指标	评分标准			
		5分	3分	1分	0分
执法程序	2人以上	2人以上，分别签名	2人以上，1人签名	1人检查，1人签名	未签名
	表明身份	着制式警服并清晰表明身份	着制式警服，但表述身份不清	着制式警服但未表明身份	未着制式警服，未表明身份
	出示证件	对方要求下出示证件	主动出示证件		对方要求但未出示
	请被检查单位随同人员签名	请被检查单位随同人员本人签名		代签	未请被检查单位随同人员本人签名
监督检查程序	现场拍照取证（外围、违法）	现场拍照取证全面	仅对部分违法行为拍照	仅对外围拍照	未拍照
	采用多种方法进行监督检查（查阅法、询问法、检查法等）	3种及以上方法	2种方法	1种方法	
	检查过程中进行治安宣传，指出违法之处	指出并提出整改建议	全面指出	部分指出	未指出
	检查结束后反馈存在的问题	反馈全面	部分反馈		没有反馈
警民关系	执法态度	严肃、认真、端庄、自然	认真 紧张	随意	恶劣、粗暴、野蛮
	执法用语	文明、规范、无脏话	文明、无脏话		脏话
法律文书	《娱乐场所检查记录》	共50分，要求：用蓝色或黑色钢笔或水性笔填写；填写规范、内容全面、准确，无错项、漏项；字迹工整，无错别字			
总计		100分			

七、治安检查实训小结

项目	内容
娱乐场所治安检查实训中存在的问题	
文书填写实训中存在的问题	
心得体会	
对实训教学的建议	

任务八　消防监督检查

[训练目标]

通过对相关法律法规、技术标准的学习，掌握公安派出所对列管单位的监督检查程序和方法，做到会检查、会填写相关法律文书，并能够适时开展宣传教育，提出整改措施。

第一节　公安派出所消防监督检查的原则及范围

一、公安派出所消防安全管理工作的原则

（一）消防工作原则溯源

1998 年开始实施的《中华人民共和国消防法》第 2 条规定：消防工作贯彻预防为主、防消结合的方针，坚持专门机关与群众相结合的原则，实行防火安全责任制。在消防工作中，专群结合的"专"，是指公安机关消防机构必须加强防火和灭火的专门工作。包括：一是要尽职尽责。二是要善于把党和政府关于消防工作的方针政策转化为群众的自觉行动。三是要创造一个广大群众支持消防工作的良好社会环境。专群结合的"群"，是指广大人民群众以及机关、团体、企事业单位和其他社会群体积极参与消防工作。包括：一是坚持走群众路线。充分相信群众，依靠群众，是消防管理工作的出发点和归宿。二是要广泛宣传发动群众。各级党委政府，特别是基层的党政组织，要采取有效措施，多渠道、全方位、多层次进行宣传发动。三是要增强群众防范意识。只有全社会人人参与消防工作，才能真正实现保护人民生命财产安全，达到实现公共安全的目的。

专群结合在当时的历史时期发挥了不可替代的作用，消防机关作为消防法律法规的行政执法主体，是政府开展消防工作的专门机关。消防工作所包括的内容和范围也有了许多调整，社会主义市场经济体制对消防工作的要求也发生了重大变化。所以消防工作的原则也应与时俱进，使之更符合改革开放和社会主义市场经济发展的需要。

随着改革开放的不断深入，社会主义市场经济蓬勃发展，社会经济结构发生重大变化，我国的社会主义经济建设出现了前所未有的巨大变革。作为社会文明窗口的消防事业，逐渐摆脱了计划经济体制下的束缚，消防工作社会化，"以人为本"的治国理念对消防工作产生了重大影响。在这一

背景下，2006 年在《国务院关于进一步加强消防工作的意见》（国发〔2006〕15 号）中全面阐释了新时期消防工作的指导思想、基本原则、主要任务以及加强消防工作的主要措施，提出努力构建"政府统一领导、部门依法监管、单位全面负责、群众积极参与"的消防工作格局。

（二）现行的消防工作原则

2008 年修订的消防法在吸收了《国务院关于进一步加强消防工作的意见》的基础上，形成了消防工作"二十四字原则"，即政府统一领导、部门依法监管、单位全面负责、公众积极参与。

1. 政府统一领导。各级人民政府应当将消防工作纳入国民经济和社会发展计划，保障消防工作与经济建设和社会发展相适应；将消防规划纳入城乡规划并组织实施；组织开展消防宣传教育和消防安全检查，督促或者组织整改重大火灾隐患；建立多种形式的消防组织，增强火灾预防、扑救和应急救援能力；建立应急反应和处置机制，落实人员、装备等保障；根据火灾扑救需要，组织支援灭火等。

2. 部门依法监管。公安机关依法对消防工作实施监督管理，并由公安消防机构负责实施；政府其他部门都要在各自的职责范围内，依照消防法和其他相关法律、法规的规定做好消防工作。

3. 单位全面负责。每个单位要对本单位的消防安全负责，单位的主要负责人是本单位的消防安全责任人；应当加强对本单位人员的消防宣传教育，落实消防安全责任制；组织防火检查，及时消除火灾隐患，保障建筑消防设施完好有效；制定灭火和应急疏散预案，组织消防演练；发生火灾，及时报警和组织扑救。

4. 公民积极参与。任何人都有维护消防安全、保护消防设施、预防火灾、报告火警的义务；任何成年人都有参加有组织的灭火工作的义务；任何人都有权对公安机关消防机构及其工作人员在执法中的违法违纪行为进行检举、控告。

政府、部门、单位、公民四者都是消防安全责任主体，政府统一领导、部门依法监管、单位全面负责、公民积极参与，共同构筑消防安全工作格局，任何一方都非常重要，不可偏废。

二、公安派出所消防监督检查的范围

《消防监督检查规定》（以下简称公安部令第 120 号）第 3 条第 2 款规定："公安派出所可以对居民住宅区的物业服务企业、居民委员会、村民委员会履行消防安全职责的情况和上级公安机关确定的单位实施日常消防监督检查。"第 17 条规定："公安机关消防机构接到对消防安全违法行为的举报投诉，应当及时受理、登记，并按照《公安机关办理行政案件程序规定》的相关规定处理。"综上所述，公安派出所消防监督检查的范围主要包括三方面：一是对居民住宅区的物业服务企业、居民委员会、村民委员会履行消防安全职责的情况进行消防监督检查；二是对上级公安机关确定的单位进行日常消防监督检查；三是对举报、投诉的消防违法行为进行核查。

（一）居民委员会、村民委员会履行消防安全职责情况

1. 居民委员会消防安全管理职责。居民委员会是居民自我管理、自我教育、自我服务的城镇基层群众性自治组织。根据《城市居民委员会组织法》的规定，居民委员会有宣传法律法规，教育居民履行法定义务、爱护公共财产，办理本居住地区居民的公共事务和公益事业，协助维护社会治

安、协助政府做好相关工作等职责。居民应当遵守居民会议的决议和居民公约。因此，组织开展群众性消防工作，实行消防工作由群众自救、自管、自防、自治是居民委员会应尽的职责。对于没有物业服务企业管理的弃管楼，应当充分发挥居民委员会的作用，指导、帮助居民委员会开展消防安全管理工作。

2. 村民委员会消防安全管理职责。目前，我国农村经济快速发展，村民生活条件明显改善，然而，由于消防工作相对落后、消防设施匮乏、消防意识淡薄、消防组织不健全、消防监管不到位等原因，造成近几年来农村火灾发生率、伤亡率居高不下。村民委员会作为村民自我管理、自我教育、自我服务的农村基层群众性自治组织是开展农村消防安全管理工作最可靠的力量。

根据《村民委员会组织法》的规定，村民委员会办理本村的公共事务和公益事业，调解民间纠纷，协助维护治安管理，向人民政府反映村民的意见、要求和提出建议；村民委员会应当宣传法律、法规和国家政策，教育和推动村民履行法律规定的义务，爱护公共财产，维护村民合法权利和利益，发展文化教育，普及科技知识，促进村与村之间的团结、互助。因此，组织开展群众性消防工作，实行消防工作由群众自救、自管、自防、自治是村民委员会应尽的职责，具体包括：开展消防宣传教育，增强村民消防法制观念；进行消防培训与演练，提高公民消防意识，村民要做到会报警、会扑救初期火灾、会疏散自救；组建志愿消防队等群体性消防组织，提高自防自救能力；开展经常性的防火安全检查，消除火灾隐患；动员、组织、依靠群众参与消防工作，改善防火条件，落实防火措施；协调邻近村民委员会，开展火灾互救互助等。

3. 公安派出所对居民委员会、村民委员会消防监督检查内容。根据公安部令第 120 号第 32 条的规定，公安派出所对居民委员会、村民委员会进行日常消防监督检查，应当检查下列内容：

（1）消防安全管理人是否确定；

（2）消防安全工作制度、村（居）民防火安全公约是否制定；

（3）是否开展消防宣传教育、防火安全检查；

（4）是否对社区、村庄消防水源（消火栓）、消防车通道、消防器材进行维护管理；

（5）是否建立志愿消防队等多种形式消防组织。

（二）上级公安机关确定的单位

1. 对"上级公安机关确定的单位"的理解。确定，即明确、肯定。公安部 120 号令第 3 条第 3 款规定：公安派出所日常消防监督检查的单位范围由省级公安机关消防机构、公安派出所工作主管部门共同研究拟定，报省级公安机关确定。根据调查，目前公安派出所消防列管单位数量多、范围大、专业性强，而且在范围的确定上，各省有所不同。对这句话的执行方式各地公安机关略有不同，《辽宁省公安派出所消防监督工作若干规定》（辽公通〔2016〕第 345 号）第二章第 6 条派出所日常消防监督检查的单位范围将其表述为：

（1）除属地公安机关明确的具有一定规模非消防安全重点单位，其余非消防安全重点单位均应由公安派出所负责监督管理；

（2）负责对居民住宅区的物业服务企业、居民委员会、村民委员会履行消防安全职责的情况实

施监督检查;

（3）具有固定生产经营场所且具有一定规模的个体工商户。属地公安机关明确的具有一定规模非消防安全重点单位的规模由市或县（区）公安机关消防机构和治安（户政）管理部门共同研究拟定，报同级公安机关确定。

江苏省就公安派出所对上级公安机关确定的单位进行消防监督检查的表述与公安部第120号令一致。

2. 公安派出所对单位进行日常消防监督检查的内容。根据公安部令第120号第31条的规定，公安派出所对单位进行日常消防监督检查，应当检查下列内容：

（1）建筑物或者场所是否依法通过消防验收或者进行消防竣工验收备案，公众聚集场所是否依法通过投入使用、营业前的消防安全检查；

（2）是否制定消防安全制度；

（3）是否组织防火检查、消防安全宣传教育培训、灭火和应急疏散演练；

（4）消防车通道、疏散通道、安全出口是否畅通，室内消火栓、疏散指示标志、应急照明、灭火器是否完好有效；

（5）生产、储存、经营易燃易爆危险品的场所是否与居住场所设置在同一建筑物内。

对设有消防设施的单位，公安派出所还应当检查单位是否每年对建筑消防设施至少进行一次全面检测。

对居民住宅区的物业服务企业进行日常消防监督检查，公安派出所除检查本条第1款第（2）至（4）项内容外，还应当检查物业服务企业对管理区域内共用消防设施是否进行维护管理。

对消防安全重点单位履行法定消防安全职责情况的监督抽查，除检查上述内容外，还应当根据公安部令第120号第11条的规定检查下列内容：

（1）是否确定消防安全管理人；

（2）是否开展每日防火巡查并建立巡查记录；

（3）是否定期组织消防安全培训和消防演练；

（4）是否建立消防档案、确定消防安全重点部位。

对属于人员密集场所的消防安全重点单位，还应当检查单位灭火和应急疏散预案中承担灭火和组织疏散任务的人员是否确定。

第二节　公安派出所消防监督检查的流程及内容

一、消防监督检查流程

（一）日常消防监督检查流程

建议公安派出所对列管单位首次进行日常消防监督检查前，通知相关单位检查时间及项目。检查时，检查人员不得少于两人，着警服，如对方提出要求应出示执法证件。请相关单位管理人员陪同检查，检查过程中及时拍照或录像取证，反馈检查结果，填写相关文书，请相关人员签字（见图8-1）。

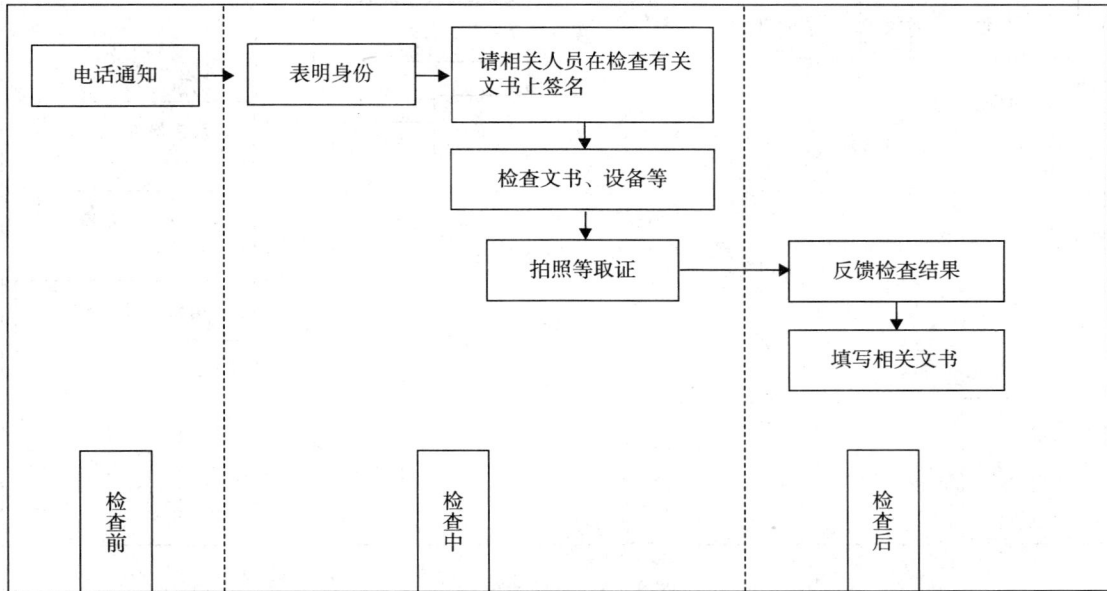

图8-1 公安派出所消防监督检查流程

（二）对举报投诉的消防安全违法行为的核查流程（见图8-2）

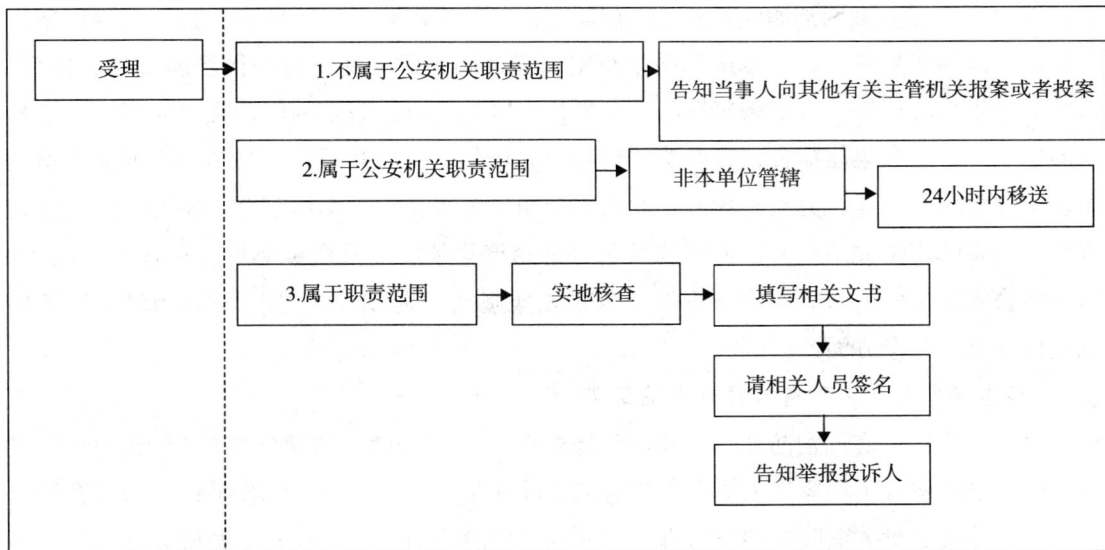

图8-2 对举报投诉的消防安全违法行为的核查流程

（三）专项治理流程（见图 8 - 3）

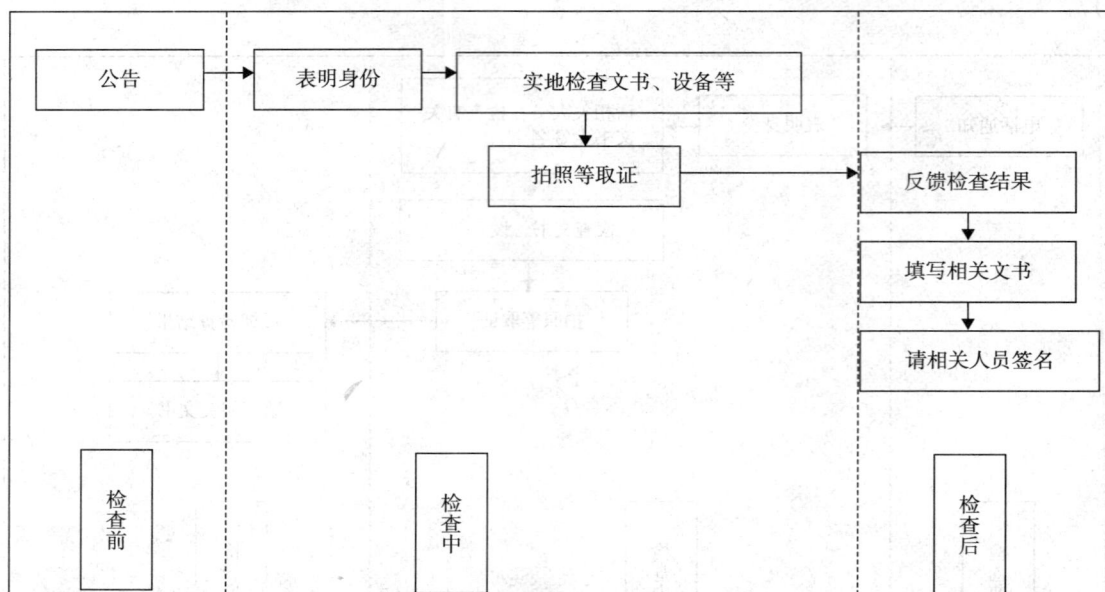

图 8 - 3　专项治理流程

二、消防监督检查的要点

公安派出所消防监督检查的场所通常包括人员密集场所、公众聚集场所和公共娱乐场所三种类型。根据《中华人民共和国消防法》第 73 条第 1 款第 3 项和第 4 项的规定：公众聚集场所，是指宾馆、饭店、商场、集贸市场、客运车站候车室、客运码头候船厅、民用机场航站楼、体育场馆、会堂以及公共娱乐场所等；人员密集场所，是指公众聚集场所，医院的门诊楼、病房楼，学校的教学楼、图书馆、食堂和集体宿舍，养老院，福利院，托儿所，幼儿园，公共图书馆的阅览室，公共展览馆、博物馆的展示厅，劳动密集型企业的生产加工车间和员工集体宿舍，旅游、宗教活动场所等。因此，三者的逻辑关系是人员密集场所包含公众聚集场所，公众聚集场所包含公共娱乐场所。综上所述，公安派出所消防监督检查应以《人员密集场所消防安全管理》（GA 654 - 2006）为基础，重点检查以下几个方面：

（一）检查场所办理消防行政许可手续情况

根据《中华人民共和国消防法》《消防监督检查规定》等消防法律法规的要求，新建、扩建、改建和室内装修的建设工程应当依法办理建筑消防设计防火审核、竣工验收手续。场所在营业或使用前，应向当地公安机关消防机构申请进行开业或使用前的消防安全检查。经检查合格的，出具公众聚集场所投入使用、营业前的消防安全检查合格证，方可营业或使用。

（二）检查耐火等级是否符合要求

场所宜设置在耐火等级不低于二级的建筑物内；已经核准设置在三级耐火等级建筑内的场所，应当符合以下特定的防火安全要求：对建筑物的燃烧体进行防火处理，提高建筑物的耐火等级；增设火灾自动报警、自动灭火装置；落实专人值班和巡逻检查制度。

（三）检查设置位置是否符合要求

场所不得设置在文物古建筑和博物馆、图书馆建筑内，不得毗连重要仓库或者危险物品仓库；不得在居民住宅楼内改建场所。场所与其他建筑相毗连或者附设在其他建筑物内时，应当按照独立的防火分区设置；商住楼内的场所与居民住宅的安全出口应当分开设置。在地下建筑内设置场所，还应当符合下列规定：只允许设在地下一层；通往地面的安全出口不应少于2个，安全出口、楼梯和走道的宽度应当符合有关建筑设计防火规范的规定；应当设置机械防烟排烟设施；应当设置火灾自动报警系统和自动喷水灭火系统；严禁使用液化石油气。

（四）检查消防安全疏散设施情况

对场所实施消防监督检查，安全疏散设施是重点检查对象，必须按相关规定严格检查。

1. 检查安全疏散出口的数量、疏散走道的宽度、疏散距离、疏散门的开启方向以及疏散通道是否畅通等。

（1）检查安全疏散门。安全疏散门应采用向疏散方向开启的平开门，不应采用推拉门、卷帘门、吊门、转门。场所平时需要控制人员随意出入的疏散用门或设有门禁系统的门，应保证火灾时不需使用钥匙等任何工具即能从内部轻易打开，并应在显著位置设置标识和使用提示。

（2）检查窗口、阳台和辅助疏散逃生设施。人员密集的公共建筑不宜在窗口、阳台等部位设置金属栅栏，当必须设置时，应有从内部易于开启的装置。窗口、阳台等部位宜设置辅助疏散逃生设施。

（3）检查疏散通道的管理。保障疏散通道、安全出口畅通，除保持消防安全疏散指示标志、应急照明、机械排烟送风、防火门、防火卷帘等设施处于正常状态以外，还应当严禁占用疏散通道、在安全出口或者疏散通道上安装栅栏等影响疏散的障碍物；严禁在营业、生产、教学、工作等期间将安全出口上锁、遮挡或者将消防安全疏散指示标志遮挡、覆盖。

2. 检查疏散楼梯。检查是否按要求设置封闭楼梯间、防烟楼梯间等。

3. 检查疏散通道和疏散楼梯的防烟、排烟情况。

4. 检查应急照明和疏散指示标志是否按要求设置并正常运行。

5. 应当设置声音或者视像警报，特别是卡拉OK厅及其包房内，保证在火灾发生初期，将各卡拉OK房间的画面、音响消除，播送火灾警报，引导人们安全疏散。

场所在营业期间，必须保证疏散通道、安全出口畅通，任何堵塞通道、封闭出口的行为都是不能允许的，必须坚决予以制止。

（五）检查建筑构造和内部装修

为保障建筑的消防安全，防止和减少建筑物火灾的危害，建筑内部装修设计应妥善处理装修效果和使用安全的矛盾，采用不燃性材料和难燃性材料，尽量避免采用在燃烧时产生大量浓烟或有毒气体的材料，做到安全适用，经济合理。按照《建筑内部装修设计防火规范》，场所的内部装修应当符合下列要求：

1. 建筑物内的水平疏散走道和安全出口的门厅，其顶棚装饰材料应采用不燃装修材料，其他部位应采用不低于难燃等级的装修材料，不得使用可燃、易燃装修材料。厨房的顶棚、墙面、地面均应采用不燃装修材料。

2. 当顶棚或墙面采用海绵等多孔或泡沫状塑料时，厚度不应大于15毫米，面积不得超过该房间顶棚或墙面积的10%。进行室内装修时尽量避免使用聚氨酯海绵（即所谓"软包"）等易燃材料。此类材料一旦起火，燃烧速度快，并且能够释放出大量的有毒气体，使人窒息或中毒死亡。

3. 照明灯具的高温部位，当靠近易燃、可燃、难燃装修材料时，应采取隔热、散热等防火保护措施。灯饰所用材料应为不燃和难燃材料，不能使用易燃或可燃材料。

4. 公共建筑内部不宜设置采用易燃装饰材料制成的壁挂、雕塑、模型、标本；确需设置时，不能靠近火源或热源。

5. 建在地下场所的疏散走道和安全出口的门厅、顶棚、墙面、地面的装修应采用不燃材料。

6. 建筑内部装修不能遮挡消防设施和疏散指示标志及安全出口，不能妨碍消防设施和疏散走道的正常使用。

7. 室内消火栓门不能被装饰物遮掩，消火栓门四周的装修材料颜色应与消火栓门有明显区别。未有明显区别的，要在消火栓箱门上粘贴醒目的"消火栓"字样的标识。

（六）检查消防设施设备及灭火器材的配置和维护保养情况

1. 场所是否按要求设置了火灾自动报警、自动灭火系统，室内消防给水系统，防排烟设施，应急广播系统，消防电梯，消防供配电等消防设施、设备，并与具有维修保养资格的单位签订维修保养合同，定期进行维护保养，确保完好有效和正常运行。

2. 场所是否按照《建筑灭火器配置设计规范》的要求配置灭火器材。场所灭火器配置的危险等级多为严重危险级，中、轻危险级较少。可能引发的火灾种类也多为A类火灾，应根据配置场所选配灭火器材。需要注意的是如选择干粉灭火器，应选用磷酸铵盐粉剂（ABC）型，不得选用碳酸氢钠粉剂（BC）型，因为碳酸氢钠干粉对固体可燃物无黏附作用，只能控制A类火而不能灭A类火。

（七）检查场所从业人员"两知"和"三个能力"的建设情况

"两知"，即单位员工知道岗位消防安全职责，知道岗位火灾危险性。单位应当通过多种形式开展经常性的消防安全宣传教育。消防安全重点单位对每名员工应当至少每年进行一次消防安全培训，场所对员工的消防安全培训应当至少每半年进行一次。通过宣传教育实现"两知"。

所谓消防安全"三个能力"，是指单位尤其是场所从业人员是否具备扑救初起火灾的能力、引导人员疏散的能力和整改常见火灾隐患的能力。分析多年来国内外发生的重特大火灾尤其是群死群伤火灾事故，除与建筑消防安全设施不符合规定和疏散通道被封堵、安全出口被锁闭有关外，主要是单位的消防安全责任制不落实，从业人员的自防自救能力差，致使小火酿大灾，导致重大人员伤亡的后果。要求单位员工具备消防安全"三个能力"，其实质就是要求单位在落实消防安全责任制和各项消防安全措施的前提下，通过加强培训、检（巡）查、演练等工作，根本提升单位从业人员的整体消防素质，提升单位自防自救能力，改善单位的消防安全条件，这是预防重特大火灾尤其是群死群伤火灾事故的有效措施，是全力提高单位消防安全管理水平的关键点、根本点和落脚点。

（八）检查电气设施

1. 电气线路的敷设应符合相关规范的规定。用电负荷大的建筑应慎用铝芯导线，宜尽量选用铜芯导线。电力电缆不应和输送甲、乙、丙类液体管道、可燃气体管道、热力管道敷设在同一管沟内。配电线路宜穿管敷设，敷设在闷顶内的配电线路应穿金属管保护。

2. 电气设备的安装应符合相关规范的规定。严禁在线路上擅自增加电气设备，以防止过载引发火灾。在人员集中活动场所布置场景、灯光和其他用电设备时，要核对供电回路的允许负荷。开关、插座和照明器靠近可燃物时，应采取隔热、散热等防火保护措施。超过限定功率的、发热量大的电气设备不应直接安装在可燃装修或可燃构件上，引入线应按规定作隔热保护。

3. 配电室宜单独设置。如果不能单独设置的，应采用耐火极限不低于 2.00h 的隔墙、1.5h 的楼板和乙级以上防火门与其他场所隔开。

4. 消防用电设备应采用专用供电回路，其配电线路应满足火灾时连续供电的需要，其敷设应满足相关规范的规定。

5. 规模较大的场所宜设置漏电火灾报警系统，显示系统电源状态，探测漏电电流、过电流并发出声光报警信号，显示故障线路地址，监测故障点的变化并切断漏电线路电源。

6. 所有电气设备的接地装置均应按相关规定定期进行接地电阻测试，确保其处于正常工况。

7. 配电室和机房内，应按规定配置相应的灭火器材。

（九）检查场所是否属于住宿与生产、储存、经营合用场所

住宿与生产、储存、经营等一种或几种用途混合设置在同一连通空间内的场所（俗称"三合一"，以下简称合用场所）。主要有以下几种情形：

1. 设有员工集体宿舍的工业场所。在厂房、仓库等工业场所内设置员工集体宿舍。

2. 家庭作坊式生产加工场所。在住宅或出租房屋内从事加工、生产，从业人员生产、生活在同一场所。

3. 集经营、储存与从业人员住宿为一体的经营性场所。在商住楼、临街商业用房或住宅内开设商铺、修理、餐饮、游艺等小规模经营场所，从业人员大多留宿。

严禁在有甲、乙类火灾危险性的生产、储存、经营的建筑以及建筑耐火等级为三级及三级以下的建筑，厂房和仓库，建筑面积大于 2500 平方米的商场和市场等公共建筑及地下建筑内设置员工宿舍。

建筑高度大于 15 米或建筑面积大于 2000 平方米或住宿人数超过 20 人时，应采用不开门窗洞口的防火墙和耐火极限不低于 1.5h 的楼板将住宿部分与非住宿部分完全分隔，住宿与非住宿部分应分别设置独立的疏散设施；当难以完全分隔时，不应设置人员住宿。其他合用场所，当住宿部分与非住宿部分难以完全分隔，不能分别设置独立的疏散设施时，应当按照《住宿与生产仓储经营合用场所消防安全技术要求》（GA 703－2007）设置火灾自动报警系统或独立式感烟火灾探测报警器及自动喷水灭火系统或自动喷水局部应用系统。

（十）检查消防安全管理的情况

公安机关消防机构要依法督促场所申报并将其确定为消防安全重点单位，依法督促其履行消防安全职责、落实消防安全管理制度，做到"安全自查、隐患自除、责任自负"。场所内严禁带入和存放易燃易爆物品。严禁在场所营业时进行设备检修、电气焊、油漆粉刷等施工、维修作业。

第三节　法律责任

根据《中华人民共和国消防法》的规定，消防安全违法行为应受到处罚。消防安全违法行为类别、法律依据及名称如表 8 – 1 所示：

表 8 – 1　消防安全违法行为类别、法律依据及名称

类别	法律依据	消防安全违法行为名称
建设工程程序类	第 12 条	1. 未经消防设计审核擅自施工（第 58 条第 1 款第 1 项）
	第 12 条	2. 消防设计审核不合格擅自施工（第 58 条第 1 款第 1 项）
	第 12 条	3. 消防设计抽查不合格不停止施工（第 58 条第 1 款第 2 项）
	第 13 条第 2 款	4. 未经消防验收擅自投入使用（第 58 条第 1 款第 3 项）
	第 13 条第 2 款	5. 消防验收不合格擅自投入使用（第 58 条第 1 款第 3 项）
	第 13 条第 2 款	6. 投入使用后抽查不合格不停止使用（第 58 条第 1 款第 4 项）
	第 15 条第 2 款	7. 未经消防安全检查擅自投入使用、营业（第 58 条第 1 款第 5 项）
	第 15 条第 2 款	8. 消防安全检查不合格擅自投入使用、营业（第 58 条第 1 款第 5 项）
	第 10 条	9. 未进行消防设计备案（第 58 条第 2 款）
	第 13 条第 1 款第（2）项	10. 未进行竣工消防备案（第 58 条第 2 款）
建设工程质量类	第 9 条	11. 违法要求降低消防技术标准设计、施工（第 59 条第 1 项）
	第 9 条	12. 不按照消防技术标准强制性要求进行消防设计（第 59 条第 2 项）
	第 9 条	13. 违法施工降低消防施工质量（第 59 条第 3 项）
	第 9 条	14. 违法监理降低消防施工质量（第 59 条第 4 项）
消防设施器材标志类	第 16 条第 1 款第（2）项	15. 消防设施、器材、消防安全标志配置、设置不符合标准（第 60 条第 1 款第 1 项）
	第 16 条第 1 款第（2）项	16. 消防设施、器材、消防安全标志未保持完好有效（第 60 条第 1 款第 1 项）
	第 28 条	17. 损坏、挪用消防设施、器材（第 60 条第 1 款第 2 项）
	第 28 条	18. 擅自停用、拆除消防设施、器材（第 60 条第 1 款第 2 项）

（续表）

类别	法律依据	消防安全违法行为名称
通道出口消火栓分区防火间距火灾隐患	第28条	19. 占用、堵塞、封闭疏散通道、安全出口（第60条第1款第3项）
	第28条	20. 其他妨碍安全疏散行为（第60条第1款第3项）
	第28条	21. 埋压、圈占、遮挡消火栓（第60条第1款第4项）
	第28条	22. 占用防火间距（第60条第1款第4项）
	第28条	23. 占用、堵塞、封闭消防车通道（第60条第1款第5项）
	第28条	24. 门窗设置影响逃生、灭火救援的障碍物（第60条第1款第6项）
	第16条第1款第（5）项	25. 不及时消除火灾隐患（第60条第1款第7项）
易燃易爆三合一场所	第19条第1款	26. 易燃易爆危险品场所与居住场所设置在同一建筑物内（第61条第1款）
	第19条第1款	27. 易燃易爆危险品场所未与居住场所保持安全距离（第61条第1款）
	第19条第2款	28. 其他场所与居住场所设置在同一建筑物内不符合消防技术标准（第61条第2款）
违反社会管理类	第23条第1款	29. 违法生产、储存、运输、销售、使用、销毁易燃易爆危险品（第62条第1项）
	第23条第2款	30. 非法携带易燃易爆危险品（第62条第2项）
	第44条第1款	31. 虚构事实扰乱公共秩序（谎报火警）（第62条第3项）
	第47条第1款	32. 阻碍特种车辆通行（消防车、消防艇）（第62条第4项）
		33. 阻碍执行职务（第62条第5项）
	第23条第2款	34. 违反规定进入生产、储存易燃易爆危险品场所（第63条第1项）
	第21条第1款	35. 违反规定使用明火作业（第63条第2项）
	第21条第1款	36. 在具有火灾、爆炸危险的场所吸烟、使用明火（第63条第2项）
		37. 指使、强令他人冒险作业（第64条第1项）
		38. 过失引起火灾（第64条第2项）
	第44条第1款	39. 阻拦、不及时报告火警（第64条第3项）
		40. 扰乱火灾现场秩序（第64条第4项）
		41. 拒不执行火灾现场指挥员指挥（第64条第4项）
	第51条第2款	42. 故意破坏、伪造火灾现场（第64条第5项）
	第54条	43. 擅自拆封、使用被查封场所、部位（第64条第5项）

（续表）

类别	法律依据	消防安全违法行为名称
消防产品电气燃器用具类	第 24 条第 1 款	44. 人员密集场所使用不合格、国家明令淘汰的消防产品逾期未改（第 65 条第 2 款）
	第 27 条第 2 款	45. 电器产品的安装、使用不符合规定（第 66 条）
	第 27 条第 2 款	46. 燃气用具的安装、使用不符合规定（第 66 条）
	第 27 条第 2 款	47. 电器线路的设计、敷设、维护保养、检测不符合规定（第 66 条）
	第 27 条第 2 款	48. 燃气管路的设计、敷设、维护保养、检测不符合规定（第 66 条）
消防安全责任类	第 16 条第 1 款、第 17 条第（2）项、第 18 条、第 21 条第 2 款	49. 不履行消防安全职责逾期未改（第 67 条）
	第 44 条第 2 款	50. 不履行组织、引导在场人员疏散义务（第 68 条）
中介服务管理类	第 34 条	51. 消防技术服务机构出具虚假、失实文件（第 69 条第 1 款、第 2 款）

第四节　消防监督检查相关文书填写示范

一、公安派出所日常消防监督检查记录

（一）公安派出所日常消防监督检查记录的样例

公安派出所日常消防监督检查记录

编号：［填写年度例如：2017］第　　［填写 4 位顺序号例如：0010］号

单位名称	以营业执照为依据，例如：小太阳幼儿园		法定代表人/主要负责人	消防安全责任人（法人单位的法人代表，非法人单位的主要负责人）例如：张慧	
地　址	填写详细地址，包括城市（县）、区（乡镇）、街（路）等；以营业执照为依据，例如，黄海市平台区正传街 120 号		单位性质	填写单位的使用性质，如医院、学校、宾馆、饭店、商场、集贸市场、客运车站候车室、客运码头候船厅、民用机场航站楼、体育场馆、会堂、公共娱乐场所、养老院、福利院、托儿所、幼儿园、图书馆、生产企业等。例如：幼儿园	
使用的建筑面积（平方米）	填写实际使用的建筑面积，例如，420	使用的建筑具体层数	单位所使用的建筑楼层序号，例如，1 - 2 层	所在建筑高度（米）	所在建筑的总体高度，例如，8
监督检查人员（签名）	两人或两人以上，例如，赵开明、王池	单位随同检查人员（签名）	1. 对消防安全责任人负责的，实施和组织落实单位消防安全工作的主管负责人 2. 拒绝签名的，应当注明，例如，马丽	检查日期	填写检查当天公历日期，例如，2018 年 2 月 3 日

		检查内容和情况记录
单位履行消防安全职责情况	合法性	被查建筑物名称：　小太阳幼儿园　 ☐1998年9月1日之前竣工建筑且此后未改建（含装修、用途变更） ☐依法通过消防验收　☑依法进行竣工验收消防备案 ☐其他情况：　　　　　 ☑是　☐否　公众聚集场所 依法通过投入使用、营业前消防安全检查　☑是　☐否
	消防安全管理	1. 消防安全制度　　　　☐有　　　　☐无 2. 员工消防安全教育培训　☐组织开展　☐未组织开展 3. 防火检查　　　　　☐组织开展　☑未组织开展 4. 灭火和应急疏散预案　☐有　　　　☐无 5. 消防演练　　　　　☐组织　　　☐未组织 6. 其他情况：例如网吧内存在吸烟者，丢弃的烟头更是随处可见
单位履行消防安全职责情况	建筑防火	1. 消防车通道　　☐畅通　☐被堵塞、占用　☐无 2. 疏散通道　　　☐畅通　☑堵塞　☐锁闭 3. 安全出口　　　☐畅通　☐堵塞　☑锁闭　☐缺少 4. 防火门　☐完好有效　☐常闭式防火门常开　☐损坏　☐不涉及 5. 疏散指示标志　☐完好有效　☐损坏　☐缺少☐无 6. 应急照明　☐完好有效　☐损坏　☐缺少☐无 7. 人员密集场所外墙门窗上是否设置影响逃生、灭火救援的障碍物　☐否　☐是　☐不涉及 8. 其他情况：例如应急照明灯未连接电源，疏散指示标志被遮挡，营业区吊顶违规使用可燃性材料装修装饰
单位履行消防安全职责情况	消防设施	1. 室内消火栓　☐未设置　☐完好有效　☐损坏　☐无水　☐配件不齐　☐被遮挡、圈占 　　　　　　☐不涉及 2. 灭火器　☐未配置　☐完好有效　☑失效　☑缺少　☐配置类型错误 　　　☐设置地点不当 3. 建筑消防设施　☐定期维修保养并记录　☐无记录　☐未定期维修保养　☐不涉及 4. 物业服务企业对管理区域内共用消防设施是否维护管理　☐是　☐否　☐不涉及
	危险品管理	1. 是否存在违反规定使用明火作业或在具有火灾、爆炸危险的场所吸烟、使用明火 　☐否　☑是　☐不涉及 2. 是否存在违反消防安全规定进入生产、储存易燃易爆危险品场所　☐否　☐是　☐不涉及 3. 生产、储存、经营易燃易爆危险品的场所是否与居住场所设置在同一建筑物内 　☐否　☑是☐不涉及

（续表）

村（居）民委员会履行消防安全职责情况	1. 消防安全管理人　　　□确定　　□未确定 2. 消防安全工作制度　　□有　　　□无 3. 防火安全公约　　　　□有　　　□无 4. 消防宣传教育　　　　□开展　　□未开展 5. 防火安全检查　　　　□开展　　□未开展 6. 消防水源、消防车通道、消防器材　□维护管理　□未维护管理 7. 多种形式消防组织　　□建立　　□未建立
责令改正情况	制发的法律文书名称和编号： 如需要下发《责令改正通知书》，则应与相应的《责令改正通知书》编号一致
移送消防机构处理的内容	发现的下列第　相对应的项目的数字　项违反消防管理的行为，移送公安机关消防机构依法处理： □1. 建筑物未依法通过公安机关消防机构消防验收，擅自投入使用； □2. 建筑物未进行竣工验收备案，擅自投入使用； □3. 公众聚集场所未依法通过使用、营业前消防安全检查，擅自投入使用、营业。
备　注	填写当场改正不需要处罚情形，及记录表中未尽事宜 例：安全出口锁闭，应急照明灯未连接电源，疏散指示标志被遮挡已整改。

一式两份，一份交被检查单位或村（居）民委员会，一份存档。

（二）公安派出所日常消防监督检查记录的填写方法

1. 适用条件。适用于公安派出所对各种场所日常消防监督检查的记录

2. 填写要求。

（1）文书应使用钢笔和能够长期保持字迹的墨水填写或打印，做到字迹清楚、文字规范、文面整洁。文书设定的栏目，应逐项填写完整、准确；不需填写的，应划去。

（2）文书中的"/"表示其前后横线上或自然段的内容供选择，在使用文书时将不用的部分不打印或划去。

（3）文书中的"□"，属于选项判断，在选中内容前的"□"内画√。

（4）文书中抬头的"　　　："横线处填写单位名称，填写时应写全称。文书中"上列第　　　项材料"横线处用阿拉伯数字填写所列举材料序号。"下列第　　　项"、"上述第　　　项"横线处用阿拉伯数字填写所列举违法行为的序号，同时在所选中的违法行为序号前"□"内画√，两者要对应。

（5）文书中的"单位（场所）名称"处填写单位名称，填写时应写全称。"地址：　　　　　　　　　　　　　　　　"横线处填写详细地址，包括城市（县）、区（乡镇）、街（路）、门牌号等。

（6）文书尾部注明当事人签收处仅在存档的文书中印制。

注意事项。《公安派出所日常消防监督检查记录》属于填充型文书。一式二份，一份交被检查单位或村（居）民委员会，一份存档。

"移送消防机构处理的内容"中移送公安机关消防机构依法处理应当在检查之日起5个工作日内书面移交公安机关消防机构处理。

二、责令改正通知书

（一）责令改正通知书填写的样例

_____　派出所

责令改正通知书

编号：[填写年度] 第 [4位顺序号] 号

　填写被检查单位名称：例如，小太阳幼儿园　：

　　根据《中华人民共和国消防法》第五十三条的规定，我所于___2017___年___8___月___18___日对你单位（场所）进行消防监督检查，发现你单位（场所）存在下列第___2、3、6、10、13___项消防安全违法行为，现责令改正：

　　□1. 未制定消防安全制度；

　　☑2. 未组织☑防火检查/□消防安全教育培训/□消防演练；

　　☑3. □占用/☑堵塞/□封闭疏散通道、安全出口；

　　□4. □占用/□堵塞/□封闭消防车通道，妨碍消防车通行；

　　□5. □埋压/□圈占/□遮挡消火栓，□占用防火间距；

　　☑6. □室内消火栓/☑灭火器/□疏散指示标志/□应急照明未保持完好有效；

　　□7. 人员密集场所外墙门窗上设置影响逃生、灭火救援的障碍物；

　　□8. 违反消防安全规定进入□生产/□储存易燃易爆危险品场所；

　　□9. 违反规定使用明火作业；

　　☑10. 在具有火灾、爆炸危险的场所☑吸烟/□使用明火；

　　□11. □生产/□储存/□经营易燃易爆危险品的场所与居住场所设置在同一建筑物内的；

　　□12. 未对建筑消防设施定期进行维修保养；

　　☑13. 其他消防安全违法行为和火灾隐患：消防器材配置不符合国家标准。营业区吊顶违规使用可燃性材料装修装饰。

　　其中上述第 2 项，责令你/单位于 2017 年 8 月 21 前整改完毕。改正期间，你/单位（场所）应当采取措施，确保消防安全。

2017 年 8 月 18 日

2017 年 8 月 18 日

被检查单位（场所）签收：当事人是单位的，

由其法定代表人或主要负责人签收

一式两份，一份交被检查单位（场所），一份存档。

— 257 —

（二）责令改正通知书的填写方法

1. 适用条件。《责令改正通知书》是公安派出所在消防监督检查中对发现的消防安全违法行为和火灾隐患，责令被检查单位（场所）改正时所使用的文书。

2. 填写要求。由于《责令改正通知书》中的第1、2、12项以及13项中其他消防安全违法行为和火灾隐患可能属于限期改正情形，而制式文书中并没有预置填写限期改正时间的相关信息，因此，当涉及上述内容时建议在文书空白处补充填写如下内容：其中上述第＿＿＿项，责令你/单位于＿＿＿＿＿＿年＿＿月＿＿日前整改完毕。改正期间，你/单位应当采取措施，确保消防安全。

3. 注意事项：《责令改正通知书》一式两份，一份交被检查单位（场所），一份存档。

第五节　消防监督检查实训

一、实训内容

公安派出所消防监督检查程序、内容和方法。

1. 完成对单位或个体户的消防监督检查。

2. 填写相关文书。

3. 形成实训小结，内容包括实训存在的问题及心得体会等。

二、情境设计

（一）对网吧的消防监督检查

1. 被检查单位：卯州市××网吧，位于姚家培训中心一楼，姚家培训中心共5层，每层高度4米，建筑高度20米。

2. 网吧法人：刘某，男，身份证号码610202×××××××2330，现住卯州市黄河路1号，户籍所在地为卯州市公安局黄河路派出所。

3. 检查时间：今天。

4. 网吧面积360余平方米，东侧安全出口被锁闭，疏散通道被堵塞，应急照明灯未连接电源，疏散指示标志被遮挡，灭火器配置数量不足且部分已经无法正常使用，营业区吊顶违规使用可燃性材料装修装饰，网吧内存在吸烟者，丢弃的烟头更是随处可见。

5. 检查单位：卯州市公安局大山派出所。

（二）对个体户的消防监督检查

1. 被检查对象：老汤拉面馆，位于海滨市沙河区××小区123号楼1-3号。

2. 负责人：王某，男，身份证号码610202×××××××2531，现住海滨市沙河区××小区123号楼2-3号，户籍所在地海滨市沙河区××派出所。

3. 检查时间：今天。

4. 拉面馆面积50余平方米，一个安全出口，无应急照明灯、疏散指示标志被遮挡、配有灭火器，但已失效。

5. 检查单位：海滨市公安局锦绣派出所。

三、实训组织

（一）学员课前预习重点

1. 预习消防监督检查的相关知识要点。

2. 预习消防监督检查的程序。《消防监督检查规定》（公安部令第 120 号）、《互联网上网服务营业场所管理条例》（2016 年 2 月 6 日修正版）、《公共娱乐场所消防安全管理规定》（公安部令第 39 号）《中华人民共和国消防法》《人员密集场所消防安全管理》（GA 654 - 2006）。

（3）预习消防监督检查现场法律文书的制作。

（二）模拟演练

1. 场地、器材准备。

（1）场地及器材准备。布置模拟现场，教官课前准备好情景模拟教具及相关法律文书，并对学员进行知识要点提示。

（2）实训需要准备的相关文书。

（3）被检查单位或场所的消防档案。

2. 公安消防行政执法相关文书，《公安派出所日常消防监督检查记录》《责令改正通知书》等。

3. 组织及安排。

学员：选取小组长 1 名负责组织协调，每队 2 人 1 组开展监督检查工作，辅助教官扮演单位或个体户主要负责人等角色。

教官：主讲教官布置模拟演练脚本。辅助教官按脚本扮演角色。组织模拟演练过程中主讲教官可进行个别指导，辅助教官在角色扮演同时进行跟踪考核；演练结束后，收拾装备、清理场地、带回学员。

4. 网吧消防监督检查模拟演练情景。

人物：

刘某，男，1977 年出生，网吧法人。现住卯州市××号，户籍所在地卯州市公安局黄河路派出所。

李某，男，25 岁，网吧管理员，勤快，热心，爱打游戏。

辛某，男，20 岁，无业，上网人员，爱吸烟，爱打游戏。

地点及场景设计：

卯州市××网吧，面积 360 余平方米。有 20 多人正在上网，东侧安全出口被锁闭，应急照明灯未连接电源，疏散指示标志被遮挡，灭火器配置数量不足且部分已经无法正常使用，营业区吊顶违规使用可燃性材料装修装饰，桌面烟灰缸已满，丢弃的烟头更是随处可见。

场景一：

2 名警察要进行消防监督检查，李某热情接待并报告刘某，刘某在外办事，让李某陪同检查。

基本要求：尽量配合民警，问什么答什么，不主动回答。让出示什么就拿什么，没有的如实回答。询问有关消防安全管理情况按实际回答。要求签字，配合签字。

场景二：

检查过程中，辛某吸烟。

预设对话：

基本要求：

（1）民警不提及吸烟的事，不主动提出；

（2）民警问起，辛某表示不知道网吧不让吸烟；李某表示：有禁止吸烟标志，上网人员吸烟自己管理不了。

四、消防监督检查实训文书

模拟实训一：

火灾自动报警系统消防监督检查表

检查项目、内容	操作步骤、方法	标准要求	检查结果		存在问题
控制器报警自检功能	按下报警控制器自检键，控制器应完成系统自检。	火灾报警控制器应有本机自检功能，自检期间，如非自检回路有火灾报警信号输入，火灾报警控制器应能发出声、光报警信号。	自检功能		
			非自检回路火灾报警信号输入		
消音、复位功能	当报警控制器接到报警信号后，按下消音键，观察能否消除声信号；光报警信号能否保持；按下复位键后，看能否手动复位。	火灾报警控制器处于报警状态时，声报警信号应能手动消除，光报警信号在控制器复位前不能手动消除；同时应具有手动复位功能。	消音功能		
			复位功能		
故障报警功能	卸下系统回路中的任一探头或将连接线路断线，观察报警控制器能否在100s内发出与火灾报警信号有明显区别的声、光报警信号。用秒表记录故障报警时间。	当火灾报警控制器内部、火灾报警控制器与探测器、火灾报警控制器与传输火灾报警信号的部件间发生故障时，报警控制器应在100s内发出与火灾报警信号有明显区别的声、光报警信号。	拆卸探头是否故障报警		
			连接线路断线是否故障报警		
			故障报警时间		
火灾优先功能	在故障状态下，给探测器加烟或按下手动火灾报警按钮，观察火灾报警信号能否优先输入报警控制器，发出声、光火灾报警信号。	当火灾和故障同时发生时，火灾报警信号应优先输入火灾报警控制器，发出声、光火灾报警信号。	故障报警		
			火灾优先功能		
报警记忆功能	查看报警控制器报警计时装置情况，使用打印机记录火灾报警时间，查看能否打印出月、日、时、分等信息，打印机能否正常工作。	火灾报警控制器应具有显示或记录火灾报警时间的计时装置。使用打印机记录的，应打印出月、日、时、分等信息。	火警计时显示		
			报警总数显示		
			打印机工作		

（续表）

检查项目、内容	操作步骤、方法	标准要求	检查结果		存在问题
电源自动转换功能	接通电源，观察火灾报警控制器是否处于正常工作状态；关闭主电源开关，查看备用电源能否正常工作；恢复主电源，查看主电源工作情况；观察主、备电源的工作状态显示情况。	火灾报警控制器应具有电源转换装置，当主电源断电时，能自动转换到备用电源；当主电源恢复时，能自动转换到主电源；主、备电源的工作状态应有指示。	主电源工作情况		
			备用电源工作情况		
			主、备电源转换		
			工作状态指示		
屏蔽、隔离设备情况	查看报警控制器屏蔽或隔离部件的状况，询问屏蔽、隔离的时间和原因。	系统中的火灾探测器、手动火灾报警按钮、水流指示器、压力开关、输出输入控制模块等部件被屏蔽、隔离后，应尽快恢复。	被屏蔽、隔离部件数量		
			屏蔽、隔离时间		
			屏蔽、隔离原因		
探测器报警功能	用探测器试验器或其他方法对火灾探测器进行加烟、加温等试验，观察探测器确认灯是否显示，控制器能否接到报警信号。探测器实际安装数量在100只以下者抽验5只，100只以上者抽验8只。	当探测器其烟（温、光）参数达到规定值时，火灾探测器应输出火灾报警信号，并启动探测器的报警确认灯（亮），报警控制器接收到报警信号。	测试感烟探测器数量		
			测试感温探测器数量		
			探测器报警功能		
			确认灯显示情况		
手动火灾报警按钮报警功能	手动试验2只以上报警按钮，观察手动报警按钮确认灯指示情况及控制室消防控制设备信号显示情况。	现场触发手动火灾报警按钮时，报警按钮应能输出火灾报警信号，同时报警按钮的确认灯应有可见指示，控制室消防控制设备应能收到火灾报警信号并显示其报警部位。	测试按钮数量		
			报警信号及部位显示情况		
			确认灯指示情况		
火灾显示盘	查看火灾显示盘在火警、故障状态下能否正常工作。	火灾显示盘应能接收来自火灾报警控制器的火灾报警信号、主电源断电、短路及其他故障报警信号；发出声、光报警信号，指示火灾发生部位。	火警信号显示		
			故障报警信号显示		

（续表）

检查项目、内容	操作步骤、方法	标准要求	检查结果		存在问题
火灾事故广播	1. 在消防控制室进行选层或通层广播，观察选层状况及具体部位的广播声音状况。 2. 查看备用扩音机设置状况。	选层广播的控制功能应正常，二层以上发生火灾，消防控制室应先接通着火层及相邻的上下层；首层发生火灾应先接通本层、二层及地下各层；地下层发生火灾，应先接通地下各层及首层；广播语音应清楚，备用扩音机配置应符合规范要求。	广播语音清晰度		
			选层控制程序		
			备用扩音机设置		
消防通信设备	1. 在消防水泵房、风机房等设备间所设的对讲电话、塞孔电话与消防控制室进行 2 次以上通话试验。 2. 查看消防控制室是否设置了外线电话。	消防电话通话功能应正常，语音清晰。	设备间电话设置		
			通话语音清晰度		
			外线电话设置		
消防电梯	1. 现场手动试验，观察消防电梯动作情况及消防控制设备信号反馈情况。 2. 在消防控制设备上手动启动消防电梯控制装置，观察消防电梯动作情况及信号反馈情况。 3. 模拟火灾信号（按下电梯前的手动报警按钮或给探测器加烟），观察消防电梯和常用电梯动作情况及消防控制设备信号反馈情况。	1. 在建筑物首层手动启动消防电梯专用操作按钮，消防电梯运行正常；电梯升至最高层（或其他层）在首层操作下降按钮，消防电梯应直接降至首层，并向控制室控制设备反馈其动作信号。 2. 消防控制室确认火灾后，应能控制消防电梯和常用电梯自动停于首层，并接收其反馈信号。 3. 消防控制设备处于自动状态时，接收到报警信号后应能输出控制消防电梯和常用电梯降至首层的信号，显示其动作状态。	现场手动操作消防电梯迫降		
			控制设备反馈动作信号显示		
			联动迫降消防电梯		
			联动迫降常用电梯		
消防控制室值班情况	1. 查看消防控制室是否24小时有人值班。 2. 监控运行人员是否经过消防培训，有无培训证。 3. 查看值班运行记录和自动消防系统设备登记簿册。	消防控制室应设专人24小时值班监控运行，监控运行人员应经过专门培训并持有上岗证，值班运行记录、设备登记簿册填写应具体详细。	是否有人值班		
			监控运行人员培训状况		
			值班运行记录填写情况		
			有无系统设备登记簿册		

模拟实训一：

（此处印制公安派出所名称）
公安派出所日常消防监督检查记录

编号：〔 　 〕第 　 号

单位（场所）名称			法定代表人/主要负责人		
地址			单位性质		
使用的建筑面积 （m²）		使用的建筑 具体层数		所在建筑 高度（m）	
监督检查人员 （签名）		单位随同检查 人员（签名）		检查日期	

检查内容和情况记录		
单位履行消防安全职责情况	合法性	被查建筑物名称： □1998 年 9 月 1 日之前竣工建筑且此后未改建（含装修、用途变更） □依法通过消防验收□依法进行竣工验收消防备案 □其他情况： □是□否公众聚集场所 依法通过投入使用、营业前消防安全检查□是□否
	消防安全管理	1. 消防安全制度□有□无 2. 员工消防安全教育培训□组织开展□未组织开展 3. 防火检查□组织开展□未组织开展 4. 灭火和应急疏散预案□有□无 5. 消防演练□组织□未组织 6. 其他情况：
	建筑防火	1. 消防车通道□畅通□被堵塞、占用□无 2. 疏散通道□畅通□堵塞□锁闭 3. 安全出口□畅通□堵塞□锁闭□缺少 4. 防火门□完好有效□常闭式防火门常开□损坏□不涉及 5. 疏散指示标志□完好有效□损坏□缺少□无 6. 应急照明□完好有效□损坏□缺少□无 7. 人员密集场所外墙门窗上是否设置影响逃生、灭火救援的障碍物□否□是□不涉及 8. 其他情况：
	消防设施	1. 室内消火栓□未设置□完好有效□损坏□无水□配件不齐□被遮挡、圈占□不涉及 2. 灭火器□未配置□完好有效□失效□缺少□配置类型错误□设置地点不当 3. 建筑消防设施□定期维修保养并记录□无记录□未定期维修保养□不涉及 4. 物业服务企业对管理区域内共用消防设施是否维护管理□是□否□不涉及
	危险品管理	1. 是否存在违反规定使用明火作业或在具有火灾、爆炸危险的场所吸烟、使用明火□否□是□不涉及 2. 是否存在违反消防安全规定进入生产、储存易燃易爆危险品场所□否□是□不涉及 3. 生产、储存、经营易燃易爆危险品的场所是否与居住场所设置在同一建筑物内□否□是□不涉及

— 263 —

村（居）民委员会履行消防安全职责情况	1. 消防安全管理人□确定□未确定 2. 消防安全工作制度□有□无 3. 防火安全公约□有□无 4. 消防宣传教育□开展□未开展 5. 防火安全检查□开展□未开展 6. 消防水源、消防车通道、消防器材□维护管理□未维护管理 7. 多种形式消防组织□建立□未建立
责令改正情况	制发的法律文书名称和编号：
移送公安消防机构处理的内容	发现的下列第____项消防安全违法行为，移送_____ 依法处理： □1. 建筑物未依法通过公安机关消防机构消防验收，擅自投入使用； □2. 建筑物未依法进行竣工验收消防备案； □3. 公众聚集场所未依法通过使用、营业前消防安全检查，擅自投入使用、营业。
备注	

此记录由公安派出所存档。

模拟实训一:

(此处印制公安派出所名称)

责令改正通知书

编号:〔　　　〕第　　　号

＿＿＿＿＿＿＿＿＿＿:

　　根据《中华人民共和国消防法》第五十三条的规定,我所于＿＿＿＿年＿＿月＿＿日对你单位(场所)进行消防监督检查,发现你单位(场所)存在下列第＿＿＿＿＿项消防安全违法行为,现责令改正:

□1. 未制定消防安全制度;

□2. 未组织□防火检查/□消防安全教育培训/□消防演练;

□3. □占用/□堵塞/□封闭疏散通道、安全出口;

□4. □占用/□堵塞/□封闭消防车通道,妨碍消防车通行;

□5. □埋压/□圈占/□遮挡消火栓,□占用防火间距;

□6. □室内消火栓/□灭火器/□疏散指示标志/□应急照明未保持完好有效;

□7. 人员密集场所外墙门窗上设置影响逃生、灭火救援的障碍物;

□8. 违反消防安全规定进入□生产/□储存易燃易爆危险品场所;

□9. 违反规定使用明火作业;

□10. 在具有火灾、爆炸危险的场所□吸烟/□使用明火;

□11. □生产/□储存/□经营易燃易爆危险品的场所与居住场所设置在同一建筑物内的;

□12. 未对建筑消防设施定期进行维修保养;

□13. 其他消防安全违法行为和火灾隐患:

(公安派出所印章)

年　　月　　日

被检查单位(场所)签收:　　　　　　年　　月　　日

一式两份,一份交被检查单位(场所),一份存档。

模拟实训二：

（此处印制公安派出所名称）

公安派出所日常消防监督检查记录

编号：〔　　〕第　　号

单位（场所）名称			法定代表人/主要负责人	
地址			单位性质	

使用的建筑面积（m²）		使用的建筑具体层数		所在建筑高度（m）	
监督检查人员（签名）		单位随同检查人员（签名）		检查日期	

检查内容和情况记录		

	合法性	被查建筑物名称： □1998 年 9 月 1 日之前竣工建筑且此后未改建（含装修、用途变更） □依法通过消防验收□依法进行竣工验收消防备案 □其他情况 □是□否公众聚集场所 依法通过投入使用、营业前消防安全检查□是□否
单位履行消防安全职责情况	消防安全管理	1. 消防安全制度□有□无 2. 员工消防安全教育培训□组织开展□未组织开展 3. 防火检查□组织开展□未组织开展 4. 灭火和应急疏散预案□有□无 5. 消防演练□组织□未组织 6. 其他情况：
	建筑防火	1. 消防车通道□畅通□被堵塞、占用□无 2. 疏散通道□畅通□堵塞□锁闭 3. 安全出口□畅通□堵塞□锁闭□缺少 4. 防火门□完好有效□常闭式防火门常开□损坏□不涉及 5. 疏散指示标志□完好有效□损坏□缺少□无 6. 应急照明□完好有效□损坏□缺少□无 7. 人员密集场所外墙门窗上是否设置影响逃生、灭火救援的障碍物□否□是□不涉及 8. 其他情况：
	消防设施	1. 室内消火栓□未设置□完好有效□损坏□无水□配件不齐□被遮挡、圈占□不涉及 2. 灭火器□未配置□完好有效□失效□缺少□配置类型错误□设置地点不当 3. 建筑消防设施□定期维修保养并记录□无记录□未定期维修保养□不涉及 4. 物业服务企业对管理区域内共用消防设施是否维护管理□是□否□不涉及
	危险品管理	1. 是否存在违反规定使用明火作业或在具有火灾、爆炸危险的场所吸烟、使用明火□否□是□不涉及 2. 是否存在违反消防安全规定进入生产、储存易燃易爆危险品场所□否□是□不涉及 3. 生产、储存、经营易燃易爆危险品的场所是否与居住场所设置在同一建筑物内□否□是□不涉及

（续表）

村（居）民 委员会 履行消防安全 职责情况	1. 消防安全管理人□确定□未确定 2. 消防安全工作制度□有□无 3. 防火安全公约□有□无 4. 消防宣传教育□开展□未开展 5. 防火安全检查□开展□未开展 6. 消防水源、消防车通道、消防器材□维护管理□未维护管理 7. 多种形式消防组织□建立□未建立
责令改正情况	制发的法律文书名称和编号：
移送公安 消防机构 处理的内容	发现的下列第____项消防安全违法行为，移送_____ 依法处理： □1. 建筑物未依法通过公安机关消防机构消防验收，擅自投入使用； □2. 建筑物未依法进行竣工验收消防备案； □3. 公众聚集场所未依法通过使用、营业前消防安全检查，擅自投入使用、营业。
备注	

此记录由公安派出所存档。

模拟实训二:

（此处印制公安派出所名称）

责令改正通知书

编号：〔　　〕第　　号

_____：

根据《中华人民共和国消防法》第五十三条的规定，我所于_____年____月____日对你单位（场所）进行消防监督检查，发现你单位（场所）存在下列第_____项消防安全违法行为，现责令改正：

□1. 未制定消防安全制度；

□2. 未组织□防火检查/□消防安全教育培训/□消防演练；

□3. □占用/□堵塞/□封闭疏散通道、安全出口；

□4. □占用/□堵塞/□封闭消防车通道，妨碍消防车通行；

□5. □埋压/□圈占/□遮挡消火栓，□占用防火间距；

□6. □室内消火栓/□灭火器/□疏散指示标志/□应急照明未保持完好有效；

□7. 人员密集场所外墙门窗上设置影响逃生、灭火救援的障碍物；

□8. 违反消防安全规定进入□生产/□储存易燃易爆危险品场所；

□9. 违反规定使用明火作业；

□10. 在具有火灾、爆炸危险的场所□吸烟/□使用明火；

□11. □生产/□储存/□经营易燃易爆危险品的场所与居住场所设置在同一建筑物内的；

□12. 未对建筑消防设施定期进行维修保养；

□13. 其他消防安全违法行为和火灾隐患：

（公安派出所印章）

年　　月　　日

被检查单位（场所）签收：　　　　　　　　　　　　　　　年　　月　　日

一式两份，一份交被检查单位（场所），一份存档。

五、分享点评

1. 学员分享消防监督检查中存在的问题及心得体会。

2. 教官点评监督检查及文书填写情况。

六、实训考核标准和成绩

1. 考核方式：教官根据学员实训现场表现，按考核标准打分（见表8-2、表8-3）。

— 268 —

2. 成绩评定：按百分制评定成绩。

团队本阶段成绩为小组每位成员的平均分。

个人本阶段总成绩 = 个人本阶段平均成绩 × 0.7 + 团队本阶段成绩 × 0.3。

表 8 - 2 消防监督检查实训考核标准及成绩（一）

一级指标	二级指标	评分标准				成绩
		5 分	3 分	1 分	0 分	
执法程序	1. 2 人以上	2 人以上，分别签名	2 人以上，1 人签名	1 人检查，1 人签名	未签名或代替签名	
	2. 表明身份	着制式警服并清晰表明身份	着制式警服，但表述身份不清	着制式警服但未表明身份	未着制式警服，未表明身份	
	3. 出示证件	对方要求下出示证件	主动出示证件		对方要求但未出示	
	4. 请被检查单位随同人员签名	请被检查单位随同人员本人签名		代替签名	未请被检查单位随同人员本人签名	
监督检查程序	5. 现场拍照取证（外围、违法）	现场拍照取证全面	仅对部分违法行为拍照	仅对外围拍照	未拍照	
	6. 采用多种方法进行监督检查	3 种及以上方法	2 种方法	1 种方法		
	7. 检查过程中进行消防宣传，指出违法之处	指出并提出整改建议	全面指出	部分指出	未指出	
	8. 检查结束后反馈存在的问题	反馈全面	部分反馈		没有反馈	
警民关系	9. 执法态度	严肃、认真、端庄、自然	认真 紧张	随意	恶劣、粗暴、野蛮	
	10. 执法用语	文明、规范、无脏话	文明、无脏话		脏话	
合计		上述内容，每项满分为 5 分，共计 50 分。				
法律文书填写	1.《公安派出所日常监督检查记录》	共 20 分，要求：用蓝色或黑色钢笔或水性笔填写；填写规范、内容全面、准确，无错项、漏项；字迹工整，无错别字				
	2. 责令改正/限期改正通知书	共 20 分，要求：用蓝色或黑色钢笔或水性笔填写；填写规范、无错项、漏项；字迹工整，无错别字				
	3. 文书逻辑关系	共 10 分，要求：文书内容无因果关系错误				
合计		上述内容，共计 50 分				
总计		消防行政执法综合实训总计 100 分满分				

表 8 - 3 消防监督检查实训考核标准及成绩（二）

一级指标	二级指标	评分标准				成绩
		5 分	3 分	1 分	0 分	
执法程序	1. 2 人以上	2 人以上，分别签名	2 人以上，1 人签名	1 人检查，1 人签名	未签名或代替签名	
	2. 表明身份	着制式警服并清晰表明身份	着制式警服，但表述身份不清	着制式警服但未表明身份	未着制式警服，未表明身份	
	3. 出示证件	对方要求下出示证件	主动出示证件		对方要求但未出示	
	4. 请被检查单位随同人员签名	请被检查单位随同人员本人签名		代替签名	未请被检查单位随同人员本人签名	
监督检查程序	5. 现场拍照取证（外围、违法）	现场拍照取证全面	仅对部分违法行为拍照	仅对外围拍照	未拍照	
	6. 采用多种方法进行监督检查	3 种及以上方法	2 种方法	1 种方法		
	7. 检查过程中进行消防宣传，指出违法之处	指出并提出整改建议	全面指出	部分指出	未指出	
	8. 检查结束后反馈存在的问题	反馈全面	部分反馈		没有反馈	
警民关系	9. 执法态度	严肃、认真、端庄、自然	认真 紧张	随意	恶劣、粗暴、野蛮	
	10. 执法用语	文明、规范、无脏话	文明、无脏话		脏话	
合计		上述内容，每项满分为 5 分，共计 50 分。				
法律文书填写	1.《公安派出所日常监督检查记录》	共 20 分，要求：用蓝色或黑色钢笔或水性笔填写；填写规范、内容全面、准确，无错项、漏项；字迹工整，无错别字				
	2. 责令改正/限期改正通知书	共 20 分，要求：用蓝色或黑色钢笔或水性笔填写；填写规范、无错项、漏项；字迹工整，无错别字				
	3. 文书逻辑关系	共 10 分，要求：文书内容无因果关系错误				
合计		上述内容，共计 50 分				
总计		消防行政执法综合实训计 100 分满分				

七、消防监督检查实训小结

项目	内容
监督检查实训中存在的问题	
文书填写实训中存在的问题	
心得体会	
对实训教学的建议	

任务九　涉爆单位安全监督检查

[训练目标]

通过对相关法律法规、技术标准的学习，掌握公安派出所涉爆单位监督检查程序和方法，做到会检查、会填写相关法律文书，并能够适时开展宣传教育，提出整改措施。

第一节　涉爆单位检查工作概述

近年来，涉爆安全事故多发，已经严重威胁到了人民群众的生命安全和财产安全，对爆破作业单位进行安全检查是公安机关管理爆破作业单位的重要手段。通过安全检查及时发现和排除隐患，能够有效地保障正常的生产活动顺利进行，同时也是维护公共安全的重要保障。

一、涉爆单位安全检查

涉爆单位，即民用爆炸物品的从业单位，主要包括民用爆炸物品生产企业、民用爆炸物品销售企业和民用爆炸物品使用单位即爆破作业单位。民用爆炸物品生产企业和销售企业的行业主管部门是工业和信息化部及省级国防科技工业主管部门，由工业和信息化部及省级国防科技工业主管部门对其生产经营活动进行安全监督管理，公安机关负责爆破作业单位的安全监督管理及民用爆炸物品的公共安全管理。爆破作业单位，是指依法取得《爆破作业单位许可证》从事爆破作业的单位。爆破作业单位安全检查是公安机关对爆破作业单位及其从业人员是否遵守国家法律、法规、规章和标准等情况进行强制了解，判断其守法情况和安全防范状况，发现问题及时指出并督促其改进的行政管理活动。从行业安全监督管理的角度和公共安全管理的角度，公安机关担负着对民用爆炸物品从业单位重要的安全监督检查的职责。

二、涉爆单位监督检查的法律依据

涉爆单位安全检查的法律法规依据主要有：《刑法》《治安管理处罚法》《民用爆炸物品安全管理条例》（国务院令第 466 号）《小型民用爆炸物品储存库安全规范》（GA 838 - 2009）《爆破安全规程》（GB 6722 - 2003）《民用爆炸物品储存库治安防范要求》（GA 837 - 2009）《爆破作业单位资质条件和管理要求》（GA 900 - 2012）《企事业单位内部治安保卫工作条例》《危险化学品重大危险源辨识》（GB 18218 - 2009）。

三、涉爆单位安全检查的特点

（一）规范性

公安机关依据法律法规和行政命令等，对涉爆单位实施安全检查是公安机关的行政执法行为，既具有强制性的特点，也具有规范性的特点。这里的规范性包含两层含义：一是公安机关的安全检查行为必须规范，除了相关法律法规以及部门规章中对民用爆炸物品的检查作出了相应规定外，各地公安机关根据自己的实际情况，对涉爆单位安全检查的程序、内容、方式、频次、记录、结果处理等以执法规范、执法纲要等形式作出了详细的规定；二是公安机关通过安全检查，不仅规范从业单位和从业人员的行为，明确从业单位和从业人员在什么情况、什么条件下作为或者不作为，使其行为符合法规规范；而且规范民用爆炸物品本身的物化状态，存放位置、码放高度以及库房的建筑结构、设施设备、环境等必须符合法律法规的规定，以保证民用爆炸物品的应用安全，保障国家生产和社会生活的有序进行。

（二）全面性

全面检查，犹如一只水桶的容量取决于最矮的桶板而不是取决于最高的桶板的"水桶理论"，只要有一个不安全因素没有及时检查出来，就可能成为事故隐患，或给不法分子留下可乘之机，造成爆炸物品灾害事故或违法犯罪的发生。所以，安全检查是一项全面性、系统性的工作，无论是对物品的检查，还是对单位、人员、设施设备以及管理制度、操作规程等方方面面的检查都必须严格、认真、细致，做到零差错、零遗漏，绝不能出现厚此薄彼的问题。

（三）爆炸性

爆炸性是由民用爆炸物品本身严重的危害特性决定的。在对涉爆单位安全检查中，有时可能直接接触不同类别的民用爆炸物品，爆炸等危险也就适时伴随，这就需要安全检查人员必须转变思想，更新观念，绝不能以管理者自居，错误地认为管理就是管别人，不管自己。无论是谁，只要不按照客观规律办事，不掌握爆炸物品的性能特点，在安全检查中鲁莽行事，都会造成严重的破坏后果。再者，在安全检查中，检查人员和被检查人员近距离接触，被检查人员可能因为被查出违法违规行为而情绪对立，言行激烈，造成对峙甚至危险的局面，因此，检查人员必须提高自我防护意识和能力，做到依法处理、以理服人，防止被突然袭击或者事态进一步恶化。

（四）易忽视性

易忽视性，是指安全检查工作容易被人忽视，不被人注意和重视。安全检查一般不会有立竿见影的效果，其效益不容易被人察觉，所以，难以被从业单位和管理人员所重视，甚至出现走马观花，潦草应付的现象，检查效果大打折扣。同时，安全检查是一项经常性的工作，需要一定的人、财、物的投入，特别是对隐患的整改需要投入很多，实施起来困难较大，完成后又要常备不懈。因此，在危险物品实际管理工作中，安全检查常被从业单位和管理人员以为无效益或效益轻微而轻视或忽视。

四、安全检查在公安机关涉爆单位管理中的作用

（一）及时发现隐患，堵塞漏洞

安全检查是公安机关管理实践中最常用的管理手段之一，其目的就是杜绝和减少爆炸事故和利

用民用爆炸物品实施违法犯罪事件的发生。通过安全检查，公安机关可以及早发现安全隐患和违法犯罪苗头，及时采取措施，堵塞漏洞，遏制事态恶化，把灾害事故和违法犯罪行为扼杀在萌芽状态，确保人民生命和国家财产的安全。

（二）落实安全防范责任，严密安全管理机制

通过安全检查，可以督促涉爆单位和各监管部门建立健全各项管理制度和责任追究制度。各单位、各部门不仅要逐级明确管理责任，而且要把管理责任落实到每一个岗位、每一个人员，做到分工明确，职责清楚，将安全管理的责任与人员的利益、应承担的法律义务有机结合起来，增强其安全意识和责任意识。与此同时，涉爆单位以及各监管部门还要加强配合和协作，特别是加强对安全隐患处理信息的沟通和反馈，只有这样，才能严密危险物品管理机制，及时堵塞漏洞，杜绝事故和案件的发生，也只有这样才能形成齐抓共管的综合管理态势，发挥最佳的管理效能。

（三）完善对涉爆单位的安全监管

安全检查不仅要查出涉爆单位的民用爆炸物品管理中的不足和漏洞，处理违规违章和违法犯罪等行为，而且要注意发现工作中成功做法和经验，及时进行普及和推广，以改进和完善民用爆炸物品管理工作，提高管理的整体水平。另外，通过安全检查，公安机关可以及时调查、了解涉爆单位对民用爆炸物品管理工作的意见和建议，知晓他们对监管工作的希望和心声，便于公安机关及时对民用爆炸物品管理工作进行针对性的改进和完善，使管理工作基础不断夯实、管理水平不断提高。与此同时，通过安全检查中的交流和沟通，可以得到从业单位的肯定和认可，对待安全检查的态度由原来的回避、应付转变为欢迎和要求，使安全检查工作能够在和谐的氛围中进行，争取涉爆单位对公安机关工作的理解和支持，促使民用爆炸物品安全管理工作的开展和推进，安全检查工作的效果就会更好，作用也会更大。

五、安全检查的主要内容和形式

（一）安全检查的主要内容

1. 单位和人员。涉爆单位的资质（如生产、储存、运输、销售、购买、使用等环节的许可证）；从业人员的资质（如爆炸物品保管员、押运员、爆破员、安全员等证件）；人员现场值守情况（是否有人值守、值守人数、工作状态），等等。

2. 物品。民用爆炸物品物化状态是否安全；来源和流向是否合法；物品的品种、数量是否与核定品种、数量相符；性质相抵触的爆炸物品是否分库存放；物品码放的位置和高度是否符合安全要求，等等。

3. 场所。主要包括爆炸物品的环境、建筑结构等。检查场所的内外部安全距离、围墙及铁丝网的结构和高度、建筑结构（建筑材质、门窗、屋顶及地面等）以及库房的温度、湿度是否符合安全要求，等等。

4. 设施设备。主要检查防雷设施是否经过有关部门检验合格；消防设施和防盗、报警设施的配置是否落实；通信设备配备是否完好；信息管理系统和安全防范系统运转及信息留存情况是否符合规范要求；运输车辆是否符合安全要求，等等。

5. 管理制度。主要包括涉爆单位的各项规章制度、管理台账、安全保卫方案、突发事件应急处置预案等建立和落实情况。检查从业单位是否建立健全管理档案、安全管理组织、安全岗位责任制、人员培训教育等各项规章制度，特别是爆炸物品购买和使用的内部审核制度、出入库流向登记制度以及值班记录、安全检查记录等规章制度的落实情况；检查涉爆单位管理基础台账是否健全、规范，账物是否相符，各项登记和记录是否完整、清晰；检查涉爆单位安全保卫方案、突发事件应急处置预案是否建立和落实等情况，等等。

（二）安全检查的主要形式

1. 依据检查内容可分为：全面检查或专项检查。全面检查整体效果好，但投入人力、物力和财力都较大；而专项检查重点明确，容易组织，投入相对较小，往往是全面检查的补充。

2. 依据环境条件可分为：定点检查和临场检查。例如，对民用爆炸物品储存场所的检查就属于定点检查；而对民用爆炸物品运输过程中车辆、人员和物品的检查就属于临场检查。

3. 依据时间安排可分为：常规检查和突击检查。常规检查就是日常性的安全检查。突击检查是在事先不通知属地公安机关和从业单位的情况下，对涉爆单位的安全管理情况及隐患整改情况进行突击抽查，大多采取暗访的形式，以曾经存在安全隐患的单位或是重点监管单位作为突击抽查的重点。两种检查方式互为补充，结合运用，效果更好。

六、安全检查的组织实施

（一）安全检查的程序

1. 安全检查前的准备。

（1）公安机关应根据任务要求，明确职责，确定检查工作方案。

（2）公安机关应事前了解和掌握被检查单位的基本情况，包括单位、人员、物品、建筑结构、设施设备、环境等基本情况。

2. 安全检查的实施。

（1）安全检查时，民警要携带证件、安全检查表、安全检查记录本、整改通知书、照相机、摄像机等。

（2）检查时民警应按照要求认真检查，并由被检查单位负责人陪同；同时做好检查记录，检查的具体内容、发现的问题以及处理意见、建议要在安全检查记录中清楚、详细记载。检查记录要由检查人员、被检查单位负责人和值班员共同签字，并注明检查日期。检查记录应一式两份，一份从业单位存档，另一份公安机关留存（如果检查的公安机关不是属地公安机关，检查记录还应由检查的公安机关和属地公安机关各留存一份）。

3. 完成检查后，要及时总结，撰写情况汇报，并及时向上级公安机关提交检查报告。同时，要将检查情况录入信息管理系统。检查记录应存档备查2年以上。

（二）对安全隐患的处理

1. 在检查中发现从业单位存在隐患的，要当面向被检查的单位提出，让负责人、值班员在检查记录表上签字，责令其立即改正，消除隐患。在检查中发现重大隐患，或是一时解决不了的安全隐患，公安机关要下发《隐患整改通知书》，并指导、督促该单位限期整改，在此期间从业单位必须采取必要的安全措施，防止事故的发生，整改到期由公安机关负责复查。如需停产、停业或吊销许可证的，公安机关要按程序办理。

2. 检查中发现违法行为的，应当场予以纠正或责令限期改正，同时要查明原因，提出处理意见上报，并依照有关法律法规对单位和相关责任人进行处罚；检查中对拒不接受检查、整改的单位，依据有关法律法规对其进行处罚。

3. 检查中发现隐患或违反管理行为不属于公安机关管辖的，公安机关要通报政府及行业主管等有关部门，由政府及行业主管等有关部门按规定处理。

（三）安全检查的要求

1. 安全检查的民警必须经过专门培训，掌握相关知识，熟悉检查要求和相关法律法规。

2. 安全检查时必须至少两名民警进行。民警必须穿着警服，并向被检查单位和人员出示工作证。

3. 要充分利用照相机、摄像机等设备记录检查情况，固定相关证据。

4. 安全检查工作要做到"六清"：即人员责任清、基础数字清、制度及执行情况清、安防情况清、检查记录清、隐患及整改情况清。

七、爆破单位应当遵守的管理要求

（一）爆破作业单位的概念和分类

根据《爆破作业单位资质条件和管理要求》（GA 990 - 2012），爆破作业单位，是指依法取得《爆破作业单位许可证》从事爆破作业的单位。爆破作业单位分非营业性爆破作业单位和营业性爆破作业单位。非营业性爆破作业单位，是指仅为本单位合法的生产活动需要，在限定区域内自行实施爆破作业的单位。营业性爆破作业单位，是指具有独立法人资格，承接爆破作业项目设计施工和（或）安全评估和（或）安全监理的单位。

非营业性爆破作业单位和营业性爆破作业单位的主要区别：

1. 《爆破作业单位许可证》（非营业性）仅在爆破作业许可区域内有效，《爆破作业单位许可证》（营业性）在全国范围内有效。《爆破作业单位许可证》的有效期为3年。

2. 营业性爆破作业单位实行分级管理，非营业性爆破作业单位不分级。营业性爆破作业单位应按照《爆破作业单位许可证》许可的资质等级、从业范围承接相应等级的爆破作业项目。

3. 非营业性爆破作业单位应具有符合国家标准和行业规范、经安全评价合格的民用爆炸物品专用仓库。营业性爆破作业单位"有"或"租用"经安全评价合格的民用爆炸物品专用仓库均可。

（二）爆破作业单位分级

营业性爆破作业单位的资质等级由高到低分为：一级、二级、三级、四级，从业范围分为设计施工、安全评估、安全监理，资质等级与从业范围的对应关系（见表9-1）。非营业性爆破作业单位不分级。

表9-1　营业性爆破作业单位资质等级与从业范围对应关系表

资质等级	A级爆破作业项目	B级爆破作业项目	C级爆破作业项目	D级及以下爆破作业项目
一级	设计施工 安全评估 安全监理	设计施工 安全评估 安全监理	设计施工 安全评估 安全监理	设计施工 安全评估 安全监理
二级	—	设计施工 安全评估 安全监理	设计施工 安全评估 安全监理	设计施工 安全评估 安全监理
三级	—	—	设计施工 安全监理	设计施工 安全监理
四级	—	—	—	设计施工

注：表中A级、B级、C级、D级为GB 6722（《爆破安全规程》）中规定的相应级别。

（三）爆破作业单位人员管理

爆破作业单位技术负责人、项目技术负责人应由爆破工程技术人员担任，可以兼任；爆破员、安全员、保管员不得兼任；爆破工程技术人员、爆破员、安全员、保管员不应同时受聘于两个及以上爆破作业单位。

爆破作业单位应当对本单位的爆破作业人员、安全管理人员、仓库管理人员进行专业技术培训。爆破作业人员经设区的市级人民政府公安机关考核合格，取得《爆破作业人员许可证》后，方可从事爆破作业。

（四）爆破作业管理

1. 爆破作业单位资质等级应符合爆破作业等级要求。营业性爆破作业单位应当按照其资质等级承接爆破作业项目（见表9-1），爆破作业人员应当按照其资格等级从事爆破作业。

按照爆破作业难易顺序，《爆破安全规程》将爆破作业分为A、B、C、D四级，其中A级爆破作业难度最大。硐室爆破工程、大型深孔爆破工程、拆除爆破工程以及复杂环境岩土爆破工程，应实行分级管理，并按规定进行设计、施工和审批。

2. 爆破作业项目许可和报告。在城市、风景名胜区和重要工程设施附近实施爆破作业的，应当向爆破作业所在地设区的市级人民政府公安机关提出申请，提交《爆破作业项目许可审批表》及《爆破作业单位许可证》、工商营业执照及复印件、爆破作业合同、安全评估合同、安全监理合同、安全评估报告等材料。受理申请的公安机关应当自受理申请之日起20日内对提交的有关材料进行审查，对符合条件的，作出批准的决定；对不符合条件的，作出不予批准的决定，并书面向申请人说明理由。经公安机关审批的爆破作业项目，提交申请前，应由具有相应资质的爆破作业单位进行安全评估；实施爆破作业时，应当由具有相应资质的爆破作业单位进行安全监理，由爆破作业所在地县级人民政府公安机关负责组织实施安全警戒。爆破作业单位跨省、自治区、直辖市行政区域从事爆破作业的，应当事先将爆破作业项目的有关情况向爆破作业所在地县级人民政府公安机关报告。

3. 爆破作业公告。爆破作业公告包括施工公告和爆破公告。爆破作业单位应在施工前3天发布施工公告，应在爆破前 1 天发布爆破公告。

施工公告内容包括：爆破作业项目名称、委托单位、设计施工单位、安全评估单位、安全监理单位和爆破作业时限等。爆破公告内容包括：爆破地点、每次爆破时间、安全警戒范围、警戒标志和起爆信号等。

4. 备案。营业性爆破作业单位接受委托实施爆破作业，应事先与委托单位签订爆破作业合同，并在签订爆破作业合同后 3 日内，将爆破作业合同向爆破作业所在地县级公安机关备案。

对由公安机关审批的爆破作业项目，爆破作业单位应在实施爆破作业活动结束后 15 日内，将经爆破作业项目所在地公安机关批准确认的爆破作业设计施工、安全评估、安全监理的情况，向核发《爆破作业单位许可证》的公安机关备案，并提交《爆破作业项目备案表》。

（五）民用爆炸物品的储存、存放和领取清退

1. 民用爆炸物品储存的基本要求。民用爆炸物品应当储存在专用仓库内，并按照国家规定设置技术防范设施，储存民用爆炸物品应当遵守下列规定：

（1）建立出入库检查、登记制度，收存和发放民用爆炸物品必须进行登记，做到账目清楚，账物相符；

（2）储存的民用爆炸物品数量不得超过储存设计容量，对性质相抵触的民用爆炸物品必须分库储存，严禁在库房内存放其他物品；

（3）专用仓库应当指定专人管理、看护，严禁无关人员进入仓库区内，严禁在仓库区内吸烟和用火，严禁把其他容易引起燃烧、爆炸的物品带入仓库区内，严禁在库房内住宿和进行其他活动；

（4）民用爆炸物品丢失、被盗、被抢，应当立即报告当地公安机关。

民用爆炸物品变质和过期失效的，应当及时清理出库，并予以销毁。销毁前应当登记造册，提出销毁实施方案，报省、自治区、直辖市人民政府国防科技工业主管部门、所在地县级人民政府公安机关组织监督销毁。

2. 储存库的治安防范要求。《民用爆炸物品储存库治安防范要求》（GA 837 - 2009）规定了民用爆炸物品储存库（除煤矿、非煤矿山井下爆炸物品储存库）的治安防范基本要求，是民用爆炸物品储存库（除煤矿、非煤矿山井下爆炸物品储存库）治安防范设计、验收、评价等工作的基本依据。该规范明确了治安防范系统工程设计应遵从人防、物防、技防、犬防相结合原则。

民用爆炸物品储存库治安防范的主要管理措施：

（1）储存库所属单位的主要负责人是本单位治安防范工作的责任人，负责组织落实本标准的实施；单位保卫组织在公安机关指导监督下具体组织实施治安防范工作。

（2）治安防范的实施由储存库所属单位上级主管部门和公安机关负责监督、检查，对不符合标准的应及时整改。

（3）储存库所属单位具体组织实施本单位爆炸物品库安全防范管理工作，参与治安防范工程规划、设计、建设工作，提出防范需求和使用要求；治安防范工程的建设程序与设计方案应符合相关标准的规定；治安防范工程竣工后，由公安机关根据《安全防范系统验收规则》（GA 308）的规定组织验收。

（4）储存库治安防范设施应由专业人员或部门定期检测和维护，并准确记录每次的检测维护详情。

（5）储存库治安防范系统出现故障，应在 48 小时内恢复功能。在修复期间应采取有效的安全应急措施，并于 24 小时内报告单位上级主管部门和公安机关。

（6）储存库应制定防盗窃、防抢劫、防破坏的应急预案和实施细则，应急预案应报上级主管部门和公安机关备案，并每半年组织人员进行一次演练。

3. 小型民用爆炸物品储存库安全规范。小型民用爆炸物品储存库，是指爆破作业单位储存民用爆炸物品的最大储存量不大于表 9-2 规定的储存库。根据《小型民用爆炸物品储存库安全规范》（GA 838-2009），小型民用爆炸物品储存库分为地面库（含可移动民用爆炸物品库）、洞库、覆土库。

（1）储存量规定。单库单一品种最大允许储存量（见表 9-2）。储存库的最大储存量不应超过一个月的使用量，且符合表 9-2 的规定。当工业炸药及制品、工业导爆索、未拆箱的塑料导爆管同库存放时，在库容允许的条件下单个储存库的计算药量不应超过 5000kg。

表 9-2　小型民用爆炸物品储存库单库单一品种最大允许储存量

序号	产品类别	最大允许储存量
1	工业炸药及制品	5000kg
2	黑火药	3000kg
3	工业导爆索	50000 米（计算药量 600kg）
4	工业雷管	20000 发（计算药量 20kg）
5	塑料导爆管	100000 米
注：1. 工业炸药及制品包括铵梯类炸药、铵油类炸药、硝化甘油炸药、乳化炸药、水胶炸药、射孔弹、起爆药柱、震源药柱等。2. 工业雷管包括电雷管、导爆管雷管以及继爆管等。3. 工业导爆索包括导爆索和爆裂管等。4. 其他民用爆炸物品按与本表中产品相近特性归类确定储存量；普通型导爆索药量为 12g/m，常规雷管药量为 1g/发，特殊规格产品的计算药量按照产品说明书给出的数值计算。		

（2）民用爆炸物品同库存放规定。民用爆炸物品宜单品种专库存放，当条件受到限制时，不同品种的民用爆炸物品允许同库存放。同库存放时除遵守《爆破安全规程》（GB 6722）关于民用爆破器材同库存放的规定（见表 9-3）和最大储存量的规定外，还应遵守以下原则：黑火药应单独存放；工业雷管除与未拆箱的塑料导爆管可以同库存放外，不应与其他物品同库存放。

表 9-3　爆破器材同库存放的规定

爆破器材名称	雷管类	黑火药	导火索	硝铵类炸药	属 A₁ 级单质炸药类	属 A₂ 级单质炸药类	射孔弹类	导爆索类
雷管类	○	×	×	×	×	×	×	×
黑火药	×	○	×	×	×	×	×	×
导火索	×	×	○	○	○	○	○	○
硝铵类炸药	×	×	○	○	○	○	○	○

（续表）

爆破器材名称	雷管类	黑火药	导火索	硝铵类炸药	属 A_1 级单质炸药类	属 A_2 级单质炸药类	射孔弹类	导爆索类
属 A_1 级单质炸药类	×	×	○	○	○	○	○	○
属 A_2 级单质炸药类	×	×	○	○	○	○	○	○
射孔弹类	×	×	○	○	○	○	○	○
导爆索类	×	×	○	○	○	○	○	○

注：1. ○表示可同库存放，×表示不应同库存放。2. 雷管类包括火雷管、电雷管、导爆管雷管。3. 属 A_1 级单质炸药类为黑索今、太安、奥克托今和以上述单质炸药为主要成分的混合炸药或炸药柱（块）。4. 属 A_2 级单质炸药类为梯恩梯和苦味酸及以梯恩梯为主要成分的混合炸药或炸药柱（块）。5. 导爆索类包括各种导爆索和以导爆索为主要成分的产品，包括继爆管和爆裂管。6. 硝铵类炸药包括以硝酸铵为主要组分的各种民用炸药。

（3）民用爆炸物品存放管理。储存库内民用爆炸物品应堆放稳固整齐。储存库内应有标记品种、规格和数量的标识牌。同库储存多品种民用爆炸物品时，应分别堆放，并有明显标志。堆垛之间应留有检查、清点民用爆炸物品的通道，通道宽度不应小于 0.6 米，堆垛边缘与墙的距离不应小于 0.2 米，宜在地面画定置线。各种民用爆炸物品整箱堆放高度，工业雷管、黑火药不应超过 1.6 米，炸药、索类不应超过 1.8 米，宜在墙面画定高线。储存库应有良好的通风、防潮、防小动物进入和防止阳光直射措施。储存库内不应存放无关的工具和杂物。

（4）民用爆炸物品发放管理。工业炸药及制品、工业导爆索允许在储存库内以最小包装单元分发；拆箱后的工业雷管应在专门的发放间发放；黑火药应以原包装发放。发放间宜单独设立，当与库房联建时，发放间应有密实墙与库房隔开。工业雷管的发放间内最多允许暂存 1000 发雷管，严禁将零散雷管放在地面上，宜挂在架上或存放在防爆箱内；工业炸药及制品、工业导爆索的发放间最多允许暂存计算药量 50kg 的产品。暂存产品应标识清楚。严禁在储存库、发放间对民用爆炸物品进行加工作业。民用爆炸物品应按出厂时间和有效期的先后顺序发放。

（5）民用爆炸物品装卸和出入库管理。装卸人员应严格按要求的品种、规格和数量搬运，作业前要检查运输工具是否完好，清除运输工具和车辆内的一切杂物。车辆应符合《爆破安全规程》（GB 6722）的要求。车辆应熄火、制动，不应在装卸现场添加燃料和维修车辆。轻拿轻放，严禁拖拉、撞击、抛掷、脚踩、翻滚、侧置危险品；严格执行民用爆炸物品同库存放规定，不应超高、超宽、超载。来源不清和性质不明的民用爆炸物品不应入库或装车；如包装损坏需更换时，应在指定的安全地点操作。民用爆炸物品的装卸作业宜在白天进行，押运员应在现场监装，无关人员和车辆禁止靠近，运输车辆离库门不应小于 2.5 米。遇雷雨、暴风等恶劣天气，禁止进行装卸作业；路面有冰雪时，应采取防滑措施。装卸作业结束后，作业场所应清理干净，防止遗留民用爆炸物品，并与库管员做好交接。民用爆炸物品从业单位应按规定建立民用爆炸物品流向管理制度；对民用爆炸物品的出入库记录要有台账，流向信息记录应完整，并按规定及时传递；储存库内账物相符、日清月结。

（六）爆破作业现场安全管理

实施爆破作业，应当遵守国家有关标准和规范，在安全距离以外设置警示标志并安排警戒人员，防止无关人员进入；爆破作业结束后应当及时检查、排除未引爆的民用爆炸物品。

八、民用爆炸物品信息管理系统

民用爆炸物品信息管理系统以民用爆炸物品信息为基本管理对象，准确实时地管理涉爆单位、涉爆人员与爆炸物品信息及关联，实现静态管理向动态监控跟踪管理的转变；利用技术手段，提高民用爆炸物品管理的效率；同时加强预警控制、严格管理，杜绝和减少流失，为侦查破案服务。民用爆炸物品信息管理系统符合公安部提出的"科技强警、科技兴警"的总体思想，满足"金盾工程"和"治安信息系统总体框架"的总体目标，为加速公安机关信息化建设迈出实质性步伐，为公安机关规范化管理民用爆炸物品提供技术保障，在警力有限的条件下为提高工作效率提供手段。

民用爆炸物品信息管理系统的主要作用包括：及时、准确掌握和查询、查证涉爆单位、涉爆人员的各类信息；动态掌握民用爆炸物品生产、销售、购买、运输、储存、使用总量；动态掌握民用爆炸物品的流向和流量；动态掌握各类民用爆炸物品的生产、销售、购买、运输、储存、使用的责任单位及责任人；动态掌握民用爆炸物品的流失情况；涉爆案件发生后快速有效地获取线索；有效、及时掌握违规、违法行为。

目前，我国民用爆炸物品管理已经实现信息化，主要依托民用爆炸物品信息管理系统，其工作原理（见图9-1）。

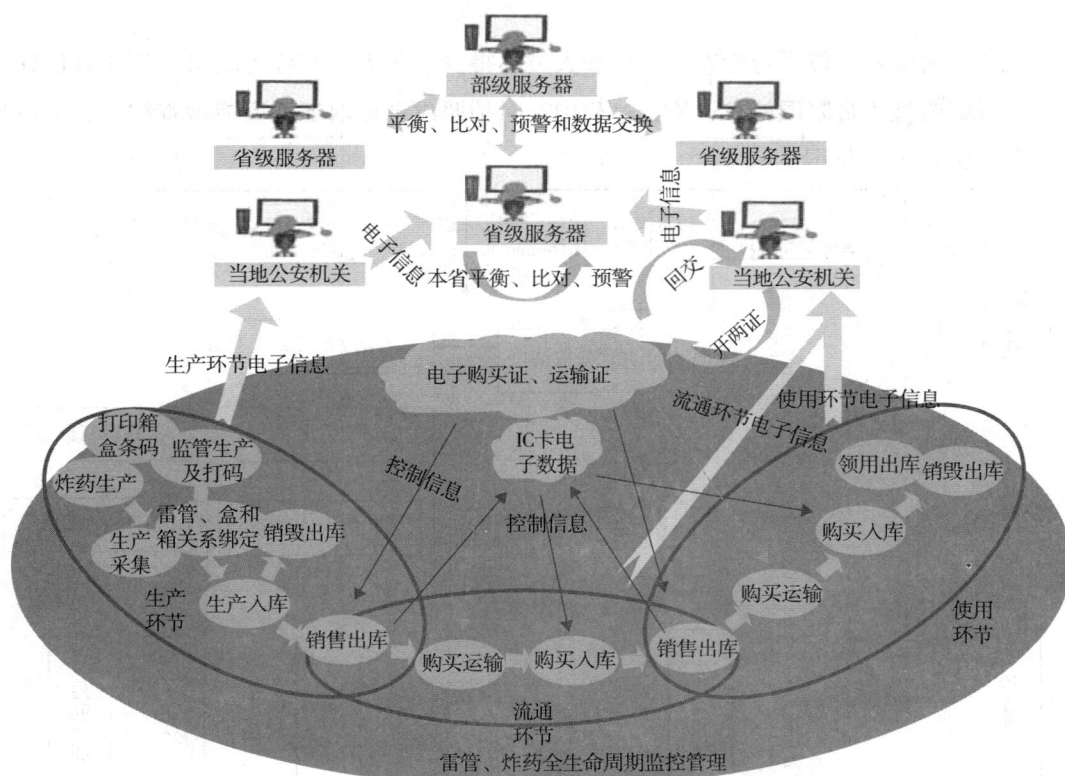

图9-1　民用爆炸物品信息管理系统

九、涉爆单位安全监督检查的履职标准

（一）三个"零发生"

（1）因管控不力造成的列管单位爆炸物品被盗、丢失案（事）件"零发生"。

（2）因监管不力造成的爆破、销毁工程重大安全事故"零发生"。

（3）因查缴不力造成的爆炸物品重大案（事）件"零发生"。

（二）五个"百分之百"

（1）对从业单位的列管率100%。

（2）对从业单位、从业人员及其从业活动的行政许可、审核审批、备案登记、监督检查等文书手续的合格率100%。

（3）对从业单位的治安保卫重要部位，指导落实人防、物防、技防、犬防"四防"措施，发现有违法违规行为和治安隐患，及时下达整改通知书，整改到位率100%。

（4）对从业单位、从业人员及其从业活动中的违法违规行为的发现查处率100%。

（5）爆炸物品信息系统建设到位、管理规范、运行正常，数据准确率100%。

第二节　涉爆单位安全检查的程序

公安机关在对涉爆单位进行检查时，检查人员不得少于2人，并应主动出示执法身份证件。请相关单位人员或管理人员陪同检查，检查过程中及时拍照或录像取证，反馈检查结果，填写相关文书，请相关人员签字（见图9－2）。

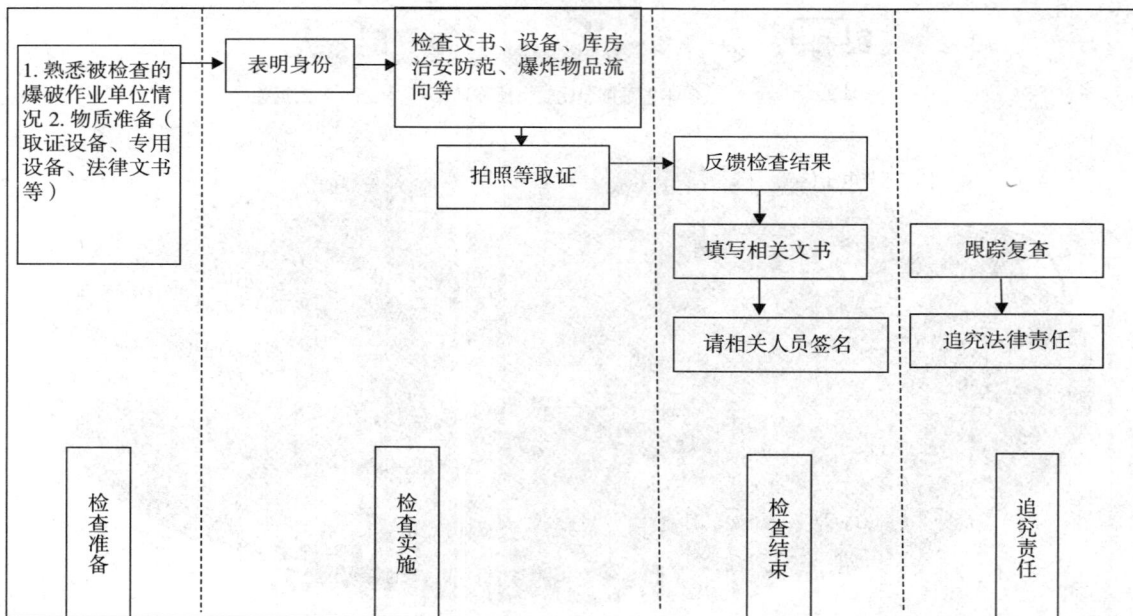

图9－2　涉爆单位安全检查程序

一、爆破作业单位安全检查的语言规范

1. 在开始进行检查前，应当表明身份，"您好！我们是××单位的民警（同时出示证件），现在对你单位进行安全检查，请予以配合，谢谢！"

2. 在查验证件时，要求对方出示相关证件，"请您提供《爆破作业单位许可证》"，"请您出示《爆破作业人员许可证》。"

3. 检查过程中，发现单位存在安全隐患；提出整改意见时，可以这样说，"经检查，您单位（××爆破作业单位）安全管理方面（或者治安防范系统或者储存库方面）存在安全隐患，请及时整改，请您看一下检查记录，如无问题，请在这里签字。"

4. 在对爆破作业单位安全检查结束时可以这样说，"谢谢您对我们工作的支持、理解和配合。"

二、公安民警对爆炸物品从业单位进行安全检查时的注意事项

1. 检查工作人员应了解爆炸物品的性能及安全条件，具备爆炸物品生产、销售、储存、运输、使用的基本管理知识，掌握相关法律法规。

2. 检查前应掌握检查工作程序，明确检查目的、检查内容、检查要求和安全注意事项。

3. 自觉遵守民用爆炸物品生产、储存、运输、销售、使用的各项安全规定。

4. 检查人员对民用爆炸物品储存库、爆破作业现场进行安全检查时，应穿防静电服装和软底鞋，关闭通信工具，严禁携带易燃易爆物品。对雷管、起爆药的仓库进行检查时，必须导出人体静电。

5. 检查过程中不得当场指责从业人员，避免其因紧张导致失误。

6. 需抽查民用爆炸物品时，应指出抽检项目、内容和要求，指定专业技术人员具体实施。操作时，须轻拿轻放。非专业人员不得随意触碰雷管等感度较高的民用爆炸物品。

7. 如需开箱检查，应将被检查物品移至空阔场地进行，严禁在库内开箱抽样或开箱检查。

8. 检查完毕，应填写检查记录，检查人员和被检查单位人员双方签字。

三、法律依据

1. 《民用爆炸物品安全管理条例》（中华人民共和国国务院令第 466 号）。

第 4 条第 2 款 公安机关负责民用爆炸物品公共安全管理和民用爆炸物品购买、运输、爆破作业的安全监督管理，监控民用爆炸物品流向。

2. 《公安派出所执法执勤工作规范》。

第 78 条 公安派出所民警执行治安检查时，应当注意以下事项：

（1）对行业、场所、单位的检查每月不得少于 1 次，对上级通报、群众反映的问题应当随时检查，认真查处；

（2）检查时应当主动出示工作证件或者其他执法检查证件，表明身份，提出检查要求；

（3）对娱乐服务场所的检查，应当在公安派出所统一安排下由 2 名以上民警共同进行；

（4）检查时应当尊重从业人员和顾客，从检查身份证件入手，除有违法犯罪嫌疑外，不得进行人身检查；

（5）对查获的违法犯罪嫌疑人，应当尽快带离现场；

（6）对扣押、收缴的物品应当办理法律手续，开具单据；

（7）日常检查应当注意发现房屋建筑、消防设施、公共设施的安全情况及改造、变动情况，对发现的治安隐患，应当列出隐患内容，通知有关部门并报告上级公安机关。

第三节　涉爆单位安全检查工作的实施

一、　检查准备

根据《民用爆炸物品安全管理条例》《公安机关办理行政案件程序规定》《小型民用爆炸物品储存库安全规范》（GA 838 - 2009）《爆破作业单位民用爆炸物品储存库安全评价导则》（GA/T 848 - 2009）《爆破作业单位资质条件和管理要求》（GA 990 - 2012）《爆破作业项目管理要求》（GA 991—2012）等相关规定，应做好如下准备：

（一）掌握爆破作业单位基本情况（见图9 - 3）

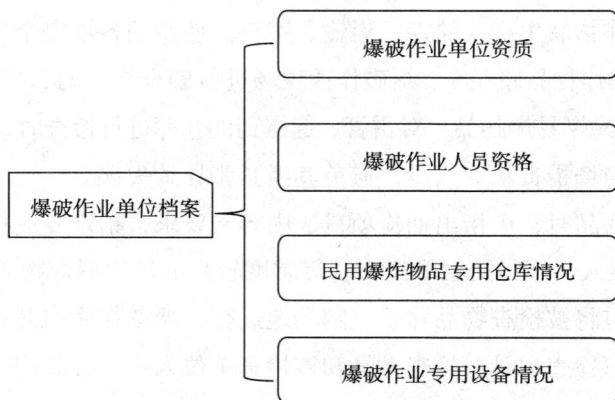

图9 - 3　安全检查档案内容

可根据在公安机关备案或许可的爆破作业单位的档案，掌握爆破作业单位的资质情况；民用爆炸物品专用仓库情况；爆破作业人员资格情况；爆破作业专用设备情况等信息。

在民用爆炸物品信息管理系统内，下载、打印目标库库存民用爆炸物品的清单，掌握民用爆炸物品专用仓库库存情况；抽查从业人员爆炸物品领用、发放、使用、清退等信息，从而实现对民用爆炸物品流向的监管（见图9 - 4）。

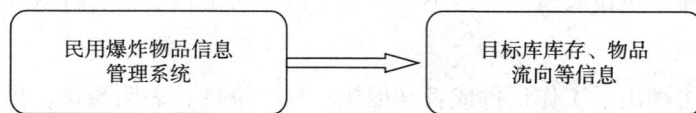

图9 - 4　爆炸物品流向的监管

操作方法：

打开电脑——登录民用爆炸物品信息管理系统——物品管理——库存管理——选择单位——统

计，查询该单位最后一次上报时手持机中的库存数量——填写在纲要相应位置——打印目标库《民用爆炸物品库存清单》。

根据以上内容，总结出被检查单位的基本情况纲要，作为检查材料之一（见附件）。

附件：

待检查爆破作业单位情况纲要

单位名称：

地　　址：

联系人：　　　　　　　　　　　联系电话：

爆破作业单位资质：

《爆破作业单位许可证》：　营业性（　）非营业性（　）

有效期：

爆破作业人员资格：

技术负责人（＿＿人）：

项目技术负责人（＿＿人）：

爆破工程技术人员（＿＿人）：

爆破员（＿＿人）：

安全员（＿＿人）：

保管员（＿＿人）：

押运员（＿＿人）：

爆破作业专用设备：

钻孔机：有（　）无（　）；

空压机：有（　）无（　）；

测振仪：有（　）无（　）；

全站仪：有（　）无（　）；

专用运输车（　　　辆）；

其他：

民用爆炸物品专用仓库：

经过安全评估：　是（　）否（　）

（二）着装准备

在着装的选择上，一方面要能够表明执法身份。《公安机关执法细则》1－03. 基本要求第 1 款规定：人民警察必须按照规定着装，佩带人民警察标志或者持有人民警察证件，保持警容严整，举止端庄。因此，执法检查应当外着制式警服。

另一方面由于被检查的地点属于有爆炸危险的场所，因此，着装要符合相关要求，防止因仔细、认真地"安全检查"带来"不安全的因素"——静电。

为防止因人体静电引发爆炸事故，《小型民用爆炸物品储存库安全规范》（GA 838－2009）规定：进入雷管储存库操作的人员应穿符合 GB 21146、GB 12014 要求的防静电鞋、防静电服或纯棉工作服。

因此，检查雷管库时应穿防静电鞋、防静电服或纯棉工作服，禁止穿化纤衣服。

着装准备：

1. 应当外着制式警服。

2. 尽量避免穿着容易产生静电的化纤内衣，以及绝缘性强或毛制的厚袜子、绝缘性鞋垫。

3. 检查雷管库，并停留时间较长时，应做好换防静电鞋、防静电服或纯棉工作服的准备。

（三）其他准备

1. 证件准备：人民警察证。

2. 文书准备：《民用爆炸物品安全检查记录》《责令限期改正通知书》。

3. 取证器材准备：录音、录像、拍照等设备。

《公安机关执法细则》规定"调查取证，可以依法采取以下措施：（1）录音、录像、照相。通过录音、录像、拍照等方法，及时收集、固定和保护现场证据。及时调取监控录像和其他人员摄制的视听资料……"

注意：在使用取证器材时应注意地点，防止因射频电引发事故。

二、检查实施

根据《民用爆炸物品安全管理条例》《公安机关办理行政案件程序规定》《小型民用爆炸物品储存库安全规范》（GA 838—2009）等相关规定，对爆破作业单位检查主要包括表明身份、实地核查、实地检查三个环节。

（一）表明身份

在检查证实开始前，前去检查的民警（至少 2 人，并且要着警服）要向被检查单位人员出示证件，表明身份，说明来意。例如，"您好！我们是××单位的民警（同时出示证件），现在对你单位进行安全检查，请予以配合，谢谢！"

（二）实地核查

1. 核查内容。核查的依据是《民用爆炸物品安全管理条例》之相关规定：

第 4 条第 2 款　公安机关负责民用爆炸物品公共安全管理和民用爆炸物品购买、运输、爆破作业的安全监督管理，监控民用爆炸物品流向。

第 5 条第 2 款　民用爆炸物品从业单位是治安保卫工作的重点单位，应当依法设置治安保卫机构或者配备治安保卫人员，设置技术防范设施，防止民用爆炸物品丢失、被盗、被抢。

第 6 条　无民事行为能力人、限制民事行为能力人或者曾因犯罪受过刑事处罚的人，不得从事民用爆炸物品的生产、销售、购买、运输和爆破作业。

民用爆炸物品从业单位应当加强对本单位从业人员的安全教育、法制教育和岗位技术培训，从业人员经考核合格的，方可上岗作业；对有资格要求的岗位，应当配备具有相应资格的人员。

第 7 条　国家建立民用爆炸物品信息管理系统，对民用爆炸物品实行标识管理，监控民用爆炸物品流向。

民用爆炸物品生产企业、销售企业和爆破作业单位应当建立民用爆炸物品登记制度，如实将本单位生产、销售、购买、运输、储存、使用民用爆炸物品的品种、数量和流向信息输入计算机系统。

第 31 条　申请从事爆破作业的单位，应当具备下列条件：

（1）爆破作业属于合法的生产活动。

（2）有符合国家有关标准和规范的民用爆炸物品专用仓库。

（3）有具备相应资格的安全管理人员、仓库管理人员和具备国家规定执业资格的爆破作业人员。

（4）有健全的安全管理制度、岗位安全责任制度。

（5）有符合国家标准、行业标准的爆破作业专用设备。

（6）法律、行政法规规定的其他条件。

第 32 条　申请从事爆破作业的单位，应当按照国务院公安部门的规定，向有关人民政府公安机关提出申请，并提供能够证明其符合本条例第 31 条规定条件的有关材料。受理申请的公安机关应当自受理申请之日起 20 日内进行审查，对符合条件的，核发《爆破作业单位许可证》；对不符合条件的，不予核发《爆破作业单位许可证》，书面向申请人说明理由。

营业性爆破作业单位持《爆破作业单位许可证》到工商行政管理部门办理工商登记后，方可从事营业性爆破作业活动。

爆破作业单位应当在办理工商登记后 3 日内，向所在地县级人民政府公安机关备案。

第 35 条　在城市、风景名胜区和重要工程设施附近实施爆破作业的，应当向爆破作业所在地设区的市级人民政府公安机关提出申请，提交《爆破作业单位许可证》和具有相应资质的安全评估企业出具的爆破设计、施工方案评估报告。受理申请的公安机关应当自受理申请之日起 20 日内对提交的有关材料进行审查，对符合条件的，作出批准的决定；对不符合条件的，作出不予批准的决定，并书面向申请人说明理由。

实施前款规定的爆破作业，应当由具有相应资质的安全监理企业进行监理，由爆破作业所在地县级人民政府公安机关负责组织实施安全警戒。

对照检查前准备的《待检查爆破作业单位情况纲要》，核查如下内容：

（1）爆破作业单位资质。单位是否取得《爆破作业单位许可证》并在有效期内。

（2）涉爆人员资格。是否设置或配齐安全管理机构或者专职安全管理人员；单位技术负责人、爆破工程技术人员的条件和数量是否符合要求，爆破员、安全员和保管员是否取得《爆破作业人员许可证》，数量是否符合要求；是否在岗到位，所有接触爆炸物品的人员都应持证上岗。着重检查以下人员的证件：

①保管员：负责爆炸物品进出库和发放工作。应检查是否有保管员作业证、库管员 IC 卡，并

检查保管员是否与爆破方案上报的保管员为同 1 人。

②爆破员：应检查是否有爆破员作业证、爆破员 IC 卡，并检查爆破员是否与爆破方案上报的爆破员为同 1 人。

③安全员：应检查是否有安全员作业证、安全员 IC 卡，并检查安全员是否与爆破方案上报的安全员为同 1 人。

（3）爆破作业是否为经公安机关批准的作业。爆破作业地点、时间、级别等是否与上报的爆破方案一致。

（4）爆破作业专用设备是否齐备，并能正常使用。

2. 核查标准。

四个"一致"：即爆破作业单位与备案或许可一致；爆破作业人员与备案或许可一致；爆破作业与备案或许可一致；专用设备与备案或许可一致。

（三）实地检查

从实际工作出发，可将其分为爆炸物品流向检查、民用爆炸物品专用仓库安全防范检查和其他等环节的检查。

1. 爆炸物品流向检查。依据《民用爆炸物品安全管理条例》第 37 条规定，爆破作业单位应当如实记载领取、发放民用爆炸物品的品种、数量、编号以及领取、发放人员姓名。领取民用爆炸物品的数量不得超过当班用量，作业后剩余的民用爆炸物品必须当班清退回库。爆破作业单位应当将领取、发放民用爆炸物品的原始记录保存 2 年备查。第 41 条规定，储存民用爆炸物品应当遵守下列规定：（一）建立出入库检查、登记制度，收存和发放民用爆炸物品必须进行登记，做到账目清楚，账物相符；（二）储存的民用爆炸物品数量不得超过储存设计容量，对性质相抵触的民用爆炸物品必须分库储存，严禁在库房内存放其他物品；（三）专用仓库应当指定专人管理、看护，严禁无关人员进入仓库区内，严禁在仓库区内吸烟和用火；严禁把其他容易引起燃烧、爆炸的物品带入仓库区内，严禁在库房内住宿和进行其他活动；（四）民用爆炸物品丢失、被盗、被抢，应当立即报告当地公安机关。第 42 条规定，在爆破作业现场临时存放民用爆炸物品的，应当具备临时存放民用爆炸物品的条件，并设专人管理、看护，不得在不具备安全存放条件的场所存放民用爆炸物品。第 43 条规定，民用爆炸物品变质和过期失效的，应当及时清理出库，并予以销毁。销毁前应当登记造册，提出销毁实施方案，报省、自治区、直辖市人民政府国防科技工业主管部门、所在地县级人民政府公安机关组织监督销毁。

（1）检查台账。公安机关对民用爆炸物品仓库检查时，核对纸质台账信息是重点检查内容之一。检查的主要内容包括：台账登记信息是否完整、规范，购买、运输、领用、发放、清退等原始单据是否保存完整。通过检查台账，掌握民用爆炸物品的来源是否合法，是否建立了严格的民用爆炸物品领用发放制度，领用发放民用爆炸物品是否登记。检查爆破员是否建立了《领用爆炸物品记录》《现场爆破记录》，是否如实登记每次领用、消耗、退库情况，有无签字。检查炸药台账时发现的常见问题。

①使用笔记本、会计账簿等代替台账；

②登记不规范，用铅笔、油笔记录；

③字迹潦草，看不清，不写全，漏登；

④他人代领、代写、代签；

⑤涂改严重；

⑥频繁更换台账，结转数据；

⑦领取、发放、清退手续不健全；

⑧末日清月结；

⑨不按时装订成册，未按规定保管台账 2 年以上；

⑩账物不符。

违反规定类型：属于账物不符的按照《民用爆炸物品安全管理条例》第 49 条（二）规定：未按照规定建立出入库检查、登记制度或者收存和发放民用爆炸物品，致使账物不符的。属于未保存台账记录的按照《民用爆炸物品安全管理条例》第 48 条（三）规定：爆破作业单位未按照规定建立民用爆炸物品领取登记制度、保存领取登记记录的。

（2）检查电子账。爆破作业单位领用发放手持机是为民爆物品储存仓库配备的，用来对民爆物品的入库、拆箱、领取、发放、退库等信息进行采集和管理，并担负着民爆物品上述操作数据的上报到民爆信息系统功能。通过民爆信息系统实现责任绑定。这项工作由保管员负责操作。通过单位 IC 卡、保管员 IC 卡、爆破员 IC 卡完成。

检查仓库、现场是否有手持机。手持机上民用爆炸物品的电子信息与手工账信息及目标库内实物是否一致（见图 9-5）。

图 9-5　手持机（简称 POS 机）

（3）检查库存。到目标库实地检查，核对民用爆炸物品品种，清点民用爆炸物品品种、数量。注意有无超量存储情况；有无账物不符情况；储存的爆炸物品是否有超期变质情况等。

（4）检查标准：台账＝电子账＝库存

库存情况与《民用爆炸物品库存清单》要有逻辑关系。

同时，检查时容易出现的问题：

①不填写使用公安部统一印制的《工业雷管编码信息随盒（箱）登记单》；

②未按照公安部规定保存《工业雷管编码信息随盒（箱）登记单》5年以上；

③填写登记不规范、不准确；

④单发发放雷管的编码与实际发放的雷管编码不符；

⑤用他人IC卡发放爆炸物品与实际领取人不符；

⑥未使用POS机对退库的爆炸物品进行操作；

⑦保管员违规提前操作POS机，发放大量爆炸物品；

⑧账物相符，但与POS机不符；账、物、POS机均不符；账、物、POS相符，但POS机里的条码、编号与仓库内的民爆物品条码、编号不符，等等。

（5）违反规定类型：以上问题违反了《民用爆炸物品安全管理条例》第46条（六）规定：未按照规定建立民用爆炸物品登记制度，如实将本单位生产、销售、购买、运输、储存、使用民用爆炸物品的品种、数量和流向信息输入计算机系统的。根据区（县）局开具的两证情况和领取、发放、使用、清退等台账记录以及民爆系统相对应的电子记录数据进行分析、比对、研判，查找问题原因，进行相应处罚。

2. 民用爆炸物品专用仓库安全防范检查。根据《小型民用爆炸物品储存库安全规范》（GA 838 - 2009）《爆破作业单位民用爆炸物品储存库安全评价导则》（GA/T 848 - 2009）《爆破作业单位资质条件和管理要求》（GA 990 - 2012）《爆破作业项目管理要求》（GA 991 - 2012）等相关规定，爆破作业单位民用爆炸物品专用仓库安全防范检查内容及流程如下（见图9 - 6）：

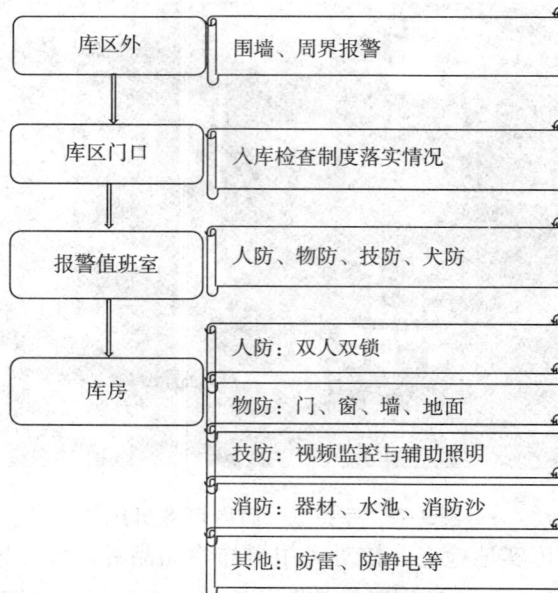

图9 - 6　治安防范检查流程图

（1）人防即人力防范，是执行安全防范任务的具有相应素质的人员或群体的一种有组织的防范行为，包括人、组织和管理等。重点检查：

①值守人员情况；

②单位管理情况。

（2）物防即实体防范，是用于安全防范目的、能延迟风险事件发生的各种实体防护手段，包括建（构）筑物、屏障、器具、设备、系统等。实体防范应符合 GB 6722、GB 50089、GB 50154、GB 17565要求。

（3）技防即技术防范，是利用各种电子信息设备组成的系统和网络以提高探测、延迟、反应能力和防护功能的安全防范手段。技术防范应符合 GB 50348 要求。其中视频监控系统应符合 GB 50395要求（见图9-7，表9-4）。

①利用值班室视频和语音监控系统，检查警卫人员在位等情况；

②利用储存的录像信息，发现领取、运输等环节中存在的问题。

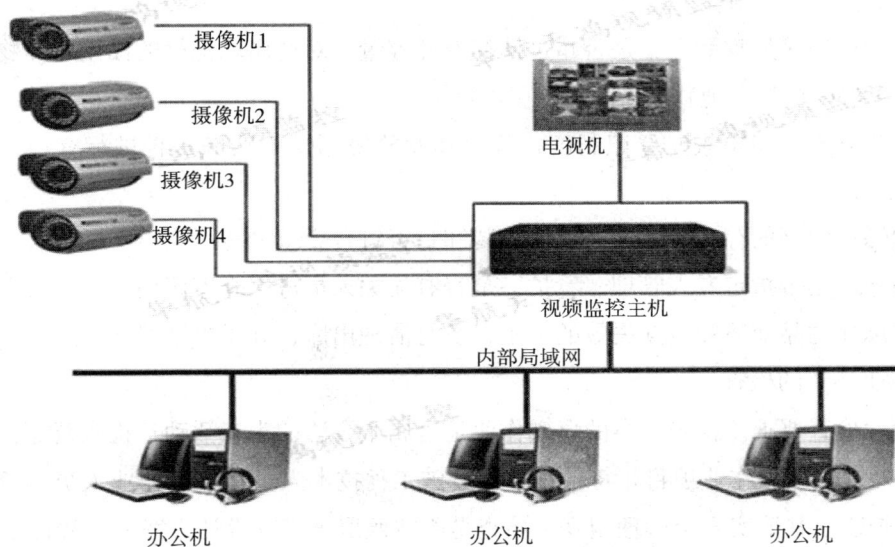

图9-7 视频监控

表9-4 常用视频监控硬盘录像机

序号	名称	用户名	密码
1	大华	888888	888888
2	海康卫视	Admin	12345
3	汉邦高科	Admin	123456

③做好常用视频监控硬盘录像机的备份工作。

进入文件备份界面；设置备份开始及结束时间；插入 U 盘，开始备份。

注意：常用视频监控硬盘录像机数据大小，因图像类别不同而不同。

模拟信号，每 24 小时录像文件大小一般为 6G；

数字信号，每 24 小时录像文件大一般为 24G；

因此，检查时应准备一个 2G 以上的 U 盘。

（4）犬防。库区应配备 2 条（含）以上看护犬。看护犬应为大型犬，夜间应处于巡游状态。

（5）其他：消防、避雷、防静电等。

3. 民用爆炸物品储存的检查。

（1）民用爆炸物品是否储存在经安全评价合格的民用爆炸物品专用仓库内，并设置符合要求的技术防范设施。对照批准的图纸文件检查库区内、外部安全距离及库房周围的环境是否发生变化。

（2）库房门口是否设置标示牌标示清楚核定的危险等级、储存品种、最大允许储量及负责人，标示牌的尺寸是否符合要求。

（3）储存的民用爆炸物品数量是否超过储存设计容量，对性质相抵触的民用爆炸物品是否分库储存，是否在库房内存放其他物品。

（4）是否建立出入库检查、登记制度，收存和发放民用爆炸物品是否进行登记，做到账目清楚，账物相符。

（5）民用爆炸物品的存放、发放和库区内装卸是否符合要求。

（6）专用仓库是否指定专人管理、看护，是否有无关人员进入仓库区内。

（7）民用爆炸物品变质和过期失效的，是否及时清理出库，并予以销毁。

4. 爆破作业环节的检查。

（1）一般性检查要求。检查从事的爆破作业是否属于合法的生产活动；检查营业性爆破作业单位的资质条件是否与爆破作业项目相符合；检查爆破工程技术人员、爆破作业人员的资格是否符合要求；检查是否建立并落实安全管理制度；检查是否按照爆破工程设计方案和《爆破安全规程》实施爆破作业；检查爆破作业现场管理是否符合要求。

（2）特殊爆破作业的检查要求。在城市、风景名胜区和重要工程设施附近实施爆破作业的，是否经过爆破作业所在地设区的市级人民政府公安机关的审批。实施上述爆破作业，是否由具有相应资质的安全监理企业进行监理，是否经安全评估，并由爆破作业所在地县级人民政府公安机关负责组织实施安全警戒。是否按照经过安全评估的爆破设计、施工方案进行施工以及按规定发布施工公告和爆破公告。爆破作业单位跨省、自治区、直辖市行政区域从事爆破作业的，是否事先将爆破作业项目的有关情况向爆破作业所在地县级人民政府公安机关报告。

5. 购买民用爆炸物品的检查。

（1）爆破作业单位所需的民用爆炸物品，是否凭《民用爆炸物品购买许可证》从民用爆炸物品生产企业或销售企业购买；

（2）购买民用爆炸物品，是否通过银行账户进行交易；

（3）爆破作业单位是否自民用爆炸物品买卖成交之日起 3 日内，将购买的品种、数量向所在地县级人民政府公安机关备案。

6. 运输民用爆炸物品的检查。

（1）经由道路运输民用爆炸物品的爆破作业单位，是否凭《民用爆炸物品运输许可证》，并按照许可的品种、数量、路线运输；

（2）运输过程中是否遵守《民用爆炸物品安全管理条例》的规定；

（3）民用爆炸物品运达后，单位进行验收后是否在《民用爆炸物品运输许可证》上签注，并在 3 日内将《民用爆炸物品运输许可证》交回发证机关核销。

7. 对民用爆炸物品从业单位其他的安全检查内容。

（1）是否存在违反安全管理制度，致使民用爆炸物品丢失、被盗、被抢的情况；

（2）民用爆炸物品丢失、被盗、被抢，是否存在未按照规定向当地公安机关报告或者故意隐瞒不报的情况；

（3）是否存在转让、出借、转借、抵押、赠送民用爆炸物品的情况。

三、检查结束

检查结束后，要反馈检查情况。向爆破作业单位负责人反馈检查情况，提出整改建议，如有异议，允许说明。还要填写法律文书。如实填写《民用爆炸物品安全检查记录》，交被检查单位负责人核对签名，拒绝签名的，应当注明。违反《民用爆炸物品安全管理条例》第 44 条、第 46 条、第 48 条、第 49 条、第 50 条规定，应当采取强制措施的，及时填写相关法律文书，如《责令限期改正通知书》。在民爆综合信息无线应用系统平台，录入检查电子信息并保存。

【爆破作业单位安全检查实例】

一、检查经过

2011 年 12 月 10 日，某市公安局危险物品管理科工作人员 3 人着纯棉衬衫和软底鞋对辖区内的某大型采石场进行安全检查。该采石场已经经营 5 年，证照齐全，各项安全管理规章制度完备，人员配置合理，其自建两个小型民用爆炸物品储存库且已通过安全评价验收，库区距爆破作业点 2 千米。

民警首先检查了该采石场爆破工程技术人员，爆破员、安全员、保管员、押运员的相关资格证书，询问有无人员变动，查看了单位对工作人员的培训记录，发现均符合要求。抽查了民用爆炸物品购买、验收、保管、发放、回收记录，发现数目准确，符合要求。检查中发现 3 个监控探头中的 1 个已损坏 10 天仍未修好，且未上报公安部门，针对此情况对负责人进行了严肃批评并责令其在 24 小时内务必将监控探头修好。打开两个储存库，库中民用爆炸物品存放情况及库房建筑符合相关规定，民用爆炸物品标示符合规定，无变质与过期失效状况，但在装有雷管的 2 号库库房角落发现有两发雷管散落在地面上。在爆破作业现场，发现有一刚刚取得《爆破作业人员许可证》2 个月的新爆破员在独立进行爆破。

二、存在的问题分析

1. 监控探头损坏未及时修复，且未上报公安机关。《民用爆炸物品储存库治安防范要求》（GA 837 - 2009）规定，储存库治安防范系统出现故障，应在 48 小时内恢复功能。在修复期间应采取有效的安全应急措施，并于 24 小时内报单位上级主管部门和公安部门。故此，公安民警对负责人进行了严肃批评并责令其立即整改，在 24 小时内务必将监控探头修好。

2. 在库房发放雷管。《民用爆炸物品储存库治安防范要求》（GA 837 - 2009）规定，工业炸药及制品、工业导爆索允许在储存库内以最小包装单元分发；拆箱后的工业雷管应在专门的发放间发放；黑火药应以原包装发放。《小型民用爆炸物品储存库安全规范》（GA 838 - 2009）规定，工业雷管的发放间内最多允许暂存 1000 发雷管，严禁将零散雷管放在地面上，宜挂在架上或存放在防爆箱内。

3. 取得《爆破作业许可证》未满 3 个月的爆破员独立从事爆破作业。《爆破安全规程》（GB6722 - 2003）规定，取得爆破员安全作业证的新爆破员，应在有经验的爆破员指导下实习 3 个月方准独立进行爆破工作。

第四节　法律责任

一、未经许可生产、经营、运输民用爆炸物品或者进行爆破作业的行为

《民用爆炸物品安全管理条例》第 44 条规定，非法制造、买卖、运输、储存民用爆炸物品，构成犯罪的，依法追究刑事责任；尚不构成犯罪，有违反治安管理行为的，依法给予治安管理处罚。

违反本条例规定，在生产、储存、运输、使用民用爆炸物品中发生重大事故，造成严重后果或者后果特别严重，构成犯罪的，依法追究刑事责任。

违反本条例规定，未经许可生产、销售民用爆炸物品的，由国防科技工业主管部门责令停止非法生产、销售活动，处 10 万元以上 50 万元以下的罚款，并没收非法生产、销售的民用爆炸物品及其违法所得。

违反本条例规定，未经许可购买、运输民用爆炸物品或者从事爆破作业的，由公安机关责令停止非法购买、运输、爆破作业活动，处 5 万元以上 20 万元以下的罚款，并没收非法购买、运输以及从事爆破作业使用的民用爆炸物品及其违法所得。

未经许可生产、经营、运输民用爆炸物品或者进行爆破作业的行为涉及刑法两项罪名：一是非法制造、买卖、运输、邮寄、储存爆炸物罪；二是危险物品肇事罪。

二、民用爆炸物品从业单位违反公共安全管理规定的行为

《民用爆炸物品安全管理条例》第 46 条规定，违反条例规定，由公安机关责令限期改正，处 5 万元以上 20 万元以下的罚款；逾期不改正的，责令停产停业整顿：

1. 未按照规定对民用爆炸物品做出警示标识、登记标识或者未对雷管编码打号的；

2. 超出购买许可的品种、数量购买民用爆炸物品的；

3. 使用现金或者实物进行民用爆炸物品交易的；

4. 未按照规定保存购买单位的许可证、银行账户转账凭证、经办人的身份证明复印件的；

5. 销售、购买、进出口民用爆炸物品，未按照规定向公安机关备案的；

6. 未按照规定建立民用爆炸物品登记制度，如实将本单位生产、销售、购买、运输、储存、使用民用爆炸物品的品种、数量和流向信息输入计算机系统的；

7. 未按照规定将《民用爆炸物品运输许可证》交回发证机关核销的。

三、违反民爆物品道路运输安全管理规定的行为

《民用爆炸物品安全管理条例》第 47 条规定，违反本条例规定，经由道路运输民用爆炸物品，有下列行为之一的，由公安机关责令改正，处 5 万元以上 20 万元以下的罚款：

1. 违反运输许可事项的；

2. 未携带《民用爆炸物品运输许可证》的；

3. 违反有关标准和规范混装民用爆炸物品的；

4. 运输车辆未按照规定悬挂或者安装符合国家标准的易燃易爆危险物品警示标志的；

5. 未按照规定的路线行驶，途中经停没有专人看守或者在许可以外的地点经停的；

6. 装载民用爆炸物品的车厢载人的；

7. 出现危险情况未立即采取必要的应急处置措施、报告当地公安机关的。

四、爆破作业单位和爆破作业人员违反有关爆破作业安全管理规定的行为

《民用爆炸物品安全管理条例》第 48 条规定，违反本条例规定，从事爆破作业，由公安机关责令停止违法行为或者限期改正，处 10 万元以上 50 万元以下的罚款；逾期不改正的，责令停产停业整顿；情节严重的，吊销《爆破作业单位许可证》：

1. 爆破作业单位未按照其资质等级从事爆破作业的；

2. 营业性爆破作业单位跨省、自治区、直辖市行政区域实施爆破作业，未按照规定事先向爆破作业所在地的县级人民政府公安机关报告的；

3. 爆破作业单位未按照规定建立民用爆炸物品领取登记制度、保存领取登记记录的；

4. 爆破作业单位违反国家有关标准和规范实施爆破作业的。

爆破作业人员违反国家有关标准和规范的规定实施爆破作业的，由公安机关责令限期改正，情节严重的，吊销《爆破作业人员许可证》。

五、违反储存民用爆炸物品安全管理规定的行为

《民用爆炸物品安全管理条例》第 49 条规定，违反本条例规定，有下列情形之一的，由民用爆炸物品行业主管部门、公安机关按照职责责令限期改正，可以并处 5 万元以上 20 万元以下的罚款；逾期不改正的，责令停产停业整顿；情节严重的，吊销许可证：

1. 未按照规定在专用仓库设置技术防范设施的；

2. 未按照规定建立出入库检查、登记制度或者收存和发放民用爆炸物品，致使账物不符的；

3. 超量储存、在非专用仓库储存或者违反储存标准和规范储存民用爆炸物品的；

4. 有本条例规定的其他违反民用爆炸物品储存管理规定的行为的。

其他违反民用爆炸物品储存管理规定行为主要指：没有指定专人管理、看护专用仓库，允许无关人员随意进入仓库区内，在仓库区内吸烟和用火，把其他容易引起燃烧、爆炸的物品带入仓库区内，在库房内住宿和进行其他活动，在不具备安全存放条件的场所存放民用爆炸物品等。

六、违反民爆安全管理制度的行为

《民用爆炸物品安全管理条例》第50条规定，违反本条例规定，民用爆炸物品从业单位有下列情形之一的，由公安机关处2万元以上10万元以下的罚款；情节严重的，吊销其许可证；有违反治安管理行为的，依法给予治安管理处罚：

1. 违反安全管理制度，致使民用爆炸物品丢失、被盗、被抢的；

2. 民用爆炸物品丢失、被盗、被抢，未按照规定向当地公安机关报告或者故意隐瞒不报的；

3. 转让、出借、转借、抵押、赠送民用爆炸物品的。

《治安管理处罚法》第31条规定，爆炸性、毒害性、放射性、腐蚀性物质或者传染病病原体等危险物质被盗、被抢或者丢失，未按规定报告的，处5日以下拘留；故意隐瞒不报的，处5日以上10日以下拘留。

七、民爆从业单位的主要负责人违法行为的法律责任

《民用爆炸物品安全管理条例》第52条规定，民用爆炸物品从业单位的主要负责人未履行本条例规定的安全管理责任，导致发生重大伤亡事故或者造成其他严重后果，构成犯罪的，依法追究刑事责任；尚不构成犯罪的，对主要负责人给予撤职处分，对个人经营的投资人处2万元以上20万元以下的罚款。

如果民用爆炸物品从业单位的主要负责人的行为已经构成犯罪，如强令工人违章冒险作业，因而发生重大伤亡事故或者造成其他严重后果，构成犯罪的，则应当依照《刑法》关于重大责任事故罪的规定进行处罚。

第五节　疑难问题

一、安全监管民警是否可以对井下火药库进行安全检查？

可以，《民用爆炸物品安全管理条例》第4条第2款规定："公安机关负责民用爆炸物品公共安全管理和民用爆炸物品购买、运输、爆破作业的安全监督管理，监控民用爆炸物品流向。"但根据公安部《关于对金属非金属矿山民用爆炸物品安全监管有关问题的复函》（公治〔2010〕155号）第1条规定："井下民用爆炸物品储存分库作为企业基建配套设施，应由安全生产监督管理部门在核发安全生产许可证时一并验收。"井下临时储存库房的安全管理应由安全生产监督管理部门负责。

二、井下火工品库防范标准？

井下火工品库暂无国家治安防范标准，可参照《民用爆炸物品储存库治安防范要求》（GA 837 – 2009）。

三、井下火药如何进行管理？

可通过查看视频监控图像、检查出入库登记、领取发放台账、现场爆破记录等，不宜入井检查，必要时可在熟悉井下环境的安全员、救护队员陪同下入井检查。

四、爆破公司在采石场爆破作业过程中，因爆破作业点位于半山坡，承运器材的专用车辆难以到达爆破作业现场，该爆破公司可否用采石场的铲车或其他车辆运送炸药，若不能如何处理？依据条款？

因为铲车不属于国家明确的爆炸物品专用运输车辆，应该由爆炸物品专用运输车辆将炸药送到现场，车辆不能运输的路段，应由爆破员将炸药用现场爆破作业箱（炸药与雷管分开）与安全员、押运员一起送至爆破作业现场。

五、"十条"中第 4 条规定：主要负责人每月检查一次流向登记制度落实情况，签字确认，存档备查。上述提到的涉爆单位主要负责人，对注册地和作业地不在同一城市或像中铁等大企业分公司分布全国各地的，主要负责人无法每月实地签字确认的，是否有进一步明确的指导意见？

主要负责人可以是项目经理和项目技术负责人，每月检查可由上述人员完成，并签字。

六、在工作中查看一高级爆破工程技术人员证书，发现他的作业级别是高级，作业范围是 I (D)（岩土爆破 D 级），这是不是代表他只能参与 D 级岩土爆破项目的设计施工？虽然他持有爆破工程技术人员证书，是不是也不能担任三级以上营业性爆破单位的技术负责人？

爆破工程技术人员，是指在爆破作业单位中从事爆破作业技术及相关管理工作，并取得《爆破工程技术人员安全作业证》的人员。《爆破工程技术人员安全作业证》分为初级、中级、高级三个等级。爆破工程技术人员是《民用爆炸物品安全管理条例》第 31 条规定的"国家规定执业资格的爆破作业人员"，应当按照《爆破工程技术人员安全证》上载明的作业范围从事爆破作业，严禁超出其资格等级从事爆破作业。

所以，虽然上述《爆破工程技术人员安全作业证》作业级别为高级，但因其作业范围为岩土爆破 D 级，故该爆破工程技术人员仅能够从事岩土爆破 D 级的设计施工、安全评估与安全监理。

《爆破作业单位资质条件和管理要求》中 6.2.2.3 要求，担任三级资质的营业性爆破作业单位"技术负责人具有理学、工学学科范围高级技术职称，有 5 年及以上爆破作业项目技术管理工作的经历，且主持过的 C 级及以上的爆破作业项目的设计施工不少于 5 项，或 D 级及以上爆破作业项目的设计施工不少于 10 项"，所以作业范围仅为岩土爆破 D 级的爆破工程技术人员是不能担任三级及以上营业性爆破作业单位的技术负责人的。

七、辖区一临时爆破工程的安全监理公司在爆破作业期间没有履行安全监理职责被查获，请问可依据什么法律条款对安全监理公司进行处罚？

安全监理公司不履职的，如未构成犯罪，可以按照 GA 990 - 2012 的规定予以降级、撤销。爆破安全监理活动属于爆破作业单位从业范围内的作业项目，也是一种爆破作业活动，故可以适用《民用爆炸物品安全管理条例》第 48 条第 1 款第 4 项对监理的爆破作业单位进行处罚，对未履行监理职责的爆破作业人员可责令限期改正。

八、我辖区一矿山的爆破作业单位的爆破作业活动均承包给一家营业性爆破作业单位，请问公安机关对该作业单位的日常管理具体有哪些？

一是审查爆破活动的合法性，审查矿山资质条件合法性；二是看是否签订爆破作业合同并依法履行备案制度；三是看爆破作业单位是否成立项目部，明确了相关组织信息；四是审查从业人员的资质是否符合规定，禁止无关人员接触民爆物品，从事爆破作业；五是看爆破员、安全员、爆破技术人员、监理人员等关键人员是否到位；六是民爆物品的购买、运输是否合法，是否存在非法民爆物品；七是看民爆物品临时储存措施、设备是否到位，有无专人看管；八是看爆破作业的程序是否符合《爆破安全规程》的规定：项目公告、爆破公告、装药警戒、装药前检查、装药、起爆网路连接、爆破警戒、起爆、爆后检查、盲炮及危险情况处理等；九是查看剩余民爆物品是否及时清退；十是查看是否如实记录爆破作业活动情况，爆破技术人员、爆破员、安全员等是否在爆破作业现场登记表上签字确认。

九、某爆破作业单位跨地市作业，因在本地没有民爆物品储存库，该公司从销售公司购买民爆物品后，销售公司用民爆物品运输车将民爆物品直接运抵该作业单位的作业现场，该公司用管理卡将民爆物品扫码入库、出库，然后由爆破员将民爆物品直接用于爆破作业。请问这种作业合法吗？

如果上述行为由运达地县级公安机关开具有效的《购买证》和《道路运输许可证》，不违法。

如果上述行为未取得有效的《道路运输许可证》则违法，按《民用爆炸物品安全管理条例》第 44 条第 4 款规定"违反本条例规定，未经许可购买、运输民用爆炸物品或者从事爆破作业的，由公安机关责令停止非法购买、运输、爆破作业活动，处 5 万元以上 20 万元以下的罚款，并没收非法购买、运输以及从事爆破作业使用的民用爆炸物品及其违法所得"处罚。对相关责任人按照《治安管理处罚法》第 30 条处罚。

十、请问责令限期改正和责令停产停业的规定是多久？依据什么规定？

参考《内保条例》。实际操作中按照公安部令第 93 号执行（第 8 条、第 9 条等）

必须明确的是：责令限期改正与停产停业虽然都是行政处罚的种类，但停产停业在处罚前是需要履行听证程序的。

责令限期改正是有期限的；但责令停产停业目前尚无具体期限。

底线是消除安全隐患，达到合法、合规的要求。

十一、持政府的会议纪要或领导批示是否可以实施采矿的爆破作业?

不可以。《矿产资源法》规定实施采矿行业必须取得相关部门核发的有效《采矿许可证》。

十二、安全评估有效期的依据?

依据出具安全评估报告单位在报告内注明的有效期。

十三、安全生产许可证到期,采矿许可证在有效期内,是否可以采矿的问题?

不可以,依据《安全生产法》的规定,未取得《安全生产许可证》的,不得从事生产行为。

十四、A、B、C、D 级爆破作业项目审批的依据是什么?

实施审批的依据是《民用爆炸物品安全管理条例》第 35 条规定的"在城市、风景名胜区和重要工程设施附近实施爆破作业的,应当向爆破作业所在地设区的市级人民政府公安机关提出申请"。

不是在城市、风景名胜区和重要工程设施附近实施爆破作业的 A、B、C、D 级爆破作业项目不需要审批,实行项目合同备案管理。

十五、如何加强公安机关民用爆炸物品安全监管?

(1) 强化程序规范,严格行政许可审批。民爆物品管理工作与其他管理一样,既要管又要理,管就是制定健全各种操作规范、制度,理就是要具体抓责任制的落实,形成分级管理责任制,明确责、权、利。公安机关对民爆物品的管理工作既是管理,也是服务,既要服从于社会管理,也要服务于经济建设。对民爆物品的公安监管实施"分级负责、属地管理"原则,严格落实爆破作业单位登记备案工作,依法严格审核发放《爆破作业单位许可证》;规范爆破作业审核审批,爆破作业单位审核审批和爆破作业人员许可证审核审批;严格民用爆炸物品购买、运输许可证审批;规范爆破工程审批监管等工作。

各级公安机关民爆管理部门和法制单位要定期组织对本地民爆物品许可审批的全面排查,防止许可不规范、违纪违规行为发生,从行政管理的源头上防止管理漏洞。法制部门要根据社会发展形势,及时清理、废止一批涉及增设许可条件、许可程序、核定用量、税费挂钩、划片供应等与国家法规、标准相抵触的民爆管理地方文件、规章、制度,畅通合法供应渠道,切实保障生产建设活动对民爆物品的合法需求,为依法监管提供法律依据,实现民用爆炸物品行业安全发展治本之策。

(2) 加强使用环节的安全监管和管理创新。民爆物品的使用环节是公安机关安全监管的重中之重,也是防范民爆物品流失,维护公共安全的关键所在。在使用环节方面,要加强对爆破施工单位和民爆使用单位的施工方案审查,严格施工;加强对施工现场民爆物品的使用和临时存放点的检查督改;强化民爆使用单位对现场民爆物品的储存、领取、发放、清退制度落实。要重视对民爆生产、销售、服务、使用单位监督检查,定期走访,掌握辖区内民爆物品管理动态,研究民爆物品的管理方法。

现代科学技术为民爆物品管理提供了有力的技术支撑和手段。民爆物品管理的科技水平正在逐年提高,形式也多种多样。民爆信息化系统建设要与实际工作相结合,促进民用爆炸物品由传统管理模式向现代化管理手段的转变。要充分利用现有民爆信息化管理系统和监控手段，规范从业单位民用爆炸物品流向登记制度，建立购买、领用、消耗、退库的流转过程数量情况和责任人员情况信息库，提高行业单位爆炸物品真实流向的监控能力。积极推广爆破作业现场视频监控、运输过程动态管控、流向信息综合研判、电子雷管流向监控等经验做法，不断强化民爆物品使用环节安全监管工作。引导爆破作业单位由垄断经营、配送炸药，向提升爆破服务质量、提高爆破技术水平转变，全力营造有序竞争的爆破作业市场环境。

（3）依法严惩涉爆案件事故责任人。"涉爆无小事"，要以涉爆案件事故为重点，以物品检查为主线，抓住民爆物品购买、运输、储存、领用、发放、清退等重点环节，采取实地查看、实物核对、台账检查、系统巡查相结合的方式，严查各项管理规章、制度落实情况，严肃查处违法违规行为。从近年来发生的典型重大爆炸案事故来看，主要在运输、生产和贮存环节，非法截留、私存爆炸物品，对此类案件要加强立案侦查、严格处理，在全社会形成对民爆物品的严管重打的态势。公安机关要联合其他部门，采取各种措施，有效遏制非法制造、储存、购买、运输和使用爆炸物品的违法犯罪行为，严防重特大爆炸事故的发生。对平时查处的典型案例要大力加以宣传、通报，教育民爆从业人员自觉遵守民爆物品的管理的法律法规。

公安机关职能部门要坚持管理与服务并重的理念，强化从业人员资质培训、教育、管理，提高职业水准。加强对单位从业人员的安全教育、法制教育和岗位技术培训，从业人员经考核合格的，方可上岗作业；对有资格要求的岗位，应当配备具有相应资格的人员。《民用爆炸物品储存库治安防范要求》（GA 837－2009）《小型民用爆炸物品储存库安全规范》（GA 838－2009）为民爆物品储存库的监管提供了依据，各级公安机关应结合当地实际，指导从业单位加强民爆物品储存库建设，提升硬件建设水平，着力提高民爆从业单位的安全管理和风险防范水平。

（4）整合资源，提高公安机关安全监管工作实效。坚持走群众路线，充分整合社会资源，要发挥行业协会作用，规范行业行为，完善行业治安管理。主要是通过建立民爆行业协会，用行业规范、行业标准、行业制度来约束会员行为；在民爆器材市场用量不大，使用零散的地区，要完善和推广民爆统一配送管理模式；在民爆物品用量大的地区，可探索建立爆破作业单位向生产企业直接购买民爆物品，促进有序竞争的民爆物品市场环境，提升产品质量和服务水平，破解民爆物品价格虚高问题，遏制非法制贩爆炸物品违法犯罪活动。

公安机关内部要建立部门协作机制，健全和完善网络监管；加强治安防控网络建设，全面提升爆炸物品整体防控水平。上级公安机关要加强对下级公安机关的督查指导，要经常性地开展部门联合行动，确保日常监管指导工作的落实。公安督察部门、法制机关可采取抽取、回访等形式，对治安危管业务部门的工作进行检查，对发现问题及时纠正。

十六、典型案例

未按照规定建立民用爆炸物品登记制度，如实将本单位生产、销售、购买、运输、储存、使用民用爆炸物品的品种、数量和流向信息输入计算机系统案。

2015年4月22日，某市某非营业性爆破作业单位爆破员张某和安全员李某，从本单位民爆库房领取 90 枚雷管，96kg 炸药，并由保管员将所领取的信息输入爆破员张某项 IC 卡内，上传到民爆信息系统中，张某与李某到井下后，将所领取的雷管 45 枚、炸药 48kg，交给王某（爆破员）使用，被该县治安大队民警在检查中发现，依据《民用爆炸物品安全管理条例》第 46 条第 6 项的规定，给予该单位责令改正和行政罚款 5 万元处罚，对爆破员张某、王某给予责令改正。

上述事实有单位法定代表人询问笔录、爆破员张某询问笔录、安全员李某询问笔录、保管员赵某询问笔录、爆破员王某询问笔录、爆炸物品登记台账、民爆信息系统相关记录等证据证实。

点评：该案主体为持有《爆破作业单位许可证》的单位，主观方面为相关管理人员和从业人员明知国家有关爆炸物品安全管理的各项管理规定；客体为《民用爆炸物品安全管理条例》有关爆炸物品流向信息管理的制度，客观方面该单位和相关人员实施了违法行为，并造成所使用的民用爆炸物品流向信息未在民爆信息系统中得到如实记录。此类行为给危险物品管理带来安全隐患。

第六节　涉爆单位安全监督检查实训

一、实训内容

爆破作业单位监督检查的内容、程序和方法。

二、情境设计

案例背景资料。

1. 被检查单位：××市兴隆煤矿。

2. 公司法人：王某海，男，身份证号码　211202×××××××2530，现住连海市××路××号，户籍所在地××市公安局××路派出所。

3. 检查时间：××年××月××日。

4. 该煤矿采矿许可证、煤炭生产许可证和安全生产许可证均在有效期内，账本存在他人代签字和无人签字的情况，库房内有易燃品，煤矿没有制订应急预案，消防水井内无水，值班室内无值班人员，监控设备故障已久未维修，无法调取监控资料。

5. 检查单位：××市公安局。

三、实训组织

1. 学员课前预习。

（1）预习爆破作业单位监督检查的相关知识要点。

（2）预习涉爆单位监督检查的法律依据和程序：

《民用爆炸物品安全管理条例》（国务院令第 466 号）《小型民用爆炸物品储存库安全规范》（GA 838－2009）《爆破安全规程》（GB 6722－2003）《民用爆炸物品储存库治安防范要求》（GA 837－2009）《爆破作业单位资质条件和管理要求》（GA 900－2012）。

2. 模拟演练。

（1）场地及器材准备。布置模拟现场，教官课前准备好情景模拟教具及相关法律文书，并对学员进行知识要点提示。

（2）实训需要准备的相关文书。

待检查单位档案待检查单位档案：

《采矿许可证》《煤炭生产许可证》和《安全生产许可证》《爆破作业单位许可证》《爆破作业人员许可证》《爆破工程技术人员安全作业证》，安全员、保管员等人员的相关资质证书、台账、值班记录本等。

行政执法相关文书：《民用爆炸物品监督检查记录》《责令限期整改通知书》。

3. 实训组织。

（1）学员：全班分为 2 队，分别选取小队长 1 名负责组织协调，每组人员中 2 名学员扮演民警，1 人扮演煤矿法人代表，其余人员分别扮演爆破员、安全员、保管员、爆破工程师、警卫员等。

（2）主讲教官布置模拟演练脚本。辅助教官将脚本派发给角色扮演的学员并进行布置讲解。

（3）组织模拟演练，过程中主讲教官可进行个别指导，辅助教官跟踪考核。

（4）根据模拟检查的结果，结合之前所学内容完成卷宗制作。

（5）演练结束后，收拾装备、清理场地、带回学员。

场景：

两名警察声称依法进行民用爆炸物品安全监督检查，法人代表王某热情接待并陪同检查。

基本要求：

各工种的煤矿工人尽量配合民警，问什么答什么，不主动回答。让出示什么就拿什么，没有的如实回答。询问有关民用爆炸物品安全管理情况按实际回答，也可适当对存在的问题进行个人解释，如害怕被领导批评，不说实话等。要求签字，配合签字。

四、实训文书

民用爆炸物品安全检查记录

检查时间		被检查单位		联系人电话	
		检查单位		检查人	

<table>
<tr>
<td rowspan="1">检查内容</td>
<td>

（1）《安全生产许可证》《采（探）矿证》《爆破作业单位许可证》《工商营业执照》是否在有效期内：是□　否□

（2）爆破作业人员是否符合要求，证件是否有效：是□　否□

（3）爆破作业专用设备是否符合要求：是□　否□

（4）民用爆炸物品储存仓库是否经过安全评价：是□　否□

（5）民用爆炸物品从业单位爆炸物品安全管理制度是否健全，岗位责任制度是否落实，是否制定安全防范措施和事故应急预案，是否设置安全管理机构或者配备专职安全管理人员，单位学习记录是否完整、详细：是□　否□

（6）民用爆炸物品储存库房围墙是否坚实并超过 2 米：是□　否□

（7）库房围墙是否有防攀越设施：是□　否□

（8）防护屏障是否符合标准：是□　否□

（9）防盗门窗是否牢固：是□　否□

（10）库区大门是否安全，库区内是否有杂草：是□　否□

（11）民用爆炸物品储存库房技防设施是否运行正常：是□　否□

（12）视频监控画面是否清晰：是□　否□

（13）主机存储图像是否能够保持 30 天：是□　否□

（14）后备电源是否能够正常工作：是□　否□

（15）周界报警是否有效：是□　否□

（16）避雷检测是否在有效期内：是□　否□

（17）警卫员是否三人在岗：是□　否□，年龄是否在 55 岁以下：是□　否□

（18）是否按要求对视频监控设备进行值守，对库区进行巡查：是□　否□

（19）警卫员是否能够熟练操作监控设备：是□　否□

（20）值班记录是否认真填写：是□　否□

（21）守库犬是否符合要求（两条大型犬）：是□　否□

（22）消防设施是否齐全：是□　否□

（23）消防水井内是否有 15 立方米的蓄水：是□　否□

（24）核对库存爆炸物品是否账物相符：是□　否□

（25）是否将爆炸物品的流向信息如实输入民爆系统：是□　否□

（26）台账是否按规定记录入库、领取、清退：是□　否□

（27）领料单是否有审批：是□　否□

（28）现场爆破记录是否如实登记：是□　否□

</td>
</tr>
<tr>
<td>检查情况</td>
<td></td>
</tr>
</table>

（续表）

提出整改意见	
被检查单位意见	负责人签字：
备注	

　　检查人员在每条检查内容相应位置画"√"。对存在的主要问题做文字描述，并做出"立即整改"或"限期整改"的意见，在整改期限满后要进行验收检查，并写出验收意见，对于违反《民用爆炸物品安全管理条例》构成行政处罚的要立案查处。

××县（市/区）公安局
责令限期整改通知书

×公（治）限字〔　　〕第　　号

_____：

　　根据_____，
我单位工作人员_____，于____年____月____日，对你单位进行检查，发现存在下述
违法行为：_____
_____，_____
_____，现责令你单位在_____年____月____日前整改完毕，并将结果函
告我单位。在期限届满之前，你单位必须_____。

（公安机关印章）

年　　月　　日

被检查单位：

年　　月　　日

　　一式两份，一份交被检单位，一份附卷。

××县（市/区）公安局
责令限期整改通知书（存根）

×公（治）限字〔　　〕第　号

检查时间：_____ 检查地点：_____

被检查单位名称：_____

被检查单位地址：_____

违法行为：_____

_____

_____

_____

_____

_____

_____

_____

限期整改时间：_____年____月____日至_____年____月____日

办案单位：

承办人：

批准人：

填发人：

填发日期：

一式两份，一份交被检单位，一份附卷。

五、分享点评

1. 学生分享。

（1）小组组长分享发言。

（2）学员分享发言。

（3）每组考评教官分享发言。

2. 讲评总结。主讲教官对实训整体情况进行总结与讲评，总结学员容易出现的问题及忽略的内容，进一步深化学员对涉爆单位监督检查执法程序、检查内容及检查方法及文书制作的理解和认识。

六、实训考核标准和成绩

1. 考核方式：教官根据学员实训现场表现，按考核标准打分（见表9-5）；

2. 成绩评定：按百分制评定成绩。

团队本阶段成绩为小组每位成员的平均分；个人本阶段总成绩＝个人本阶段平均成绩×0.7＋团队本阶段成绩×0.3。

表9-5　涉爆单位安全监督检查考核标准及成绩

考核内容	考核要素	考核分数	考核得分	备注
执法程序	1. 出示证件，表明身份说明来意	5		
	2. 检查后，民警和被检查单位签字规范	5		
检查内容	3. 主体资格和备案资料的检查	5		
	4. 安全保卫和安全管理的检查	5		
	5. 应急预案的检查	5		
	6. 储存库安全评价的检查	5		
	7. 储存库封闭式管理检查	5		
	8. 储存库流向登记情况检查	5		
	9. 储存库安全情况检查	5		
	10. 爆破作业现场检查	5		
文书制作	11. 《检查记录》规范无误	15		
	12. 《整改通知书》准确规范	15		
执法能力	13. 态度文明，用语规范	5		
	14. 发现隐患能力和取证意识	5		
	15. 团队合作能力	5		
	16. 组织管理能力	5		
合计		100		

七、实训小结

项目	内容
监督检查实训中存在的问题	
文书填写实训中存在的问题	
心得体会	
对实训教学的建议	

任务十　行政执法综合实训考核

[训练目标]

通过行政执法综合实训，规范学员行政执法行为，提高学员行政执法的能力和水平。

[实训要求]

1. 服从命令，听从指挥，遵守纪律，爱护器材。

2. 严肃认真，一切从实战出发，具体问题具体分析。小组各成员要明确任务，讲究策略方法，灵活处理问题，相互配合，出色完成实训任务。

[综合实训一]

接处警登记表

编号：

接警时间			到达现场时间		
报警人	姓名		性别		年龄	联系电话		报警方式	
	住所或服务处所						
接警人		处警民警		案别	
报案内容					
处警情况					
损失情况					
处理意见		领导批示			

填表人：　　　　　　　　　　　　　　　　填表日期：　　　年　　月　　日

注：案别指案件类别，即行政或刑事；报警形式指110指令、执勤巡逻发现、口头（电话）报警、群众扭送、投案自首、器材报警、领导交办、其他部门移送等。

公安（分）局
___现场___笔录

（本文书可用于制作勘验笔录、检查笔录、辨认笔录和现场笔录）

时间：_____年____月____日____时____分至_____年___月___日___时____分

地点：_____

办案人或勘验、检查人姓名、单位：_____

检查或者辨认对象：_____

当事人/辨认人（姓名、性别、身份证件种类及号码）：_____

_____

见证人（姓名、性别、身份证件种类及号码）：_____

_____

　事由和目的：_____

　过程和结果：_____

_____

_____

_____

_____

_____

_____

_____

_____

_____

_____

_____

_____

_____

　办案人或勘验检查人：_____

　当事人/辨认人或见证人：_____

_____公安（分）局
现场治安调解协议书

编号：

当事人_____ 性别 ____ 年龄 ____ 身份证件及号码_____

工作单位及职业_____ 联系电话_____

家庭住址_____

当事人_____ 性别 ____ 年龄 ____ 身份证件及号码_____

工作单位及职业_____ 联系电话_____

家庭住址：_____

主要事实：_____

_____

_____

_____

_____

_____

经调解，双方自愿达成如下协议：_____

_____

_____

_____

本协议自双方签字之时起生效，并当场履行，公安机关对违反治安管理行为人不予处罚。

当事人（签名）：

当事人（签名）：

办案民警：

（公安机关印章）

年　　月　　日

（第一联：存根；第二联：送当事人；第三联：送当事人）

当场盘问、检查/继续盘问笔录

当场盘问、检查/继续盘问时间：_____年___月___日___时___分始至___时___分止

当场盘问、检查/继续盘问地点：_____

当场盘问、检查/继续盘问人：_____，单位及职务：_____；

_____，单位及职务：_____

被盘问人姓名：_____ 曾用名：_____ 性别：_____

出生年月日：_____年___月___日 文化程度：_____ 民族：_____

身份证件名称及号码：_____

户籍所在地：_____

工作单位：_____

被盘问人被带至公安机关的具体时间：_____年___月___日___时___分

向被盘问人宣读其依法享有下列权利：

1. 对人民警察侵犯其合法权益的行为，有权提出控告。

2. 有权申请继续盘问人回避。

3. 有权为自己辩解。

4. 对人民警察的提问，应当如实回答。对与本案无关的问题，有权拒绝回答。

5. 有权核对笔录（如果被盘问人没有阅读能力，人民警察应当向其宣读）。如果笔录记载有遗漏或者差错，有权提出补充或者更正。

6. 有权对错误的继续盘问申请国家赔偿。

当场盘问、检查情况记录如下（包括对被盘问、检查人提出的问题及其回答情况，携带的财物名称、种类、型号、数量及当场检查情况等）/继续盘问内容记录如下（包括被盘问人的家庭情况、主要经历、有无前科及继续盘问情况等）：

_____

_____

_____

_____

_____

_____

_____

_____

_____

_____

_____

_____

_____

_____

_____

_____

_____

_____

_____

_____

_____

_____

_____

_____

_____

_____

_____

_____

被盘问人（签名或捺指印）：_____

_____年___月___日___时___分

被盘问人拒绝签名和捺指印，应注明原因：_____

当场盘问、检查/继续盘问人（签名）：_____

_____

记录人（签名）：_____

受案登记表

(行政刑事通用)

（受案单位名称和印章）   公（   ）受案字〔201 〕   号

案件来源		□110 指令□工作中发现□报案□投案□移送□扭送□其他			
报案人	姓名		性别		出生日期
	身份证件种类		证件号码		
	工作单位			联系方式	
	现住址				
移送单位		移送人		联系方式	
接报民警		接报时间	年 月 日 时 分	接报 地点	

简要案情或者报案记录（发案时间、地点、简要过程、涉案人基本情况、受害情况等）以及是否接受证据：

接受证据情况见所附《接受证据清单》

受案意见	□属本单位管辖的行政案件，建议及时调查处理 □属本单位管辖的刑事案件，建议及时立案侦查 □不属于本单位管辖，建议移送处理 □不属于公安机关职责范围，不予调查处理并当场书面告知当事人 □其他 受案民警： 年 月 日
受案审批	 受案部门负责人： 年 月 日

一式两份，一份留存，一份附卷。

受案回执

_____:

你（单位）于_____年___月___日报称的_____

_____

一案我单位已受理（受案登记表文号为　　公（　　）受案字〔　　〕　　号）。

你（单位）可通过_____查询案件进展情况。

联系人、联系方式_____。

受案单位（印）

年　　月　　日

报案人、控告人、举报人、扭送人：

年　　月　　日

公安（分）局
调取证据通知书

公（治）调证字〔　　　〕　　　　　号：

_____：

　　根据《公安机关办理行政案件程序规定》第二十五条之规定，现调取与_____一案有关的下列证据：_____

_____。

　　伪造证据、隐匿证据或者毁灭证据的，将受法律追究。

公安机关（印）
年　　月　　日

（办案部门负责人）
年　　月　　日

证据持有人：
年　　月　　日

一式两份，一份交证据持有人，一份附卷。

公安（分）局
调取证据通知书

公（治）调证字〔　　〕　　　号：

_____:

　　根据《公安机关办理行政案件程序规定》第二十五条之规定，现调取与_____一案有关的下列证据：_____

_____。

　　伪造证据、隐匿证据或者毁灭证据的，将受法律追究。

公安机关（印）
年　月　日

（办案部门负责人）
年　月　日

证据持有人：
年　月　日

一式两份，一份交证据持有人，一份附卷。

公安（分）局
鉴定聘请书

公（治）鉴聘字〔201   〕   号

_____：

为了查明_____一案，根据《公安机关办理行政案件程序规定》第七十二条之规定，特聘请你（单位）对_____进行鉴定。请于____年____月____日前将书面鉴定意见送交我（分）局。

公安机关（印）

年   月   日

（部门负责人）

年   月   日

接收人：

年   月   日

一式两份，一份交被聘请人，一份附卷。

询问/讯问笔录

第___次

时间_____年___月___日___时___分至_____年___月___日___时___分

地点_____

询问/讯问人（签名）_____、_____　工作单位_____

记录人（签名）_____　工作单位_____

被询问/讯问人_____　性别___　年龄___　出生日期_____

身份证件种类及号码_____

□是□否人大代表_____

现住址_____

联系方式_____

户籍所在地_____

(口头传唤/被扭送/自动投案的被询问/讯问人___月___日___时___分到达，___月___日___时___分离开，本人签名_____)。

问：_____

答：_____

_____

_____

_____

_____

_____

_____

_____

_____

_____

_____

第　页　共　页

（此处印制公安机关名称）
行政处罚决定书

公（　　）行罚决字〔　　〕号

　　违法行为人（姓名、性别、年龄、出生日期、身份证件种类及号码、户籍所在地、现住址、工作单位、违法经历以及被处罚单位的名称、地址和法定代表人）＿＿＿＿＿＿＿＿＿＿＿＿＿＿

　　现查明＿＿＿＿＿＿＿＿＿＿＿＿＿＿＿＿＿＿＿＿＿＿＿＿＿＿＿＿＿＿＿＿＿＿＿＿

＿＿，

以上事实有＿＿＿＿＿＿＿＿＿＿＿＿＿＿＿＿＿＿＿＿＿＿＿＿＿＿＿＿＿＿＿＿＿＿＿

＿＿＿＿＿＿＿＿＿＿＿＿＿＿＿＿＿＿＿＿＿＿＿＿＿＿＿＿＿＿＿＿等证据证实。

　　根据＿＿＿＿＿＿＿＿＿＿＿＿＿之规定，现决定＿＿＿＿＿＿＿＿＿＿＿＿＿＿＿＿。

　　执行方式和期限＿＿＿＿＿＿＿＿＿＿＿＿＿＿＿＿＿＿＿＿＿＿＿＿＿＿＿＿＿＿＿。

　　逾期不交纳罚款的，每日按罚款数额的百分之三加处罚款，加处罚款的数额不超过罚款本数。

　　如不服本决定，可以在收到本决定书之日起六十日内向＿＿＿＿＿＿＿＿＿＿＿＿＿＿＿＿申请行政复议或者在六个月内依法向＿＿＿＿＿＿＿＿＿＿＿＿＿＿＿＿＿＿＿＿＿＿＿人民法院提起行政诉讼。

　　附：＿＿＿＿＿＿清单共＿＿＿＿＿＿份

公安机关（印）
年　　月　　日

行政处罚决定书已向我宣告并送达。

被处罚人
年　　月　　日

此联交被处罚人。治安案件有被侵害人的，复印送达被侵害人。

（此处印制公安机关名称）

行政处罚决定书

公（　　）行罚决字〔　　　〕号

　　违法行为人（姓名、性别、年龄、出生日期、身份证件种类及号码、户籍所在地、现住址、工作单位、违法经历以及被处罚单位的名称、地址和法定代表人）＿＿＿＿＿＿＿＿＿＿＿＿＿＿

　　现查明＿＿＿＿＿＿＿＿＿＿＿＿＿＿＿＿＿＿＿＿＿＿＿＿＿＿＿＿＿＿＿＿＿＿＿＿

＿＿＿＿＿＿＿＿＿＿＿＿＿＿＿＿＿＿＿＿＿＿＿＿＿＿＿＿＿＿＿＿＿＿＿＿＿＿＿，

以上事实有＿＿＿＿＿＿＿＿＿＿＿＿＿＿＿＿＿＿＿＿＿＿＿＿＿＿＿＿＿＿＿＿＿＿

＿＿＿＿＿＿＿＿＿＿＿＿＿＿＿＿＿＿＿＿＿＿＿＿＿＿＿＿＿＿等证据证实。

　　根据＿＿＿＿＿＿＿＿＿之规定，现决定＿＿＿＿＿＿＿＿＿＿＿＿＿＿＿＿＿＿。

　　执行方式和期限＿＿＿＿＿＿＿＿＿＿＿＿＿＿＿＿＿＿＿＿＿＿＿＿＿＿＿＿＿。

　　逾期不交纳罚款的，每日按罚款数额的百分之三加处罚款，加处罚款的数额不超过罚款本数。

　　如不服本决定，可以在收到本决定书之日起六十日内向＿＿＿＿＿＿＿＿＿＿＿＿＿＿申请行政复议或者在六个月内依法向＿＿＿＿＿＿＿＿＿＿＿＿＿＿＿＿＿＿＿＿＿人民法院提起行政诉讼。

　　附：＿＿＿＿＿清单共＿＿＿＿份

公安机关（印）

年　　月　　日

此联交受害人

（此处印制公安机关名称）
行政处罚决定书

公（　　）行罚决字〔　　　〕号

　　违法行为人（姓名、性别、年龄、出生日期、身份证件种类及号码、户籍所在地、现住址、工作单位、违法经历以及被处罚单位的名称、地址和法定代表人）＿＿＿＿＿＿＿＿＿＿＿＿＿＿＿＿

　　现查明＿＿＿＿＿＿＿＿＿＿＿＿＿＿＿＿＿＿＿＿＿＿＿＿＿＿＿＿＿＿＿，

以上事实有＿＿＿＿＿＿＿＿＿＿＿＿＿＿＿＿＿＿＿＿＿＿＿＿＿＿＿＿＿＿＿

等证据证实。

　　根据＿＿＿＿＿＿＿＿＿＿之规定，现决定＿＿＿＿＿＿＿＿＿＿＿＿＿＿＿＿。

　　执行方式和期限＿＿＿＿＿＿＿＿＿＿＿＿＿＿＿＿＿＿＿＿＿＿＿＿＿＿＿。

　　逾期不交纳罚款的，每日按罚款数额的百分之三加处罚款，加处罚款的数额不超过罚款本数。

　　如不服本决定，可以在收到本决定书之日起六十日内向＿＿＿＿＿＿＿＿＿＿＿＿＿

申请行政复议或者在六个月内依法向＿＿＿＿＿＿＿＿＿＿＿＿＿＿＿＿＿＿＿＿

人民法院提起行政诉讼。

　　附：＿＿＿＿＿＿清单共＿＿＿＿＿＿份

公安机关（印）

年　　月　　日

行政处罚决定书已向我宣告并送达。

被处罚人

年　　月　　日

此联附卷

[综合实训二]

接处警登记表

编号：

接警时间			到达现场时间			
报警人	姓名		性别	年龄	联系电话	报警方式
	住所或服务处所					
接警人		处警民警		案别		
报案内容						
处警情况						
损失情况						
处理意见			领导批示			

填表人：　　　　　　　　　　　　　　　　填表日期：　　　年　　月　　日

　　注：案别指案件类别，即行政或刑事；报警形式指 110 指令、执勤巡逻发现、口头（电话）报警、群众扭送、投案自首、器材报警、领导交办、其他部门移送等。

公安（分）局
___现场___ 笔录

（本文书可用于制作勘验笔录、检查笔录、辨认笔录和现场笔录）

时间：_____年____月____日____时____分至_____年___月___日___时____分

地点：_____

办案人或勘验、检查人姓名、单位：_____

检查或者辨认对象：_____

当事人/辨认人（姓名、性别、身份证件种类及号码）：_____

见证人（姓名、性别、身份证件种类及号码）：_____

_____

事由和目的：_____

过程和结果：_____

_____

_____

_____

_____

_____

_____

_____

_____

_____

_____

_____

办案人或勘验检查人：_____

当事人/辨认人或见证人：_____

_____公安（分）局
现场治安调解协议书

编号：

当事人_____ 性别 ____ 年龄 ____ 身份证件及号码_____

工作单位及职业_____ 联系电话_____

家庭住址_____

当事人_____ 性别 ____ 年龄 ____ 身份证件及号码_____

工作单位及职业_____ 联系电话_____

家庭住址：_____

主要事实：_____

_____

_____

_____

_____

_____

经调解，双方自愿达成如下协议：_____

_____

_____

_____

本协议自双方签字之时起生效，并当场履行，公安机关对违反治安管理行为人不予处罚。

当事人（签名）：

当事人（签名）：

办案民警：

（公安机关印章）

年 月 日

（第一联：存根；第二联：送当事人；第三联：送当事人）

当场盘问、检查/继续盘问笔录

当场盘问、检查/继续盘问时间：_____年___月___日___时___分始至___时___分止

当场盘问、检查/继续盘问地点：_____

当场盘问、检查/继续盘问人：_____，单位及职务：_____；

_____，单位及职务：_____

被盘问人姓名：_____ 曾用名：_____ 性别：_____

出生年月日：_____年___月___日 文化程度：_____ 民族：_____

身份证件名称及号码：_____

户籍所在地：_____

工作单位：_____

被盘问人被带至公安机关的具体时间：_____年___月___日___时___分

　　向被盘问人宣读其依法享有下列权利：

　　1. 对人民警察侵犯其合法权益的行为，有权提出控告。

　　2. 有权申请继续盘问人回避。

　　3. 有权为自己辩解。

　　4. 对人民警察的提问，应当如实回答。对与本案无关的问题，有权拒绝回答。

　　5. 有权核对笔录（如果被盘问人没有阅读能力，人民警察应当向其宣读）。如果笔录记载有遗漏或者差错，有权提出补充或者更正。

　　6. 有权对错误的继续盘问申请国家赔偿。

　　当场盘问、检查情况记录如下（包括对被盘问、检查人提出的问题及其回答情况，携带的财物名称、种类、型号、数量及当场检查情况等）/继续盘问内容记录如下（包括被盘问人的家庭情况、主要经历、有无前科及继续盘问情况等）：

_____

_____

_____

_____

_____

_____

_____

第___页 共___页

_____

_____

_____

_____

_____

_____

_____

_____

_____

_____

_____

_____

_____

_____

_____

_____

_____

_____

_____

被盘问人（签名或捺指印）：＿＿＿＿

＿＿＿＿年＿＿月＿＿日＿＿时＿＿分

被盘问人拒绝签名和捺指印，应注明原因：＿＿＿＿＿＿＿＿＿＿＿＿＿＿＿

当场盘问、检查/继续盘问人（签名）：＿＿＿＿

＿＿＿＿＿＿

记录人（签名）：＿＿＿＿

受案登记表

（受案单位名称和印章）　　　　　　　　　公（　　）受案字〔201　　〕　　　号

案件来源		□110 指令□工作中发现□报案□投案□移送□扭送□其他					
报案人	姓名		性别		出生日期		
	身份证件种类		证件号码				
	工作单位		联系方式				
	现住址						
移送单位			移送人		联系方式		
接报民警			接报时间	年 月 日 时 分	接报地点		

简要案情或者报案记录（发案时间、地点、简要过程、涉案人基本情况、受害情况等）以及是否接受证据：

接受证据情况见所附《接受证据清单》

受案意见	□属本单位管辖的行政案件，建议及时调查处理 □属本单位管辖的刑事案件，建议及时立案侦查 □不属于本单位管辖，建议移送处理 □不属于公安机关职责范围，不予调查处理并当场书面告知当事人 □其他 受案民警：　　　　　　　　　　　　　　　　　　　　　　年　　月　　日
受案审批	 受案部门负责人：　　　　　　　　　　　　　　　　　　　年　　月　　日

　　一式两份，一份留存，一份附卷。

受案回执

_____:

　　你（单位）于_____年___月___日报称的_____

_____

一案我单位已受理（受案登记表文号为　　公（　　）受案字〔　　〕　　　号）。

　　你（单位）可通过_____查询案件进展情况。

　　联系人、联系方式_____。

受案单位（印）

年　　月　　日

报案人、控告人、举报人、扭送人：

年　　月　　日

<h1 style="text-align:center">公安（分）局</h1>
<h2 style="text-align:center">调取证据通知书</h2>

公（治）调证字〔　　〕　　　号：

_____：

　　根据《公安机关办理行政案件程序规定》第二十五条之规定，现调取与_____一案有关的下列证据：_____

_____。

　　伪造证据、隐匿证据或者毁灭证据的，将受法律追究。

公安机关（印）
年　　月　　日

（办案部门负责人）
年　　月　　日

证据持有人：
年　　月　　日

一式两份，一份交证据持有人，一份附卷。

公安（分）局
调取证据通知书

公（治）调证字〔　　　〕　　　号：

_____：

　　根据《公安机关办理行政案件程序规定》第二十五条之规定，现调取与_____一案有关的下列证据：_____

_____。

　　伪造证据、隐匿证据或者毁灭证据的，将受法律追究。

公安机关（印）
年　　月　　日

（办案部门负责人）
年　　月　　日

证据持有人：
年　　月　　日

一式两份，一份交证据持有人，一份附卷。

公安（分）局
鉴定聘请书

公（治）鉴聘字〔201　　〕　　　号

_____：

　　为了查明_____一案，根据《公安机关办理行政案件程序规定》第七十二条之规定，特聘请你（单位）对_____进行鉴定。请于____年____月____日前将书面鉴定意见送交我（分）局。

公安机关（印）

年　　月　　日

（部门负责人）

年　　月　　日

接收人：

年　　月　　日

一式两份，一份交被聘请人，一份附卷。

询问/讯问笔录

第___次

时间_____年___月___日___时___分至_____年___月___日___时___分

地点_____

询问/讯问人（签名）_____、_____ 工作单位_____

记录人（签名）_____ 工作单位_____

被询问/讯问人_____ 性别___ 年龄___ 出生日期_____

身份证件种类及号码_____

□是□否人大代表_____

现住址_____

联系方式_____

户籍所在地_____

（口头传唤/被扭送/自动投案的被询问/讯问人___月___日___时___分到达，___月___日___时___分离开，本人签名_____）。

问：_____

答：_____

_____

_____

_____

_____

_____

_____

_____

_____

_____

_____

_____

_____

_____

_____

_____

第 页 共 页

治安调解协议书

公（　　　）调解字〔　　　〕号

主持人姓名　　　　　　　工作单位

调解地点

当事人基本情况（姓名、性别、年龄、出生日期、身份证件种类及号码、工作单位、现住址）

＿＿＿＿＿＿＿＿＿＿＿＿＿＿＿＿＿＿＿＿＿＿＿＿＿＿＿＿＿＿＿＿＿＿＿＿＿

＿＿＿＿＿＿＿＿＿＿＿＿＿＿＿＿＿＿＿＿＿＿＿＿＿＿＿＿＿＿＿＿＿＿＿＿＿

其他在场人员基本情况（姓名、性别、年龄、出生日期、身份证件种类及号码、工作单位、现住址）

＿＿＿＿＿＿＿＿＿＿＿＿＿＿＿＿＿＿＿＿＿＿＿＿＿＿＿＿＿＿＿＿＿＿＿＿＿

主要事实（包括案发时间、地点、人员、起因、经过、情节、结果等）：＿＿＿＿＿＿

＿＿＿＿＿＿＿＿＿＿＿＿＿＿＿＿＿＿＿＿＿＿＿＿＿＿＿＿＿＿＿＿＿＿＿＿＿

＿＿＿＿＿＿＿＿＿＿＿＿＿＿＿＿＿＿＿＿＿＿＿＿＿＿＿＿＿＿＿＿＿＿＿＿＿

＿＿＿＿＿＿＿＿＿＿＿＿＿＿＿＿＿＿＿＿＿＿＿＿＿＿＿＿＿＿＿＿＿＿＿＿＿

经调解，双方自愿达成如下协议（包括协议内容、履行期限和方式等）：＿＿＿＿＿

＿＿＿＿＿＿＿＿＿＿＿＿＿＿＿＿＿＿＿＿＿＿＿＿＿＿＿＿＿＿＿＿＿＿＿＿＿

＿＿＿＿＿＿＿＿＿＿＿＿＿＿＿＿＿＿＿＿＿＿＿＿＿＿＿＿＿＿＿＿＿＿＿＿＿

＿＿＿＿＿＿＿＿＿＿＿＿＿＿＿＿＿＿＿＿＿＿＿＿＿＿＿＿＿＿＿＿＿＿＿＿。

本协议自双方签字之时起生效。对已履行协议的，公安机关对违反治安管理行为人不再处罚。不履行协议的，公安机关依法对违反治安管理行为人予以处罚；当事人可以就民事争议依法向人民法院提起民事诉讼。

本协议书一式三份，双方当事人各执一份，调解机关留存一份。

主持人　　　　　　　　　　　　　　　　　　　　　　　年　月　日

见证人　　　　　　　　　　　　　　　　　　　　　　　年　月　日

当事人　　　　　　　　　　　　　　　　　　　　　　　年　月　日

调解机关（印）

年　月　日

[综合实训三]

（此处印制公安派出所名称）

公安派出所日常消防监督检查记录

编号：〔　　〕第　　号

单位（场所）名称				法定代表人／主要负责人	
地址				单位性质	
使用的建筑面积（m²）		使用的建筑具体层数		所在建筑高度（m）	
监督检查人员（签名）		单位随同检查人员（签名）		检查日期	

检查内容和情况记录

单位履行消防安全职责情况	合法性	被查建筑物名称： □1998 年 9 月 1 日之前竣工建筑且此后未改建（含装修、用途变更） □依法通过消防验收□依法进行竣工验收消防备案 □其他情况： □是□否公众聚集场所 依法通过投入使用、营业前消防安全检查□是□否
	消防安全管理	1. 消防安全制度□有□无 2. 员工消防安全教育培训□组织开展□未组织开展 3. 防火检查□组织开展□未组织开展 4. 灭火和应急疏散预案□有□无 5. 消防演练□组织□未组织 6. 其他情况：
	建筑防火	1. 消防车通道□畅通□被堵塞、占用□无 2. 疏散通道□畅通□堵塞□锁闭 3. 安全出口□畅通□堵塞□锁闭□缺少 4. 防火门□完好有效□常闭式防火门常开□损坏□不涉及 5. 疏散指示标志□完好有效□损坏□缺少□无 6. 应急照明□完好有效□损坏□缺少□无 7. 人员密集场所外墙门窗上是否设置影响逃生、灭火救援的障碍物□否□是□不涉及 8. 其他情况：
	消防设施	1. 室内消火栓□未设置□完好有效□损坏□无水□配件不齐□被遮挡、圈占□不涉及 2. 灭火器□未配置□完好有效□失效□缺少□配置类型错误□设置地点不当 3. 建筑消防设施□定期维修保养并记录□无记录□未定期维修保养□不涉及 4. 物业服务企业对管理区域内共用消防设施是否维护管理□是□否□不涉及

（续表）

单位履行消防安全职责情况	危险品管理	1. 是否存在违反规定使用明火作业或在具有火灾、爆炸危险的场所吸烟、使用明火□否□是□不涉及 2. 是否存在违反消防安全规定进入生产、储存易燃易爆危险品场所□否□是□不涉及 3. 生产、储存、经营易燃易爆危险品的场所是否与居住场所设置在同一建筑物内□否□是□不涉及
村（居）民委员会履行消防安全职责情况		1. 消防安全管理人□确定□未确定 2. 消防安全工作制度□有□无 3. 防火安全公约□有□无 4. 消防宣传教育□开展□未开展 5. 防火安全检查□开展□未开展 6. 消防水源、消防车通道、消防器材□维护管理□未维护管理 7. 多种形式消防组织□建立□未建立
责令改正情况		制发的法律文书名称和编号：
移送公安消防机构处理的内容		发现的下列第_____项消防安全违法行为，移送依法处理： □1. 建筑物未依法通过公安机关消防机构消防验收，擅自投入使用； □2. 建筑物未依法进行竣工验收消防备案； □3. 公众聚集场所未依法通过使用、营业前消防安全检查，擅自投入使用、营业。
备注		

此记录由公安派出所存档。

（此处印制公安派出所名称）
责令改正通知书

编号：〔 　 〕第 　 号：

　　根据《中华人民共和国消防法》第五十三条的规定，我所于　　年　　月　　日对你单位（场所）进行消防监督检查，发现你单位（场所）存在下列第____项消防安全违法行为，现责令改正：

□1. 未制定消防安全制度；

□2. 未组织□防火检查/□消防安全教育培训/□消防演练；

□3. □占用/□堵塞/□封闭疏散通道、安全出口；

□4. □占用/□堵塞/□封闭消防车通道，妨碍消防车通行；

□5. □埋压/□圈占/□遮挡消火栓，□占用防火间距；

□6. □室内消火栓/□灭火器/□疏散指示标志/□应急照明未保持完好有效；

□7. 人员密集场所外墙门窗上设置影响逃生、灭火救援的障碍物；

□8. 违反消防安全规定进入□生产/□储存易燃易爆危险品场所；

□9. 违反规定使用明火作业；

□10. 在具有火灾、爆炸危险的场所□吸烟/□使用明火；

□11. □生产/□储存/□经营易燃易爆危险品的场所与居住场所设置在同一建筑物内的；

□12. 未对建筑消防设施定期进行维修保养；

□13. 其他消防安全违法行为和火灾隐患：

（公安派出所印章）
年　　月　　日

被检查单位（场所）签收：
年　　月　　日

一式两份，一份交被检查单位（场所），一份存档。

受案登记表

（受案单位名称和印章）   公（　　）受案字〔201　　〕　　　号

案件来源		□110 指令□工作中发现□报案□投案□移送□扭送□其他					
报案人	姓名		性别		出生日期		
	身份证件种类		证件号码				
	工作单位			联系方式			
	现住址						
移送单位			移送人		联系方式		
接报民警			接报时间	年 月 日 时 分	接报地点		

简要案情或者报案记录（发案时间、地点、简要过程、涉案人基本情况、受害情况等）以及是否接受证据：

接受证据情况见所附《接受证据清单》

受案意见	□属本单位管辖的行政案件，建议及时调查处理 □属本单位管辖的刑事案件，建议及时立案侦查 □不属于本单位管辖，建议移送处理 □不属于公安机关职责范围，不予调查处理并当场书面告知当事人 □其他 受案民警：　　　　　　　　　　　　　　　　　　　　　　年 月 日
受案审批	 受案部门负责人：　　　　　　　　　　　　　　　　　　　年 月 日

一式两份，一份留存，一份附卷。

询问/讯问笔录

第＿＿次

时间＿＿＿＿年＿＿月＿＿日＿＿时＿＿分至＿＿＿＿年＿＿月＿＿日＿＿时＿＿分

地点＿＿＿＿＿＿＿＿＿＿＿＿＿＿＿＿＿＿＿＿＿＿＿＿＿＿＿＿＿＿＿＿＿＿＿＿

询问/讯问人（签名）＿＿＿＿、＿＿＿＿ 工作单位＿＿＿＿＿＿＿＿＿＿＿＿＿＿

记录人（签名）＿＿＿＿ 工作单位＿＿＿＿＿＿＿＿＿＿＿＿＿＿＿＿＿＿＿＿＿

被询问/讯问人＿＿＿＿ 性别＿＿ 年龄＿＿ 出生日期＿＿＿＿＿＿＿＿＿＿＿＿

身份证件种类及号码＿＿＿＿＿＿＿＿＿＿＿＿＿＿＿＿＿＿＿＿＿＿＿＿＿＿＿＿

□是□否人大代表＿＿＿＿＿＿＿＿＿＿＿＿＿＿＿＿＿＿＿＿＿＿＿＿＿＿＿＿＿

现住址＿＿＿＿＿＿＿＿＿＿＿＿＿＿＿＿＿＿＿＿＿＿＿＿＿＿＿＿＿＿＿＿＿＿

联系方式＿＿＿＿＿＿＿＿＿＿＿＿＿＿＿＿＿＿＿＿＿＿＿＿＿＿＿＿＿＿＿＿＿

户籍所在地＿＿＿＿＿＿＿＿＿＿＿＿＿＿＿＿＿＿＿＿＿＿＿＿＿＿＿＿＿＿＿＿

（口头传唤/被扭送/自动投案的被询问/讯问人＿＿月＿＿日＿＿时＿＿分到达，＿＿月＿＿日＿＿时＿＿分离开，本人签名＿＿＿＿＿）。

问：＿＿＿＿＿＿＿＿＿＿＿＿＿＿＿＿＿＿＿＿＿＿＿＿＿＿＿＿＿＿＿＿＿＿＿＿

答：＿＿＿＿＿＿＿＿＿＿＿＿＿＿＿＿＿＿＿＿＿＿＿＿＿＿＿＿＿＿＿＿＿＿＿＿

第 页 共 页

（此处印制公安机关名称）

行政处罚决定书

公（　　）行罚决字〔　　〕号

　　违法行为人（姓名、性别、年龄、出生日期、身份证件种类及号码、户籍所在地、现住址、工作单位、违法经历以及被处罚单位的名称、地址和法定代表人）＿＿＿＿＿＿＿＿＿＿＿＿＿

＿＿＿＿＿＿＿＿＿＿＿＿＿＿＿＿＿＿＿＿＿＿＿＿＿＿＿＿＿＿＿＿＿＿＿＿＿＿。

　　现查明＿＿＿＿＿＿＿＿＿＿＿＿＿＿＿＿＿＿＿＿＿＿＿＿＿＿＿＿＿＿＿＿＿＿，

＿＿＿＿＿＿＿＿＿＿＿＿＿＿＿＿＿＿＿＿＿＿＿＿＿＿＿＿＿＿＿＿＿＿＿＿＿＿＿，

以上事实有＿＿＿＿＿＿＿＿＿＿＿＿＿＿＿＿＿＿＿＿＿＿＿＿＿＿＿＿＿＿＿＿＿＿

＿＿＿＿＿＿＿＿＿＿＿＿＿＿＿等证据证实。

　　根据＿＿＿＿＿＿＿＿＿＿＿＿＿＿＿之规定，现决定＿＿＿＿＿＿＿＿＿＿＿＿＿＿＿。

　　执行方式和期限＿＿＿＿＿＿＿＿＿＿＿＿＿＿＿＿＿＿＿＿＿＿＿＿＿＿＿＿＿＿。

　　逾期不交纳罚款的，每日按罚款数额的百分之三加处罚款，加处罚款的数额不超过罚款本数。

　　如不服本决定，可以在收到本决定书之日起六十日内向＿＿＿＿＿＿＿＿＿＿＿＿＿＿＿，申请行政复议或者在六个月内依法向＿＿＿＿＿＿＿＿＿＿＿＿＿＿＿＿＿＿＿＿＿＿人民法院提起行政诉讼。

　　附：＿＿＿＿清单共＿＿＿＿份

公安机关（印）

年　　月　　日

行政处罚决定书已向我宣告并送达。

被处罚人

年　　月　　日

此联交被处罚人。治安案件有被侵害人的，复印送达被侵害人。

（此处印制公安机关名称）
行政处罚决定书

公（　　）行罚决字〔　　〕号

违法行为人（姓名、性别、年龄、出生日期、身份证件种类及号码、户籍所在地、现住址、工作单位、违法经历以及被处罚单位的名称、地址和法定代表人）_____。

现查明_____，

_____，

以上事实有_____

_____等证据证实。

根据_____之规定，现决定_____。

执行方式和期限_____。

逾期不交纳罚款的，每日按罚款数额的百分之三加处罚款，加处罚款的数额不超过罚款本数。

如不服本决定，可以在收到本决定书之日起六十日内向_____

申请行政复议或者在六个月内依法向_____

人民法院提起行政诉讼。

附：_____清单共_____份

公安机关（印）

年　　月　　日

此联交受害人

（此处印制公安机关名称）
行政处罚决定书

公（　　）行罚决字〔　　　〕号

违法行为人（姓名、性别、年龄、出生日期、身份证件种类及号码、户籍所在地、现住址、工作单位、违法经历以及被处罚单位的名称、地址和法定代表人）＿＿＿。

现查明＿＿＿＿＿＿＿＿＿＿＿＿＿＿＿＿＿＿＿＿＿＿＿＿＿＿＿＿＿＿＿，
＿＿＿＿＿＿＿＿＿＿＿＿＿＿＿＿＿＿＿＿＿＿＿＿＿＿＿＿＿＿＿＿＿＿，

以上事实有＿＿＿＿＿＿＿＿＿＿＿＿＿＿＿＿＿＿＿＿＿＿＿＿＿＿＿＿＿＿＿＿＿＿＿等证据证实。

根据＿＿＿＿＿＿＿＿＿＿＿＿＿＿之规定，现决定＿＿＿＿＿＿＿＿＿＿＿＿＿＿＿＿＿＿＿。

执行方式和期限＿＿＿＿＿＿＿＿＿＿＿＿＿＿＿＿＿＿＿＿＿＿＿＿＿＿＿＿＿＿＿＿＿＿。

逾期不交纳罚款的，每日按罚款数额的百分之三加处罚款，加处罚款的数额不超过罚款本数。

如不服本决定，可以在收到本决定书之日起六十日内向＿＿＿＿＿＿＿＿＿＿＿＿＿＿＿＿＿＿申请行政复议或者在六个月内依法向＿＿＿＿＿＿＿＿＿＿＿＿＿＿＿＿＿＿＿人民法院提起行政诉讼。

附：＿＿＿＿＿清单共＿＿＿＿＿份

公安机关（印）
年　月　日

行政处罚决定书已向我宣告并送达。

被处罚人
年　月　日

此联附卷

[综合实训小结]

项目	内容
监督检查实训中存在的问题	
文书填写实训中存在的问题	
心得体会	
对实训教学的建议	

成绩汇总表

类别		权重	成绩	加权后成绩
任务一				
任务二				
任务三	项目一			
	项目二			
	项目三			
任务四				
任务五	项目一			
	项目二			
	项目三			
综合实训				
合计				